# GRIECHENLAND

*Frontispiz:* Tanzende Mänaden vor Dionysos. Der Gott ist durch sein Xoanon dargestellt, eine drapierte (meist hölzerne) Säule. Zeichnung nach einer Vasenmalerei des Hieron (Berlin, Staatliche Museen).

Für Deirdre

# BILDATLAS
# DER WELTKULTUREN

# GRIECHENLAND

Peter Levi

BECHTERMÜNZ VERLAG

Aus dem Englischen übertragen
von Dr. Christoph Schwingenstein

Genehmigte Lizenzausgabe für
Weltbild Verlag GmbH,
Augsburg 1998
© der Originalausgabe 1980
by Andromeda Ltd., Oxford
© der deutschsprachigen Ausgabe
1980 by Christian Verlag GmbH,
München
Landkarten: Liz Orrock
Umschlagmotiv:
Mauritius Bildagentur
Kleine Bildmotive: AKG, Berlin
Umschlaggestaltung: Studio
Höpfner-Thoma, München
Gesamtherstellung: Fournier A.
Gráficas, S. A., Vitoria
Printed in Spain
ISBN 3-86047-798-6

# INHALT

| | |
|---|---|
| Chronologische Übersicht | 8 |
| Vorwort | 10 |

## Erster Teil: Landesnatur und Forschungsgeschichte

| | |
|---|---|
| Die Geographie Griechenlands in der Antike | 12 |
| Die Erforschung des antiken Griechenland | 22 |

## Zweiter Teil: Die Bronzezeit

| | |
|---|---|
| Die Palastkulturen von Kreta und Mykene | 30 |
| Das Fortleben Mykenes | 44 |
| *Muttergottheiten* | 50 |
| Die Homerische Welt | 52 |

## Dritter Teil: Die Zeit der Tyrannis

| | |
|---|---|
| Die Renaissance des 8. Jahrhunderts | 62 |
| *Das Archaische in der griechischen Kunst* | 68 |
| *Kouroi und Koren* | 70 |
| Archaische Religiosität | 73 |
| *Das Orakel des Apoll* | 78 |
| *Die Götter des Olymp* | 82 |
| Die Geburt der Stadtstaaten | 84 |
| *Die Welt des griechischen Sports* | 88 |
| *Griechisches Münzwesen* | 102 |
| von Colin Kraay | |
| Die Entwicklung der Literatur | 104 |

## Vierter Teil: Das Zeitalter des Perikles

| | |
|---|---|
| Die Gesellschaft im Athen des 5. Jahrhunderts | 112 |
| *Die Bildwerke des Parthenon* | 118 |
| von John Boardman | |
| *Der Alltag* | 122 |
| *Das Klassische in der griechischen Kunst* | 126 |
| Die Perserkriege und die Peloponnesischen Kriege | 129 |
| *Der griechische Soldat* | 134 |
| *Kriegsmaschinen* | 136 |
| Die Klassische Revolution | 144 |
| *Das griechische Theater: Aspekte des Dramas* | 146 |
| *Das griechische Theater: ein Überblick* | 148 |
| *Die Musik im antiken Griechenland* | 154 |
| von Richard Witt | |

## Fünfter Teil: Das Zeitalter Alexanders

| | |
|---|---|
| Neue Tendenzen in Literatur und Religion | 160 |
| *Griechische Medizin und der Asklepioskult* | 162 |
| Der Aufstieg Makedoniens | 169 |
| Die Königsgräber Makedoniens | 174 |
| Die Alexandrinische Expansion | 182 |
| *Die Entwicklung der Vasenmalerei* | 184 |
| von John Boardman | |
| Die Römische Eroberung | 192 |

## Sechster Teil: Das Schicksal des Griechentums

| | |
|---|---|
| Der klassische Einfluß des Griechentums | 200 |
| Die nachklassische Wiedergeburt | 204 |
| *Griechenland in der Ferne* | 208 |
| Die Sprache, das wichtigste Erbe | 211 |

| | |
|---|---|
| Fachbegriffe | 223 |
| Bildquellenverzeichnis | 224 |
| Bibliographie | 227 |
| Register geographischer Namen | 229 |
| Register | 234 |

# CHRONOLOGISCHE ÜBERSICHT

| | 3000 v. Chr. | 2000 | 1500 | 1000 | 800 | 600 |
|---|---|---|---|---|---|---|
| **ÄGÄIS UND GRIECHISCHES MUTTERLAND** | frühe Kykladenkultur | Kretische Palastkultur; Schachtgräber von Mykene; Vulkanausbruch in Santorin; Untergang von Knossos | Einführung des Eisens aus Osten, dann Rückkehr zur Bronze. Aufkommen der großen Familien; Untergang der Mykener | Vermehrung der Bevölkerung in Griechenland; Hauptperiode der Kolonisation im Osten und Westen; Internationale Festspiele eingerichtet; Tyrannen kontrollieren viele Städte | erste griechische Münzen; zunehmende Macht der Städte; Anfänge der Demokratie in Athen; Sparta beherrscht die Peloponnes | |

Weibliches Kykladenidol aus weißem Marmor, 2600–2200 v. Chr.

Sogenannte Maske des Agamemnon aus Mykene, 1550–1500 v. Chr.

Die »Kriegervase« aus Mykene, frühes 12. Jahrhundert v. Chr.

Geometrische Amphore aus Athen, um 750 v. Chr.

Die »Peplos-Kore« von Akropolis in Athen, um 530 v. Chr.

| | 3000 v. Chr. | 2000 | 1500 | 1000 | 800 | 600 |
|---|---|---|---|---|---|---|
| | Bronzezeit | | | Dunkle Zeit | Archaik | |
| **TÖPFEREISTIL** | Helladisch und minoisch | | Submykenisch, protogeometrisch | geometrisch | orientalisierend | archaisch (schwarzfigurig) |
| **KUNST UND ARCHITEKTUR** | kykladische Skulptur | große Paläste in Kreta; kleine Figuren, feine Arbeiten in Gold und Halbedelstein (z. B. Siegelsteine) | Fresken in Santorin, große Kuppelgräber | | monumentale Vasen, rechteckige Gebäudegrundrisse; Dreifüße in Olympia; erste Steintempel | Kouroi und Koren |
| **LITERATUR, PHILOSOPHIE, WISSENSCHAFT** | | Linear-A-Tafeln | Linear-B-Tafeln; Phönizisches Alphabet | | Griechisches Alphabet; Homer; Hesiod; Lyriker | Anfänge der Tragödie und Komödie; Pythagoras; Aischylos; Pindar; Sophokles |
| **ÄGYPTEN, KLEINASIEN UND DER OSTEN** | Altes Reich in Ägypten; große Pyramiden | Reich der Hethiter in Anatolien; Babylonisches Reich | Neues Reich in Ägypten; große Tempel; Tutenchamun | Milet, dann andere ionische und dann die Städte am Schwarzen Meer; größte Macht des assyrischen Reiches | Assyrer verlieren die Macht an Meder und Babylonier | Darius gründet das Persische Reich, Perser erobern Ägypten |
| **WESTLICHES MITTELMEER** | | | Phönizier breiten sich nach Westen aus | Karthago gegründet; Griechen gründen Kolonien in Sizilien, Italien, Frankreich, Nordafrika; in Spanien; Gründung Roms | | |
| **ANDERE GEGENDEN IN EUROPA** | | Stonehenge und andere späte Megalithbauten errichtet | | Frühe Eisenzeit (Hallstatt-Zeit) in Mitteleuropa; Beginn der keltischen Ausbreitung | | |

|  | 400 | 300 | 200 | v. Chr./n. Chr. | 500 n. Chr. | 1000 | 2000 |

nfälle der Perser;
then beherrscht den
Delischen Bund;
Zeitalter des
Perikles;
Peloponnesischer
Krieg

Wiederaufleben Athens;
Vereinigung Griechenlands;
Aufstreben Makedoniens;
Eroberungszüge
Alexanders

Makedonische Kriege;
Makedonien wird römische Provinz;
Achäa wird römische Provinz

Machtzuwachs des
Achäischen und
Ätolischen Bundes

Griechenland bleibt kulturelles
und geistiges Zentrum des
Mittelmeerraumes

Der Parthenon
in Athen, vollendet
447–432 v. Chr.

Die Venus von Milo,
eine Marmorstatue des
2. Jahrhunderts v. Chr.,
aus Melos

Münze des Hadrian,
2. Jahrhundert n. Chr.

Alexander d. Gr. in der Schlacht
von Issos. Detail aus dem
»Alexandermosaik«,
gefunden in Pompeji, Kopie
eines griechischen Gemäldes
von ca. 300 v. Chr.

ssik     Hellenismus     Römisches Reich     Byzantinisches Reich     1500–1821 türkische Herrschaft, 1821 Unabhängigkeit und Wiedergeburt

Süditalische Maler

igurig

er von Vix;
ustempel in Olympia;
arthenon; Erechtheion;
Phidias, Polyklet
(Bildhauer);
Polygnot (Maler)

Praxiteles (Bildhauer);
Mausoleum von
Halikarnassos

hellenistischer
Barock

Zeusaltar, Pergamon;
Nike von Samothrake
Venus von Milo

Römische Kopien
griechischer Skulptur
und Architektur

Hagia Sophia erbaut

odot; Euripides;
krates; Hippokrates;
nukydides; Aristophanes;
laton; Aristoteles; Epikur

Theokrit;
Euklid; Archimedes

Aufbau der Bibliothek
von Alexandrien

Horaz

Pausanias

Alexander erobert
Kleinasien, Ägypten,
Persien, Nordost-Indien;
Königreiche der Nachfolger,
Ptolemäer, Seleukiden;
Gallier siedeln in Galatia,
Partherreich gegründet

Rom besiegt Antiochos
von Syrien

Pergamon wird
römische Provinz

Ägypten wird
römische Provinz

Sassanidenreich in
Persien gegründet;
Byzantion von den Römern
wiedergegründet (Konstantinopel)

Araber belagern
Konstantinopel

überschreitet den Hellespont
ällt in Griechenland ein

he Republik
det

Niederlage Karthagos
bei Himera

Ausdehnung der Macht
Roms in Italien

Pyrrhos von Epirus
in Italien geschlagen;
drei Punische Kriege, die mit
der Zerstörung Karthagos enden;
Rom beherrscht Nordafrika;
Spanien; Gallien

Beginn des
römischen Kaiserreichs

Tène-Kultur

# Vorwort

Die Geschichte der Menschheit stand im 5. Jahrhundert v. Chr. an einem Wendepunkt. Damals ging ein Licht auf, das bis auf den heutigen Tag alles bestrahlt. Europa ist das Ergebnis, und in Griechenland liegt der Schlüssel für seine Entstehung. Was im 5. Jahrhundert in Griechenland geschah, war Teil einer langfristigen Entwicklung.

Geschichte, Kunst oder Dichtung der Griechen können ohne eingehende Kenntnis der Frühgeschichte, der Landschaft, des Klimas, der Berge und Flüsse und der Lebensbedingungen nicht wirklich verstanden werden. Um dies Verständnis zu erreichen, muß man die Ruinen und Stätten der Griechen kennenlernen; dieses Kennenlernen ist eine Tätigkeit, die Freude macht, selbst dann, wenn man sich hierzu lediglich der Seiten eines Buches bedient. Dieses Buch will versuchen, zum Verständnis der alten Griechen beizutragen: zum Verstehen sowohl ihrer seelisch-geistigen als auch ihrer Naturvorstellungen. Es handelt von ihrer Geschichte, ihren Reisen und ihrer Besiedelungspolitik sowie von ihren Künsten und anderen Errungenschaften. Dazu gehören Philosophie, Medizin, Naturwissenschaften, Theater, Steinbaukunst, ein neuartiges Wirtschaftssystem und die Rechtsordnung.

Dieses Unternehmen – die Darstellung der Griechen – klingt einfach, ist in Wirklichkeit jedoch ziemlich umfangreich; Bilder und Pläne, Karten und erklärender Text sind kein Luxus, sondern reine Notwendigkeit. Die Form eines Atlas ist hierfür ideal, doch selbst auf diese Weise kann nicht alles behandelt werden. Niemand hat alle griechischen Ausgrabungsstätten, die es gibt, besucht, und nur sehr wenige Gelehrte kennen sämtliche antiken Reste in Griechenland selbst, sei es innerhalb oder außerhalb der Museen. Ganz bestimmt existiert kein Buch, in dem man sie alle finden kann. Kein Versuch, Licht in diese ungeheure Menge an Material oder in die vielen Jahrhunderte der griechischen Geschichte zu bringen, kann absolute Gültigkeit für sich beanspruchen. Ein neuer Versuch kann sicher den persönlichen Einsatz an Passion und Wissen, die in ihn eingegangen sind, für sich in Anspruch nehmen, aber das ist dennoch nicht genug. Ein derartiges Buch muß zumindest die geschichtlichen Zusammenhänge darstellen und darf sich nicht dort in Widerspruch zu den Gegebenheiten stellen, wo diese tatsächlich bewiesen sind. Die Verbindung von Text und Illustrationen sowie die Gesamtplanung des Buches (eher Aufgabe des Herausgebers als des Autors oder besser beider zusammen) sollen soweit irgendmöglich diese Zusammenhänge und ihre Richtigkeit unterstreichen helfen.

Selbstverständlich bedeutete Planen Auswählen. Und Auswahl heißt immer, daß man Kompromisse schließen muß. Wir haben versucht, neue und ungewöhnliche Abbildungen zu bringen, zeigen aber auch berühmte Dinge, deren Vorenthaltung eine Sünde wäre. Gleichermaßen mußten wir uns innerhalb des Textteils bei bestimmten Themen und Anekdoten auf eine Auswahl beschränken.

Ich könnte nun eine beeindruckende Aufzählung der bedeutenden Männer anschließen, die meine Lehrer waren. Ich bin mir jedoch im klaren darüber, daß dies Buch alles andere als ein streng durchgehaltener gelehrter Beitrag ist, der ihnen gerecht würde. Ich hoffe zwar, daß es hier und da zur Bildung beiträgt, das ist jedoch nicht sein Hauptzweck. Es soll vielmehr Erklärungen bieten, informieren, Neugierde wecken, zum Widerspruch herausfordern und die Vorstellungskraft meiner mir unbekannten Leser in Bewegung setzen. Das Buch soll überdies meiner Frau, die die griechische Sprache nicht und die lateinische kaum beherrscht, sowie meinem 9jährigen Stiefsohn so einleuchtend wie möglich verdeutlichen, was mich an der Geschichte und dem Weltbild der Griechen so interessiert und bewegt hat. Gewiß fasziniert mich die Welt der Griechen mehr als ihre Geschichte, aber Geschichte erklärt nun einmal die Welt. Deshalb habe ich mich bemüht, Kunst und Literatur sowie umfangreiche Gebiete wie Recht und Wissenschaft als Bestandteile der Geschichte zu behandeln.

Wenn man sich ständig mit dem Stoff eines lebenslangen Studiums befaßt, so kann man kaum vorhersehen, was in einem besonderen Moment, wie z. B. beim Schreiben, die Oberhand gewinnt. Da ist es dann gut, daß die lange Zeitdauer, die die Produktion eines Buches erfordert, das rechte Gleichgewicht wiederherstellt. Auch die Ratschläge besser informierter Wissenschaftler sind da sehr hilfreich. Erwähnen möchte ich hier besonders Thomas Braun vom Merton College in Oxford, der mich in historischer Hinsicht beraten hat, und John Boardman, der mich in Fragen der Kunst und der Archäologie unterstützte. Thomas Braun versah mich auch mit kartographischen Informationen und verfaßte die Texte der Landkarten, Professor Boardman schrieb eigene Artikel über die Entwicklung der Vasenmalerei und über die Skulpturen des Parthenon; Dr. Colin Kraay schrieb einen Artikel über das griechische Münzwesen, Dr. Richard Witt über die Musik. Von Zeit zu Zeit habe ich die gelehrten Ratschläge bei nochmaliger Durchsicht außer Acht gelassen. Das ist mein Fehler. Darum muß ich den Leser bitten, dieses Buch nicht als absolut zuverlässigen und brauchbaren Leitfaden zu betrachten. Ich habe mich zwar redlich bemüht, es in gewissen Grenzen so zuverlässig wie möglich zu halten, aber geschrieben wurde es, um Anregungen zu geben, Interesse zu wecken und um zu unterhalten. Es gibt ganze Bibliotheken voller Bücher über die klassischen Zeitalter, die nüchterner sind als dieses – wenige jedoch, wie ich meine, deren Absicht lauterer war.

# ERSTER TEIL
# LANDESNATUR UND FORSCHUNGS-GESCHICHTE

# DIE GEOGRAPHIE GRIECHENLANDS IN DER ANTIKE

Soziale Verhaltensmuster sind manchmal von der Landschaft, in der sie entstehen, offen oder versteckt beeinflußt. Dasselbe menschliche Verhalten begegnet uns immer wieder in gleichartigen Landschaften. So überrascht es nicht, daß die große thessalische Ebene in der Antike ein Pferdezuchtgebiet war, und die Thessalier gute Reiter, und ebensowenig, daß die Gesellschaftsordnung in diesen fruchtbaren Niederungen feudalen Charakter trug. Das Stammland der Spartaner ist sowohl sehr fruchtbar – im Eurotas-Tal – als auch sehr wild in den Bergen – das schluchtenreiche, felsige Lakedaimon heißt es bei Homer. Es ist verständlich, daß diese felsumschlossene, ehrwürdige Gegend die Wiege eines Herrschervolkes war. Man kann sich gut den Charakter der bedeutenden gemeinhellenischen Kultorte vorstellen, die geheimnisvollen Orakel in Dodona und Delphi, die wohl ursprünglich heilige Stätten der Berghirten waren, und Olympia in der weiten Biegung eines mächtigen Flusses, ein Ort, an dem man sich traf, um Spiele auszutragen, ein natürlicher Schauplatz für Rennen.

Doch gibt es auch schwierigere Probleme. Wieviel Wald gab es dort im 8. vorchristlichen Jahrhundert? Seit dem 4. Jahrhundert bezogen die Athener ihr Nutzholz aus Makedonien und vom Schwarzen Meer. Platon und Theophrast beklagten den Verlust der Wälder. Es ist jedoch möglich, daß lediglich die gewaltige Bevölkerungszunahme im späten 8. vorchristlichen Jahrhundert die Ursache für die Vernichtung der Wälder gewesen ist; gewisse Nutzhölzer gab es in Attika überhaupt nie. Waren Flora und Fauna jemals so reich, wie es in den frühgriechischen Kunstwerken zum Ausdruck kommt? Wir wissen, daß es Wölfe gab, geheiligte Wälder und einige uralte Bäume; wir haben jedoch kaum Kenntnis vom Verlauf der Naturgeschichte, geschweige denn von den Wanderungen der Trappe oder des Silberreihers. Wenn Plato eine Landschaft entwaldet nannte, wie viele oder wie wenig Bäume mochte sie noch besitzen? Wir wissen, daß Wälder den Kriegen zum Opfer fielen, aber ein Wald kann sich regenerieren. Platos Akademie war ein Trainingsplatz für Nacktkörperübungen am Ufer des Kephisos, nahe bei Athen. Dort gab es schöne Platanen. Das Gebiet war ausgetrocknetes Schwemmland und somit gleichermaßen geeignet als Übungsgelände und als Nährboden für die Platanen. Während des Mittelalters und noch bis ins letzte Jahrhundert lag es wieder unter einer Lehmschicht und war von einem immensen Olivenhain bedeckt. Vor 15 Jahren war das Gebiet ein flaches, lehmiges Gelände, auf dem eine Fußballmannschaft trainierte, mitten zwischen einer Ziegelei und einem Krautacker. Vielleicht könnten wir in 1000 Jahren wieder Platanen sehen.

Gleiches Klima und gleiche Landschaft haben Ackerbau und Lebensweise durch die Jahrhunderte griechischer Geschichte hindurch vereinheitlicht. Das Verhältnis von Tag und Nacht variiert nicht sehr stark und ebensowenig die Jahreszeiten und die geologischen Formationen.

*Unten rechts:* Diese Karte, die P. Bertius herausgegeben hat *(Geographia vetus,* Paris 1630), stellt Europa, Asien und Teile Afrikas dar, so weit sie den Griechen im 2. Jahrhundert v. Chr. bekannt waren.

**Links: Die heutige Vegetation der griechischen Welt**
Selbst in unserer Zeit ist Griechenland nicht so baumlos, wie man denkt. Der Berg Athos beispielsweise, Thasos und Samothrake sind dicht bewaldet. In Attika hat man Pinien aufgeforstet. Im Altertum waren die Wälder sicherlich weiter verbreitet. Damals waren große Teile Kretas und des Pindosgebirges bewaldet, und es gab wesentlich mehr Wild. Die für den Bau von Schiffen am besten geeigneten Föhren wuchsen im Norden, was einer der Gründe der Athener im 5. Jahrhundert war, sich gut mit den makedonischen Königen zu stellen und großen Wert auf die Kolonie Amphipolis zu legen.

Auf dem griechischen Festland erlaubten die Hochlandweiden die periodische Wanderung der Schafherden. Feuchte Weidegründe, die ganzjährig genutzt werden konnten und für die das Gebiet um Argos berühmt war, waren selten. Pferde wurden normalerweise im Stall gehalten und waren ein Zeichen von Reichtum. Arbeitstiere waren Ochsen, Maultiere und Esel. Die Griechen züchteten genügend Vieh für gelegentliche Opfer. In den Küstenregionen herrschte im allgemeinen die Versorgung mit Fisch vor.

Die Saaten des Mittelmeerraumes treiben und gedeihen aufgrund der winterlichen Regenfälle und brauchen im Sommer keinen Regen: so z. B. Weizen (um Athen und in anderen Gebieten Griechenlands wuchs niemals genügend Weizen, und man war auf Importe angewiesen), Gerste, Oliven, Trauben, Feigen und Granatäpfel. Melonen, Pfirsiche und Zitronen kannte man erst zu Zeiten der Römer. Orangen gab es erst seit den Entdeckungsfahrten der Portugiesen im 16. Jahrhundert, daher das heutige griechische Wort *Portokali*.

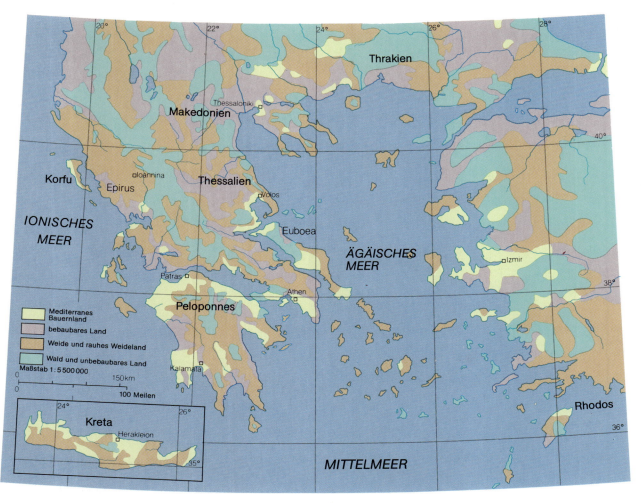

## DIE GEOGRAPHIE GRIECHENLANDS IN DER ANTIKE

### Die griechischen Regionen

Thrakien und Makedonien im Nordosten waren Wildnis; das im Westen bis ans Jonische Meer reichende Epirus war wild und isoliert bis in die Zeit, die auf den Tod Alexanders des Großen folgte; bis ins 4. Jahrhundert v. Chr. war Arkadien der unzugänglichste Teil der Peloponnes, mit dem altertümlichsten Dialekt, den fremdartigsten religiösen Bräuchen und dem geringsten Ansehen. Aber Griechenland besitzt viele verschiedenartige Landschaften, und eines der entscheidendsten Merkmale ihrer Struktur ist eine reiche Mannigfaltigkeit mit wenig Verbindung untereinander. Noch vor wenigen Jahren gab es auf der Peloponnes Dörfer, in denen ein fremder Wanderer, der über die Berge kam, als Forschungsreisender begrüßt oder als Spion verhaftet wurde. Längs der albanischen Grenze oder hoch oben in den Bergen Kretas und sogar in Euböa läßt sich die Einsamkeit und Isolation der antiken Zeiten noch bis in die jüngste Zeit schattenhaft erahnen. Das Bergland ist noch fast so abgelegen wie damals. Den Pindos, das felsige Rückgrat des nördlichen Griechenland, durchqueren noch immer nur drei Straßen.

### Klima, Kalender und Landwirtschaft

Griechenland ist zu drei Vierteln ein Bergland. Nur ein Fünftel des Landes kann landwirtschaftlich genutzt werden; die Küstenebenen und gewisse Gebiete im Landesinneren sind sehr fruchtbar; in Kreta gibt es z.B. Gegenden, die unglaublich fruchtbar sind, wie schon Homer berichtet. Seit altersher wurden Oliven und Wein angebaut, allerdings nicht zu allen Zeiten und nicht überall. Ich habe die Bekanntschaft eines Griechen gemacht, der in unserem Jahrhundert in einem Bergdorf aufgewachsen war und bis zu seinem 12. Lebensjahr keine Olive (keinen Fisch, keine Orange) gesehen hatte. Die griechischen Kolonisatoren in Sizilien ließen sich Zeit mit dem Anbau von Oliven, und über einige Generationen hinweg wurde Öl nach Sizilien importiert. Man sagt, daß die Griechen soweit gekommen sind, wie die Olive wächst, die Römer folgten dem Wein. Das ist im großen und ganzen richtig, man darf aber nicht vergessen, daß nicht einmal das griechische Mutterland vollständig kolonialisiert war. Die Weizenfelder auf dem griechischen Festland waren niemals sehr ausgedehnt. So ist es nicht verwunderlich, daß seine Bevölkerung einen harten Kampf um ihren Besitz führen mußte.

Die Durchschnittstemperaturen verändern sich je nach der Gegend mit heißen Sommern und milden Wintern an den Küsten und im Süden, kalten Wintern in Makedonien und im inneren Bergland. Im Westen regnet es häufig viel, seltener dagegen in den Ebenen des Ostens. Die jahreszeitlich bedingten Klimaschwankungen sind außerordentlich stark. Der Winter ist kürzer als in Nordeuropa, in den Bergen jedoch ist er sehr hart. Der Sommer ist betäubend. Der Frühling ist zarter und frischer, der Herbst freundlicher und länger als in Nordeuropa. All das hat die menschliche Gemeinschaft in Griechenland geprägt, vom Charakter der Götterfeste und den Wanderungen der Herden bis hin zu Fragen von Krieg und Frieden und der Durchführung der Besiedelungspolitik.

Selbstverständlich hat sich der Kalender mit Monaten und Festzeiten, durch den die Umlaufzeiten von Mond und Sonne in ein einziges, mehr oder weniger über ganz Griechenland verbreitetes System eingebaut worden sind, allmählich entwickelt; Homer kennt allem Anschein nach lediglich Jahreszeiten. Der Kalender der Griechen basierte auf der babylonischen Mathematik, und zumindest aus Athen wissen wir, daß er von Jahr zu Jahr empirisch den Gegebenheiten angepaßt wurde, um Wider-

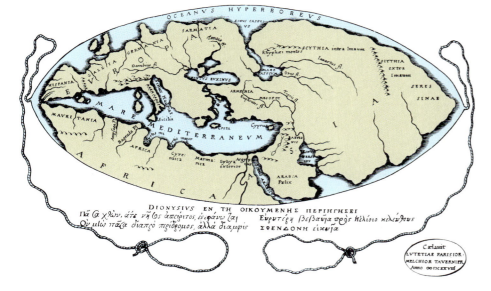

# DIE GEOGRAPHIE GRIECHENLANDS IN DER ANTIKE

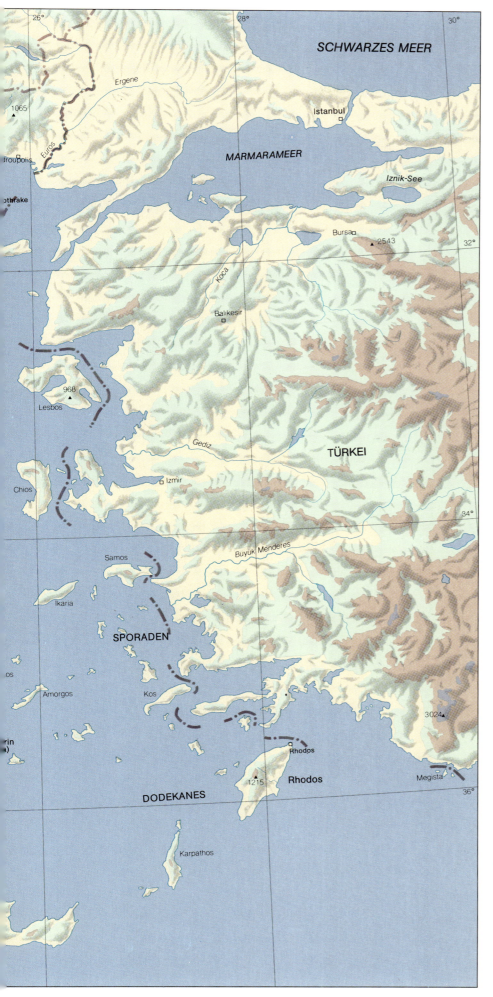

sprüchlichkeiten zu vermeiden. Die zwei Monate von Mitte März bis Mitte Mai waren der Artemis geweiht, die sechs Monate von Mitte Mai bis Mitte November mit vielleicht einer Ausnahme dem Apollo. Das erste und das letzte Fest dieses langen Sommers stand in Zusammenhang mit der Vegetation. Die restlichen vier Monate des Jahres, Mitte November bis Mitte März, gehörten dem donnernden Zeus, Poseidon, dem Gott der Erdbeben, Hera, der Göttin der Ehe, und Dionysos, zu dessen Ehren man der Toten gedachte und den neuen Wein des Jahres kredenzte.

Noch bis vor kurzem wimmelte es in Griechenland von Schaf- und Ziegenherden, die teils frei herumstreiften, teils zweimal im Jahr auf alten Wegen geführt wurden, um im Sommer auf den Bergen zu weiden, winters dagegen unterhalb der Schneegrenze. Diese Wanderungen sind auf der ganzen Welt seit altersher verbreitet, man hat sie allenthalben zwischen Spanien und Afghanistan beobachtet und erforscht. Die periodische Wanderung von Herden in andere klimatische Zonen ist kennzeichnend für eine ganz bestimmte Lebensweise, und sie bringt ein System von Wertvorstellungen und eine soziale Organisation hervor, die die Altertumsforscher schon immer sehr interessiert haben. Tatsächlich haben John Campbells Arbeit über die heutigen Vlachen in Griechenland *(Ehre, Familie und Patronat)* und Juliet Du Boulays »*Porträt eines griechischen Bergdorfes*«, die beide äußerst enge Zusammenhänge zwischen Geographie und Verhaltensweise nachweisen, große Bedeutung für unser Verständnis der antiken Geschichte.

Die Mythologie ist reich an Geschichten von Viehdiebstählen, die ja auch historisch nachgewiesen sind, bis hin zu den ersten Feldzügen des peloponnesischen Krieges. Homer berichtet uns von den Herden des Inselkönigs Odysseus, die auf dem Festland umherziehen. Wir wissen beispielsweise aus einer Inschrift, daß es eine kleine Weideabgabe an einen Tempel auf dem Isthmus zu entrichten galt, wenn man diesen überqueren wollte. Die Zahl der Rinder, die im 5. und 4. Jahrhundert in Athen geopfert wurden, muß immens gewesen sein. Wo waren ihre Weiden? Sind die viehtreibenden Knaben mit den Umhängen auf dem Parthenonfries Hütejungen?

Wir wissen jedenfalls, wie die Geschichte ausging. Ciceros Freund Atticus verlebte sein Alter als reicher Mann in Athen und verlieh Geld an beide Parteien der römischen Politik. Die Hauptquelle seines Reichtums war neben dem Bankgeschäft das Vieh; es wird berichtet, daß das gesamte Weideland in Epirus im Nordwesten ihm gehörte. In späterer Zeit, so erzählen Klageinschriften, wurden Schafhaltung und Landwirtschaft auf einer Insel nach der anderen von ungeheuren Ziegenherden vernichtet, die von bewaffneten Banditen begleitet waren und sehr reiche, weit entfernt lebende Eigentümer hatten. Die Überweidung durch Ziegen schadet der Landschaft weitaus mehr als beispielsweise Erdbeben oder Waldbrand und hat mehr als diese zur Gestalt der Landschaft des östlichen Mittelmeerraumes, wie ihn unsere Großväter kannten, beigetragen.

## Höhlen, Quellen und Flüsse

Quellen, Höhlen und Flüsse hatten in dem ausgeprägt karstigen Gebiet Griechenlands fundamentale Bedeutung. Flüsse bildeten Grenzen, denn die jeweiligen Uferbewohner weideten und tränkten ihre Herden bis zur gemeinsamen Grenzlinie; im Winter war kein Überqueren möglich. Höhlen waren geheimnisvolle, geweihte Orte, in der Mythologie verknüpft mit verborgenem Liebesspiel und geheimer Geburt, in der Religion mit primitivem bäuerlichem Fruchtbarkeitskult. Quellen mit reinem

Wasser hatten starke Kräfte; Kultstätten der Heilung und Orakel für profane Ratschläge lagen gewöhnlich an einer Quelle. Sogar Gottheiten unbedeutender Flüsse genossen beträchtliche Verehrung. Auch die Initiationsriten der jungen Männer hatten im antiken Griechenland mit Flüssen zu tun, wie noch heute in Afrika. In vielen felsigen Flußschluchten gab es Orakelstätten der Toten.

Fast unweigerlich erinnern antike Religion und Gesellschaft in ihrer Verbundenheit mit der Landschaft an ein Gedicht, eine nachklingende, sich selbst genügende Welt der Reinheit und Unbegreifbarkeit. Die antike Welt war aber ganz irdisch und keineswegs in sich abgeschlossen: ein langsamer, kontinuierlicher Prozeß führte bis in unsere Gegenwart. Die hohen Felsen und die dunstigen Meeresflächen beeinflußten die alten Griechen hauptsächlich in wirtschaftlicher Hinsicht. Sogar die Idyllen des Theokrit, geschrieben als unverbrauchtes, romantisches Porträt der Bauern für die intellektuellen Städter, zeigen die Armseligkeit der Fischer; von Reiz ist nur ihr Leid. Romantisierendes Gelehrtentum betrachtet heute als geheiligte Landschaft des Vergil, des Pausanias oder auf einem römischen Wandgemälde, was für einen Griechen des 5. Jahrhunderts die harte Erde für sein tägliches Brot war; die meisten seiner Götter waren unangenehme Götter. Die Religion des einfachen Mannes war von Furcht beherrscht, in vieler Hinsicht vom Neid der Götter und von Verzweiflung gekennzeichnet.

## Leibeigene und Sklaven

Das wirtschaftliche Geschehen im antiken Griechenland war nicht allein durch seine Rohstoffvorräte begrenzt, sondern ebenso durch den Mangel an Kenntnissen über die Rohstoffquellen. Die Silberminen, die Athen im 5. Jahrhundert reich gemacht hatten, waren schon zur mykenischen Zeit bekannt, aber die damaligen Schürf- und Bearbeitungstechniken waren alles andere als ausgereift, so daß die ergiebigsten Lager erst im frühen 5. Jahrhundert ans Tageslicht kamen. Und selbst dann beutete man die Minen mehr oder weniger aufs Geratewohl aus, da die Schürfrechte immer nur kurzfristig vergeben wurden und die Sklaven ständig wechselten. Tatsächlich brachten die Griechen zur Zeit ihrer Blüte relativ wenige bedeutende öffentliche Bauten hervor. Die Ursachen hierfür sind interessant.

Der großflächige Kopaissee nördlich von Theben in Böotien, der in unseren Tagen trockengelegt worden ist, war zu einem Teil bereits in mykenischer Zeit entwässert worden. In den dunklen Jahrhunderten nach dem Untergang Mykenes ergriffen Wasser, Schilf und Aale wieder Besitz von ihm. Kein Versuch, den Kanal von Korinth zu bauen, war in der Antike erfolgreich; Anlagen wie die Häfen von Korinth und Athen werfen ein Licht auf die extreme Beschränktheit der Griechen, was eine wirksame Ausnutzung der menschlichen Arbeitskraft angeht. Zwar gab es im 4. Jahrhundert in den athenischen Silberminen Sklaven genug, aber sie standen nicht in staatlichem Dienst. Im 5. Jahrhundert hielten sich die Bewohner von Syrakus bereits wesentlich mehr Sklaven, als Athen jemals besaß. Sparta beherrschte einen großen Teil Südgriechenlands mit Hilfe eines Systems der Ausbeutung von Leibeigenen. Doch zumindest bis ins 5. Jahrhundert, als der Kampf um die Vorherrschaft zum selbstmörderischen Krieg wurde, gelang es den Griechen nicht, die Natur in nennenswerter Weise zu schädigen. Einen steinernen Tempel zu errichten, war für sie ein kolossales Unterfangen.

Unklarheit herrscht auch heute noch darüber, in welchem Ausmaß der Ackerbau von Sklaven betrieben wurde. Aus der *Odyssee* wissen wir, daß patriarchalische Ver-

## DIE GEOGRAPHIE GRIECHENLANDS IN DER ANTIKE

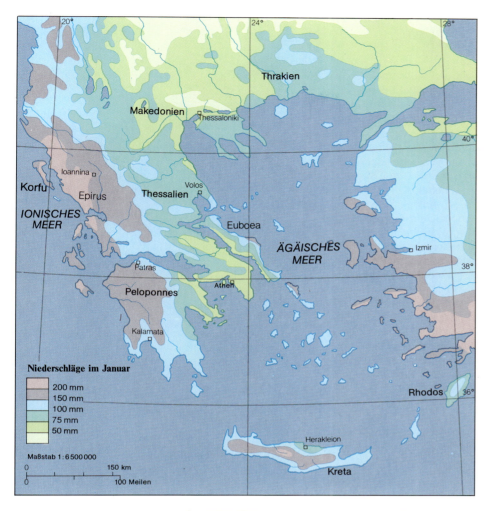

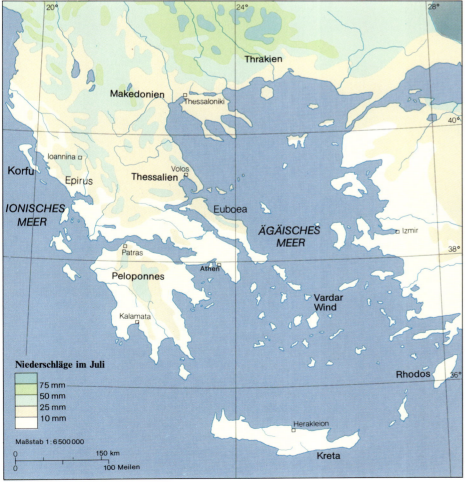

hältnisse geherrscht haben, aber die Zeiten der Trojanischen Kriege (1200 v. Chr.), die Homer 500 Jahre später dargestellt hat, waren anheimelnder als die darauffolgenden. Telemach, der Sohn des Odysseus, tanzt zu Ehren des Sieges seines Vaters im Palast mit dem Schweinehirt und den anderen Hirten, und Laertes, Odysseus' Vater, bearbeitet eigenhändig sein Land. Im frühen 6. Jahrhundert sorgte Solon in Attika dafür, daß die verarmten Bauern aus der Sklaverei befreit wurden. Im 5. und 4. Jahrhundert hatte wohl nur der allerärmste Athener überhaupt keine Sklaven. Die Vorstellung jedoch, sämtliche Feldarbeit den Sklaven überlassen zu können, war ein utopischer Traum, ein Scherz im Sinne des Aristophanes. Wir wissen jedoch soviel, daß beispielsweise in der Zeit von 340–320 v. Chr., aus der uns die Namen und Berufe von rund 80 freigelassenen Athener Sklaven bekannt sind, nur ein Dutzend von ihnen in der Landwirtschaft beschäftigt war. Es gab auch Bauernknechte, die sich kaum von Sklaven unterschieden, jedoch scheinen sie alle fast gleichzeitig verschwunden zu sein, nämlich um 400 v. Chr. Gegen Ende des 4. Jahrhunderts aber sahen sich zehn- oder zwanzigtausend Athener Bürger, die aufgrund ihrer Armut die Bürgerrechte verloren hatten, gezwungen, auszuwandern oder sie fielen ins ländliche Arbeitsleben ihrer Vorfahren in Attika zurück.

### Strukturen der Besiedelung

Aufstieg und Fall der Städte verliefen immer wieder in ähnlichen Bahnen und hatten die gleichen Ursachen wie der Aufstieg und Fall eines einzelnen Individuums. Korinth war reich, weil es fast uneinnehmbar war und wegen seiner Lage und seiner zwei Häfen, die ihm die Herrschaft über den Isthmus und den Handel auf beiden Meeren gestatteten. Die Römer zerstörten im Jahr 146 v. Chr. Korinth und errichteten statt dessen Patras. In der ausgehenden Antike jedoch warf Korinth noch einmal seinen Schatten über Patras. Noch vor 10 Jahren gab es diese Rivalität zwischen den beiden Städten. Eine andere Grundstruktur der Besiedelung ist die abwechselnde Verlegung der Städte auf felsige Bergeshöhen als Zuflucht in schlechten Zeiten und wieder hinab in die Ebene an die günstig gelegenen Handelsplätze in Friedenszeiten. Diese Siedlungsbewegung gab es in Griechenland besonders auf Kreta und den Inseln, vergleichbares geschah später in Italien. Aus dem gleichen Grund wurden die abgelegenen Bergstädte Arkadiens im 4. Jahrhundert aufgegeben, um Megalopolis zu bauen; auch heute werden die Bergdörfer Arkadiens zugunsten der Städte verlassen, nicht ganz aus den gleichen Motiven, jedoch unter vergleichbarem Druck. Die Tatsache, daß moderne Städte am Ort alter Siedlungen entstehen, ist nicht immer ein Resultat von Tradition oder günstiger Lage. Das moderne Korinth ist beispielsweise 5 Kilometer von dem Dorf Palaia-Korinthos entfernt, das zum Teil auf dem Boden der antiken Stadt liegt. Es gibt antike Orte, an denen es kein Dorf mehr gibt, ebenso existieren moderne Städte, wie Pyrgos in Elis, die nicht über alten errichtet worden sind. Andererseits fordern die Lage Korinths, die Häfen von Athen und Korfu (Kerkyra), der Platz von Kalamata, wo die messenische Ebene ans offene Meer stößt, und die geographische Position bestimmter Inseln eine Besiedelung geradezu heraus. Vergleichbare Zusammenhänge bestanden in antiker Zeit nachweislich zwischen mykenischen und klassisch-griechischen Siedlungen. In Theben und Athen war die Kontinuität sehr gering, aber dort und andernorts entstanden wichtige archaische und klassische Städte an solchen Plätzen, wo sich ein mykenischer Palast erhoben hatte. Auf Mykene selbst trifft dies nicht zu, da sich seine Lage mit Vernunftgründen nicht erklären läßt. Um die

DIE GEOGRAPHIE GRIECHENLANDS IN DER ANTIKE

Ebene zu beherrschen, eignet sich Argos ebensogut, und die dortige Wasserversorgung ist günstiger.

**Griechenlands Stellung in Europa**
Im Verlauf seiner Geschichte schien es manchmal, als ob Griechenland zum östlichen Lebensraum gezählt werden müsse; tatsächlich muß man bedenken, daß die westliche Küstenregion Kleinasiens seit dem 7. Jahrhundert v. Chr. bis 1920 ununterbrochen vorwiegend unter griechischem Einfluß gestanden ist. Zu anderen Zeiten schien Griechenland Europas Grenze gegen die persische oder türkische Sphäre zu bilden. Griechenland ist – und ist auch wieder nicht – ein Teil der Balkanländer.

Selbstverständlich basieren diese einfach klingenden Verallgemeinerungen auf geographischen Gegebenheiten, zumal sie auch immer wieder in geschichtlichen Zusammenhängen auftreten. Ein Großteil der Weihegaben in Dodona bestand bis ins klassische Zeitalter aus einfachen Tonwaren der nördlicher lebenden Balkanvölker. Im 5. Jahrhundert waren die Beziehungen zwischen Athen und Thrakien im Nordosten ein wichtiger Bestandteil der Kultur und des Bewußtseins beider Völker, obwohl oder gerade weil die Thraker als Barbaren galten.

Die Beziehungen zwischen den Griechen der klassischen Zeit und ihren Nachbarn im Norden werden deutlicher, wenn man an die vorangegangenen Verbindungen Griechenlands aus frühgeschichtlicher Zeit zum Norden und Osten denkt. Am besten verdeutlicht diese Querverbindungen der Schatzfund von Vix in Zentralfrankreich, dessen Paradestück ein großes Bronzegefäß aus dem 6. Jahrhundert ist, gediegen, fein verarbeitet und mannshoch; es wurde wahrscheinlich in Süditalien von einem

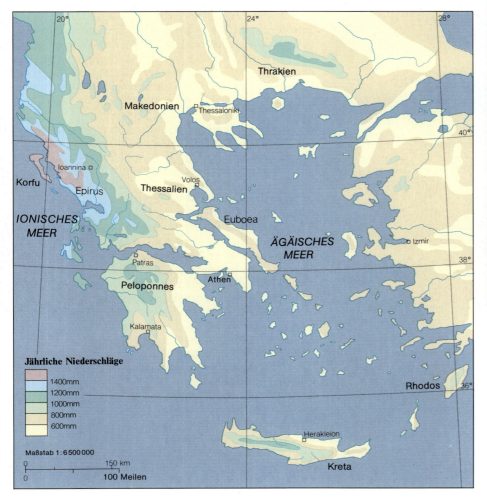

Spartaner hergestellt. Der kulturelle Austausch der Griechen mit anderen Völkern war in frühgeschichtlicher Zeit oft weitaus fruchtbarer als in späteren Jahrhunderten.

Ungefähr um das Jahr 2000 v. Chr., als ein Volk griechischer Sprache und Nation ins Licht der Archäologie trat, hat wohl überall in Europa ein identisches sozio-ökonomisches System geherrscht: Die Volksstämme wurden von einer heldenhaften Kriegerkaste geführt, die nach den später in den Epen verherrlichten Wertvorstellungen lebte. Es war gleichsam ein Klassensystem, mit einem Adel, der jagte und kämpfte und in großen Häusern lebte;

es bestand fast 4000 Jahre, vielleicht sogar bis zum Jahr 1914. Die Häuser mit ihren Säulenhallen, großen Sälen und inneren Gemächern gab es schon früher als 2000 v. Chr. in Anatolien und Osteuropa ebenso wie in Griechenland, aber erst hier wurden die großen Säle zum eindrucksvollen Mittelpunkt eines Palastes. Dennoch war die griechische Architektur zu jener Zeit nicht die anspruchsvollste Europas. Troja war beispielsweise kleiner als Stonehenge.

Die Geschehnisse in Griechenland stellen zwar eine besondere, keineswegs jedoch eine isolierte Entwicklung dar. Die Mykener im späten 17. Jahrhundert v. Chr. bezogen ihre Gold- und Silberschätze sowie die bis zur Idolatrie gehende Wertschätzung des Pferdes und vielleicht auch seine Nutzung aus dem Osten. Ihren Bernsteinschmuck erhielten sie aus dem Norden, ihre Waffen aus Kreta oder der Levante. Waffen breiten sich rasch aus, und so wurde eine Kopie eines mykenischen Helms in Deutschland zum Einheitshelm des Westens. Die Mykener maßen ihren Reichtum in Waffen; man fand in einem der Schachtgräber von Mykene bei nur drei Leichen 90 Bronzeschwerter. Und im entfernten Britannien begrub

Die Verkehrsadern breiteten sich in Form von Maultier- und Treiberpfaden spinnennetzartig über die steinige Oberfläche des Landes aus. Im 6. Jahrhundert fand man im Grab eines Fürsten bei Stuttgart Seide aus China und Bronze aus Griechenland.

## DIE GEOGRAPHIE GRIECHENLANDS IN DER ANTIKE

**Die wichtigsten Bodenschätze im heutigen Griechenland**
Der große Durchbruch, der Bronzewerkzeuge und -waffen ermöglicht hatte, fand zu Beginn des 3. Jahrtausends v. Chr. statt. Und selbst als Eisen schon allgemein gebräuchlich war, wurde Bronze noch häufig und vielseitig verwendet. Zypern war die älteste Kupferquelle der griechischen Bronzeherstellung. Der Kupferbarren war das Symbol des zypriotischen Handels. Eine größere Menge Kupfer gelangte in die Häfen der Levante aus Gegenden wie Tabal, nahe beim heutigen Kayseri. Zinn, ein wichtiger Bestandteil der Bronze, kam aus noch entlegeneren Gebieten. Im 6. Jahrhundert gelangte es durch Zwischenhändler von den Scilly-Inseln über Seine, Saône und das Rhônetal zum griechischen Hafen Marseille. Auch für Eisen waren die griechischen Seefahrer zu Beginn der Kolonisationszeit weit unterwegs. Im 8. Jahrhundert wurde Pithekoussai gegründet, um den Eisentransport von Elba sicherzustellen. Die Chalyben im Nordwesten Kleinasiens waren ebenfalls berühmte Eisenquellen. Phokische Seeleute brachten ab ca. 630 v. Chr. Silber und Zinn aus Galizien und weiter nördlich gelegenen Regionen über Tartessos in Südspanien heran. Das einzige Metall, das es in ausreichender Menge in Griechenland selbst gab, war das Silber. Die Athener gewannen es in großen Mengen seit dem frühen 5. Jahrhundert aus ihren eigenen Minen in Laurion. Silber und Gold machten die Insel Siphnos reich. Den Reichtum des Kroisos im Lydien des 6. Jahrhunderts bildete das Gold im eiszeitlichen Hermostal. Gold wurde in größeren Mengen auch am Pangaion und in Thasos gewonnen.

man zur gleichen Zeit die Reichen und Mächtigen zusammen mit Bronzedolchen in gleichermaßen übertrieben hoher Anzahl.

Obgleich man im übrigen Europa keine den griechischen vergleichbare Paläste ausgegraben hat, sind doch die Gräber der Krieger vielerorts gleichermaßen reich ausgestattet gewesen; der Schatz von Borodino im Nordwesten des Schwarzen Meeres aus dem 15. Jahrhundert enthält silberne Speere, Äxte aus Jade und Keulenspitzen aus Alabaster. Überall in Europa begrub man die toten Krieger mit Gold, Silber und importiertem Schmuck. In Cornwall kopierte man mykenische Goldbecher. In Rumänien gab es silberne Streitäxte, die sicherlich nicht im Kampf gebraucht wurden; man fand einen einzigartigen Golddolch von drei Pfund reinem Goldgewicht. Der Welthandel bewegte sich ohne Unterbrechung von Britannien bis in die Mongolei.

Das Griechenland der mykenischen Zeit verdankt seinen so weitgespannten Horizont seiner natürlichen geographischen Lage. Damals wie heute war Griechenland infolge seiner Position auf der Landkarte dazu bestimmt, Schwelle zwischen Europa und Asien zu sein. Zu Beginn des 5. Jahrhunderts v. Chr. wurde Griechenland fast vom Perserreich verschlungen, Alexander verkehrte das ins Gegenteil. Für einige Zeit bemächtigte sich das Römische Reich vom Westen her Griechenlands; Griechenland lebte jedoch wieder auf und unterlag dann als Bestandteil des Byzantinischen Reiches orientalischen Einflüssen, während gleichzeitig das angelsächsische England mit seiner Kultur in Berührung kam. Die relative Dunkelheit, die über den Beziehungen Griechenlands zu seinen barbarischen Nachbarn im Norden liegt, findet ihren Grund in der Landschaft, den Bergen und Wäldern. Über das Meer verbreiteten sich die Einflüsse schneller, und zu allen Zeiten, außer kurz nach dem Niedergang Mykenes, befuhren griechische Schiffe das westliche Mittelmeer.

Der Einfluß Mykenes auf Europa bleibt größtenteils unbekannt, da es keine schriftlichen Zeugnisse gibt. Sicherlich beschränkte er sich aber nicht auf Kampftechnik und Waffenkunst oder Ritzornamente in Bernstein. Vom Gesichtspunkt der allgemeinen Struktur der Geographie, von dem her die Griechen der Antike betrachtet werden müssen, ist es faszinierend zu sehen, wie sich frühgeschichtliche Entwicklungen in Griechenland wiederholten. Kurz vor dem Jahr 1000 v. Chr., als das Niveau der materiellen Kultur in Griechenland sich dem weniger spektakulär abgesunkenen Niveau des restlichen Europa angeglichen hatte, gab es so etwas wie einen Neubeginn in der Ägäis, der dieses plötzliche Auftauchen von Licht und Form, das wir die »klassische Zeit« nennen, vorbereitete. Es schmälert keinsewgs den Wert der herrlichen Leistungen der Kelten in Gold und Bronze und vielen Kunstfertigkeiten, die heute verlorengegangen sind (ihre Musik zum Beispiel, ihre Dichtung und ihre Holzbaukunst), wenn man das, was die Griechen in dem Jahrtausend vor Christus geleistet haben, etwas ganz Besonderes nennt.

Es ist interessant, daß die Eisenzeit in Griechenland früher als im keltischen Europa begann, nämlich am Ende der mykenischen Epoche. Warum das Eisen auftrat, bleibt unklar. Manchmal gewann man es aus Meteoriten, dann mag es magischen Wert gehabt haben. Sobald man die Schmiedekunst beherrschte, ein schwieriges Unterfangen, war es billiger und reichlicher vorhanden als Bronze. Alles deutet darauf hin, daß der Beginn der Eisenzeit in Griechenland mit einem nachlassenden Bronzenachschub aus dem Osten zusammenhing, während

# DIE GEOGRAPHIE GRIECHENLANDS IN DER ANTIKE

**Die Dialekte im antiken Griechenland**
Zur Zeit der Klassik existierten noch Überreste vorgriechischer Sprachen in isolierten Gegenden: Eteokretisch auf Kreta, Lemnisch bei den Ureinwohnern der Insel Lemnos und Eteozypriotisch in Amathus auf Zypern. Der dorische Dialekt mit seinem offenen »a« wurde in den Eroberungsgebieten der Dorer gesprochen. Auch die Nicht-Dorer dieser Gebiete, obwohl in rassischer Hinsicht verschieden, sprachen dorisch. Die Eroberer Thessaliens und Böotiens brachten ihren äolischen Dialekt mit. Die Athener auf dem Festland, die niemals erobert wurden, bewahrten ihren ionischen Dialekt, der schließlich infolge seiner Verbreitung durch die Literatur Allgemeingut der gesamten griechisch sprechenden Welt wurde. Die Koiné des Hellenismus war eine volkstümliche Variante des Attischen. Im Westen Kleinasiens wurde die stilisierte Sprache der epischen Dichtung entwickelt, die niemals gesprochen worden ist. Tatsächliche Umgangssprache war im Norden das Äolische, dessen sich die Dichter auf Lesbos für ihre Lieder bedienten, das Ionische auf Samos, Chios und in den ionischen Küstenstädten. Ionisch war auch die Sprache der ersten Prosadichter. Die Ärzte der Schule des Hippokrates auf Kos und der Historiker Herodot aus Halikarnassos schrieben ionisch, obwohl sie Dorer waren. Die Dialekte des nordwestlichen Festlands kennt man nur von Inschriften, nicht aus der Literatur. In Arkadien erhielt sich ein archaischer Dialekt, der auffällige Ähnlichkeit mit dem Griechisch der ersten Besiedler Zyperns (ca. 1200 v. Chr.) aufweist und dort noch bis ins klassische Zeitalter hinein in einer altertümlichen Silbenschrift in Gebrauch war. Vom Pindosgebirge erzählte man, daß es dort Leute gäbe, die ein fast unverständliches Griechisch sprächen und rohes Fleisch äßen. Die makedonische Sprache war dem Griechischen verwandt. Allerdings dauerte es lange, bis die Griechen die Makedonier als ihresgleichen voll anerkannten.

gleichzeitig die Verarbeitungstechnik von ebendort geliefert wurde. Eisen ist schwerer als Bronze, seine Kanten allerdings sind weniger scharf, zumindest bis zur Erfindung der Verhärtung von Eisen zu Stahl. Diese Fertigkeit kannte man mit Sicherheit in Griechenland schon vor dem 5. Jahrhundert v. Chr., denn Schwerter aus dieser Zeit ergaben bei der Prüfung, daß sie eine Schneide aus gehärtetem Stahl als Auflage auf bronzenem Untergrund besaßen. Aus den Anfängen der Eisenzeit stammt eine Eisenaxt mit Bronzenieten, die beweist, daß man für bestimmte Zwecke, unabhängig davon, ob Bronzemangel herrschte oder nicht, das Eisen der Bronze vorzog.

In dieses dunkle Zeitalter fiel von Osten ein Licht von höher entwickelten Völkern. Die räumliche Nähe der Phönizier und Ägypter, Syrer und Hebräer bedeutete schon Einfluß genug, um der Entwicklung der Griechen Vorschub zu leisten und sie Etruskern oder Galliern überlegen zu machen. Aus Phönizien kam das Alphabet, aus Ägypten die Bildhauerei, die Architektur aus dem gesamten östlichen Mittelmeerraum. Sogar die besondere Eigentümlichkeit dessen, was in Griechenland heranwuchs: das ständige Beharren darauf, sich die fremden Einflüsse einzuverleiben und ihnen griechische Eigenart zu verleihen, so daß die griechischen Statuen frei einherschritten, während die ägyptischen noch steif wie Ladestöcke waren, daß das griechische Kunsthandwerk leuchtende Formkraft und unvergleichliche Qualität erreichte – dies alles hat seinen Ursprung in der Naturbeschaffenheit Griechenlands, der nicht völligen Abgeschlossenheit so vieler lebhafter Gemeinden voneinander.

Die Griechen der klassischen Zeit bedienten sich noch der mykenischen Straßen, und selbst unter römischer Herrschaft erreichte der Straßenbau keineswegs die militärische Bedeutung, die er gleichzeitig in England und Frankreich besaß. Es gab nur eine einzige römische Straße von Rang in Griechenland, die Via Egnatia. Sie führte im äußersten Norden nach Osten und war die militärische Route für die Kriege in Asien. Einige Wege aus klassischer Zeit gab es noch bis vor kurzem in Form von Maultier- und Viehtreiberpfaden. Die Vielfalt der verschiedenen Stilrichtungen der griechischen Provinzen, sogar in den relativ eng gezogenen Grenzen der geometrischen Kunst, ist das Ergebnis dieses sozusagen tröpfelnden Kommunikationssystems. Vielleicht gilt das auch für die Kriege zwischen den Stadtstaaten und vermutlich auch für die Rassentheorien der Griechen. Die chauvinistische Unterteilung der Menschheit in Hellenen und Barbaren ist nicht spezifisch griechisch; solche Einteilungen sind auf der ganzen Welt verbreitet. Doch haben die Griechen der klassischen Epoche eine mythische Geschichtsschreibung von nationalgriechischen Rassekonflikten hervorgebracht, in denen Griechen gegen Griechen, Dorer, Ionier und Achäer, kämpfen. Diese Geschichtsschreibung stützte sich in groben Zügen auf Merkmale von Herkunft und Dialekt und gab den Freibrief für spätere Kriege und Bündnisse.

Diese Rassentheorien können aber auch völlig falsch gewesen sein. Unser heutiges Bild der mykenischen und der späteren Zeit in Griechenland steht zumindest nicht im Gegensatz zu der Annahme, daß die Ausformung der Dialekte in nachmykenischer Zeit stattfand. Sie könnten ein Produkt der räumlichen Trennung durch das Gebirge und der isolierten Entwicklungen des dunklen Zeitalters gewesen sein. In diesem Fall wäre das Rassenbewußtsein der Dorer und Jonier falsch. Bekanntermaßen war die Einteilung der Peloponnes in Staaten im 5. Jahrhundert noch nicht vollzogen. Die Städte im äußersten Süden waren bis zum augusteischen Zeitalter unabhängig.

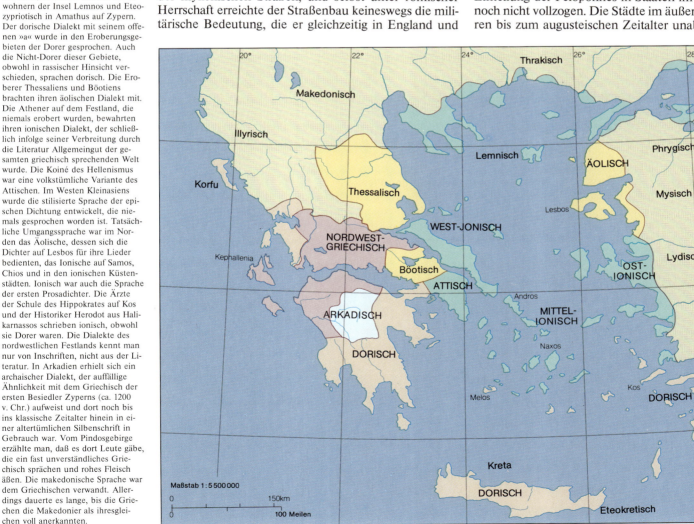

# DIE ERFORSCHUNG DES ANTIKEN GRIECHENLAND

Die Beschäftigung mit den Griechen ist ein fester Bestandteil der europäischen Kulturgeschichte, und so hat sogar die griechische Archäologie ihre eigene Geschichte. Es lohnt sich, jenen langwierigen Prozeß eingehender zu betrachten sowie auch die verschiedenen Motive und Vorlieben jeder Generation, denn diese haben zweifelsohne in dem, was wir heute als das maßgebende oder wichtige Wissen über die Antike ansehen, ihre Spuren hinterlassen.

### Griechenland und Rom

Als die Griechen dem Römischen Reich einverleibt wurden, blieb ihr Ansehen weiterhin überragend. Als Rom sie absorbierte, war es zum Teil bereits selbst »griechisch« geworden. Was die Römer an Literatur, Philosophie, den schönen Künsten und auch größtenteils an Mythologie kannten, war im Grunde griechisch. Auch die griechische Sprache genoß höchstes Ansehen. Die Römer wurden überschwemmt mit griechischen Athleten, außerdem fasziniert von der fernen Erinnerung an griechische Freiheitsvorstellungen und von den idyllischen Gedanken an griechische Bauern und Schafhirten. Vermutlich glaubten die Römer sogar, daß die Griechen in ihrer äußeren Erscheinung schöner waren als sie selbst. Der Ursprung unserer eigenen Vorliebe für die Griechen liegt deutlich bei der römischen Literatur und bei den romantischen Vorstellungen der Römer. Im Bereich der Politik wurden die Griechen von den Römern einerseits verachtet, andererseits ungewöhnlich bewundert, und sie wurden auch auf den meisten anderen Gebieten idealisiert. Eduard Fränkel, einer der besten Kenner römischer Literatur, hat gesagt, je ernsthafter ein römischer Autor sei, desto tiefgreifender sei er von den Griechen beeinflußt. Das ist sicher nicht falsch, doch beruht die römische Vorliebe für die griechische Welt nicht nur auf der großen Humanität und der bedeutenden Literatur der Griechen.

Bereits in römischer Zeit gab es nostalgische Historiker wie Plutarch, und es wurden damals Behauptungen über die Kunstgeschichte geglaubt, wie sie etwa der Schriftsteller Plinius d. Ä. mit seinem berühmten Satz aufstellte: »Zu dieser Zeit hörte die Kunst zu bestehen auf«, was von großem Einfluß war. Es gab sogar bereits Archäologen wie den Griechen Pausanias aus Kleinasien, dessen *Führer durch Griechenland* eine zwar unausgeglichene, aber doch gründliche und kenntnisreiche Beschreibung der Städte und religiösen sowie künstlerischen Denkmäler darstellt, die im griechischen Mutterland im 2. Jahrhundert n. Chr. noch vorhanden waren. Bis zur Spätrenaissance haben dann die westlichen Europäer die Griechen nur durch die Literatur, vor allem die römische, kennengelernt. Pausanias wurde nur selten abgeschrieben und wenig gelesen. Als sein Werk im 15. Jahrhundert zufällig entdeckt wurde, meinte ein italienischer Gelehrter, dieser Text beweise doch sehr deutlich, daß Denkmäler nur in der Literatur überleben könnten.

Niemand dachte damals an Ausgrabungen. Die Archäologie fing in Rom an, und die griechische Archäologie war zunächst und noch für lange Zeit eine erweiterte Form der römischen Schatzsucherei. Die ersten großen Sammler griechischer Altertümer bekamen ihre Anregungen aus Italien. Noch am Ende des 18. Jahrhunderts hielt man die Vasenmalerei der Athener für etruskisch, weil die Gefäße zunächst in Italien gefunden wurden; und in Italien kam der englische Dichter John Milton im 17. Jahrhundert auf den Gedanken, Delphi zu besuchen. Im 18. Jahrhundert plante dann Johann Joachim Winckelmann (1717–68) mit der Unterstützung von Kardinal Albani, Olympia auszugraben. Von Rom und nicht von London aus startete die britische »Society of Dilettanti« 1764 ihre erste Expedition nach Griechenland, die dann die Lage von Olympia entdeckte. Die Zeichnungen der Ruinen von Paestum von Giovanni Battista Piranesi, die 1778 im Jahr seines Todes entstanden, und die *Antiquities of Athens* (1762–1816), verfaßt von James Stuart und Nicolas Revett, spiegeln noch den konventionellen römischen Geschmack wider.

### Reisende und Plünderer

Die erste eingehende Besichtigung der antiken Denkmäler in Griechenland seit Pausanias unternahm der mutige Reisende, Kaufmann, Diplomat, Gelehrte und Exzentriker Cyriacus von Ancona (1391–1455). Damals bestand in

*Unten:* Im 15. Jahrhundert fertigte Cyriacus von Ancona eine Zeichnung von dem Relief mit den Tänzerinnen von Samothrake aus dem 4. Jahrhundert v. Chr. an, das in der Photographie gegenüber zu sehen ist. Bereits die Renaissance betrachtete archäologische Entdeckungen durch die Brille der eigenen Vorstellungen.

DIE ERFORSCHUNG DES ANTIKEN GRIECHENLAND

Piranesis Impression von einem der berühmten Tempel in Paestum, 1778, nicht lange nach ihrer Wiederentdeckung. Einst standen sie am Strand im flachen Wasser, als das Wasser zurückging, dienten sie als Ställe für Wasserbüffel, aus deren Milch man den Mozarella-Käse gewinnt. Paestum war weniger zerstört als die meisten griechischen Stätten.

## DIE ERFORSCHUNG DES ANTIKEN GRIECHENLAND

Klassische Ausgrabungen

den höfischen Kreisen und in gelehrten Klöstern in Griechenland ein gewisses Interesse daran, die alten Städte, die bei Pausanias und in den nüchterneren Bemerkungen von Strabo (um 63 v.Chr.–21 n.Chr.) und Ptolemaios (2.Jahrhundert n.Chr.) erwähnt sind, mit modernen Ortschaften in Verbindung zu bringen. Unverändert waren nur wenige Namen erhalten geblieben, und die meisten Städte waren reine Ruinenfelder. Einige Heiligtümer waren in Befestigungen umgewandelt worden: Ein Teil des Zeustempels in Olympia diente als Burg, der runde Asklepiostempel in Epidauros war ein Burgverlies, der Parthenon diente als Kirche, und der übrige Teil der Akropolis in Athen war eine italienische Festung. Zur Zeit der Reise des Cyriacus waren die meisten verwendeten Gebäude bereits wieder verlassen und standen nur als Ruinen da. Die Akropolis von Athen wurde noch benützt, doch sollte sie den schlimmsten Tag ihrer Geschichte erst erleben. Cyriacus zeichnete, was er sah, hielt antike Inschriften fest, sammelte Informationen und schrieb seine oft sehr ausführlichen Bemerkungen zu den alten Handschriften, die er besaß. Er hatte jedoch keine Nachfolger.

Die ersten gebildeten Reisenden und Plünderer kamen gegen Ende des 17. Jahrhunderts aus Frankreich und England. Am Ende jenes Jahrhunderts hatte der venezianische Kriegszug gegen die Türken verheerende Vernichtungen in Athen verursacht, und noch bis ins Jahr 1700 hatten die Künstler und Liebhaber, die über Griechenland berichteten, nur ein Auge für das, was sie sich erwartet hatten. Francis Vernon, der 1677 einen gewaltsamen Tod erlitt und in Isfahan begraben liegt, machte umfangreiche Aufzeichnungen über seine Reisen durch Griechenland, die heute noch unpubliziert in der Bibliothek der »Royal Society« in London liegen. Er war gleichermaßen an der Flora, den Befestigungswerken und an der Antike interessiert. Der erste große Wandel trat in den Jahren nach 1760 ein, als klare Architekturzeichnungen und genaue Beschreibungen die Europäer zum erstenmal die griechische Realität ohne die italienische Brille erkennen ließen. Gleichzeitig muß man aber auch zugestehen, daß die Vorstellungen der Reisenden von romantischen Vorurteilen über unterdrückte Bauern und von einem gewissen pittoresken und vom Rokoko geprägten Interesse an den Türken angeregt waren. Auch der römische Einfluß war noch nicht ausgestorben. Als z.B. Lord Elgin die Parthenonskulpturen im Jahre 1816 an die britische Regierung verkaufte, setzten die damaligen Kenner ihren Wert im Vergleich zu römischen Werken herunter, für die sie mehr Verständnis aufbrachten.

Die einzige heute noch erkennbare Wirkung jener enttäuschenden Jahrhunderte mag darin bestehen, daß wir die griechischen Originale zu sehr von den römischen Kopien absetzen, und daß wir die gefühlvolleren und leichter eingängigen Eigenschaften vernachlässigen, zu denen sowohl griechische als auch römische Kunst von Zeit zu Zeit tendierten, und dagegen ihre Reinheit und Strenge überbewerten.

### Archäologie und die moderne Erforschung Griechenlands

Im Jahre 1804 wurde William M. Leake, ein englischer Offizier, mit dem Geheimauftrag seiner Regierung, gegen die Franzosen auf verschiedene Weise zu intrigieren, den Türken zur Verfügung gestellt, um die Verteidigungsanlagen im südlichen Griechenland zu untersuchen. Im Laufe dieser Unternehmung lieferte er die erste und immer noch beste Beschreibung griechischer Ruinen und Ortschaften. Die kurz danach entsandte französische Expedition in diese Gegend brachte ebenfalls hervorragende Ergebnisse. Im Laufe des 19. Jahrhunderts nahmen dann die eifrigen Bemühungen um die antiken Denkmäler im

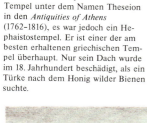

Stuart und Revett publizierten diesen Tempel unter dem Namen Theseion in den *Antiquities of Athens* (1762–1816), es war jedoch ein Hephaistostempel. Er ist einer der am besten erhaltenen griechischen Tempel überhaupt. Nur sein Dach wurde im 18. Jahrhundert beschädigt, als ein Türke nach dem Honig wilder Bienen suchte.

einzelnen deutlich zu. Die Archäologie, die in ihren Methoden noch ganz unzuverlässig war, begann die Kunstgeschichte mit der ganzen Vielfalt ihrer Objekte zu überhäufen, und der europäische Geschmack, der sich an der Zeit des Perikles satt gesehen hatte, griff nun auf Unbekannteres aus. Gegen Ende des Jahrhunderts hat das neue und überragende Ansehen der prähistorischen Archäologie seine Wirkung gezeigt. In den sechziger und achtziger Jahren hatte Heinrich Schliemann nach dem Troja und Mykene des Homer gegraben. Sir Arthur Evans suchte dann im Jahre 1900 in Knossos nach einer Welt, die auch für die Griechen in einer märchenhaften Ferne lag, nach einer vorgriechischen Schrift und Sprache.

Evans fand den Beleg für eine frühe Schrift innerhalb von 14 Tagen, doch es dauerte noch 50 Jahre, bis diese Sprache als eine frühe Form des Griechischen entziffert wurde. Seither haben kretische und mykenische Ausgrabungen weit über das Interesse an Homer hinausgeführt; und obgleich man Geschichte ohne schriftliche Überlieferung nur schwer verstehen kann, wissen wir heute vieles über die kretische Palastkultur, über die Mykener und sogar über viel frühere Stufen der griechischen Vorgeschichte, so daß wir in unserem Urteil über die »Klassik« des 5. Jahrhunderts v. Chr. vorsichtiger geworden sind.

In unserem Jahrhundert hat es noch weitere Veränderungen gegeben. Als erstes ist in Europa die Vorstellung von klassischer Erziehung als Attribut der Aristokratie verschwunden. Heute gibt es mehr anthropologische Fragestellungen in Bezug auf die antiken Gesellschaften, eine kritischere Betrachtung Platons, der Historiker und sogar der Heroen des Epos und der Dichter des Dramas. Die Ausgrabungen sind heute genauer und sorgfältiger, und sie befassen sich mehr mit der Analyse von Informationen als nur mit der Aufdeckung von Objekten. Die Kunstgeschichte beschäftigt sich heute sogar mit den kleinsten stilistischen Veränderungen und mit der Zuweisung von umfangreichen Werken. Die Hauptzüge der kunstgeschichtlichen Methode wurden vor 1939 festgelegt, und nicht einmal die große Menge an neuem Material kann dies mehr ändern. Es gab lediglich eine zeitliche Veränderung der Blickrichtung vom 5. Jahrhundert zurück bis zum 8. Jahrhundert, da inzwischen eine neue Generation von Gelehrten heranwuchs, die mit immer mehr frühem Material vertraut ist, insbesondere mit Skulpturen, die seit den neunziger Jahren des vorigen Jahrhunderts in Griechenland auftauchten und immer noch zum Vorschein kommen. Erst in der Zeit zwischen den beiden Weltkriegen wurde die erste aufschlußreiche Untersuchung über die archaische griechische Skulptur veröffentlicht. Man sollte, was den allgemeinen Geschmack betrifft, auch berücksichtigen, daß es bis in die fünfziger Jahre ein Luxus und auch ein Abenteuer war, nach Griechenland zu reisen.

Das Ergebnis war, daß in der Archäologie insgesamt große Verwirrung eintrat. Kunstwerke, die, wenn sie vor 100 Jahren entdeckt worden wären, große Wirkung gehabt und die Vorstellung vom antiken Griechenland verändert hätten, werden heute nicht mehr beachtet. Griechische Religion und Mythologie haben ihre Eindeutigkeit in einer Vielfalt von vergleichenden Untersuchungen verloren. Geschichte wird in wissenschaftlichen Zeitschriften abgehandelt, aber seit dem letzten Jahrhundert hat es keine einzige überzeugende Darstellung der gesamten antiken griechischen Geschichte mehr gegeben. Und über Griechenland gab es nie irgendein Buch, das an Mommsens *Römische Geschichte* (1854–56) oder an Gibbons *Decline and Fall of the Roman Empire* (1776–88) heranreichen könnte. Die marxistische Forschung hat sich mit mehr Erfolg um die späte als um die frühe griechische Geschichte bemüht. Die Archäologie unternimmt heute

DIE ERFORSCHUNG DES ANTIKEN GRIECHENLAND

die größten Anstrengungen auf einem Gebiet, für das man bis vor 20 oder 30 Jahren keinerlei Interesse zeigte: die dunkle Zeit zwischen dem Ende der Mykener und dem ersten Lichtstrahl des archaischen Griechenland.

Einige der Grabungsergebnisse im 20. Jahrhundert waren sicher die unvermeidliche Folge des aufgewandten Geldes und der investierten Zeit. Über manche Dinge wissen wir weit mehr als unsere Vorgänger, z.B. über die Zentren großer Städte und die Ausdehnung großer Befestigungsanlagen. Die besseren Reisemöglichkeiten haben nützliche vergleichende Untersuchungen über Kolonien, Handelsplätze, Architektur, Stadtplanung usw. möglich gemacht. Es gibt Experten und Liebhaber für antike Technik. Bei jedem großen Grabungsplatz kann man feststellen, daß sich die Archäologie aus dem einfachen Grund mit bestimmten Dingen beschäftigen muß, weil diese dort zufällig vorhanden waren. 100 Jahre früher verhielten sich die Ausgräber noch aristokratischer, sie gruben da, wo sie es für gut hielten, und ließen beiseite, was sie verschmähten. Oft ließen sie sich von falschen ästhetischen Vorstellungen leiten, und zweifellos sind da die heutigen Fehler weniger gravierend. Einmal verpaßte Gelegenheiten kommen nicht wieder. Vieles über Olympia werden wir z.B. nie mehr erfahren, und es gibt, wenn überhaupt, nur wenige Plätze, wo die Anlage einer antiken Stadt oder auch nur die Friedhöfe unberührt aufgefunden werden. Wenn alle Friedhöfe von Megara Hyblaea in Sizilien jemals bearbeitet sein werden, dann ist dies das erste Mal, daß wir derart umfangreiche Kenntnis über eine griechische Siedlung gewinnen konnten. Noch im 19. Jahrhundert wäre eine solche Unternehmung einfacher gewesen als heute, denn viele damals noch intakten Plätze sind heute zerstört oder überbaut.

Städte mit bekannten, historisch berühmten Namen werden im allgemeinen bevorzugt. Dem sind früher die Prähistoriker ebenso erlegen wie heute noch die klassischen Archäologen. Es ist eben schön, an einem Ort zu graben, der bei Homer und meist auch bei Pausanias erwähnt wird. Der Begriff »Stadt« ist manchmal eine irreführende Bezeichnung für ein Gebilde, das oft kleiner als ein heutiges Dorf war, und außerdem täuscht man sich, wenn man dasselbe Wort für ein kleines befestigtes Dorf in der Peloponnes wie für die Stadt Athen gebraucht.

*Oben:* Der elegante Arthur Evans hatte eine schöne Antikensammlung, und der passionierte Heinrich Schliemann schmückte seine griechische Frau mit dem trojanischen Goldschatz *(rechts).* Diese großen Persönlichkeiten machten sich um die Prähistorie in den griechischen Ländern verdient. Sie unternahmen eindrucksvolle Ausgrabungen, und ihre Funde waren von großartiger Qualität.

*Gegenüberliegende Seite:* Das 15 Meter hohe Innere des Schatzhauses des Atreus in Mykene (14. Jahrhundert v. Chr.), gezeichnet von dem Engländer Edward Dodwell auf seiner Reise 1801–06. Dieses ist vielleicht das schönste der großen bienenkorbförmigen Kuppelgräber, die in Mykene ab 1500 v. Chr. erbaut wurden.

Die Arbeit von Evans in Kreta war gekennzeichnet durch Intuition, persönliche Ausstrahlung und den höchsten wissenschaftlichen Standard seiner Zeit. Er stand in engem Kontakt zu seinen kretischen Arbeitern, und spätere Kontroversen lassen vermuten, daß ihm nur weniges, was sich im Boden befand, entging.

Andererseits übertreiben wir auch die Bedeutung von Athen, vor allem weil es die moderne Hauptstadt ist, und viele Archäologen ziehen sie allein deshalb der Provinz vor. Auch ist zumindest die Lage der meisten kleineren Städte des antiken Attika bekannt.

Die Prähistoriker sind, da sie sich weniger auf die Literatur verlassen können, in ihren Methoden genauer als die klassischen Archäologen, und sie beschäftigen sich mehr mit den eigentlich archäologischen Disziplinen. In diesem Jahrhundert haben sie sich schließlich von der Fixierung auf Homer befreit und verlieren das Interesse an der Mythologie. Erst als die Archäologie Ergebnisse in genügender Menge lieferte, die frei von irgendeinem Bezug zum Homertext waren, konnte man allmählich sehen, inwiefern Homers Schilderung mit dem prähistorischen Griechenland tatsächlich übereinstimmte. Solange das eine noch mit dem Blick auf das andere untersucht wurde, herrschte in erster Linie Verwirrung. Wahrscheinlich muß die klassische Archäologie erst noch einen ähnlichen Prozeß durchlaufen, einige berühmte Namen und Assoziationen beiseite legen und sich auf die Tatsachen konzentrieren, auf das, was die Steine selbst aussagen, sich stärker soziologisch orientieren.

Manche uns noch unbekannten Dinge, die wir nach so vielen Jahrhunderten immer noch nicht wissen, werden für den Laien überraschend klingen. Immer noch gibt es z.B. keine vollständige Untersuchung über die Verwendung der griechischen Marmorsorten. Über die antike Herkunft von Bronze und sogar von Gold herrschen weithin nur Vermutungen. Wir haben auch noch fast keinerlei statistische Untersuchungen irgendwelcher Art. Auch ist die Geschichte fast eines jeden Heiligtums in Griechenland in Bezug auf die Phase ihres Untergangs noch zweifelhaft. Die einzigen Ausnahmen stellen dabei die Akropolis von Athen und vielleicht Delphi dar.

Mehrere Generationen von Gelehrten haben einige ästhetische Fehler begangen. Die minoischen Restaurierungen, die Sir Arthur Evans um 1900 ausführen ließ, sind deutlich vom Jugendstil beeinflußt. Die zeichnerische Rekonstruktion Piet de Jongs vom Thronsaal in einem mykenischen Palast sieht aus wie der Entwurf für ein Bahnhofshotel im 19. Jahrhundert.

Erst jetzt und fast zu spät wird das Werk von Pindar erkannt, und zwar zu einer Zeit, in der wir uns bemühen, die antike Dichtkunst als Poesie zu bewerten, die anderer Poesie der Frühzeit vergleichbar ist.

## ZWEITER TEIL
# DIE BRONZE-ZEIT

# DIE PALASTKULTUREN VON KRETA UND MYKENE

Da die Archäologen Jahr für Jahr Material angesammelt haben, kennen wir mittlerweile viele Einzelheiten des Lebens zwischen den Jahren 2100 und 1100 v. Chr., der Blütezeit von Knossos und Mykene. Schon lange Zeit vor 2000 v. Chr. lebten Indoeuropäer in Griechenland. Aber einige der naheliegendsten Fragen sind immer noch nicht beantwortet. Da über einige Punkte heftige Kontroversen entstanden, über andere jedoch nur wenig bekannt ist und diese Belege zudem eher Vermutungen als Schlüsse zulassen, ist es sogar noch schwieriger geworden, die Ereignisse in diesen 1000 Jahren zu deuten. Die Zeiteinteilung, welche die Archäologen mangels genauer Kenntnisse und Daten benutzen (siehe Zeittafel), ist für Kreta, die anderen Inseln und das Festland jeweils ein wenig unterschiedlich. Aber gegen Ende dieses Zeitabschnittes, als Kreta internationalen Einfluß gewonnen hatte, glichen sich die Entwicklungsstufen in allen griechischen Ländern einander an, und ein Großteil Griechenlands hat von da an eine einheitliche Geschichte.

Die erste Dynastie der Mykener, des ersten Volkes, das bekanntermaßen griechisch sprach, erschien vergleichsweise spät, um 1700 v. Chr., im Süden des Festlandes. Zu dieser Zeit bestand die Palastkultur in Kreta bereits, und Kretas Einfluß hatte sich über die Inseln bis zur Levante ausgebreitet. Die Mykener traten auf spektakuläre Weise in das heutige Geschichtsbewußtsein ein: man entdeckte das große Rund der Schachtgräber in Mykene. Aus dieser Zeit hat man keinen Palast gefunden, möglicherweise gab es auch gar keinen. Damals errichtete man auch anderswo in Europa keine Paläste in der Nähe von Kriegergräbern. Die ersten Fürsten von Mykene könnten in Zelten oder Holzhütten gewohnt haben. Die Stadt Mykene, deren Überreste wir heute sehen können, wurde später gebaut und nicht vor dem 13. Jahrhundert v. Chr. befestigt. Um diese Zeit fielen reiche Häuser am Rand Mykenes dem Feuer zum Opfer, und die tiefen Gräben wurden dort, in Tiryns und unterhalb der Akropolis von Athen angelegt. Die mykenischen Paläste, die wir am besten kennen – Mykene, Pylos und Tiryns – wurden am Ende, nicht zu Beginn der mykenischen Epoche erbaut.

**Kreta vor 2000 v. Chr.**
In Knossos gab es keine Befestigungsanlagen, und merkwürdigerweise hat der Palast keine zugehörigen Gräber. Da die Aussagen der Archäologen über die Geschichte meistens von kultureller und physischer Kontinuität oder Diskontinuität abhängen, ist dies zu bedauern; aber die neue Theorie, daß Knossos selbst eine unbewohnte Stadtimitation, ein riesiges Grab gewesen sei, ist sicherlich unrichtig. Knossos wuchs langsam, und der Palast steht im Gegensatz zu dem späteren in Mykene auf den Schuttmassen früherer menschlicher Siedlungen. Ursprünglich

*Oben:* Die spätmykenische Kunst ist sparsam in den Mitteln und manchmal humorvoll. Auf diesem Gefäß aus Lefkandi in Euböa füttert ein Greifenpaar seine Brut.

**Siedlungen in der mykenischen Welt**
Die Burg, die herrlichen Schachtgräber und die bienenkorbförmigen Kuppelgräber in Mykene sind der großen Burg von Tiryns ebenbürtig. Die Tontafeln mit Silbenschrift, die man in Mykene und den Palästen von Pylos und Knossos fand, wurden in den fünfziger Jahren entziffert und als griechisch identifiziert. Es handelt sich ausschließlich um Inventarverzeichnisse: im Gegensatz zu den Tafeln aus der gleichen Epoche, die in der Hauptstadt der Hethiter gefunden wurden, geben sie keinerlei Aufschluß über die politische Geschichte. Aber die Funde vermitteln zumindest einen Eindruck, wie weit verbreitet und vielschichtig die mykenische Kultur war. Kleine Kuppelgräber fand man in Kephallenia im Westen; große gibt es in Thessalien.

Mykenische Töpferware wurde über die Grenzen dieser Karte hinaus ins nahe Tarent in Italien und in die Levante ausgeführt. Diese weitreichenden Handelsverbindungen rissen mit dem Zusammenbruch der mykenischen Kultur ab, um dann von den Griechen in der Zeit der Kolonisation wieder angeknüpft zu werden. Überraschenderweise findet man mykenisches Töpfergut und bienenkorbförmige Kuppelgräber mancherorts in Kleinasien und seinen vorgelagerten Inseln aus einer Zeit lange vor griechischen Wanderungen um 1000 v. Chr.

**Minoische Siedlungen in Kreta**
Die Griechen der Klassik bewahrten die Erinnerung an das Labyrinth des Minos in Knossos. Ausgrabungen in diesem Jahrhundert haben die ausgedehnten Palastanlagen aus dem 2. Jahrtausend v. Chr. freigelegt, deren größte Knossos ist. Nach der vollständigen Zerstörung der größeren kretischen Siedlungen um 1450 v. Chr. wohnten anscheinend mykenische Griechen in Knossos.

kamen die Kreter irgendwoher aus der Levante, möglicherweise flohen sie vor den Unruhen in Ägypten oder weiter aus dem Osten. Der sieben Meter tiefe Schutthaufen unter Knossos zeigt jedoch, daß der Platz schon 4000 Jahre lang bewohnt war, ehe schließlich jene Kreter kamen, die um 1900 v. Chr. den Palast anlegten. Wir wissen sogar, daß sie Metall besaßen, da man in einem der Häuser in Knossos in einer neolithischen Schicht eine kupferne Axt gefunden hat, die wahrscheinlich ein Geschenk oder ein importiertes Werkzeug war.

Bald nach 2800 v. Chr. besaßen die Kreter bereits Einfluß in der Ägäis, und schon damals hatten sie ihre charakteristischen Grabhügel mit einem Gewölbe, das an altertümliche Bienenkörbe erinnert, entwickelt. Diese Bauweise hielt sich mehr als 1000 Jahre lang, obwohl kein einziges Grab in Kreta selbst unversehrt überdauert hat. Die Wände waren dick, und ihre Form erinnert an Lehmziegelbauten. Ihr Durchmesser betrug bis zu 13 Meter. Die runden Innenräume mit ihren langen Vorhöfen sind sicherlich die Nachahmung der ursprünglichen Häuserform vergangener Zeiten. Bis zum Jahr 2000 kannten die Kreter noch keine Schrift, obwohl es sie in der Levante schon gab. Sogar in abgelegenen Siedlungen Kretas fand man eine Anzahl ägyptischer Steinvasen; sie stammen aus den Jahrhunderten um 3000 v. Chr., aber allem Anschein nach gelangten sie erst sehr viel später auf die Insel Kreta.

### Die Welt der großen Paläste

Die ältesten Beispiele kretischer Schrift lassen sich auf etwa 1900 v. Chr. datieren. Es sind Hieroglyphen oder Bilderschriften. Die Schrift und die Kunst, Steingefäße herzustellen und Steinsiegel zu schneiden, kam wahrscheinlich aus Syrien nach Kreta, vielleicht aus Ras Shamra an der Küste gegenüber Zypern. Wie in vielen Fällen scheinen diese Künste von Flüchtlingen mitgebracht worden zu sein. Die Mehrzahl der erhaltenen Schrifttäfelchen aus dem gesamten Zeitraum – die minoische Linear-A-Schrift – sind bloße Verwaltungsprotokolle; lediglich die ein wenig jüngere mykenische Linear-B-Schrift ist entziffert. Die Form gewisser früher Tontäfelchen aus Knossos läßt vermuten, daß zunächst auf Palmblätter geschrieben wurde. Bei den Mykenern nach 1450 v. Chr. könnte es durchaus griechisch geschriebene Literatur gegeben haben. Ebenso gibt es von kleinen griechischen Inseln einfache Marmorfigürchen von Musikanten aus dieser Zeit und früher, aber wir wissen natürlich nichts über Musik oder Dichtkunst der zentralen ägäischen Inseln. Während die bildende Kunst sich auf Kreta (und auf den von Kreta beherrschten Inseln) verstärkt entwickelt, bilden die Künstler selbst eine hohe Sensibilität aus für den Stein und seine Farben, für Muscheln und alles, was mit dem Meer zu tun hat. Überall in dieser Welt, auf Gräbern, Vorrats- und Kultgefäßen findet man die Zierform der Spiralen. In der Entwicklung der Kunst machte nur die bewußte Darstellung natürlicher Formen wie Muscheln und Fische Fortschritte.

Die großen Paläste der Blütezeit Kretas zwischen 2000 und 1400 lagen in Knossos, Phaistos, Mallia und Chania. Letzterer ist zum größten Teil noch nicht ausgegraben. Es gibt noch eine Anzahl kleinerer Paläste. In einigen davon fand man hervorragendes Material, aber keiner von ihnen, ausgenommen vielleicht Kato Zakro, kann sich mit den großen Zentren messen.

Knossos und Phaistos wurden um 1700 v. Chr. zerstört, Phaistos vielleicht gründlicher. Beide Paläste wurden wieder aufgebaut, der Grundriß von Mallia wurde verkleinert. Zur Zeit seiner höchsten Blüte maß Knossos ungefähr 160 Meter Seitenlänge, das sind etwa die Ausmaße eines kleinen College in Oxford oder Cambridge oder eines kleinen mittelalterlichen Klosters. Das ist zumindest das ausgegrabene Knossos; in den letzten Jahren entdeckte man noch Außenbezirke, die gründlich zu erforschen den Reichtum Sir Arthur Evans' erforderten.

In der Mitte des 16. Jahrhunderts v. Chr., als die kretische Palastkultur ihren Höhepunkt erreicht hatte, explodierte die nächstgelegene Kykladeninsel, die Vulkaninsel Santorin (Thera). Santorin wurde vollständig verwüstet; der auf der Insel gelegene Palast war rechtzeitig verlassen worden, und nur ein paar Tiere wurden in den leeren Räumen von Lavamassen verschüttet. Ein vollständiger Palast wurde begraben und bis heute so unversehrt wie Pompeji bewahrt. Die Explosion muß beachtlich gewesen sein, und sie kann auch in solcher Entfernung wie Ostkreta furchtbare Schäden angerichtet haben. Die Ernte in Kreta litt beträchtlich, und es gab Erdbeben. Irgendwann in diesen oder den folgenden Jahren wurden Zakro und Mallia zerstört und Knossos beschädigt. Nur Knossos überlebte. Zakro war offenbar vor der Zerstö-

*Oben:* Zwei Beispiele für Linear-A-Schrift aus Hagia Triada.
*Rechts:* Linear-B-Schrift aus Knossos. Viele Linear-A-Zeichen wurden in Linear-B übernommen, Linear-A ist aber noch nicht entziffert.

rung verlassen worden. Obwohl es sehr verführerisch ist, alle Geschehnisse mit einem einzigen eindrucksvollen Vulkanausbruch zu erklären, bleiben die genaue Abfolge und der Zusammenhang der Begebenheiten unklar. Hungersnot, Seuchen und Revolution können eine Rolle gespielt haben, aber für die Archäologie sind Spuren all dieser teifgreifenden Ereignisse schwer zu verfolgen.

Allgemein leugnete man eine mykenische Besetzung von Knossos um 1400 v. Chr. heftig ab, aber sie gilt jetzt als gesichert. Dennoch sind auch hier die Einzelheiten unbekannt. Es kann ein Bündnis, Gewaltherrschaft, Förderation, dynastische Heirat oder kulturelle Obergewalt gewesen sein. Eine Eroberung ist nur dann erwiesen, wenn der Zerstörung die Einfuhr von Kulturgütern folgt.

**Das Archiv in Knossos**
Die Entdeckung des wichtigen Archivs in Knossos verrät uns einiges über die Wirtschaft eines kretischen Palastes. Die Tontäfelchen sind mit der sogenannten Linear-B-Schrift beschrieben, die man auf Kreta nur in Knossos findet, wenngleich sie auch die Schrift der mykenischen Paläste auf dem Festland war. Die noch nicht entzifferte Linear-A Schrift, aus der sich wahrscheinlich die Linear-B-Schrift entwickelt hat, tritt zwischen 1700 und 1450 in ganz Kreta auf. Allem Anschein nach lernten die Mykener mehr von Kreta als sie gaben, ein charakteristisches Kennzeichen ihrer griechischen Herkunft. Zur Zeit ihrer Herrschaft, aus der die Linear-B-Täfelchen in Knossos stammen (gegen 1400 v. Chr.), war die Lage schwierig; es war eine Zeit militärischer Eroberungen, des Fortschritts des Handwerks und des Niedergangs höfischer Kunst. Die Maler der Fresken an den Palastwänden richteten ihre Aufmerksamkeit auf Krieger und Kriegsszenen. Das Waffenhandwerk wurde verbessert und die Herstellung von Töpferware verfeinert, aber die Verzierungen wirkten bald lieblos. Dennoch darf man solche Eindrücke nicht zu ernst nehmen: anderswo im Nahen Osten verstärkte sich der Militarismus in dieser Zeit ebenso.

Die Linear-B-Täfelchen aus Knossos enthüllen, daß sich jeglicher Wohlstand auf die Landwirtschaft stützte. Schafe zählte man zu je fünfzig, Wolle berechnete man in Vielfachen des zehnten Teiles der Anzahl der Schafe in einer Herde oder als ein Viertel der Zahl von Hammeln. Der Herrscher war ein König, aber bei der Verteilung von Grund oder Getreide galt die Stimme eines Dreierrates so viel wie seine und die eines Beamten, dessen Rang gleich nach dem König kam, etwa so viel wie die des Rats. Es mag sein, obwohl es nicht erwiesen ist, daß diese Magnaten die weltliche Macht der Königsherrschaft innehatten und der König die eher geistliche. Es gab verschiedene niedrigere Ränge oder Tätigkeiten sowie Leute in bestimmten Dienstleistungsberufen wie Schafhirten, Ziegenhirten, Jäger, Holzfäller, Maurer, Schiffszimmerleute, Zimmerleute usw. Frauen mahlten und wogen das Getreide, aber Männer buken. Goldschmiede, Badefrauen und Salbenhersteller sorgten für die Annehmlichkeiten des Lebens. Jeder einzelne konnte Sklaven halten, die den Berufen ihrer Herren nachgehen konnten; gefangene Frauen spielten als Arbeitskräfte eine wichtige Rolle. Brot, Öl und Wein waren verbreitet und das übliche Vieh wurde gehütet einschließlich der etwas selteneren kretischen Ziege. Ein Siegelstein läßt vermuten, daß diese ehrwürdigen Tiere mit den großen Hörnern sogar paarweise Wagen ziehen mußten. Das mykenische Gemüse bleibt unbekannt, aber wir kennen eine ganze Reihe der verwendeten Gewürze, beispielsweise Minze, und wir wissen, daß die Mykener in Knossos Käse aßen. Die Schäfer und Ziegenhirten in Knossos weideten ihre Herden weiter vom Palast entfernt, und eigene Beamte holten von jeder Herde den Anteil an Tieren und Wolle. Es gab sehr wenig Pferde und nicht viele Rinder. Schweine hütete man, und besonders fette wurden eigens erwähnt.

**Die mykenische Religion**
Es ist erstaunlich, wie wenig gesicherte Kenntnis wir von der mykenischen Religion haben, vor allem wenn man die Menge neuerer Schriften über dieses Thema in Betracht zieht. Grabbeigaben, Goldmasken und manchmal das Einbalsamieren mit Honig, ein Vorrecht der reicheren Toten, lassen auf deutliche Vorstellungen über das Leben nach dem Tod schließen. Die Fruchtbarkeitskulte in kretischen Höhlen, in denen Stalagmiten phallischen Aussehens zur Verehrung ausgewählt wurden, zeugen von einer bestimmten Seite der göttlichen Ordnung. Wir kennen andere Bergheiligtümer die, hoch oben zwischen Felsen errichtet, nur schwer zugänglich sind. Es sind Altäre mit der stilisierten plastischen Darstellung von Weihehörnern erhalten, ebenso eine Anzahl heiliger Symbole wie die Doppelaxt, die wahrscheinlich dem Himmelsgott zugeordnet war. Das berühmteste Beispiel für die erhaltenen Manifestationen eines Säulenkultes ist das Löwentor in Mykene. Das Löwentor könnte auch ein Greifentor gewesen sein, aber was diese Wappentiere auch dargestellt haben mögen, ehe sie ihre Köpfe verloren – sie stützen ihre Vorderpfoten auf Doppelaltäre an beiden Seiten einer einzelnen Säule.

Wir besitzen aus den Archiven von Knossos und Pylos Listen von Göttern, die eigentlich die gebräuchlichen Namen der Götter des klassischen Griechenland tragen. Aber diese Tatsache hilft uns wenig weiter. Bei der Entzifferung dieses Teils der Linear-B-Täfelchen und noch mehr bei ihrer Interpretation mußten oft voreilige Vermutungen revidiert werden. Aber es ist interessant, daß es eine Taubengöttin gab, daß Poseidon wichtig war und daß die Iphigenie der griechischen Tragödie, die in der Mythologie mit Hekate verwandt ist, ihre Laufbahn als mykenische Göttin begann. Die Götter empfingen Opfer und hatten Besitztümer zu eigen. Die bildende Kunst der kretischen und mykenischen Paläste vermittelt vermeintlich einen noch umfassenderen Eindruck von der prähistorischen Religion. Aber es hat sich oft erwiesen, daß man diesem Gefühl von unmittelbarem Verständnis nicht trauen darf.

Trotzdem kann man noch mehr sagen. Es gibt eine Reihe von Goldringen mit einer gemeinsamen Formensprache, die meiner Ansicht nach ähnliche mythische Szenen abbilden und einander überschneidende Geschichten darstellen. Einige derselben Bilder findet man etwas verkleinert in Edelsteine eingraviert. Einer der schönsten zeigt eine menschliche Gestalt auf einem Thron sitzend, dahinter einen Adler sowie eine Reihe prächtiger Fabeltiere, die sich auf ihren Hinterbeinen aufrichten und flüssige Opfergaben darbieten. Darüber funkelt ein sehr lebendiger Himmel mit Blitzen, Sonnenrädern, Mond und Sternen, auch einigen achtförmigen Schilden darunter. Ein genaueres Abbild göttlich begnadeten Königtums könnte man sich kaum wünschen. Der Thronsaal in Knossos, wo ein freistehender Thron von Greifen auf der hinteren Wand flankiert wird, drückt mit diesen Wappen ähnliches aus. Wir wissen, daß solche von Tieren bewachte Thronsäle schon 7000 Jahre früher existiert hatten, und zwar in der ältesten bekannten neolithischen Stadt in Europa und Asien, Çatal Hüyük in den Bergen Anatoliens.

Aber die meisten Darstellungen auf diesen Ringen zeigen Frauen oder Göttinnen. Eine der besten gibt einen ekstatischen Tanz weiblicher Figuren auf einem Hügel wieder; einige stellen Anbetungsszenen dar, während auf anderen die Handlung eine heilige Pflanze mit ein-

DIE PALASTKULTUREN VON KRETA UND MYKENE

Goldbecher (ca. 1500 v. Chr.) aus einem Kuppelgrab bei Vapheio nahe der späteren Stadt Sparta. Ein wilder Stier wird in einer urwüchsigen Landschaft mit Netzen und Stricken in die Falle gelockt. Dabei sind zwei Menschen tödlich verunglückt.

*Links:* Das üppige Meeresdekor dieses mit einem Tintenfisch bemalten Gefäßes aus Palaiókastron in Ostkreta ist sowohl wegen der liebevollen Beobachtung der freien Natur als auch in seiner betörenden Pracht typisch für den Geschmack der Minoer.

*Rechts:* Der goldene Daumenring ist einer der zahlreichen Grabfunde mit mythologischen Darstellungen. Sie sind zwar weniger streng gegliedert als der Vapheiobecher oder das Gefäß mit dem Tintenfisch, aber die Gestalten sind steifer und stilisierter.

*Unten:* Dieses mit Lapislazuli und Silber eingelegte Spielbrett gehörte zu einem Palast. Das verwendete Lapislazuli stammte aus Faizabad in Afghanistan. Die Regeln des Spiels sind bisher unbekannt.

schließt. Diese Pflanze wird auf einem Berg entdeckt oder auf einem Schiff transportiert oder von einer Göttin vorgezeigt. Eine Szene stellt anscheinend einen Adler und einen Bienenschwarm dar. Manchmal schwebt ein kleiner männlicher Gott wie ein Siegeszeichen mitten in der Luft. Auf einem besonders ausdrucksvollen Stück sitzt eine Dame – sicher eine Göttin – in unterteilten Glockenröcken, nackt bis zur Hüfte, unter dem heiligen Baum auf einem Berggipfel. In der Hand hält sie drei Mohnkapseln. Drei andere ähnliche Frauen, eine davon kleiner, bringen Blätter oder Blumen als Geschenke. Der kleine männliche Gott schwebt in der Luft, ihm zur Seite die Doppelaxt. Eine andere kleine Frau erntet gerade den Baum ab. Wahrscheinlich wurden diese Schmuckstücke in Anlehnung an die monumentale Malerei eines Palastes oder Heiligtums geschaffen.

Da die Ringe so schwer, wertvoll und zahlreich sind – es kommen immer noch neue zutage –, war das, was sie darstellen, wohl von besonderer Bedeutung. Die Ringe sind zu schwer für den täglichen Gebrauch, man findet sie nur in Männergräbern.

**Die weltliche mykenische Kunst**
Wenn es bei der Interpretation einer Kunst wie dieser viel Spielraum für persönliche Auffassungen gibt, so können wir durch Gegenstände wie ein mit Elfenbein und Lapislazuli eingelegtes Spielbrett zweifellos genaueren Einblick in das kretische Hofleben gewinnen. In der damals bekannten Welt gab es nur eine einzige Quelle für Lapislazuli: die Minen oberhalb von Faizabad in Afghanistan. Auch das Elfenbein muß einen weiten Weg hinter sich gehabt haben: gewöhnlich kam es aus Nordafrika, wo es

## DIE PALASTKULTUREN VON KRETA UND MYKENE

noch viele afrikanische Elefanten gab. Kreta war nicht isoliert, es war in einen weiten internationalen Zusammenhang eingebettet.

Sicherlich zog der weltliche Glanz der kretischen Paläste die Mykener an, vielleicht wurden sie auch durch ihn erst kultiviert. Die herrlichen Luxusgegenstände der Kreter, ihre vielen verschiedenen Edelsteine, ihre kostbare Bronze und die kunstvolle Töpferware, ihre kleinen Standbilder, die phantasievollen Wandgemälde, ihr Gold und Silber, Glas und Lapislazuli konnten sich damals an Qualität mit allem auf der Welt messen. Nur bei der Bearbeitung von Bronze blieben die Chinesen am anderen Ende der Welt unübertroffen. Manche Gemälde waren Nachahmungen: Im Schiff-Fresko aus Akrotiri auf Santorin wird fremder Einfluß spürbar, ebenso in der etwas jüngeren Schlachtszene aus dem mykenischen Pylos. Aber der fliegende Fisch aus Phylakopi, die Vögel aus Knossos und die Landschaft aus Santorin sind höchst eigenständige Meisterwerke. Der lebendige Eindruck eines kretischen Frühsommers auf den Fresken von Santorin ist etwas einzigartiges in der Geschichte der Menschheit.

Das berühmte Stierspiel, das einen religiösen Hintergrund gehabt haben kann, war eine Art Akrobatik, ein Purzelbaumschlagen über die Stierhörner hinweg. Es wurde von leicht bekleideten, unbewaffneten Jünglingen ausgeübt, und ab und zu schleuderte der Stier sie mit den Hörnern in die Luft. Zumindest in der Kunst spielten Mädchen ebenfalls eine gewisse Rolle. Auf den kretischen Goldbechern, die man in Vapheio gefunden hat, wird dargestellt, wie wilde Stiere in einer schroffen Gegend mit Hilfe von Netzen und Seilen gefangen werden. Auf einem Elfenbeinschächtelchen benutzt ein purzelbaumschlagender Springer die Stierhörner wie Handgriffe in einem ähnlichen Zusammenhang, einer Jagd in rauhem Gelände. Wenn diese Deutung stimmt, dann könnte das Spiel am Hofe, beziehungsweise die Abbildung des Spiels den Fähigkeiten, die im täglichen Landleben in Kreta bewundert wurden, näher verwandt sein als den eigens ersonnenen Schauspielen in einer spanischen oder römischen Arena.

Trotz aller gelehrten Bemühungen wird man niemals mit Sicherheit wissen, ob ein Kunstwerk, das uns ohne Sprache überliefert wird, eine göttliche oder menschliche, fürstliche oder gewöhnliche, ja eine wirkliche oder erfundene Begebenheit darstellt. Sicherlich gibt es erfundene Szenen in der kretischen Kunst, beispielsweise einen Mann, der gleichzeitig mit zwei Löwen ringt, oder Sze-

*Oben:* Auf dieser Dolchklinge aus mit Silber eingelegter Bronze aus einem Schachtgrab in Mykene ist eine Löwenjagd abgebildet. Aus der Zeit von 1600–1550 v. Chr.

*Links:* Diese Göttin oder Priesterin aus dem Palast von Knossos ist aus bemaltem Elfenbein gefertigt. Sie trägt eine Katze auf dem Kopf und schwenkt Schlangen in der Luft. 1600–1550 v. Chr.

*Rechts:* Der Burgberg von Mykene, Westansicht. Der Ringwall aus dem 13. Jahrhundert v. Chr. umschließt das große Rund der etwa dreihundert Jahre älteren Schachtgräber, die von Schliemann 1876 ausgegraben wurden. Etwas hügelaufwärts die Überreste der Häuser aus dem 13. und 14. Jahrhundert und im oberen Bezirk die Palastbauten.

nen, die nur entfernt zur Wirklichkeit in Bezug stehen, wie die Nachbildungen ägyptischer Gemälde.

Tiere in kretischer Kunst, sei es nun ein Tonrelief, eine Gravierung in Miniaturformat oder ein lebensgroßes Gemälde, sind genau beobachtet, fein ausgeführt und klar entworfen. Tatsächlich zeigt diese Kunst schon viele Eigenschaften der 500 Jahre späteren sogenannten klassischen Epoche. Mit Ausnahme der Wappentiere ist es eine Kunst einfacher Menschen, lakonisch und kraftvoll. In den besten Stücken ist sie nicht durch Konventionen eingeschränkt. Im Bezug auf Kreta bin ich versucht, die Kunst der Menschendarstellung mit den künstlerischen Darstellungen von Tieren zusammenzusehen, da die Gegenstände gewissermaßen ähnlich behandelt werden. Der menschliche Körper wird nach einigen feststehenden formalen Konventionen gestaltet, zumindest in der höfischen Kunst. Aber die Wespentaillen, die breiten Schultern und Haarnadelproportionen der jungen Männer und die großzügige Formgebung der Frauengestalten sind nicht unbedingt völlig unnatürlich, auch wenn einiges auf die traditionelle Darstellungsweise zurückzuführen ist.

DIE PALASTKULTUREN VON KRETA UND MYKENE

# Mykene

Die große Stadt Mykene veranstaltete königliche Begräbnisse von außerordentlichem Glanz. Die frühesten Gräber aus dem 17. und 16. Jahrhundert v. Chr. waren in den Boden gegrabene tiefe Schächte. Später in der Bronzezeit entstand der wuchtige Baustil dieser Stadt mit dem Rundwall aus dem 13. Jahrhundert, der zu dem ehrfurchtgebietenden Anspruch der Kuppelgräber paßt. Zwei davon sind als Schatzhaus des Atreus und das Grab der Klytämnestra bekannt.

Der Einfluß und die Macht der Mykener reichte bis nach Kreta, zur Kleinasiatischen Küste, nach Sizilien und bis nördlich von Rom. Sie hatten reiche Besitzungen und waren ein kriegerisches Volk. Bezeichnenderweise ist die herrlichste Verzierung auf einem eingelegten Dolchgriff aus Lapislazuli, Kristall und Gold zu finden *(rechts)*. Das Lapislazuli hatte einen sehr weiten Weg hinter sich, es stammt aus Zentralasien. Der Dolch aus einem Schachtgrab datiert aus dem 16. Jahrhundert.

Dieses schlichte Gefäß aus einem Kammergrab in Mykene diente wohl dem Hausgebrauch, aber es wurde mit außerordentlichem handwerklichen Geschick aus Bronze gefertigt. Bronze war das nützlichste Metall und zudem wertvoll.

Die Totenmaske aus dünnem Gold, ein Symbol für die Unsterblichkeit des Königs *(rechts)*, ist der erste der Funde Schliemanns aus den mykenischen Schachtgräbern. Sie stammt aus der Zeit von 1550–1500 v. Chr. Schliemann telegrafierte dem griechischen König: »Heute habe ich Agamemnon ins Antlitz geblickt.« Einige seiner heftigsten Kritiker glaubten, das mykenische Gold sei keltisch oder byzantinisch. Man weiß nur aus mündlicher Überlieferung, daß die Mykener zu den ersten griechisch sprechenden Völkern zählen. Ob Agamemnon nun wirklich gelebt hat oder nicht, er wurde zumindest seit homerischer Zeit in Mykene verehrt.

1 Gräberrund A
2 Gräberrund B
3 Grab der Klytämnestra
4 Grab des Ägist
5 Löwengrab
6 Haus des Weinhändlers
7 Haus des Ölhändlers
8 Löwentor
9 Palast
10 Schatzhaus des Atreus

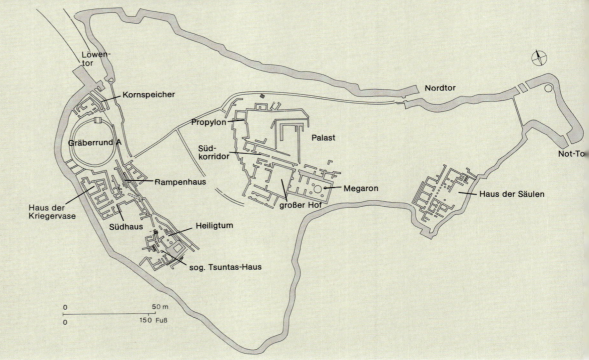

36

DIE PALASTKULTUREN VON KRETA UND MYKENE

Ein sechseckiges Kästchen mit Goldverkleidung, dessen eine Seite abgebildet ist *(ganz unten links)*, der berühmte Goldbecher *(unten)*, den romantische Gelehrte nach Homer »Nestorbecher« genannt haben, und das große Tor von Mykene *(ganz unten)*, das sogenannte Löwentor (auch wenn die Wappentiere möglicherweise Greifen und keine Löwen dargestellt haben), vermitteln einen Eindruck mykenischer Größe. Nirgendwo sonst sind Gegenstände solcher Qualität und Großartigkeit aus der späten Bronzezeit in solchen Mengen erhalten.

Frühe Zeichnungen wie diese, die 1834 von dem englischen Händler Edward Dodwell veröffentlicht wurde, oder auch alte Photographien von Mykene sind am verläßlichsten, denn die immerwährende Betriebsamkeit der Archäologen, Touristen und Restauratoren hat jene gewaltigen Ruinen verändert, ähnlich wie etwa auch Stonehenge verändert worden ist.

37

# Knossos

Knossos war der größte kretische Palast und später in der Zeit der Klassik die größte Stadt Kretas. Es wurde hauptsächlich von Sir Arthur Evans ausgegraben. Hier endlich fand Evans erstmals, was er suchte: den Nachweis, daß eine geschriebene Sprache schon in der griechischen Bronzezeit existierte.

Die Tontafelarchive, die er entdeckte, ermöglichten es den Gelehrten, aus vielen Einzelheiten ein recht umfassendes Bild der kretischen Gesellschaft und Wirtschaft zu entwerfen. Aber der erste Eindruck der höfischen Kultur Kretas bleibt, daß sie sehr reich war, aber fast noch eleganter als reich, und sie hatte auch ihre dunklen, unheimlichen Seiten.

In Knossos selbst finden immer noch Ausgrabungen statt. Über Generationen war es der Mittelpunkt so intensiver Arbeit, daß heute der Laie Mühe hat, all die angesammelten Fundstücke und Deutungen zu überblicken. Der Palast wurde um 1900 v. Chr. auf einem kleinen Erdwall aus dem Schutt von Tausenden von Jahren vorgeschichtlicher Besiedlung angelegt. Knossos wurde mehr als einmal zerstört. In seiner letzten Blütezeit gegen 1400 v. Chr. stand es unter mykenischer Herrschaft. Aber auch nach dem Zerfall der Palastkulturen gab es noch ein Knossos, eine Stadt von etwa einem Quadratkilometer Ausmaß, die am Nordrand der Ruinen entstand. In der Mythologie des klassischen Griechenland war Knossos der Palast des Königs Minos, Sohn des Zeus und der Europa und Vater der Ariadne, eines weitaus mächtigeren Königs als Agamemnon von Argos.

Die Palastanlage von Knossos vermittelt immer noch den Eindruck glänzenden Reichtums, gekoppelt mit außerordentlicher Gediegenheit. *Unten* der Blick vom Südflügel, mit dem Juktas im Hintergrund, wo ein Gipfelheiligtum zum Palast gehörte. Merkwürdigerweise erinnern einige Details an den Stil der Zeit König Edwards oder Queen Victorias. Dies beruht teilweise auf Zufall, einer nicht ungewöhnlichen Laune der menschlichen Natur, ist aber andererseits vielleicht auf den persönlichen Geschmack Sir Arthur Evans' und seiner Restauratoren zurückzuführen. Die steinernen Stierhörner oder »Weihehörner« *(links Mitte)* sind eines der häufigsten religiösen Symbole die die Minoer verwendeten.

Dieses schlecht erhaltene, aber hübsche Fresko *(oben)* aus dem Ostflügel zeigt sicherlich Berufsakrobaten. Es ist schwer zu sagen, ob bei diesem gefährlichen Sport Ritus oder Unterhaltung überwogen. Der Stier ist ein bemerkenswert rassiges Tier, einem altenglischen Longhornrind nicht unähnlich. Viele Sujets der minoischen Palastfresken sind der Welt des Sports oder der freien Natur entnommen. Sie dienten eher zur Zierde denn zu religiösen Zwecken. Das hier abgebildete Fresko stammt aus der Zeit um 1600–1400 v. Chr.

Dieser frühe Becher (um 1800 v. Chr.) ist sowohl der Form als auch dem Dekor nach typisch minoisch. Die ungewöhnliche Schönheit und die hohe Qualität der Keramik zählen zu den beachtlichsten Merkmalen des durchwegs hohen künstlerischen Rangs der handwerklichen Kultur im fürstlichen Kreta der Bronzezeit.

# DIE PALASTKULTUREN VON KRETA UND MYKENE

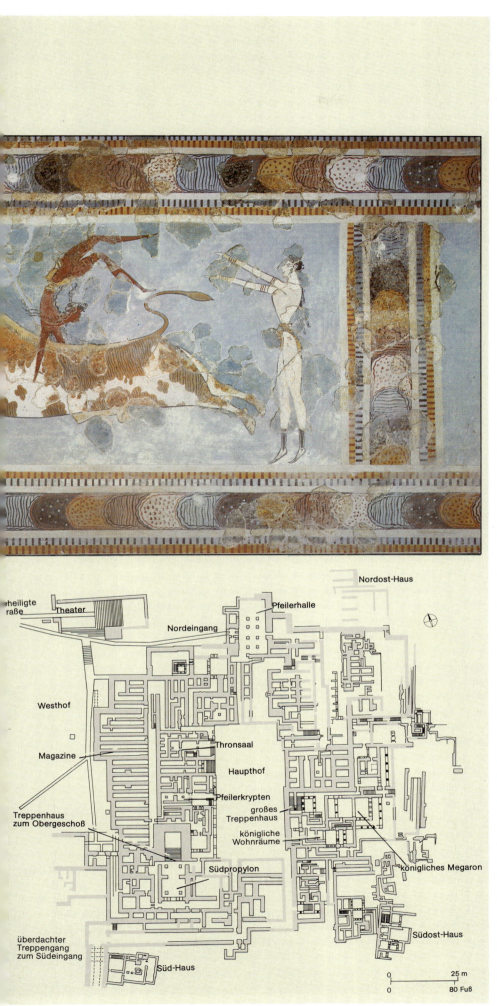

## Die spätmykenische Kultur

Gegen Ende der Bronzezeit dienten die erhaltenen mykenischen Paläste immer häufiger als Handelsumschlagsplätze oder als Zentren für Waren und Dienstleistungen. Sie waren der Mittelpunkt einer zusammenbrechenden Gemeinschaft. Obwohl wir einen kleinen Einblick in die Gesellschaftsorganisation in Knossos haben und uns ein Bild von den letzten Tagen von Pylos machen können, sind wir nicht in der Lage, den Verfall so genau zu beschreiben, daß wir ihn erklären könnten. Im frühen 14. Jahrhundert brannte Knossos nieder, ebenso Theben auf dem griechischen Festland; keiner dieser Paläste wurde wieder aufgebaut. Am Ende des 13. Jahrhunderts wurden mehrere große Festungen angegriffen. Im 12. Jahrhundert wurde Mykene zerstört, Tiryns und Pylos vernichtete das Feuer, und viele kleinere Orte wurden verlassen. Die Paläste waren dunkle, mit Öl beleuchtete Gewölbe. Ihre Konstruktion bestand zu großen Teilen aus Holz und der Kern ihrer Wände aus Steinschutt; sie waren äußerst anfällig für Feuer oder Erdbeben. In Pylos blieb das Archiv erhalten, gehärtet im letzten Brand. Es verzeichnet die Verteilung von Notationen an verschiedene Abteilungen der Küstenstreitmacht.

Die Mykener waren zu einem Leben mit einer gewissen geistigen Verfeinerung und zu großem Wohlstand gelangt. Die gewaltige und elegante Bauweise der Grabmäler macht diese zu den bemerkenswertesten aller frühgeschichtlichen Bauwerke in Griechenland. Die beachtliche Größe und das Gewicht der Festungsmauern verdeutlichen, wieviel Macht sie besessen haben müssen. Spätere Generationen schrieben die Erbauung der mykenischen Mauern Göttern oder Halbgöttern zu. Allein in der Argolis gab es mindestens zehn mit Steinen befestigte Siedlungen, sieben in Attika, drei in Böotien. Ihre Handelsbeziehungen reichten über Sizilien und Lipari bis nach Spanien. Kunst und Handwerk waren mehr oder weniger in einer Hand. Nun begann die ganze griechische Welt, eine gemeinsame Geschichte zu entwickeln. Dennoch war die Töpferware, die beispielsweise in Pylos in großen Mengen gelagert war, minderwertig, eine provinzielle Variante dessen, was in Mykene selbst verwendet wurde. Solch eine Vereinheitlichung der Welt braucht eine Hauptstadt. Die bärtigen Barbaren mit den goldenen Totenmasken und dem Interesse an Pferden hatten ein mächtiges Volk begründet.

In geistiger Hinsicht verbindet eine Art rauhe mykenische Heiterkeit, die eher glanzvoll als feinfühlig war, das Zeitalter der frühen Paläste mit der noch fremdartigeren Welt Jahrhunderte später, in der sich die epische Dichtkunst entwickelte. Die steinerne Pracht des Palastschmuckes, die Säulen ihrer Gräber und die kunstfertige Formgebung ihrer Rüstungen vermitteln den Eindruck eines einheitlichen Geschmacks, das Bild einer Gesellschaft, die man begreifen kann. Die eingelegten Dolche, die Abbildungen von Schlachten und Löwenjagden, die Leoparden und Wildgänse machen die mykenische Gesellschaft für uns lebendig. Ihr Lapislazuli, ihre Straußeneier und zweifellos ihre schönsten Schmuckstücke waren über Kreta oder, genauer gesagt, über Tiryns zu ihnen gekommen. Aber die unpersönliche, fast unmenschliche Darstellung so vieler Kampfszenen oder von blutiger Gewalt, die zugleich in ihrer Faszination durch Anmut und Verletzlichkeit immer recht menschlich ist, weist in die Zukunft.

Wenn man die Funde aus den Schachtgräbern homerisch nennen könnte, so könnte man die erhaltene Grabstele eines dieser Gräber, in die die erste Pferdedarstellung der ägäischen Kunst eingemeißelt ist, bereits als hesiodisch bezeichnen.

*Forts. s. S. 42*

39

DIE PALASTKULTUREN VON KRETA UND MYKENE

# Santorin

Santorin ist das antike Thera, eine malerische Vulkaninsel unweit von Kreta. Der Vulkan brach während der Bronzezeit mit großer Gewalt aus. Dabei wurde die heutige Insel Thirasia abgetrennt und ein Palast in der Lava so wunderbar konserviert wie Pompeji und Herculaneum beim Ausbruch des Vesuv. 1967 begann Professor Marinatos mit der Ausgrabung der von Lava verschütteten bronzezeitlichen Gebäude bei Akrotiri im Süden der Insel.

Die Stadt des antiken Thera liegt gegen Osten auf einem felsigen Vorgebirge. Sie wurde vor dem 9. Jahrhundert besiedelt, und es gibt Überreste aus dem 7. und 6. Jahrhundert. Der Großteil der Ruinen stammt aber aus der ptolemäischen Zeit oder später. Das moderne Thera liegt an der felsigen Steilküste im Westen.

Diese trauernde Frau ist eine schlichte archaische Statue aus bemaltem Ton. Sie stammt aus Thera, aber sie könnte irgendwoher aus der griechischen Welt kommen. Sie rauft sich das Haar und zerkratzt ihre Wangen, Trauergesten, die in ritualisierter Form auch auf der geometrischen Keramik Athens auftreten. Im Kontrast der recht warmen Menschlichkeit der großen, hilflos gestalteten Augen und der unbeholfenen Arme einerseits zu der strengen Nüchternheit des Gewandes, der Haare und des Gürtels andererseits liegt etwas Rührendes. Die Schönheit dieser kleinen Statue ist vielleicht ein glücklicher Zufall.

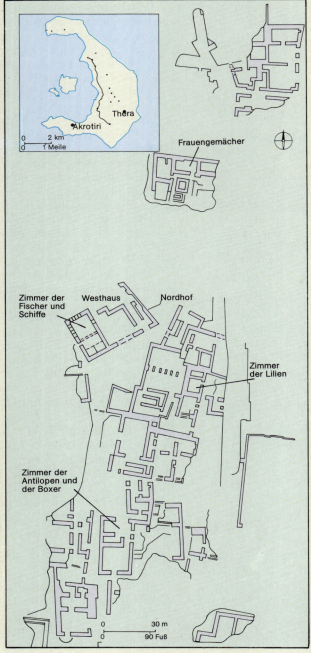

DIE PALASTKULTUREN VON KRETA UND MYKENE

*Links:* Das bronzezeitliche Fischerfresko aus Akrotiri zeigt die klare Linienführung und etwas vom Schwung und der Pracht der besten Kunstwerke kretischer Paläste. Das Thema aus dem einfachen Leben erfreut ganz besonders.

Meeresmuscheln, fliegende Fische, der Tintenfisch, alle möglichen anderen Fische und Tang, all dies fand bei kretischen Künstlern besonderes Augenmerk. Anscheinend waren die Kreter in der Bronzezeit vom Meer fasziniert, aber dies ist dennoch ein seltenes Sujet. Wollen die Fischer den Tribut des Meeres einem Gott darbringen, oder tragen sie die Fische zum Palast?

*Oben:* Das Antilopenfresko verhilft uns zu einem weitaus klareren Bild von den Lebensumständen eines Prinzen oder Künstlers im Bronzezeitalter, als es der ausgegrabene Ort allein könnte. Die Lebendigkeit der Tier- und Pflanzendarstellung in den Fresken aus Santorin ist verblüffend. Mindestens ebenso bemerkenswert ist die Breite der Themen sowie der Farbensinn. Nie zuvor hat man so vollendete Kunstwerke so unverhofft auf einer so wunderschönen Insel entdeckt. Die Wandmalereien befinden sich heute im Archäologischen Nationalmuseum in Athen.

*Links:* Während der Ausgrabungsarbeiten in Akrotiri, wo die minoischen Fresken aus dem 16. Jahrhundert v. Chr. entdeckt wurden. Straßen und Häuser, eines davon drei Stockwerke hoch, sowie Räume voll von großen Vorratskrügen wurden freigelegt.

*Oben:* Die heutige Stadt Thera wurde an der Westküste am Rand des Vulkankraters erbaut. Die Klippen erheben sich bis zu 300 Meter über das Meer.

Über die Hälfte der Häuser an dieser Küste wurden bei einem schweren Erdbeben im Jahre 1956 zerstört.

DIE PALASTKULTUREN VON KRETA UND MYKENE

Die Pferde, die die Grabstele in Mykene schmücken, sind ungelenke, plumpe Ackergäule, und der Künstler, der sie eingemeißelt hat, scheint eher mit der Darstellung von Rindern vertraut gewesen zu sein. Doch wenn wir in den Linear-B-Täfelchen zum ersten Mal die Mykener sprechen hören, stellt sich – wie zu erwarten war – heraus, daß ihr Gefühl für Pferdewagen eher mit dem Empfinden für Leoparden und Dolche vergleichbar ist, als daß es eine Beziehung zur rustikalen Einfachheit dieses Grabreliefs nahelegte. Sollte es in der Welt Mykenes eine mit unseren Bauern vergleichbare Schicht gegeben haben, so ist sie nicht nachweisbar.

Die mykenischen Wagen waren sehr leicht und hatten einen gebogenen Holzrahmen und eine flache Karosserie. Sie wurden von zwei Pferden gezogen, obwohl im 13. Jahrhundert die Mykener Wagen auf ihre Vasen malten, von denen einige stabil genug waren, drei oder vier Insassen zu transportieren. Auf einem Fresko im Palast zu Tiryns fahren zwei Frauen in einem roten Wagen mit weißen Verzierungen, gelben Rädern, blauen Reifen und roten Zügeln. Das gleiche rote Leder wird in den Täfelchen aus Pylos verzeichnet. In Pylos gab es Wagenwerkstätten, die ein weites Gebiet versorgten. In Knossos wurde zumindest einer mit folgenden Worten bezeugt: »Aus Phaistos, gut tauglich, hölzerne Deichsel, rote Farbe, mit Geschirr, Leder und Horn«. Nach heutigen Begriffen war das Pferdegeschirr entsetzlich unpraktisch und gleichzeitig grausam. Die Pferde zogen das ganze Gewicht an ihren Kehlen; der Zaum war eine Art Schlinge mit einem Nasenriemen. Die einzige Metalltrense, die man je gefunden hat (in Mykene), hatte Stacheln im Backenstück.

Obwohl Mykene keine Vormachtstellung innehatte, verbreitete sich sein Handel und Einfluß über einen großen Teil Westeuropas und der Levante. Mykenische Gefäße, in der Regel kleine Duftfläschchen, fand man in Sizilien, Süditalien, Spanien und mancherorts in Kleinasien. Man weiß nicht genau, wie dieses System zusammenbrach. Vermutlich zogen politische Veränderungen im Mittleren Osten andere Machtumschichtungen nach sich. Vom Norden fielen wohl ein paarmal Völkerstämme ein, oder es gab einen großen Einfall. Innerhalb Griechenlands herrschten Unruhen. Etwas so einfaches wie eine dynastische Veränderung oder die bloße Vertreibung eines Volkes durch ein anderes kann als Ursache nicht nachgewiesen werden.

DIE PALASTKULTUREN VON KRETA UND MYKENE

# Pylos

Der mykenische Palast von Pylos liegt nahezu in der südwestlichsten Ecke des griechischen Festlandes, oberhalb eines herrlichen Naturhafens und in fruchtbarem Hügelland. Als einer der letzten Vorposten der Mykener überstand er den Fall Mykenes. Der Palast war luxuriös, aber nicht groß.

Im Palast fand man Linear-B-Täfelchen, Fresken und eine große Zahl Keramiken. Das Vorbild zu diesem hübschen Fresko aus Pylos stammt wohl aus Nordafrika. Aber im Zusammenhang mit den letzten Tagen des Palastes muß es als die Darstellung eines Kampfes der Mykener gegen Barbaren erschienen sein.

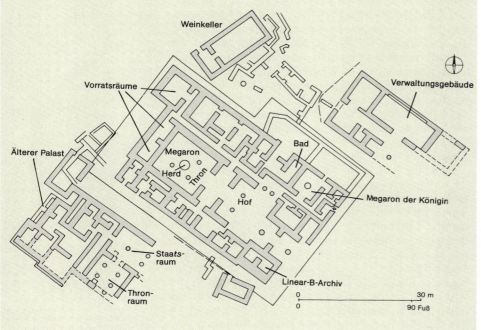

*Oben links:* Dieser steinerne Korridor in Tyrins (1350–1250 v. Chr.) gibt die schwerfällige Kraft der mykenischen Architektur wieder. Er wirkt ebenso eindrucksvoll wie düster.
*Links:* Das militärisch-strenge Steinrelief vom Markierstein eines Schachtgrabes aus Mykene ist von eigenartig rhytmischer Schönheit. Es handelt sich hier entweder um primitive Kunst höchster Qualität oder um raffinierte Kunst, die man auf das spröde Medium des Steins übertragen hat.

*Ganz links:* Diese merkwürdige und kostbare Elfenbeinschnitzerei aus Mykene (13. Jahrhundert) kann den uralten Gestalten der Muttergöttinnen nahestehen. Ungeklärt ist, was das Stück an seinem Standort im Palast bedeutete, man weiß aber, daß es sakralen Zwecken diente.

Es wäre falsch, die üppige Herrlichkeit sogar eines kleinen provinziellen Palastes wie Pylos in seinen letzten Tagen um 1250 v. Chr. oder kurz danach zu unterschätzen. Die Fresken, Gegenstände aus kostbarem Stein und die wundervolle Lage, die bezeichnenderweise wohl aus ästhetischen Gesichtspunkten gewählt worden war, sprechen für eine Gesellschaft, die sich nicht aufgegeben hatte. Es ist nicht mehr die Zeit der Schwalben und der kunstfertigsten Verarbeitung auf der ganzen Welt, aber die Tributzahlungen aus den Dörfern gehen immer noch ein. Das Bad des Palastes ist nicht so vornehm wie das beste Bad in Knossos, aber immer noch hübsch. Auch zuletzt legt man noch Elfenbein in Holz ein, und wir hören von elfenbeinernen Löwenköpfen und einer Wasserkanne der Königin, die die Form eines Stierkopfes hatte und mit Muscheln verziert war; aber sie kann auch ein Erbstück gewesen sein.

## Mykenische religiöse Kunst

Die mykenische religiöse Kunst stand auf einem viel höheren Niveau an verfeinertem Luxus. Besonders ein elfenbeinernes Werk aus Mykene, eine Miniaturritzzeichnung zweier Frauen mit einem Kind, hat die ungewöhnliche Fähigkeit, den Betrachter in eine eigene Welt zu versetzen. Es ist nicht augenfällig schön, aber bewundernswert komponiert oder ersonnen und so sorgfältig gearbeitet, daß man erstaunt ist, wie wenig bekannt es wurde. Die sensible Linienführung, die Ausgewogenheit der geringen Massen, die Ruhe und spielerische Bewegung erinnern am ehesten an buddhistische Skulpturen, und es mag von einiger Bedeutung sein, daß die frühesten buddhistischen Bildhauer Elfenbeinschnitzer waren, die nun Stein bearbeiteten. Die nostalgische Fremdartigkeit dieser kleinen Gruppe rührt teilweise von der Genauigkeit und Klarheit bei den seltsamen Einzelheiten der Kleidung her, die kretisch und altmodisch anmuten. Die Kleidung einer bestimmten Generation von Königinnen in Kreta wurde anscheinend jahrhundertelang als die Kleidung von Göttinnen angesehen, wie die Männerkleidung aus dem 6. Jahrhundert in der Tradition der attischen Tragödie des 5. Jahrhunderts überlebte. Das genaue Alter dieses Elfenbeinstücks ist unbekannt, da es in einem Lagerhaus des Palastes bis zur letzten Minute Mykenes aufbewahrt wurde. Ein Teil seiner Anziehungskraft beruht auf dem Kontrast hochvollendeter Kunst von großer formaler Qualität in dem weitläufigen Hintergrund der Göttinnen im Gegensatz zu der Naivität, die man an den Füßen und den Proportionen des Kindes erkennen kann.

Die gewöhnlichen Weihefiguren der Mykener waren aus Terrakotta, klein, vereinfacht und sehr fein bemalt. Sie können ebensogut Anbeter wie Götter darstellen, dies ist sogar wahrscheinlicher. Größere Tonfiguren waren früher allgemein sehr selten, aber vor kurzem fand man eine Anzahl sehr gut erhaltener in Mykene, Keos, Melos und anderswo. Eine Frau mit flachem Hut und nackten Brüsten schwenkt ein Paar Schlangen gen Himmel oder gegen die Gläubigen (eine ähnliche Figur aus Elfenbein, die jetzt in Boston aufbewahrt wird, hat goldene Brustwarzen, die möglicherweise modern sind, wie das goldene Lendentuch ihres männlichen Gegenstücks in Oxford). Die Bemalung auf der Terrakottafigur ist zierlich und eindrucksvoll, aber weitaus weniger als die der altmodischen Muttergöttinnen, die sich in dieser oder jener Form bis zu den letzten Tagen der Mykener behaupten.

In seiner ausgezeichneten, kühnen Abhandlung *The Prehistoric Aegeans* (Die ägäische Frühzeit) befaßt sich der marxistische Gelehrte George Thomson eingehend mit den Muttergöttinnen. Seine bahnbrechende Arbeit ist nicht vollständig anerkannt, aber spätere Autoren haben Passagen daraus übernommen, oft ohne ihn zu nennen. Es ist schwierig, sich mit dem Anspruch seines Werkes, das versuchte, Anthropologie und eine Menge anderer Disziplinen auf unsere Kenntnis der griechischen Frühgeschichte anzuwenden, auseinanderzusetzen; darum hat man es übergangen. Er setzt seine minoische Muttergöttin Demeter gleich, und falls sie einen Namen hatte, dann paßt dieser ebenso gut wie jede beliebige andere Bezeichnung. Da er sein Werk veröffentlichte, ehe die Linear-B-Schrift entziffert worden war, konnte er nicht wissen, daß der Name Demeter von den Mykenern nicht gebraucht wurde. Dies muß seine Position jedoch nicht notwendig schwächen. Das spätere Pantheon entwickelte sich unzweifelhaft aus dem früheren. Es ist allerdings nicht so sicher, daß die frühe Gesellschaft matriarchalisch und matrilinear war. Das anthropologische Modell, auf das sich George Thomson bei dieser Vermutung stützte, wird heutzutage von den meisten Anthropologen nicht anerkannt. Mag seine Annahme, die Mykener seien aus der Richtung Zentralasiens gekommen, nun richtig oder nicht sein, hier gibt es Analogien, die die beherrschende Rolle der Frauen bestätigen.

# DAS FORTLEBEN MYKENES

Die blühende Kultur der Bronzezeit, die seit 2100 v. Chr. etwa 1000 Jahre lang bestand, hat einen irritierenden Gegensatz von hellen Bereichen und solchen, die völlig im dunkeln bleiben, hinterlassen. Der dunkle Bereich umfaßt etwa 300 Jahre, betrifft jedoch in erster Linie unsere geringen Kenntnisse und nicht unbedingt diese Zeit selbst. Die Landwirtschaft bestand weiter, Herden grasten, die Toten wurden bestattet. Der Lebensstandard sank zwar, aber wir wissen wenig über die Art der sozialen Organisation und gar nichts über das Lebensgefühl. In Kapitel 6 werden wir sehen, daß ein bestimmter Umstand für ein plötzliches Anwachsen der Bevölkerung am Ende dieser Periode im späten 8. Jahrhundert v. Chr. verantwortlich gemacht wurde. Das Argument dafür beruht auf der Tatsache, daß wir noch nicht gefunden haben, was bis in allerjüngste Zeit auch niemand finden wollte, nämlich Grabstätten aus der frühen Phase der dunklen Zeit. Negative Argumente sind jedoch nicht absolut zwingend, auch wenn sie sich auf Untersuchungen von aufeinander folgenden Begräbnisstätten am selben Platz stützen. Über die Bevölkerung in den meisten Teilen Griechenlands wissen wir nach dem Untergang der Mykener wenig.

### Bevölkerungsbewegungen

Um 1190 v. Chr. berichteten die Ägypter, daß »die Bewohner des Nordens auf ihren Inseln in Unordnung geraten seien«. Zu dieser Zeit kamen neue mykenische Ansiedler nach Achaia in der nördlichen Peloponnes und auf die jonische Insel Kephallenia, die außerhalb ihres Bereiches gelegen war, wo sie sich aber friedlich neben den alten Bewohnern niederließen. Handgeformte einheimische Töpferei und mykenische Keramik bestanden dort eine Zeitlang nebeneinander. Auf Zypern, besonders in der alten Hauptstadt Enkomi, waren bereits früher Kolonisten gewesen, wahrscheinlich Eroberer aus der Argolis. Dem Wiederaufbau Enkomis aus Quadersteinen in einem feineren Stil folgte dann eine erneute Zerstörung. Der Platz wurde zum größten Teil verlassen. Zur gleichen Zeit starben die Mykener aus, die sich weiter östlich in Tarsus, in Kilikien an der anatolischen Küste niedergelassen hatten. Andere Mykener, vielleicht auch diejenigen aus Enkomi, scheinen sich mit den Philistern vermischt zu haben; sie gingen im Stamme Dan auf und wurden somit zu Juden.

Man sollte fragen, wo die Mykener, wenn überhaupt, überlebt haben. Am wahrscheinlichsten geschah dies in Jolkos nahe dem heutigen Volos in Thessalien. Dort wurden sogar die alten Kuppelgräber weitergebaut. Wenn man annimmt, daß ihr Überleben mit der Pferdezucht, den reichen und gut bewässerten Feldern und einem Sozialsystem, das an den Landbesitz gebunden war und 400 Jahre später in Thessalien sich durchgesetzt hatte, in Zusammenhang stand, so ist das reine Spekulation. Das Überleben anderer Mykener, die an Orten, die als Versteck besser geeignet waren, wie z.B. in Grotta auf der Insel Naxos, Zuflucht suchten, ist leichter zu verstehen. Auf Naxos müssen wir sicherlich nach dem geheimnisvollen Weiterleben von Gläubigen forschen, die im nahegelegenen Delos bis zum 8. Jahrhundert möglicherweise ein mykenisches Heiligtum unterhielten. Es ist gut möglich, daß sich mykenisches Leben auf den Inseln länger als auf dem Festland hielt, obwohl es einen archäologischen Beleg für eine schreckliche Katastrophe auf mehreren östlichen Inseln gibt. Der Untergang Milets nach einer dieser späten mykenischen Blütezeiten, die wir anderswo feststellen konnten, scheint das Ende der ganzen Epoche zu markieren.

Milet lebte wieder auf oder wurde vielmehr von Überlebenden wiederbesiedelt, die auf der gleichen Kulturstufe wie Athen standen, mit derselben bemalten Keramik, die eine ärmere, einfachere und vom Mykenischen abgeleitete Form darstellt. Es ist ein dilettantischer Beginn des frühesten geometrischen Stils in der griechischen Kunst. Der Stil der in Milet gefundenen bemalten Gefäße deutet auf eine Wiederbesiedelung von Attika aus in der ersten Hälfte des 11. Jahrhunderts v. Chr. Es ist nicht abwegig zu sagen, daß Bevölkerungsbewegungen in der Ägäis zu dieser Zeit der unruhigen Bewegung von Wellen ähnelten, die uns verborgen bleiben müssen, weil wir niemals alle Faktoren erfassen können. Es gab ähnliche Unruhen z.B. auch in Zentralasien, im Westen beim Untergang des Römischen Reiches und auch sonst überall in Europa. In der dunklen Zeit Griechenlands war jedoch der Lebensraum viel stärker begrenzt, und so blieb die Sprache der Mykener, nämlich das Griechische, dieselbe. Die Sprache hat sich gerade dann ausgebreitet, als das dunkle Zeitalter zu Ende ging.

Es ist die Zeit, in der die Legenden, abergläubischen und rationalen Vorstellungen, die wir als griechische Mythologie kennen, Gestalt annehmen. Nur sehr wenige von ihnen haben mykenischen Ursprung: der Minotauros, das Labyrinth, der Name von Hyakinthos, ein Teil des Iphigeniekults und vielleicht auch die Verbindung von Honig mit der Unsterblichkeit. Die vermeintlich historischen Sagen, die Aufzählungen der mythischen Könige, der Kriege und Überfälle sind größtenteils zu spät und zu verworren, um als historischer Beleg dienen zu können. Es ist sinnvoller zu fragen, was diesen Geschichten zugrunde lag, als nach historischen Realitäten Ausschau zu halten, die mit ihnen übereinstimmen könnten. Das gilt auch für die Nachrichten über die frühen Könige Spartas und die mythische Teilung der Peloponnes sowie für die Mythologie der Trojanischen Kriege. Die griechische Mythologie hörte nie auf, lebendig oder veränderbar zu bleiben. Es gibt keine eindeutige, frühe Stufe der Geschichten, zu der wir Zugang hätten. Das größte Problem ist für uns wohl, daß in diesem dunklen griechischen Zeitalter die Menschen Analphabeten waren. Eine Geschichte, die nacherzählt wurde, war immer auch eine neue Geschichte, so daß das Wissen über die Vergangenheit allmählich ein erstaunliches Durcheinander wurde.

### Keos, Delos und die kretischen Höhlen

Die Überreste der Mykener waren manchmal von eigentümlicher Gestalt. Auf der Insel Keos z.B., die südlich von Attika liegt, nahm ein bescheidener mykenischer Palast den größten Teil einer kleinen Landzunge ein. In einem der zerstörten Räume, der weder besonders groß noch würdevoll war, gab es eine Anzahl kultischer Statuetten, wenig ausdrucksvolle, über 60 cm große Figuren. Es waren Darstellungen von Gottheiten oder Priesterinnen, eine Version der üblichen Dame mit den Schlangen. Sie ge-

Die lineare, späte Kunst der Mykener gelangte mit diesen nach Zypern. Sie gefiel sich in freien humorvollen Zeichnungen aus der Tierwelt, die sich in Zypern mit einer strahlenden Farbigkeit verband.

DAS FORTLEBEN MYKENES

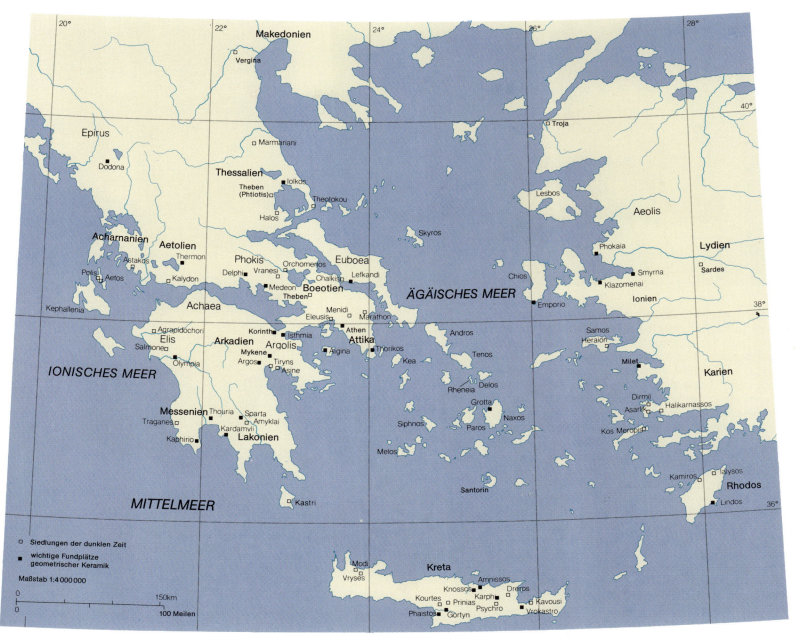

**Orte um die Ägäis in der dunklen Zeit**
Die klassischen griechischen Legenden spielten in der mykenischen Epoche. Das darauf folgende dunkle Zeitalter blieb literarisch und historiographisch unerschlossen, bis moderne Archäologen Grabfunde und Votivgaben untersuchten. Die Jahre von 1025 bis 950 v. Chr. waren eine Zeit der Armut und Isolation, obgleich damals die Wanderungen der Aeolier, Ionier und Dorer nach Kleinasien die griechische Welt in Gegenden ausgedehnt haben, die dann bis 1923 griechisch blieben. Ab dem 9. Jahrhundert brachten die erneuten Kontakte mit der Levante, die als erstes durch die Euböer zustande kamen, Goldschmuck nach Lefkandi auf Euböa und nach Attika. Phönizische Händler gelangten nach Kreta und Rhodos. Doch in Lakonien und im westlichen Griechenland blieben in diesen seit der Dorischen Wanderung vermutlich noch dünn besiedelten Gebieten die Funde sehr vereinzelt. Seit ca. 770 v. Chr. deuten das Aufkeimen figürlicher Kunst und die starke Zunahme an Funden an, daß sich in vielen Teilen Griechenlands die Bevölkerung vermehrte. Das Ergebnis davon war die große Kolonisationsbewegung.

hörten zur Ausstattung eines spätmykenischen Palastheiligtums. Der Palast ging zugrunde, und die Räume füllten sich mit Schutt. Im 9. Jahrhundert v. Chr., sicher nicht früher, tauchte der abgeschlagene Kopf einer dieser Figuren auf, und irgend jemand stellte ihn in einen Steinkreis auf den Schutt, der damals den Boden bedeckte. Man unternahm keinen Versuch, in den lockeren Steinen zu graben, um die anderen Statuen oder den restlichen Teil dieser Figur zu finden. Der Kopf wurde bis zum 5. Jahrhundert weiterhin verehrt, wo uns eine Inschrift auf einer Opfergabe den Namen der Gottheit nennt. Der Kopf dieser Göttin war offensichtlich als der unbärtige Gott Dionysos verehrt worden. Die Geschlechtsumwandlung bleibt unerklärlich, obwohl wahrscheinlich eine Verbindung zu einer nahegelegenen Quelle besteht. An solchen Plätzen vermutete man oft Dionysos mit den Nymphen.

Auf Delos sind in eine spätklassische Mauer Graffiti von Schiffen eingeritzt. Eins davon sieht beinahe genauso aus wie das mykenische Schiff auf einem Goldring aus Mochlos, wo eine geheiligte Pflanze von einer Priesterin oder Gottheit über das Meer gebracht wird. An der Mauer in Delos steht eine große Frau in dem Schiff, die mit ihrer rechten Hand Licht oder Segen austeilt. Es ist Brizo, eine Fruchtbarkeitsgottheit, die in Kreta als Brito-

martis verehrt wurde. Brizo war ein anderer Name für Leto, die Mutter von Artemis und Apoll. Wir wissen, daß Brizo Opfergaben in Gestalt von Schiffen bevorzugte. Ihr Rock auf der Zeichnung ist mit Sicherheit der alte kretische Rock. Wie die Bauweise ihres Schiffes überliefert wurde, ist ein Geheimnis. Auf derselben Wand befinden sich auch zwei Graffiti von ägyptischen Papyrusbooten.

Dieses Graffito ist so ungewöhnlich, daß wir es übergehen könnten, wenn es nicht ein Weihedepot gäbe, das im 8. Jahrhundert hinter dem späteren Tempel der Artemis von Delos angelegt wurde. Das Depot besteht aus sehr gemischtem Material verschiedener Perioden, und Keramik sowie Kleinfunde überbrücken die Lücke seit der Bronzezeit nicht vollständig, es sei denn, daß das Gebäude, aus dem sie stammten, ein mykenischer Tempel gewesen sein könnte, der, bis er ersetzt wurde, in irgendeiner Form ständig benutzt war. Die Palme des delischen Kultes deutet auf eine Verbindung zur mykenischen Pfeilerverehrung hin, und die Wolfsgestalt, in die sich Leto verwandelte, läßt auf die prähistorischen Wolfskulte von Lykosoura und an anderen Orten in der Peloponnes schließen. Es gab also eine Art gemeinsamer Basis.

Das Weihedepot enthält außerdem noch einige orientalisierende, vielleicht aus Zypern stammende Elfenbei-

## DAS FORTLEBEN MYKENES

ne, eine seltsame Goldplatte mit einem sphinxähnlichen Wesen, die offensichtlich hethitisch ist, eine bronzene Doppelaxt, Keramikfragmente, einige möglicherweise submykenische Terrakotten und eine Bronzestatue aus dem 13. Jahrhundert, die einen nackten Gott mit einem runden Schild und einer gekrümmten Waffe darstellt. Figuren dieser Art scheinen hethitischen Ursprungs zu sein. Sie tauchen nicht nur bei Heiligtümern in Asien und Griechenland auf, sondern sogar soweit entfernt wie z.B. in Schernen in Ostpreußen. Sie kommen über lange Zeiträume hinweg vor und liefern, angepaßt an die griechischen Mythen, den Typus für die Statuen von Zeus und, wie ich meine, auch von Apoll.

Die Plätze, wo die Kontinuität der Verehrung am häufigsten angenommen wird, sind die Höhlenheiligtümer, vor allem in Kreta. Es ist sehr viel einfacher, eine solche Behauptung aufzustellen, wo es keine Notwendigkeit gibt, zu zeigen, daß ein Platz ständig bewohnt wurde oder ein Gebäude immer bestand. In der Tat sind die archäologischen Belege gewöhnlich über Jahrhunderte hinweg dünn gesät, und außerdem stammen die Objekte aus den Höhlen nicht von stratigraphisch genauen Ausgrabungen. Ein außergewöhnlicher Platz ist die diktäische Höhle bei Psychro auf der Lassithi-Ebene in Kreta. Obwohl sie wahrscheinlich falsch benannt wurde (d.h. sie ist nicht die berühmte Höhle, von der man annimmt, daß das Kind Zeus dort aufgezogen wurde), so war sie doch sicherlich in irgendeiner Form eine Zeushöhle. Die einzige Inschrift in der kretischen Linear-A-Schrift befindet sich auf einer Opfertafel, die offensichtlich der »großen Mutter« dargebracht wurde. Die beiden wichtigsten Perioden sind die Bronzezeit und das 8.–7. Jahrhundert v. Chr., was zur Chronologie der idäischen Höhle (nicht zur Kamareshöhle, die auch am Berg Ida liegt) paßt. Sie wurde vom 6. Jahrhundert an vernachlässigt, und auch das ist für archaische Kultplätze in Kreta nicht ungewöhnlich. Es gibt keinen Zweifel darüber, daß sie in der nachminoischen Periode benützt wurde. Der Kult galt einer Fruchtbarkeitsgöttin und einem Kind. Es wurden Kriegerfiguren dargebracht, wie man sie auch in einigen anderen kretischen Höhlen gefunden hat.

### Artefakte und bildende Kunst

Als die Paläste verschwanden, gab es sicherlich eine Unterbrechung in der bildlichen Erzählkunst. Dies deutet aber nicht unbedingt auch auf eine Unterbrechung älterer mündlicher Erzählungen hin. In einem analphabetischen Zeitalter bleibt die Frage nach überlieferten und

Diese kleine Bronzefigur ist eine Weihgabe aus der Diktäischen Höhle, eine von mehreren Höhlen in den Bergen Kretas, wo die Geburt des Zeus gefeiert wurde und man für die Geburt von Kindern betete.

*Rechts:* Der Kopf einer bronzezeitlichen Statue aus Kea. Sie wurde aufrecht in den Ruinen des Palastes gefunden, auf einem Schutthaufen, der andere Kultfiguren bedeckte. Sie wurde als Dionysos verehrt, vielleicht im Zusammenhang mit den Nymphen einer nahegelegenen Quelle.

*Links:* Die Göttin auf dem Goldring ist sicher minoisch. Es gibt verschiedene Versionen dieser Szene. Eine davon *(unten)* scheint einem spätklassischen Graffito zugrunde zu liegen, das an einer Stuckwand in Delos Ritzzeichnungen von Schiffen zeigt, darunter auch Papyrusboote vom Nil. Die Göttin trägt kretische Kleidung.

*Rechts:* Eine kretische Terrakotta mit einer Göttin, die seitwärts auf einem Pferd sitzt. Heute befindet sie sich im Museum von Heraklion.

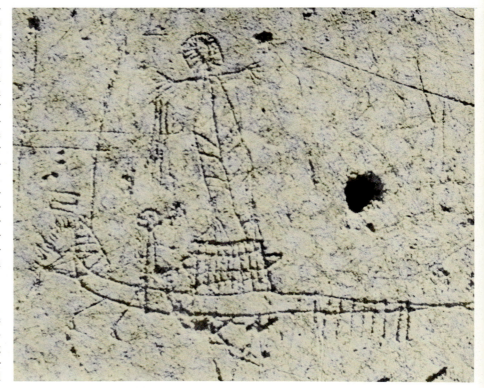

Die Feinheit des kretischen Schmucks entbehrt nicht der Genauigkeit. In erstaunlichem Maße wird die Reinheit des Materials bewahrt. Das Stück befindet sich im Museum von Heraklion.

umgeformten Elementen in Erzählungen für uns zwangsläufig unklar. Aber es gibt letztlich doch zu denken, daß so vieles an Bildmotiven beim Wiederanfang der bildenden Kunst, als diese in der Periode der geometrischen Keramik von ca. 1050 bis 700 v. Chr. wiederauflebte, aus dem Osten zu stammen scheint.

Immer wenn eine Darstellung, mag sie alt oder auch fremd sein, übernommen wird, gibt es ein gewisses Maß an Interpretation und einen Bedeutungswandel, und je komplexer die Darstellung ist, desto stärker ist die Adaptation, die bis zur starken Vergröberung und sogar zur gänzlichen Umkehrung der Bedeutung gehen kann. Eine der erstaunlichsten Terrakotten dieser Zeit stellt vermutlich ein mykenisches Kuppelgrab dar, in dem eine Götterfigur steht. Auf dem Grab liegen Schäfer mit ihren Hunden, die es gerade entdecken.

Es hat lange gedauert, bis figürliche Malerei wieder auftauchte. Zu Beginn des 9. Jahrhunderts erscheinen auf einer frühen geometrischen Vase Sphingen und Löwen, zudem Tiere verfolgende Jäger mit wilden Haaren und zottiger Kleidung mit Speeren über der Schulter. Die Ähnlichkeit von Figuren aus dieser Zeit zu früheren mykenischen ist manchmal verwunderlich und vielleicht zufällig. Eine Anzahl von kämpfenden Männerpaaren mit langen Dolchen oder kurzen Schwertern, deren Arme gekreuzt sind und die einander an den Haaren fassen, erinnern merkwürdig an die beiden göttlichen oder königlichen Boxerknaben, die 700 Jahre früher in Santorin gemalt wurden. Das Fresko in Santorin ist sehr stark restauriert, und die Frage seiner Überlieferung ist nicht eindeutig geklärt. Das Repertoire von Pferd, Vogel und Mann wurde weitgehend aus der späten Bronzezeit bis zum 8. Jahrhundert in der konservativen Tradition der Grabkunst überliefert und veränderte sich innerhalb dieser Konvention weniger stark und in weit langsamerem Tempo, als man es erwarten würde.

Zweifelsohne sind frühe Objekte weiterhin in Gebrauch geblieben. Gravierte minoische Gemmen und andere Erbstücke wurden noch im 6. Jahrhundert v. Chr. aufgehoben. Frühe Figuren wurden entdeckt und wieder vergraben, wie z. B. in Delphi aus dem Bereich des Apollotempels und des Altars der Chioten.

Auf der Insel Skyros wurden in frühen geometrischen Gräbern frühmykenische Goldscheiben gefunden, und in einem etwa gleichzeitigen Grab in Athen fand man sogar ein mykenisches Gefäß. Der heilige Ölbaum der Göttin Athena auf der Akropolis von Athen kann auch, ohne daß man ihn ausdrücklich als den ältesten Ölbaum bezeichnet, auf mykenische Zeiten zurückgehen. Alte Muster lebten noch auf Textilien fort. Eine Halskette aus grünen Perlen, von der man vermutete, daß sie legendären Heroinnen gehört habe, und die in Delphi aufbewahrt wurde, ist nach ihrer Beschreibung sicher für mykenisch zu halten. Sie dient als hervorragender archäologischer Beleg für spätere Kultstätten in mykenischen Grabstätten.

Beim Heiligtum der Hera in der Ebene von Argos wurden in 15 von 50 mykenischen Grabkammern spätere Opfergaben gefunden. Man dachte damals wohl, es seien die Gräber der 50 Töchter des Danaos oder ihrer Gatten, die sie ermordet hatten, der 50 Söhne des Aigyptos. Es gab im 8. Jahrhundert eine Kultstätte im Kuppelgrab der Klytämnestra in Mykene und einen ausgeprägten religiösen Kult in einem Grab in Menidi in Attika. In Phaistos, in Troja und in Mykene bauten die Griechen des dunklen Zeitalters auf alten Ruinen wieder auf. Diese Phänomene der Wiederentdeckung und der erneuten Benützung erhellten ein wenig die Lücke, die zwischen der mykenischen Epoche und den Gesellschaften späterer Jahrhunderte besteht.

**Fortbestand und Unterbrechung**

Bezeichnend für diese Zeit ist die Zerstörung von Siedlungen, die Veränderung des Vasendekors und ebenso auch der Gefäßformen, worauf dann der Übergang zu einem neuen qualitätvollen Stil, der sich selbstständig brillant entwickelte, sowie auch andere Zeugnisse für einen neuen Lebensstil folgten. Die Weiterentwicklung der Keramik verlief äußerst langsam. So dauerte die Geschichte der geometrischen Keramik 400 Jahre, wovon etwa die Hälfte benötigt wurde, damit sie sich als eigener Stil herausbildete. Das sollte eigentlich nicht überraschen: Im Gegensatz zur gedrehten Keramik ist in mykenischer Zeit in Griechenland die handgeformte selten, kommt aber vor und taucht beim Untergang der Mykener für kurze Zeit häufiger auf. Die Phasen der materiellen Kultur überschneiden sich, sie sind nicht genau voneinander zu trennen. Nur in einer Hauptstadt oder in einem Zentrum mit höfischem Einfluß entwickelt sich ein Stil rascher und findet auch ein eindeutigeres Ende. Mit dem Ende der Bronzezeit hatten jedoch auch die höfischen Bedingungen zu existieren aufgehört.

Den einzigen sicheren Wechsel im Material vermutet man bei der Verwendung von Eisen für Schwerter, Messer und Pflugscharen. Bei der Form der frühesten griechischen Eisenmesser gibt es vermutlich zypriotischen Einfluß, aber die Dolche der letzten Mykener und ihrer Nachfolger haben in Zypern oder im Osten keine Parallelen. Es steht fest, daß es im Laufe der Zeit üblich wurde, Bronze mit Eisenintarsien zu verzieren. Als dann Eisenteile zur Vervollständigung von Bronzestücken verwendet wurden und Eisen zur Reparatur von Bronze diente, war der Wechsel vollzogen. Aber bis zum 10. oder 9. Jahrhundert sind derartige Beispiele in Griechenland nicht zu finden und Intarsien überhaupt nirgends. Es ist im einzelnen sehr schwierig festzustellen, was vor sich ging. Sicher ist, daß in der frühesten geometrischen Zeit (1050–900 v. Chr.) Eisen an den meisten Orten für nahezu alles verwendet wurde. In dieser Zeit scheint Attika der Schrittmacher für die Technik der Metallverarbeitung gewesen zu sein, wie auch für die Töpferkunst. Dann fand eine leicht rückläufige Bewegung zugunsten von Bronze statt.

Als Beweis für die Realität in dieser Zeit dient allein schon die Störung von Siedlungsgebieten. Nach neuesten Schätzungen, die nicht ganz zuverlässig sind, kennen wir aus dem 13. Jahrhundert 320 Siedlungen, von denen im 12. Jahrhundert noch 130 belegt waren und im 11. Jahrhundert noch etwa 40. Alles außer dieser nicht sicheren Statistik und der unbestrittenen Armut im 11. Jahrhundert ist reine Spekulation. Es ist klar, daß sich unter der Bedingung der Entvölkerung die Kunstfertigkeiten verlieren und der Horizont eingeschränkt wird. Wenn dies wirklich eingetreten ist, so scheint es nur für die kurze Dauer von etwa zwei Generationen so gewesen zu sein, bis die zerstreuten und armen Gemeinschaften ein neues Maß an Vertrauen fanden. Im 10. Jahrhundert ist dann der Vasendekor hervorragend, er ist der feinste zu dieser Zeit, sowohl im Mittelmeerraum als auch vermutlich in der ganzen Welt. Auch die importierten Luxusartikel und die Ohrringe sind im 9. Jahrhundert beachtenswert. Um 800 v. Chr. gibt es in Kreta eine goldene Halskette mit Schlangenköpfen und eine sichelförmige aus Bergkristall, mit Kristall und Bernstein verziert, die fein genug für eine mykenische, wenn auch nicht gerade für eine minoische Prinzessin gewesen wären. Während dieser Periode ist Kreta reicher und hat mehr Einfluß, als man sich im allgemeinen vorstellt.

In Kreta knüpfte die fortlebende Kunstfertigkeit an eine bestehende Tradition an. In Karphi und Kavousi gab es im 12. Jahrhundert noch Baumeister, die in guter mi-

DAS FORTLEBEN MYKENES

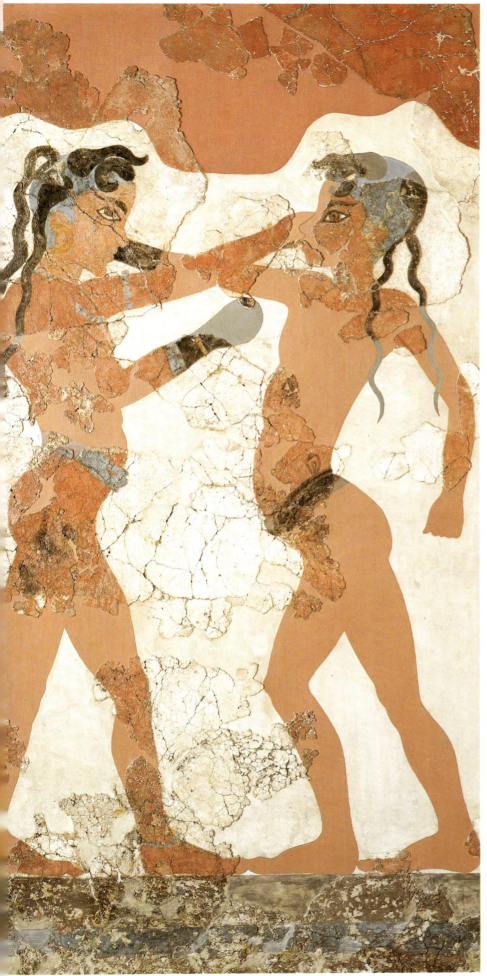

*Links:* Merkwürdig sind diese beiden boxenden Knaben aus Santorin (um 1550 v. Chr.). Wenn die Restaurierung zutrifft, dann ist ihre Haltung zu sehr stilisiert für einen gewöhnlichen Kampf. Erstaunlicher ist, daß das gleiche Problem auch bei einer Reihe von silhouettenhaften Figuren aus der dunklen Zeit auftaucht.

*Oben:* Manchmal greifen die Gestalten einander an den Haaren und halten in der anderen Hand einen Dolch. Die Verbindung zu den Boxern von Santorin ist sehr eigenartig.

noischer Tradition in Stein arbeiteten. Der Wiederaufbau von Phaistos und der Bau von Gortyn im 12. Jahrhundert wurde in der gleichen Weise ausgeführt. In Karphi waren die Straßen gepflastert, und die Häuser dürften wohl zwei Stockwerke gehabt haben. In Vrokastro ist etwas später vielleicht der Standard gesunken, aber die Tradition war dieselbe. Solche Kunstfertigkeit kann lange überleben: Auf dem Festland war in Jolkos, einer der wenigen Siedlungen, in der irgendwelche vergleichbaren Reste bemerkt wurden, noch im 9. Jahrhundert das Zeichen eines Steinmetzen in Linear-B-Schrift in Gebrauch. Auch der Schiffsbau muß überlebt haben, und es gab sogar ein wenig Silberbergbau. Das bedeutet jedoch noch nicht, daß im 11. Jahrhundert keine Armut geherrscht hätte. Die wenigen Schätze, die die Griechen besaßen und ihren Toten mitgaben, bestätigen dies.

A. M. Snodgrass hat in seinem Buch *Archaeology and the Rise of the Greek State,* 1977 (Archäologie und der Aufstieg des griechischen Staates), die wichtige Vermutung geäußert, daß das frühe und eigentliche Griechenland aus einer bäuerlichen Gemeinschaft bestand, deren Existenz sich in der dunklen Zeit in den Bestattungsbräuchen, der Keramik und in der Lebensweise manifestierte. Die Mykener mit ihren Familiengräbern, ihren riesigen Bauten, ihren großen Tierherden und ihrem Prunk betrachtet er als Fremde, die verschwanden. Bis zu einem gewissen Grad muß das zutreffen, aber innerhalb von 500 Jahren können sich die Mykener tief in Griechenland verwurzelt haben. Das Argument für eine wirklich ursprüngliche griechische Bevölkerung, das sich auf den Beleg einzelner Bestattungen stützen müßte, ist zwar verlockend, aber nicht überzeugend, weil die Bestattungssitten zu verschiedenartig sind, so daß sie jede Bedeutung, die man ihnen geben möchte, vernebeln. Was nach alledem am Ende dieses dunklen Zeitalters auftaucht, ist überraschend, ja sogar spektakulär und etwas ganz anderes, als die Mykener erwarten ließen. Im 8. Jahrhundert werden wir nicht nur mit einer sozialen und technischen Wiederbelebung konfrontiert, sondern mit dem großartigen Höhepunkt der Epen Homers.

# Muttergottheiten

Daß die griechische Zivilisation hauptsächlich als kriegerisch und männlich-sportlich dargestellt wird, liegt sicherlich teilweise an irrtümlichen Rückprojektionen unserer eigenen, modernen Vorstellungen. Schon seit der vorgeschichtlichen Zeit zeigten die Griechen besonderes Interesse an einer Gottheit, die sowohl Mutter als auch Frau verkörperte. sogar Homer betrachtet das Geschehen der *Ilias* und der *Odyssee* bis zu einem gewissen Grad mit weiblichen Augen. Figuren einer göttlichen Mutter mit Kind wurden während der gesamten klassischen Periode und bis zum Ende des Römischen Reiches verehrt. Sie sind häufig sehr schön.

Diese steinernen Frauengestalten, die auf geometrische Formen reduziert sind, gehen auf vorkretische und -mykenische Gesellschaften in kleinen Gruppen zusammenlebender neolithischer Bauern zurück, die kein Metall kannten und zunächst auch keine Töpferei. Dieselben vereinfachten Formen, die für die frühe Skulptur charakteristisch sind und eher vom Stein herkommen als von der Modellierung in Ton, erhielten sich Tausende von Jahren. Sie tauchen hie und da auf einigen Inseln auch heute noch in bestimmten Brotformen auf, wobei ein rot bemaltes Ei den Kopf markiert. Die schöne Frauenfigur *(links)* ist über 7000 Jahre alt. Sie wurde in Sparta gefunden.

*Links:* Diese drei Damen sind alle aus Ton modelliert und wurden in der Bronzezeit wie Gefäße gebrannt. Die erste *(links)* stammt aus Kreta. Es ist eine sehr einfach und grob gearbeitete stillende Mutter, doch wirkt sie irgendwie stärker und ausdrucksvoller als die aufwendigere Göttin oder Priesterin *(ganz links)*, ebenfalls aus Kreta und von realistischerer Arbeit. Ihre zum Gebet (oder zum Segen?) erhobenen Hände sind gut getroffen, das Gesicht ist sorgfältig modelliert, und der Kopf reich gekrönt mit Blumen und Vögeln, doch strahlt sie wenig Charme aus.

*Mitte:* Die Dame, bei der ein ornamentierter Schlüpfer mit einem deutlich erkennbaren Geschlechtsorgan zu sehen ist, stammt aus Zypern, heute ist sie im Louvre.

*Unten:* Die sitzende kopflose Terrakottastatuette mit den erhobenen Händen und Füßen befindet sich heute im Museum von Syrakus. Sie stammt aus Megara Hyblaea und wird ins 6. Jahrhundert v. Chr. datiert. An Strenge und Schönheit der Modellierung ist diese Figur kaum zu übertreffen. Sie verbindet die geometrische Klarheit der frühesten Bildnisse mit einer realistischen Darstellungsweise.

*Unten:* Diese Dame aus geometrischer Zeit, heute im Louvre, stammt aus Böotien, vermutlich aus dem 8. Jahrhundert. Sie ist mit Sonnen und Sternen geschmückt sowie mit Wasservögeln, die Schlangen oder Aale fressen. Sie trägt Opferzweige, und ihre Brüste sind deutlich modelliert. Vielleicht ist es eine Göttin, sicher aber eine Kultgestalt.

*Unten und unten rechts:* Diese zwei Figuren sind mykenisch. Die schöner geschmückte ist ca. 30 cm hoch und stellt eine Göttin aus Mykene dar, die um 1300 v. Chr. entstanden sein dürfte. Sie und ihresgleichen sind stattlich, dramatisch und in gewisser Weise ehrfurchtgebietend. Die an die Brüste gehaltenen Hände sind eine Anspielung auf die stillende Mutter.

Die gestreifte Figur ist eine der zahlreich hergestellten bemalten Figürchen. Man findet sie nicht nur in Gräbern, sondern auch in Häusern. Da sie in so großer Zahl existieren, wurden sie in der Klassischen Zeit mitunter wiederentdeckt und als heilig angesehen.

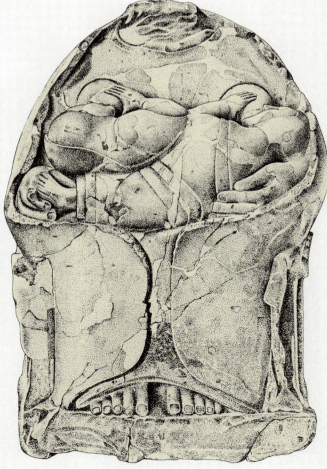

# DIE HOMERISCHE WELT

Die Lebensweise in der dunklen Zeit Griechenlands ist nicht verständlich ohne jenes eine überwältigend große und heute noch lebendige Denkmal, die homerischen Dichtungen. Sie waren nicht die einzige epische Dichtung der Griechen und auch sicherlich nicht die älteste, da sie sich oft auf frühere Dichtungen beziehen, auf die Geschichten vorangegangener Generationen. Doch sind *Ilias* und *Odyssee* die ältesten wirklich erhaltenen Zeugnisse griechischer Dichtung und der mythischen Welt, in der die Griechen im 8. Jahrhundert v. Chr. lebten, jener Zeit, in der der lange Entwicklungsprozeß dieser Gedichte im wesentlichen zum Abschluß gekommen war. Seither und bis zum Ende der griechischen Antike ist der gewaltige Einfluß Homers auf die Griechen nur mit dem der Bibel auf die Kultur Westeuropas vergleichbar.

Ehe die moderne vergleichende Forschung aufkam, hatte man in Europa geglaubt, daß nicht nur unsere eigene Religion, sondern auch unsere ganze Zivilisation einzigartig seien und ihre Wurzeln in der unvergleichlichen griechischen Welt hätten. Ebenso wie griechische Kunst und Philosophie, Römisches Recht, die Newtonsche Physik und die Bibel hielt man auch die homerischen Epen für absolut gültig. Um zu erkennen, ob dies den Tatsachen entspricht, müssen wir uns eingehender damit befassen. Bis in jüngste Zeit richtete sich die falsche und romantische Vorstellung von der absoluten Richtigkeit Homers vor allem auf die *Ilias* und *Odyssee*, so daß die Wiederentdeckung der homerischen Welt eines der Hauptmotive für die Archäologie in den griechischen Kulturbereichen war. Dies führte zu zahlreichen falschen Erklärungen, die erst wieder berichtigt werden mußten.

### Die Welt Homers

Vermutlich waren die Dichter zur Entstehungszeit von *Ilias* und *Odyssee* keine Hofpoeten. Sie müssen vielmehr wie ihre Nachfahren und wie auch ihre Zeitgenossen aus anderen Kulturen herumgewandert sein und haben sich dann bei Gelegenheit niedergelassen. Hesiod besaß z. B. einen Bauernhof in Böotien, über den er sich in giftigen Epigrammen beklagte. Homer war wohl dem Demodokos ähnlich, einem Dichter, der in der *Odyssee* vorkommt. Als Blinder lebt er in seinem eigenen Haus und nicht im Palast. Wenn man ihn benötigt, wird mit höflicher Einladung nach ihm geschickt, und wenn er dann kommt, erhält er einen bequemen Platz und wird gut unterhalten. Seine Zuhörerschaft ist anscheinend nicht einheitlich. Als

*Links außen:* Bildnisse des Homer wie diese römische Kopie nach einem griechischen Original um 150 v. Chr., die später in Mengen hergestellt wurden, zeigen ein leidendes Gesicht und eine tragische Vorstellung vom menschlichen Leben. Das Gesicht ist ernst, und die Vorstellung entsprach der Wahrheit; zumindest glaubte das der Bildhauer.

*Rechts:* Denkmäler wie dieses wurden für die Reichen und die Gebildeten hergestellt. Sie stellen in Stein das Werk Homers so dar, als ob Homer selbst ein Gott wäre. Das hier abgebildete Relief aus dem 2. oder 3. Jahrhundert v. Chr. wurde von Archelaos von Priene geschaffen.

# DIE HOMERISCHE WELT

**Die Welt von Homer und Hesiod**
Das Buch zwei der *Ilias* enthält den sog. Schiffskatalog, einen genauen Überblick über die Orte im Mutterland, die von den Helden des Trojanischen Kriegs beherrscht wurden. Es ist sehr umstritten, ob dieser Überblick etwas mit der politischen Geographie der mykenischen Zeit zu tun hat. Die homerischen Epen kennen auch die Verbündeten Trojas in Kleinasien, Sidon, Zypern, Ägypten und Libyen. Im Werk des Hesiod spiegelt sich die Kenntnis noch entfernterer Länder wider. Die *Theogonie* spricht von einem König Latinos, der auf fernen Inseln über die Etrusker herrscht. Der »Katalog der Frauen« erwähnt das Atlasgebirge, die Schwarzen Afrikas und die nomadischen Skythen. Mythische Vorstellungen blieben noch bestehen und vermehrten sich. Die Äthiopier, deren Gesichter von der Sonne verbrannt waren, lebten nach dieser Vorstellung da, wo die Sonne auf- und untergeht. Erst später wurden sie mit den Nubiern gleichgesetzt. Jenseits einer imaginären Bergkette im Norden lebten die Hyperboräer am Ufer eines Bernstein führenden Flusses.

Agamemnon in den Krieg zog, ließ er einen Sänger, vermutlich keinen blinden, zur Bewachung seiner Frau zurück, so wie man im Mittelalter üblicherweise einen Kaplan dazu nahm. Es gab sicher ein gewisses Mäzenatentum, denn obwohl die homerischen Helden selbst singen und spielen können, hört jeder einem Berufssänger mit besonderer Aufmerksamkeit zu.

Schwerer ist das Leben der Durchschnittsbürger zu beurteilen. Der Schild des Achill war mit kriegerischen und friedlichen Szenen verziert. Eine Szene handelt von der Ernte, bei der die Leute ein Lied singen, dessen Refrain bis in klassische Zeit erhalten blieb und damals aufgezeichnet wurde. In der *Ilias* halten die Männer demokratische Versammlungen ab, die in nicht genau geklärtem Bezug zu den königlichen Entscheidungen stehen. Agamemnon ist nicht der absolute Herrscher wie Zeus, der mächtiger ist als alle anderen Götter zusammen. Die tatsächliche Macht Agamemnons wird noch weiter in Frage gestellt durch den zwangsläufigen Fortgang der Geschichte. Die Anführer in der *Ilias* und in der *Odyssee* besitzen Macht nur durch deren direkte Ausübung. Wenn sie sich durch diese Macht Ehre und Ansehen verschaffen, dann sind ihre Völker sicher vor Überfällen und Piraterie und Wohlstand und Segen können dann in einem eng gefügten Gesellschaftssystem die Welt zusammenhalten. Die in der homerischen Dichtung am meisten geschätzten Dinge sind abgesehen von Waffen, Pferden und Rindern ohne Wert für das praktische Leben, sie tragen jedoch dazu bei, daß die Welt in Ordnung bleibt, beispielsweise wie gerade der Ehrenkodex weniger eine private Vorliebe als eine soziale Kraft darstellt.

Wir haben gesehen, wie in dem Augenblick, als Odysseus triumphiert, sein Sohn Telemachos mit dem treuen Schweinehirten tanzt, weil nun die Ordnung der Dinge wiederhergestellt ist. Odysseus findet seinen Vater Laertes bei der Arbeit auf dem Hof, wie er Dünger um den Birnbaum streut. Nausikaa, die Prinzessin in dem guten Königreich der Phäaken, wird angetroffen, wie sie mit ihren Freundinnen im Fluß eine Menge Wäsche aus dem Palast wäscht. Auch einer der Götter und viele Halbgötter sind Metallhandwerker, die Homer bei ihrer schweren Arbeit beschreibt. Thersites vermittelt in der *Ilias* dagegen einen ganz anderen Eindruck: Er ist ein rebellischer Gemeiner, der in der Versammlung gegen Agamemnon auftritt.

Die Geschichte der *Ilias* ist unparteiisch und tragisch. Ihre Episoden sind wie einzelne Ausdrücke und Nebensätze in einem Satz zusammengefügt. Die Sprache beruht oft auf der Ausgewogenheit von gleichwertigen Nebensätzen in einem ganzen Satz. Dies ist für die ganze *Ilias* von Bedeutung, wie auch für die übrige frühgriechische Prosa, so z. B. bei den Fragmenten des Charon von Lampsakos. Ein solcher Stil schließt ausführliche Erörterungen metaphysischer Fragen aus oder auch umfängliche moralische Urteile, er gestattet dagegen große Freiheiten und Subtilität sowie genaue Ausdrucksmöglichkeit. Die Sätze sind eher durch ihren Rhythmus als durch Verbindungsglieder zusammengehalten.

Die Welt Homers ist die des 8. Jahrhunderts v. Chr. Die Kriegskunst wird allmählich besser organisiert, es gibt einige Hinweise auf Formationen in der Art von Regimentern, aber immer noch ist die Schlacht in erster Linie eine blutige persönliche Auseinandersetzung unter einzelnen Helden. Soldaten und mindere Heroen tauchen nur auf, um getötet zu werden. Der Krieg wird als tragisch angesehen, doch der beste Rat, den der Vater seinem ins Feld ziehenden Sohn geben kann, lautet immer, der tapferste und beste zu sein, den anderen Vorbild zu sein und immer in der ersten Reihe zu kämpfen. Solche Worte fanden sich später in zahlreichen Inschriften auf Grabsteinen wieder. Die großen Helden tragen besondere Waffen und Rüstungen, die manchmal fremdartig oder altmodisch erscheinen. Die Götter mischen sich ständig ein, doch lassen sie nichts geschehen, was sich nicht sowieso ereignet haben könnte. Eine Waffe trifft richtig, weil ein Gott half, oder es entkommt jemand, weil ein Gott Dunkelheit oder Nebel entstehen ließ. Selbst Zeus kann seinen eigenen Sohn Sarpedon nicht vor dem Tod retten.

Die Pflichten der Gastfreundschaft sind unantastbar. Ihr Bruch, die Entführung der Helena durch Paris, führte zum Krieg; und wenn sich Bande der Gastfreundschaft zwischen zwei streitenden Heroen herausstellten, dann durften sie nicht gegeneinander kämpfen. Die Helden fahren mit Wagen in die Schlacht, und sie verfolgen einander in den Wagen. Es mag ausnahmsweise vorkommen, daß sie einen Wagenlenker aufspießen, doch grundsätzlich kämpfen sie gegeneinander am Boden. Niemand außer einem Akrobaten konnte damals auf einem Pferd reiten. In der *Odyssee* und der *Ilias* erscheinen Schiffe als so leicht, daß man sie auf den Strand ziehen kann. Wir erfahren, daß man Brot und Fleisch ißt, Käse herstellt, der Wein mit Wasser gemischt getrunken wird und Drogen bekannt sind, allerdings in Verbindung mit religiösen

DIE HOMERISCHE WELT

oder magischen Heilkräften. In der *Odyssee* gibt Helena ein Mittel in den Trank für Menelaos und Telemachos, um diese von ihrer Traurigkeit zu befreien.

**Homer und die reale Umwelt seiner Zeit**
Der Versuch, jede Stadt und jede Insel aus den homerischen Epen zu identifizieren, hat bereits in der frühen römischen Kaiserzeit zu Kontroversen geführt. Troja, Mykene und das Pylos des Nestor waren in der Bronzezeit bedeutende Orte, doch zur Zeit Homers war Troja sicherlich eine Ruine und Mykene besaß keine große Macht mehr. Das Pylos Homers lag am Strand, doch der kürzlich ausgegrabene Palast bei Pylos liegt meilenweit vom Meer entfernt, und in dem Pylos des 5. Jahrhunderts, das die Griechen jener Zeit für das homerische hielten, wurde kein Palast gefunden. Zweifelsohne bezieht sich Homer auf Gebäude, die zu seiner eigenen Zeit vorhanden waren, auf Städte, auf berühmte Gräber und auf das Haus des Erechtheus in Athen. Seine geographischen Vorstellungen sind schematisch, aber auch reich an Einzelheiten. Doch die Landkarte des bronzezeitlichen Griechenland, die von der modernen Archäologie angelegt wurde, ist mit Homers Welt nicht ganz identisch. Es ist ebenso wichtig, welche Dinge bei Homer nicht vorkommen wie es bedeutsam ist, welche Tatsachen er berichtet, und seine geographischen Vorstellungen sind ebenso im 8. Jahrhundert verwurzelt wie in früheren Epochen.

Man kann annehmen, daß die Geschichten, aus denen die *Ilias* entstand, ihren Ursprung nicht nur in wieder anderen Geschichten haben, sondern auch in Ruinen und in den Vorstellungen von ihnen. Jedes Dorf auf der Welt erfindet irgendeine Geschichte, um eine lokale Ruine zu deuten. Das Griechenland Homers besaß vielleicht viele Städte, die ebenso mit dem 8. Jahrhundert wie auch mit der Bronzezeit in Beziehung standen. Die Verbindung der *Ilias* mit den sagenhaften Ruinen von Mykene und Troja sollte uns daher nicht überraschen. In Mykene wurde damals Agamemnon verehrt, und in Troja gab es ein eigentümliches Ritual, bei dem Jungfrauen aus Lokris nachts an Land gebracht wurden und dann den Rest ihres Lebens im Tempel der Athene dienten, falls sie nicht auf dem Weg zum Heiligtum gefangengenommen wurden. Es wird erzählt, sie seien ein Versöhnungsopfer für das Sakrileg des Ajax aus Lokris, der bei der Eroberung Trojas Kassandra am Altar der Athene schändete. Es ist nicht unbedingt wahrscheinlich, daß hier die Legende erfunden wurde, um das Ritual zu erklären; hat doch die *Ilias* weitreichende Wurzeln in einer großen Anzahl solcher Geschichten.

Solche Erklärungen sind aus Mangel an genauen, unumstrittenen Angaben oft problematisch. Wir wissen etwa, daß im letzten Viertel des 8. Jahrhunderts v. Chr. eine Reihe von mykenischen bienenkorbförmigen Gräbern als Kultstätten geöffnet wurden. Und sind vielleicht die Terrakottadarstellungen, die vermutlich die Entdeckung eines solchen Grabes durch Schafhirten und eine Gottheit zeigen, die an eine mykenische Statuette erinnert, ein Anzeichen für einen Kult, der auf die homerische Dichtung zurückgeht?

Einige der bei Homer erwähnten Gegenstände finden ihre natürliche Erklärung in der Bronzezeit. Z.B. ist ein Helm aus Eberzähnen gefertigt: Solche Helme wurden aber im klassischen Griechenland nicht benützt, man fand sie jedoch bei Ausgrabungen an mykenischen Plätzen. Figuren mit solchen Helmen fand man ebenfalls, einen davon in Delos. Haben nun die Dichter über hunderte von Jahren hinweg solche Helme immer wieder beschrieben? Schlich sich möglicherweise der Schmuck der Bronzezeit in die epische Dichtung des 8. Jahrhunderts dadurch ein, daß man Gräber öffnete und zufällig fremdartige Bewaffnungen fand, die man mit einer heroischen Vergangenheit in Verbindung brachte? Oder hat irgendein abgelegenes Volk solche Helme noch länger benutzt, als uns bekannt ist? Wenn wir all die bronzezeitlichen Elemente der *Ilias* zusammennehmen, dann ist dennoch für uns die Frage nach einer Erklärung immer noch mit einem literarischen Problem verknüpft: Wie entstand epische Dichtung überhaupt? Leider beschäftigen sich die Archäologen nur wenig mit der betreffenden Literatur, und nur wenige Kenner der epischen Dichtung mit allen sie begleitenden Traditionen haben genauere Kenntnisse von der Archäologie.

Ein rotfiguriger attischer Kelchkrater des Dokimasia-Malers um 470–465 v. Chr. zeigt offensichtlich in stilisierter Form den Tod des Agamemnon. Dies ist eine Männerwelt, in der die Frauen lediglich jammern und gestikulieren. Die Darstellung derselben Ereignisse im *Agamemnon* des Aischylos ist sehr viel schrecklicher.

Für eine Sache gibt es oft sehr verschiedene Erklärungen: Die großen Grabstätten der Bronzezeit hörten in Griechenland lange vor Homer auf, doch sie bestanden in Zypern noch weiter. Die langen Stoßlanzen der Mykener waren außer Gebrauch gekommen und ihnen folgten kürzere Wurfspeere. Homer wußte anscheinend von den langen Stoßlanzen, doch er dachte, daß seine Helden sie geworfen haben. In diesem Fall ist sicher ein alter Gegenstand, der sich erhalten hatte, mißverstanden worden, doch könnte es sich hier auch um eine heroische Übertreibung handeln. Denn auch bei den Helden der *Ilias* herrscht die Meinung, daß in früheren Zeiten die Männer stärker und die Helden heroischer waren.

In ihren Meisterwerken repräsentiert epische Dichtung das Selbstbewußtsein, die Erinnerungen und die Identität eines ganzen Volkes. Die Einheit der homerischen Welt ist staunenswert. Sie hat natürlich dunkle Ränder. So war für die Zuhörer Homers der Eingang zur Unterwelt sehr weit entfernt gelegen, und doch war es anscheinend ein realer Ort im Westen von Griechenland, wo es tatsächlich ein Totenorakel gab, Dodona. Dieser Platz, der nicht weit von der heutigen albanischen Grenze liegt, war für Homers Zuhörer ein mysteriöses und weit entferntes Heiligtum. Der weite moralische und intellektuelle Horizont der homerischen Dichtung, ihr geographischer und historischer Rahmen und die reiche Phantasie müssen im 8. Jahrhundert v. Chr. eine weitaus stärkere Wirkung gehabt haben, als wir heute empfinden können.

**Hesiod und die Welt des Mythos**
Die beiden großen Dichtungen des Hesiod, die *Geburt der Götter* oder *Theogonie*, und das lange Gedicht oder die Gedichtsammlung über Landwirtschaft und Moral mit dem Titel *Werke und Tage* entstanden etwa gleichzeitig

DIE HOMERISCHE WELT

Griechische Gemälde, die in römischer Zeit immer wieder kopiert wurden, sind in Pompeji und anderswo erhalten. Dieses Bild zeigt eine gefahrvolle Situation aus der *Odyssee*. Die Landschaft ist bei diesen Darstellungen immer dominierend, was der homerischen Dichtung mehr Wahrheitsgehalt verleiht.

Modell eines Gebäudes aus Archanes auf Kreta. Es stellt ein bronzezeitliches gewölbtes Grab dar, das zur Verehrung von Hirten mit ihrem Hund (?) geöffnet wurde, nachdem sie es entdeckt hatten und nun durch das Dach spähen. Von dieser Gattung sind mehrere Exemplare erhalten.

mit der *Odyssee*, die vermutlich etwas später liegt als die *Ilias*. Vielleicht ist auch die *Theogonie* älter als die *Ilias*. Die Welt in den *Werken und Tagen* erscheint anders als in der *Ilias*, doch beschreibt Hesiod die gleichen Empfindungen in bezug auf die Vergangenheit wie Homer, nur offener und mehr sprichwörtlich als dieser. Nach seiner Vorstellung ist die Welt im Laufe von mehreren Zeitaltern immer schlechter geworden; es ging von dem unschuldigen goldenen Zeitalter über das silberne der Halbgötter und das bronzene der Heroen und der heroischen Krieger bis zum gegenwärtigen elenden Eisenzeitalter. Hesiods Zusammenschau von Regeln der Landwirtschaft mit religiösen und magischen Vorstellungen, von ländlicher Moral und der Beobachtung der Jahreszeiten ist kein reiner Zufall, denn auf einer primitiven Stufe der Landwirtschaft war jede praktische Regel zugleich auch eine religiöse Vorschrift, und die Befolgung der religiösen Regeln war die Voraussetzung für das Gedeihen des Getreides.

Von solchen religiösen Vorstellungen ist bei Homer mehr enthalten, als die meisten bemerken, doch spielt in der homerischen Dichtung die Landwirtschaft keine bedeutende Rolle. Erst gegen Ende der *Odyssee* kommen die allgemeinen ethischen Vorstellungen von seßhaften Leuten zum Ausdruck. Fast die ganze Erzählung hindurch ist der Rinderraub eine übliche Angelegenheit, und eine Unterscheidung zwischen einem Kaufmann und einem Piraten ist nur unklar zu erkennen. Die *Odyssee* ist die Geschichte eines Heimkehrers. Ihre Struktur hat viele Gemeinsamkeiten mit dem zentralasiatischen Epos der *Dede Korkut*-Erzählungen, deren mündliche Überlieferung mindestens bis in das 9. Jahrhundert n. Chr. zurückreicht. In beiden Dichtungen kehrt der Held aus dem Exil, aus dem Gefängnis oder von fernen Abenteuern zurück und muß seine Frau von anderen Freiern zurückgewinnen. Er muß dazu mit eigener Anstrengung alle Stufen der sozialen Hierarchie emporsteigen. In der *Odyssee* teilt er das Dach mit einem Schweinehirten und schlägt sich mit einem Bettler. Die letzte Prüfung ist in beiden Dichtungen das Bogenschießen. Der offenkundigste Unterschied zwischen den beiden Epen liegt darin, daß in den *Dede Korkut*-Erzählungen weder der Dichter noch seine Zuhörer das Meer kennen. Aber andererseits haben auch die Seefahrten des Odysseus nichts mit dem zweiten Teil der Dichtung zu tun. Vermutlich haben die Griechen diese erstaunlichen Seeabenteuer zu einer bereits vorhandenen Geschichte hinzugefügt. Vielleicht waren sie eine Variante zu schon aus früherer Zeit existierenden Teilen der Argonautensage vom ersten Schiff und dem goldenen Vlies. Sicher gab es ein frühes Epos über die Argonauten, doch ist es nicht überliefert.

In der *Odyssee* wird das Meer durch Inseln, Dunkelheit und Entfernung charakterisiert. Ein Schiff kann sehr weit von seinem Kurs abgetrieben werden. Nimmt es Kurs auf die nördliche Peloponnes, so kann es bis an die Südküste Kretas verschlagen werden. Andere Schiffe mit mehr Glück machen die Reise von Troja aus in kurzer Zeit. Es gibt Inseln mit einer Vielzahl von magischen und monströsen Bewohnern, die kaum jemand je besucht hat. Einige der abenteuerlichen Geschichten scheinen in Sizilien und im Westen zu spielen, obwohl wir nicht genau erfahren, wie Odysseus dorthin gelangte. Insgesamt ist die geographische Bestimmung seiner Fahrten nicht eindeutig. In der *Odyssee* sind Ägypten, Kreta und Zypern richtig beschrieben und Odysseus besitzt Herden auf dem griechischen Festland und an der Küste gegenüber Ithaka. Im Westen bleibt dagegen alles unklar.

Odysseus besucht eine Insel, die Heimat von Aiolos, dem Gott der Winde. Diesen Teil der *Odyssee* lokalisierten die späteren Griechen an der Ostküste von Sizilien, wo die Zyklopen in einer Höhle lebten und Scylla und Charybdis in der Meerenge von Messina ihr Unwesen trieben. Nur wenige Meilen nördlich von Sizilien liegen die Äolischen Inseln, nicht weit von der Meerenge. Lipari (antik: Lipara) ist ein Paradies für Prähistoriker, denn die Akropolis wurde sorgfältig ausgegraben, und man fand eine kontinuierliche Besiedlung von sehr früher Zeit bis heute. Lipari ist einer der wenigen mediterranen Fundplätze für Obsidian, ein vulkanisches Glas, das scharfe Kanten hat und deswegen bis zum Aufkommen von Bronzespitzen, vielleicht auch noch viel länger, sehr geschätzt war. Die Mykener trieben dort Handel, und im Museum von Lipari gibt es mykenische Funde. Als die Griechen in klassischer Zeit nach Lipari kamen, opferten sie in einem schon vorher bestehenden Heiligtum dem Aiolos, dem Gott der Winde. Es besteht kaum ein Zweifel darüber, daß die Geschichte in der *Odyssee* auf einem religiösen Kult basiert, der schon vor den Griechen entstanden war.

### Die Grenzen der Realität

Wir müssen uns davor hüten, jede spätere griechische Identifizierung eines altes Grabes oder einer Ruine mit den Denkmälern des heroischen Zeitalters wörtlich zu nehmen. Bei einfachen Leuten ist es beliebt, das Land mit einer vertrauten Geschichte zu versehen. Im südlichen Kreta wurde mir z.B. von einem Bauern die Höhle der Zyklopen gezeigt und auf einem Berg in Afghanistan von Dorfbewohnern die Ruinen des Salomonischen Tempels. Es ist gut möglich, daß die Lokalisierung eines ganzen Teils der *Odyssee* in der Gegend des östlichen Sizilien ebenso vor sich ging, nachdem die Dichtung bekannt wurde, doch glaube ich eher, daß in diesem Fall die Geschichten einen lokal fixierten Ursprung hatten und dann von Seefahrern in dieses weitläufige Gebilde von Inseln und Abenteuern übertragen wurde, aus dem die *Odyssee* hervorging.

Auch die Verehrung von Vorfahren kann Verwirrung stiften. Seit ihrem ersten Auftauchen aus dem dunklen Zeitalter haben bestimmte mächtige Familien wie etwa die Neleiden in Athen ihre Herkunft von den homerischen Helden und von den Göttern abgeleitet. Doch zeigt der Umstand, daß heroische Vorfahren politische Bedeutung hatten und Heldensagen in politischen Streitigkeiten benützt wurden, deutlich ihre geringe historische Zuverlässigkeit. In Wirklichkeit waren die Heroen wohl eine mächtigere Variante der Geister. In der Regel haben sie ein eigenes Grab an einem bestimmten Platz, obwohl z.B. Ödipus drei oder vier verschiedene Grabstätten besitzt. Sie lieben den Krieg, tun Unrecht und müssen versöhnlich gestimmt werden.

Aus Homer geht deutlich hervor, daß zumindest die Gräber in Troja älter sind als die Entstehung der *Ilias*, und er fühlt sich sogar verpflichtet zu erklären, warum eine typische Erscheinung in der Gegend um Troja, die großen griechischen Wälle in der Ebene, zu seiner Zeit nicht mehr vorhanden war. Er sagt, die Götter hätten gezürnt und seien später gekommen, um die Wälle wegzuschwemmen. Es kann sogar sein, daß der eigentümliche Grabkult der Penelope im östlichen Arkadien, der viel

DIE HOMERISCHE WELT

später erwähnt ist, schon sehr alt und auch dem Homer bekannt war. Das könnte vielleicht erklären, warum Odysseus versuchte, mit einem Ruder über der Schulter auf dem Landweg so weit zu wandern, bis er an einen Ort kam, an dem die Leute das Ruder für einen Dreschflegel hielten; dort sollte er dann dem Poseidon opfern. Im südlichen Griechenland war Arkadien tatsächlich zu jener Zeit die einzige Landschaft, die keine Verbindung zum Meer hatte. Dies sind fragwürdige Schlußfolgerungen, aber Homer könnte eine Reihe solcher eigenartiger Geschichten gekannt haben.

Jeder, der sich ernsthaft mit den archäologischen Belegen beschäftigt, mag daran zweifeln, ob je wirklich ein Trojanischer Krieg stattgefunden hat. Etwas milder ausgedrückt wird man sagen müssen, daß es um Troja wohl Kriege gegeben hat, aber nicht einen einzigen bestimmten Krieg. Die Griechen kannten Troja, und es war sicher mehr als einmal zerstört worden. In der Bronzezeit war die Stadt ungeheuer reich, und ihr berühmter Goldschatz setzte die Welt in Erstaunen, als Schliemann ihn 1874 entdeckte. Er verschwand, nachdem er im Zweiten Weltkrieg aus Berlin deportiert wurde, und man hat ihn entweder zerstört oder er liegt irgendwo in Osteuropa versteckt. Schöne und wertvolle Gegenstände kamen auch in Mykene und Knossos zutage, doch nur weniges von vergleich-

*Oben:* Diese archaische Szene mit dem Trojanischen Pferd, die nicht in der *Ilias* selbst erscheint, stammt vom Hals eines großen Gefäßes aus Mykonos. Um 675 v. Chr. geschaffen, entstand es ca. 50 Jahre nach der Zeit Homers. Das figurenreiche Relief *(oben links)* ist eine Erfindung, die auf der nachhomerischen epischen Dichtung beruht, die sich mit dem Trojanischen Krieg beschäftigt. Dieses Stück befindet sich heute in Rom. Eine ganze Reihe davon lassen sich derselben Werkstatt zuweisen.

*Links:* Die Bucht von Navarino ist die Stelle des klassischen Pylos. Wie der Ort Pylos im 5. Jahrhundert v. Chr. ausgesehen hat, wissen wir von dem Historiker Thukydides. Weniger erschlossen ist für uns die Bronzezeit. Aber das prächtige Gebäude hoch über der Bucht, das man als den Palast des Nestor bezeichnet, war in der Tat das Zentrum eines bronzezeitlichen Königreichs.

*Folgende Seite:* Laut Homer war Odysseus von seiner Heimat durch »viele glitzernde Meere und viele schattige Inseln« getrennt.

57

barer Großartigkeit. In der Tat gibt es keinen sicheren archäologischen Beweis, daß die Griechen jemals Troja eingenommen haben. Und eine große Expedition von so vielen griechischen Edelleuten unter der Anführung eines einzigen großen Königs hat es weder in der Bronzezeit noch in irgendeiner späteren Epoche gegeben, ehe Alexander Persien eroberte. Einige halbvergessene historische Reminiszenzen dürften die Phantasie der Dichter vielleicht angeregt haben; das ist alles, was wir dazu sagen können, denn weder die *Ilias* noch irgendein anderes Epos beruht auf reiner Erfindung.

**Die Entstehung einer Legende**
In einer endlosen Reihe von Veränderungen gewinnt das Gerüst einer Geschichte ähnlich der Struktur von Volkserzählungen an Gestalt, je mehr der wahre Kern an Tatsachen sich verflüchtigt. Die Wirklichkeit kommt dann auf andere Weise wieder in die Dichtung herein, und zwar in Form von Metaphern und Bildern und dramatischen Szenen, doch verändern sich die Handlungen und Fakten sehr stark. So war etwa der serbische Held Prinz Marko in Wirklichkeit ein türkischer Händler, und die Schlacht Rolands bei Roncesvalles war, wenn sie überhaupt stattgefunden hat, nicht besonders bedeutend. Der asiatische Held Dede Korkut ist ebensowenig historisch wie Nestor, obgleich man sein Grab verehrte. Die Strukturen der *Ilias* und *Odyssee* liefern wenig Brauchbares für eine Analyse, die diese Werke als bewußte literarische Zeugnisse ansehen könnte. Es gab damals noch kein eigenes Wort für Literatur, so wie es auch für die bildende Kunst noch keinen Begriff gab, als die Höhlen von Lascaux ausgemalt wurden. Sie sind als ein erstarrter Augenblick in einem organischen Vorgang anzusehen, in dem sich ihre Strukturen unaufhörlich veränderten. Sie sind das Ergebnis von Generationen andauernden Umarbeitungen.

Die *Ilias* ist nicht die Geschichte des ganzen Trojanischen Krieges. Sie spielt während dieses Krieges, der sich zeitlich nach vorne und rückwärts erstreckt. Der Krieg liefert die Situation, die Szenerie und die Lebensumstände. Beide Seiten kennen den Ausgang des Krieges, und die Helden wissen von ihrem eigenen Schicksal. Die Stärke der Dichtung liegt in den Details und in der Sprache, in dem plötzlichen Beleuchten einer Nebensache, in der fremdartigen Schönheit der Gottheiten und in der Wirkung von einzelnen Handlungslinien im größeren Zusammenhang.

Das Ausdrucksmittel dieser epischen Kraft ist der Hexameter. Diese Versform war vermutlich im östlichen Griechenland entstanden. Doch zu Homers Zeit im 8. Jahrhundert war er bereits durch viele Generationen von anonymen Dichtern perfektioniert worden. Auch der Name Homer selbst ist im gewissen Sinn anonym. Wir sind nicht einmal ganz sicher, ob derselbe Dichter die *Ilias* und die *Odyssee* verfaßt hat. Noch viel später wurden Epen in diesem Versmaß gedichtet. Die sogenannten *Homerischen Hymnen* sind sicher später als Homer; der letzte bedeutende auf Pan wurde wahrscheinlich um 500 v. Chr. verfaßt. Sie enthalten jedoch viele Eigenheiten Homers, wie z.B. das Interesse für Orte und reale Gegenstände, und sie zeigen ähnliche Kunstfertigkeit.

**Die Moral in den Epen**
Die ursprüngliche klassische sowie die Volksdichtung wurden von einem Sänger zum nächsten mündlich tradiert und adaptiert. Das Epos hatte seine Blüte in einer Zeit ohne Schrift, und seine moralischen Anschauungen und Traditionen spiegeln die Moral von Gesellschaften wider, die heute selten geworden sind. Die Ehre steht zuoberst, und Reichtum ist gleichzusetzen mit Ansehen.

DIE HOMERISCHE WELT

Die kleinen archaischen Bronzen aus Delphi, Olympia und vielen kleineren Heiligtümern gehören zum lebendigsten Schatz der griechischen Kunst. Odysseus entkommt aus der Höhle des geblendeten Zyklopen, indem er sich unter dem Bauch eines Hammels versteckt. Dieselbe Szene auf die Schulter einer Kanne aus Aegina gemalt, beleuchtet hinreichend die leichten Unterschiede im Entwurf, die das andere Medium bedingen.

Der Fürst beschützt sein Volk und riskiert sein Leben dafür; die Tapferen sterben jung. Die gesellschaftlichen Regeln sind unantastbar, wie z.B. die Verpflichtung zur Blutrache und die Bedeutung des körperlichen Mutes. Die epischen Helden erscheinen wie Zinnsoldaten mit Menschenherzen und der Intelligenz von Kindern; eine andere Gesellschaftsform ist für sie undenkbar. Großmut ist ebenfalls ein Gesetz, das allerdings mit anderen oft in Konflikt gerät. Doch sind Gesellschaften nie ganz statisch, sondern sie verändern sich ständig. In der Dichtung Homers sind die Helden ziemlich frei, die Regeln werden von ihnen als lästig empfunden, aber sie werden nicht abgeschafft. Das Ende der *Ilias*, wenn Achill den Leichnam Hektors seinem Vater übergibt, ist sehr eindrucksvoll, gerade weil man meint, daß hier das Mitgefühl den Widerstreit der Welt überwunden hat. Die Größe der *Ilias* resultiert aus dieser Spannung. Homer weiß, daß die Welt des Trojanischen Krieges entsetzlich und höllisch ist, und seine Gestalten ahnen dies auch; aber die Geschichte geht erbarmungslos bis zum Ende.

Die mündlich tradierte Epik benutzt ein großes Repertoire fester Begriffe, die immer wieder in neuen Sätzen und Versen verwendet werden. Eine Untersuchung, wie sie eingesetzt werden, sagt etwas darüber aus, wie Homer dachte. So sagt etwa der Grieche Agamemnon: »Es wird der Tag kommen, an dem das heilige Troja untergeht.« Homer benützt diesen Satz später wieder. Er legt ihn Hektor in den Mund, der in dem Bewußtsein zum Kampf antritt, daß er am Ende sterben muß. Sogar der große Held Achill, der die *Ilias* überlebt, muß wissen, daß er sterben wird. Ohne diesen düsteren Unterton und ohne das Mitleid, das ein rächender homerischer Held kaum zeigen darf, wäre Achill eine untragbare Figur. Es gehört sich für ihn, Mitgefühl zu zeigen, wenn der Leichnam Hektors vom Vater Priamos zurückerbeten wird. Die *Ilias* endet nicht mit dem Triumph der Griechen, sondern mit dem Begräbnis Hektors.

Es ist nicht verwunderlich, daß wir die Ursprünge vieler homerischer Sitten kaum mehr erkennen können. Man weiß von den nordischen Sagen her und von zentralasiatischen und irischen Epen, daß jedes epische Gedicht in seiner langen Entwicklung ein Organismus ist. Jedes Erzählen geschieht vor anderen Zuhörern, und jede Adaptation ist ein neuer Versuch, in dem gegebenen Stoff einen Sinn zu finden. Es gibt einige offensichtliche Widersprüche in der *Ilias*, z.B. wenn derselbe Held an einem Abend zweimal ein großes Mahl einnimmt; solche Widersprüche entstehen aus Umarbeitungen. Wir sind nicht einmal im klaren darüber, auf welcher Stufe der Bearbeitung die homerischen Dichtungen niedergeschrieben wurden. Was sie so einzigartig macht ist der Umstand, daß sie eine bleibende Form durch die Niederschrift erhielten zu einer Zeit, als die Tradition der Ependichtung und deren mündliche Überlieferung noch in Blüte stand.

Der Bestand epischer Dichtung, die mündlich verfaßt und überliefert wurde, ist gefährdet, sobald die Zuhörerschaft lesen gelernt hat. Doch ist es genauer genommen nicht die Schrift, die die epische und die traditionelle Dichtung zerstört, zumindest nicht innerhalb einer Generation. Vielmehr tragen dazu die geschriebenen Gesetze bei, eine neue soziale Ordnung und all jene Umwandlungen einer ganzen Gesellschaft, mit der die Ausbreitung der Schrift verbunden ist. Wenn wir zurückblicken, so liegt Homers Welt am Rande einer großen Finsternis. Bei ihm herrscht eine Klarheit und Reinheit, die wir mit Ursprünglichem assoziieren; doch wenn wir den dunklen Jahrhunderten gerecht werden wollen, sollten wir die *Ilias* als deren Abendstern ansehen und nicht als den Morgenstern eines jüngeren Zeitalters.

# DRITTER TEIL

# DIE ZEIT DER TYRANNIS

# DIE RENAISSANCE DES 8. JAHRHUNDERTS

Im 8. Jahrhundert war die griechische Kolonisation in Kleinasien bereits gefestigt. Al Mina an der Mündung des Orontes war als Handelsplatz von Euböa aus vor dem Ende des 9. Jahrhunderts gegründet worden und wurde dann von Korinth besetzt. Bereits im 9. Jahrhundert breiteten sich die Phönizier in dem Maße nach Westen aus wie die Griechen nach Osten. Die daraus entstehende Rivalität zeigte sich nicht in der Levante, sondern vielmehr in Sizilien, da die Griechen sich nach Westen wandten, ehe sie die Kontrolle über die Ägäis erreicht hatten. Im Osten vermischten sich in der Folge auch die Kunststile, und was davon ins griechische Mutterland gelangte, kam dort in der Regel in einer adaptierten und vermischten Form an. Die Durchdringung der griechischen Kunst mit den neuen Einflüssen veränderte diese ganz entschieden. Die ungewöhnliche griechische Expansion war sowohl intellektuell als auch in ihrer Vehemenz außerordentlich stark, nur locker organisiert und sehr einfallsreich. Untrennbar von der Expansion ist der Aufstieg repräsentativer Kunst in den griechischen Regionen.

Es ist eigenartig, daß die Stilrichtungen, die wir zum erstenmal bereits im 10. Jahrhundert feststellen können, in groben Umrissen die späteren regionalen Staatsgebilde zeigen. Manche stehen unter der Vorherrschaft einer Stadt, wie Argos oder Theben, andere bilden sich durch eine expansive Politik, die schließlich im imperialistischen Abenteuer endet, wie im Fall von Sparta, einige formen Städtebünde, wie die zwölf jonischen Städte, die sich im 8. Jahrhundert zusammenschlossen, und wieder andere bilden einen lockeren Verbund ohne einen Hauptort, wie etwa Elis. Die großen überregionalen Heiligtümer Dodona, Delos und Olympia bestanden zu dieser Zeit bereits. Es waren Orakelstätten oder Plätze allgemeiner Verehrung, die ein gewisses Maß an gemeinsamen Gesetzen und eine gemeinsame Sprache implizierten und vielleicht auch zur Voraussetzung hatten. Wir wissen, daß in Olympia bereits vor der Mitte des 8. Jahrhunderts die erste der vier großen internationalen Spielstätten eingerichtet wurde. Die anderen in Korinth, Delphi und Nemea erhielten ihren panhellenischen Charakter etwa 200 Jahre später. Die Monate, die Jahre und die Festtage waren zum großen Teil für ganz Griechenland einheitlich.

### Malerei, Plastik und Architektur

Obgleich der gemalte Dekor in den dunklen Jahrhunderten fremden Einflüssen offenstand, waren die Stile im Prinzip doch regional bestimmt. Sie unterschieden sich voneinander noch nicht so stark wie die späteren Stile. Zweifellos war das Verschwinden mykenischer Muster eine überall gültige Voraussetzung hierfür. Eine Art mykenischer Stil entstand in der Isolation sogar im weit entfernten Sizilien aus demselben Grund, doch führte er später zu keiner so starken Entwicklung. Auf dem griechischen Festland bildete sich im 8. Jahrhundert aus der Töpferei und Vasenmalerei eine monumentale Kunst. Die großen und schönen Gefäße, die zu jener Zeit für die Athener Friedhöfe gefertigt wurden, erreichten Mannshöhe oder noch mehr. Der sachliche, komplizierte Dekor mit abwechselnd tonfarbigen Flächen und schwarzer Bemalung wurde in kühnen, das ganze Gefäß bedeckenden Mustern ausgeführt. Die Strenge der frühen, einfacheren

Eine monumentale Amphora aus Melos von ca. 625–620 v. Chr. Sie ist ein Beispiel für den orientalisierenden Stil der Vasenmalerei.

und klareren geometrischen Ornamente hatte ein großes Beispiel gegeben, das noch für Generationen vorbildlich war, vielleicht sogar für Jahrhunderte. Im 8. Jahrhundert waren diese Vorbilder noch nicht vergessen. Die griechische Malerei hat nie ganz den Aspekt der Dichte, der formalistischen und geometrischen Gestaltung des 10. und 9. Jahrhunderts verloren. Innerhalb dieser formalen Grenzen hatte die griechische Kunst im 8. Jahrhundert eine erstaunliche und fruchtbare Kraft.

Es ist die Zeit der ersten plastischen Werke, die wir seit der Bronzezeit kennen: nicht nur kleine Kultbilder aus Knochen, Elfenbein oder Holz, sondern auch einige geistvolle und ausdrucksstarke Bronzen. Der Dekor der schweren Bronzedreifüße, die in Olympia den Göttern geweiht wurden, wurde bewußt in einen deutlichen Gegensatz zu dem schwerfälligen Material gebracht. Gleichzeitig ist auch ein starkes Gefühl für die Dicke der Bronze durch weite Biegungen und langgezogene Linien zu erkennen. Die angesetzten Figuren sind reich und plastisch modelliert. Die frühesten olympischen Kriegerfiguren zeigen deutlich orientalischen Einfluß, und in dem Heiligtum selbst wurde auch eine Reihe von direkt aus dem Orient importierten Bronzen gefunden.

Im Laufe dieses Jahrhunderts trat auch die Architektur wieder in Erscheinung. Die langen apsidialen oder elliptischen Hütten älterer Siedlungen machten nun zumindest im sakralen Bereich einem Stil mit rechteckigen Grundrissen und einer Säulenhalle Platz.

*Forts. s. S. 64*

DIE RENAISSANCE DES 8. JAHRHUNDERTS

# Dodona

Dodona ist der Ort eines alten (angeblich des ältesten) Orakels des Zeus. Es liegt in der Nordwestecke des klassischen Griechenland nahe der heutigen albanischen Grenze, einige Kilometer landeinwärts in einer Senke zu Füßen des Pindosgebirges. Nach Homers Schilderung hatten die Priester ungewaschene Füße und schliefen auf der Erde. Sie deuteten das Geräusch des Windes in einer großen Eiche. Für die Bronzezeit gibt es hier eine Reihe von Belegen, doch keinen für eine Kontinuität des Kults. Zur Zeit Homers herrschte hier Zeus mit einer Göttin namens Dione. Es gab einen Kult für eine Unterweltgottheit und eigentümliche Vorstellungen von heiligen Schweinen. Dione ist offensichtlich der Demeter sehr ähnlich.

Bis in hellenistische Zeit hatte Dodona nur wenige, bescheidene Bauten, und die meisten sehr schönen Gebäude, deren Ruinen heute noch zu sehen sind, stammen aus späten Epochen. Großartig ist das Theater, das unter Pyrrhus von Epirus nach dem Tod Alexanders d. Gr. entstand. Über dem Theater liegt die ummauerte Akropolis, unterhalb befand sich ein Stadion, dessen gerundetes Ende in der Bildmitte zu erkennen ist *(unten)*. Die ganze Siedlung, die einzigartige Lage des Theaters inmitten dieser Landschaft atmet noch immer den Geist der antiken Anlage.

Angeblich hat auch Odysseus Dodona besucht, doch war er, der große Weltfahrer, eine Ausnahme. Die meisten Besucher des Heiligtums waren eher einfache Leute, die aus der Umgebung oder dem Norden kamen, weniger aus den urbanen Zentren der griechischen Welt. Der heilige Baum selbst bildete den Mittelpunkt des Heiligtums.

Das Zeus-Heiligtum in Dodona hat auch heute noch noch etwas von seiner alten Abgeschiedenheit und Wildheit bewahrt. Weihgeschenke waren hier selten besonders kostbar. Vieles von der gefundenen Keramik stammt aus dem nördlichen Balkan. Der bronzene Krieger *(links)*, heute in Berlin, ist ein ausdrucksvolles Stück, doch hat er mit Zeus nur wenig zu tun. Wie die meisten derartigen Kleinfunde könnte er auch aus jedem anderen großen Heiligtum stammen. Von den Gebäuden des Heiligtums sind nur noch Grundmauern erhalten.

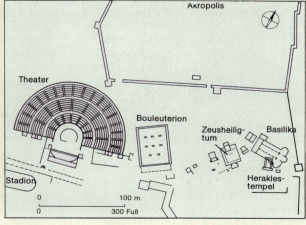

63

## DIE RENAISSANCE DES 8. JAHRHUNDERTS

*Links:* Große Grabgefäße wie dieses deuten auch in der Bemalung auf Bestattungsriten hin. Ihre Darstellungen sind den Klagen am Ende der *Ilias* verwandt. Das hier abgebildete Gefäß stand auf einem Grab im Friedhof von Athen an der Straße nach Eleusis.

*Unten:* Die Bronzeschale zeigt den starken orientalischen Einfluß auf die archaische Kunst der Griechen, bei der Formalismus und Realismus sich gemeinsam entwickelten.

Elemente desselben geometrischen Ornaments, das man von Hausmodellen kennt, wurden in größerem Maßstab und farbiger als Dekor eines wirklichen Tempels gefunden. Häuser wurden nun rechteckig mit dem Herd in der Mitte angelegt, doch verschwanden auch Apsidenhäuser und solche mit gekrümmten Mauern nicht sogleich. Es ist gut möglich, daß auf einigen Inseln bronzezeitliche Bauweisen, die vielleicht auf Naxos irgendwie überlebt hatten, jetzt wieder in Gebrauch kamen. Vielleicht hat man aber auch nur alte Bauten zum Vorbild für die eigenen genommen.

Es gibt noch unbeantwortete Fragen über Bevölkerungswachstum, Steigerung des Lebensstandards und über die auswärtigen Beziehungen. In relativ kurzer Zeit nimmt die Masse an offensichtlich eigenständigen griechischen Kunstwerken und Stilrichtungen erstaunlich zu. Jetzt hat man das Empfinden, daß bei jeder Bronzestatuette das Verhältnis vom Ganzen zu den Teilen und die Ausgewogenheit von Linien und Massen immer neu erarbeitet wurde, als ob es zum erstenmal geschähe. Das gleiche gilt auch für die Terrakotten, die jedoch typisiert und kaum individuell gearbeitet sind. Im Laufe einer Generation hatte sich diese Situation geändert. Variationen innerhalb eines Stils sind beträchtlich und manchmal ganz erstaunlich, besonders wenn eine große Steinfigur sechs Monate oder noch länger bearbeitet werden mußte. Bis ins 5. Jahrhundert sterben weder Lebendigkeit noch Originalität aus. Wenn dann allerdings das Material dem Künstler einmal keinen Widerstand mehr entgegensetzt, verliert sich die ursprüngliche Originalität und die strengen geometrischen Proportionen werden schwächer. In der bildenden Kunst Griechenlands können wir insgesamt ein hohes Niveau für die außergewöhnliche Periode der Adaption zwischen 750 und 650 v. Chr. im Bereich der Bronzen feststellen und bei den Marmorfiguren von Jünglingen und Mädchen für die Zeit von 650–550 v. Chr. Ihre etwas schwerfällige Grazie hielt sich mehr als ein Jahrhundert lang, ehe sie aus der Mode kamen. Und auch damit war die Entwicklung bei weitem noch nicht an ihr Ende gekommen, die glänzendste und lebendigste Epoche der figürlichen Malerei liegt in dem Jahrhundert zwischen 550 und 450 v. Chr.

Die großen Steinfiguren stellen Grabmonumente für einzelne Personen dar oder auch Weihungen an Gottheiten. Die nackten Athletenfiguren, die die freiräumigen Heiligtümer anfüllten, an denen Spiele abgehalten wurden, waren meist zugleich Porträts und Weihegaben. Die großen bemalten Vasen der reifen geometrischen Epoche im 8. Jahrhundert waren für die Grabmäler wohlhabender und mächtiger Athener bestimmt; nirgendwoanders erreichten die Gefäße ein derartiges Ausmaß und einen so großartigen Dekor. Man dachte früher im allgemeinen, daß sie zu einer Epoche gehörten, in der Wagen benützt wurden, doch spielen Wagen in der frühen Athener Kunst lediglich eine heraldische Rolle. Dies muß betont werden, denn man hat versucht, die Beerdigungsszenen auf diesen Vasen als besonders primitiv anzusehen, eher als Nachwirkung der von Homer geschilderten heroischen Welt. Die auf einigen dieser Gefäße zu sehenden Wagen sind vierrädrige Karren, der Tote liegt auf einem solchen von Pferden gezogenen Wagen und ist umgeben von Klagefrauen. Die Individuen, die das Pferdegespann lenken, sind keine um das Grab herumgaloppierenden Krieger in ihren Gefährten, sondern einfache Bauern mit ihren Karren.

### Das griechische Festland

Zu dieser Zeit begannen einige bedeutende Familien in Athen und anderswo, sich auf frühe Vorfahren zu berufen. Diese Vorfahren sind mythische Gestalten und Halbgötter, und es ist auch nicht sicher, wann diese Sitte aufkam. Allgemein spielten damals die Grabmäler eine große Rolle für den familiären Zusammenhang jeder aristokratischen Sippe, indem sie materiellen Wohlstand und Freigebigkeit demonstrierten und außerdem der Selbstbestätigung dienten.

Man könnte das Aufkommen dieser großen Familien in die dunklen Jahrhunderte datieren, doch ist es eher wahrscheinlich, daß in jener Zeit für große soziale Unterschiede kein Platz war. Als der Wohlstand wuchs und die Politik der kolonialen Unternehmungen und der Expansion begann, als Schrift und geschriebene Gesetze eingebürgert waren, müssen die Konflikte unter den Familien größere Bedeutung erhalten haben. Es ist eine Tatsache, daß in Attika der Reichtum ungleicher verteilt war als anderswo. Die Geschichte Athens im 8. Jahrhundert ist nicht besonders ruhmreich. Die Bevölkerung nahm zwar zu, allerdings eher weiter auf dem Land draußen und im übrigen wohl zum Teil auch durch Einwanderung. Aber auch nach außen hin nahm der kommerzielle Einfluß Athens ab und verschwand beinahe. Die orientalischen Luxusartikel in den Gräbern bestanden nicht länger aus direkten Importen, sondern aus heimischen Imitationen. Auf dem Lande gab es zwar ebensoviele Wohlhabende wie in der Stadt, doch war der Gegensatz von arm und reich, von armen und reichen Gräbern im 8. Jahrhundert bereits sehr gravierend und wurde im 7. Jahrhundert noch deutlicher.

Die großen adeligen Familien, welche die gesamte Macht über ihr Gefolge besaßen und mit einer soliden Basis landwirtschaftlicher Besitzungen versehen waren, wohnten in den reichen Gegenden des Landes und befehdeten einander. Dies geschah sicher zum Schaden jener, die in den armen Gräbern von Phaleron lagen. Die Verehrung der heroischen und mächtigen Toten in den mykenischen Gräbern, die in ganz Griechenland um 725 v. Chr. einsetzte, ist ein anderer Aspekt. Jede Sippe verehrte die Gebeine von legendären Vorfahren gewöhnlich irgendwo auf dem Lande, wo sie Grund besaßen. Belege für bestimmte Fälle dieser Art sind spät nachgewiesen, doch entstand dieser Brauch spätestens im 8. Jahrhundert. Die epische Dichtung und die Sagen, die Grabmäler und der Heroenkult, der Anspruch der großen Familien und ihre Macht auf dem Lande, seien sie in Menidi oder Sparta, Koropi oder Anavyssos beheimatet, gehören zu den charakteristischen Aspekten der allgemeinen Lage.

Im Gegensatz dazu war die Argolis, die von Argos beherrschte Ebene, damals mächtig und trat nach außen hin in Erscheinung. Am Ende des 8. Jahrhunderts war die Festung Asine vom damaligen argivischen König Eratos völlig zerstört worden. Das Grab eines jungen Kriegers aus jener Zeit enthielt einen hervorragenden Spitzhelm, der nach östlichem Vorbild gearbeitet war, und ein glockenförmiger Panzer war nach Vorbildern aus Mitteleuropa kopiert. Die meisten der mit Stierköpfen verzierten, in Griechenland gefundenen Bronzekessel sind griechische oder zypriotische Kopien nach syrischen Vorbildern, die ihrerseits Kopien von Stücken aus Urartu waren. Die Vasenmalerei in Argos war ebenso großartig und monumental wie in Athen, und es gab auch billige Massenware für die heimischen Bauern. Korinth war das einzige Zentrum, in dem schöne Stücke auch in kleinem Format und für den täglichen Gebrauch hergestellt wurden. Hier wurde auch für den Export produziert. Argivische Keramik gelangte bis nach Sizilien, Kreta, Kythera, Korinth und die Inseln Melos und Aegina, doch nie in großen Mengen. Insoweit bestätigt die Archäologie, was die Geschichtsschreibung sagt.

# Eleusis

Eleusis, das Heiligtum der Demeter, liegt an der Küste westlich von Athen in einer ehemals idyllischen Landschaft, die jetzt durch Industrieanlagen zerstört ist. Es war bereits ein mykenischer und frühharchaischer Platz. Es ist sehr gut möglich, daß der Kult soweit zurückreicht, doch wissen wir nichts von einer mykenischen Demeter. Ihre Heiligtümer liegen in ganz Griechenland auf dem Lande, außerhalb der mauerbewehrten Städte. In frühhistorischer Zeit erlangte Athen die Herrschaft über Eleusis. Das Telesterion oder der Demetertempel ist der repräsentative Bau des Ortes mit einer ununterbrochenen Baugeschichte von mykenischer bis in römische Zeit. Eleusis besitzt ein eigenes sehr reichhaltig ausgestattetes Museum.

Demeter war die Korngöttin, und die Religion von Eleusis basierte auf dem Mysterium des natürlichen Kreislaufs von Wachstum und Wiedergeburt. Die Gesetzmäßigkeiten der Landwirtschaft, der Geschlechter, der Natur und der Götter waren in den Augen der frühen Griechen ein untereinander verbundenes Gewebe. Der homerische *Hymnus an Demeter*, der von Eleusis spricht, ist eines der bedeutendsten Dokumente der antiken Religion. Das Relief auf einem Gebälkblock *(rechts)* stammt aus Eleusis.

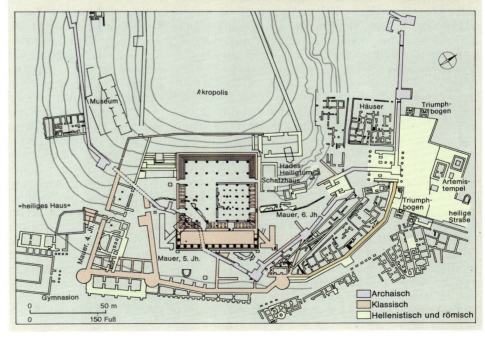

## Die Griechen außerhalb des Mutterlandes

Es ist eine alte Streitfrage, ob es Landhunger, politische Rastlosigkeit oder Handelsunternehmungen waren, welche die Griechen nach dem Westen des Mittelmeeres führten. Zweifelsohne gibt es darauf nicht nur eine einzige Antwort. Die euböischen Siedler an der Westküste Italiens in der Nähe des heutigen Neapel waren z.B. Händler. Die von ihnen benützten Gefäße kamen aus verschiedenen Gegenden: Euböa, Athen, Korinth, Rhodos, Kreta, Etrurien, Apulien, von den Phöniziern und aus dem syrisch-hethitischen Bereich. An den Plätzen dieser euböischen Kolonien wurden auch nordsyrische Siegel, ägyptischer Schmuck und Skarabäen sowie ein Bronzekessel mit Stierkopfverzierungen gefunden. Die Menge dieser von weither geholten Stücke ist insgesamt gering, doch sie spricht dafür, daß es einen lebhaften Fernhandel gab. Die ansässigen kolonialen Künstler imitierten euböische und korinthische Keramik. Im Hinterland bildete sich ein eigenständiger lokaler Stil heraus, bei dem die euböischen Vögel und Rautenmuster an allen Gefäßformen, gleich ob heimisch oder griechisch, angebracht wurden. Tatsächlich breitete sich dieser Stil im späten 8. Jahrhundert auch über ganz Südetrurien aus, und ihm folgte dann eine lokale Variante des korinthischen Stils. Man kann eine Gesellschaft nicht nach dem kommerziellen Erfolg ihrer bemalten Keramik bemessen, doch hatte die griechische Expansion, die im 8. Jahrhundert vor sich ging und bei der östliche Produkte bis an die westlichen Grenzen gelangten, internationale Bedeutung. Sie war so sehr die Grundlage für die Lebensbedingungen im griechischen Mutterland geworden, wie der Trojanische Krieg der Hintergrund für den Zweikampf von Hektor und Achill.

Troja ist von Griechen vielleicht von Lesbos aus vor 700 v. Chr. mit rhodischer Beteiligung besetzt worden. Es liegt nahe an der Durchfahrt zum Schwarzen Meer. Über dieses frühgriechische Troja wissen wir wenig, da es 300 Jahre später zum größten Teil wegen der Anlage eines großen Heiligtums zerstört wurde. Bis zur Kolonisierung war Troja verlassen gewesen. Die Archäologen nehmen an, daß der Platz etwa 400 Jahre lang nicht bewohnt war. Mag das auch übertrieben sein, so ändert es doch nichts daran, daß Troja in die Verwirrungen am Ende der mykenischen Epoche stark verwickelt war. Früher oder später wurde es sicherlich verlassen.

Im Osten standen die Griechen in Verbindung mit Lydien und Phrygien im Westen und Nordwesten Kleinasiens. Die bemalte Keramik aus Sardes in Lydien läßt auf ostgriechische Präsenz zwischen 750 und 725 v. Chr. schließen, ebenso auch ein lokaler Stil, der die hängenden Halbkreise der griechischen Vasenmalerei imitiert. Die Phrygier waren den Griechen kulturell voraus. Ihre Bronzegefäße und Nadeln und ihre importierten oder imitierten urartäischen Kessel mit den Sirenen oder Stierköpfen als Verzierung am Rand regten die Phantasie der Griechen im westlichen Asien an. Möglicherweise war Gordion, die Hauptstadt der Phrygier, ein großes Handelszentrum. Am Ende des 8. Jahrhunderts waren die Bedingungen für einen Handel über so weite Strecken günstig. Um 700 v. Chr. gab es einen gewissen Einfluß phrygischer Keramik auf die umrißhaften Vögel und Tiere, die die

**Griechische Kolonisation, 9.–6. Jahrhundert v. Chr.**

Vom 8. bis zum 6. Jahrhundert siedelten sich viele Griechen weit in der Ferne als Händler, Söldner in fremden Diensten oder als Kolonisten an. In der Regel konnten sie keine größeren kolonialen Siedlungen in etablierten Königreichen wie Ägypten oder Assyrien/Babylonien gründen und ebensowenig in den etruskischen Städten. Doch in Sizilien und Süditalien besetzten volkreiche griechische Siedlungen das beste Land, oft auf Kosten von schwächer organisierten eingeborenen Völkern. Die zumeist von Milet gegründeten Kolonien um das Schwarze Meer herum waren mit Ausnahme der großen Ansiedlung Olbia kleine Handelsniederlassungen. Aus dem ukrainischen Hinterland kam der dringend benötigte Weizen über diese Niederlassungen in das griechische Mutterland.

Amphoren auf Paros und den umliegenden Inseln verzierten.

### Erzählmotive und die Übernahme einer Buchstabenschrift

Mittlerweile können wir bekannte Geschichten oder zumindest vertraute Erzählmuster im Dekor der bemalten Vasen ausmachen, ehe wir noch irgendeine literarische Version der meisten von ihnen besitzen. Ist etwa in dem behelmten Krieger, der auf einem kretischen Gefäß um 700 v. Chr. eine Frau am Arm faßt, Paris zu erkennen, wie er Helena entführt? Oder ist in der Ermordung eines Kindes durch einen Mann mit Schwert in Gegenwart eines erwachsenen Paares der Tod von Astyanax, des Kindes Hektors, zu erkennen? Dies ist auf einem athenischen Fragment aus dem 8. Jahrhundert zu sehen, doch gilt dies als weniger wahrscheinlich. Wir können auch die Kyklopen entdecken sowie Zeus mit seinem Blitzbündel und eine Entführung der Helena. Auf dem Bein eines Dreifußes aus Olympia müssen mit den beiden Kriegern, die um einen Dreifuß kämpfen, Herakles und Apoll gemeint sein. Auf einer schildförmigen, runden Tonplatte aus Tiryns greift Herakles, wenn er es wirklich ist, unter den Blicken eines desinteressierten Vogels die Amazonen an. Aber die Deutung zumindest einiger östlicher Originale, wie etwa einer Bronzeplatte mit Figuren in Olympia, muß den Griechen des 8. Jahrhunderts ebenso schwer gefallen sein wie uns Heutigen. In allen diesen Darstellungen wird ein Überfluß und eine ganz ungewöhnliche Freiheit der Phantasie sichtbar – eine Impulsivität, von der die strengen und glatten Stile des 9. Jahrhunderts kaum etwas erahnen ließen.

In der Gesamtstruktur des griechischen Lebens, wie es im Zwielicht der Frühzeit auftaucht, gibt es ein paar entscheidende Faktoren, die so klar sind, daß sie zuweilen übersehen werden:

*Forts. s. S. 69*

# Das Archaische
# in der griechischen Kunst

Der kurze klassische Frühling der bildenden Kunst in Griechenland bestand in der Vereinfachung, dem Beschränken und der Mäßigung einer überfließenden Energie. Ehe die Kunst hochklassisch wurde, war die davorliegende archaische Epoche, lange bevor sie sich abschwächte und allmählich verging, erfüllt von starken Energien. Sie hat kühne Einfälle, verwendet ehrgeizige Techniken, setzt in Erstaunen und bietet keine dauerhaften Lösungen oder ruhige, ewiggültige Formen. Sie ist immer nahe daran, in weit spätere Entwicklungsphasen durchzubrechen, sogar bis ins Barocke. Sie verrät ein starkes Bewußtsein für den Wert eines Materials, besonders der Bronze, und für die Feinheit von Geräten: die Schwerter und Rüstungen waren wie wertvolle Gewehre in unserer Zeit gearbeitet. Die Darstellungen drücken Mut und Verwegenheit aus und eine gewisse Verbindung von Eleganz und Gefahr.

Opfergaben für Heiligtümer oder Gräber waren oft als Miniaturen gearbeitet, wie die Glasamphora auf der linken Seite. Doch wurden zuweilen auch Gefäße geweiht, die wesentlich größer waren als die im täglichen Gebrauch verwendeten. Der große Bronzekrater des späten 6. Jahrhunderts von Vix *(oben)* wurde aus dem Grabhügel einer gallischen Fürstin am Oberlauf der Seine geborgen. Die Stelle befindet sich unter der prähistorischen Hügelsiedlung am Mont Lassois.

Mit 1,64 m Höhe, einem Gewicht von 208 kg und einem Inhalt von ca. 1200 Litern ist dieses Gefäß das größte Meisterwerk Lakoniens und vielleicht der ganzen archaischen griechischen Kunst. Sieben bewaffnete Männer und sieben Wägen ziehen am Hals entlang. Sie sind wie die massiven medusenköpfigen Henkel aus Bronze gegossen und angesetzt. Aus den Buchstaben unter den Figuren, die ihre Position markieren, wissen wir, daß der Handwerker aus Sparta stammte.

Das Gewicht und zugleich die Feinheit dieses Kraters, die harmonische Anordnung des Dekors mit Schnecken und Gorgonen und die herrliche Glätte des Körpers, die Klarheit und Würde sind kaum zu erfassen. Aber wie gelangte das Stück zum Mont Lassois, der etwas südlich von Paris gelegen ist?

Ging hier der Gegenstand oder der Handwerker auf die Reise? Die gehämmerte Bronze des Körpers ist an manchen Stellen nur einen Millimeter dick; wenn das Gefäß transportiert wurde, dann nur mit äußerster Vorsicht. Natürlich kann es in Italien hergestellt worden sein, doch wurden in dem Grab außer etruskischen Stücken auch attische Töpferware und andere griechische Luxusgüter gefunden, darunter auch ein Kessel mit Dreifuß.

*Oben:* Glas war in der Antike immer ein Luxusartikel und wurde vor allem für Schmuck und Parfumflaschen benützt. Für die griechischen Künstler erlangte dieses Material nie eine besondere Bedeutung, doch gab es im 7. Jahrhundert v.Chr. Glasmacher in Zypern und Rhodos und vielleicht auch an anderen Stellen in Griechenland. Wie die meisten Miniaturgefäße imitiert auch diese kleine Amphore (Höhe 12 cm) eine griechische Weinkanne des späten 6. Jahrhunderts v.Chr. Die ansehnliche Form ist liebevoll dekoriert, von hübscher Gefälligkeit und unprätentiös im Vergleich zu der Grobheit vieler monumental wirkender Vasenmalereien und Gemmen derselben Zeit. Es war eine bescheidene Weihgabe für ein Grab, ein Ersatz für das Ausgießen einer ganzen wertvollen Amphore Wein.

DIE RENAISSANCE DES 8. JAHRHUNDERTS

Dieser wunderbare Helm ist Teil eines Schatzfundes von Archanes, in einer der reichsten Gegenden des östlichen Kreta gelegen. Die Weiheinschriften auf dem Helm und dem dazugehörigen Nackenschutz legen eine Datierung um 600 v. Chr. nahe. Der Helm ist eine Abwandlung des korinthischen Typs. Die majestätischen Stuten sind vergleichbar mit dem Reliefdekor großer kretischer Vorratsgefäße aus Ton, die in der 2. Hälfte des 7. Jahrhunderts entstanden, als die darstellende Kunst aus Kreta in Griechenland führend war und in ihrer Ruhe und Geradlinigkeit vielleicht auch als die schönste anzusehen ist. Im Gegensatz dazu ist der Löwe – für die Kreter ein sagenhaftes Tier – aufwendig gearbeitet, eine reiche und kräftige Verzierung im orientalischen Stil.

*Links:* Diese spartanische Bronze um 500 v. Chr. ist wenig gefällig und doch qualitätvoll. Das streng Plastische beruht auf der abstrakten Form des Gewandes und auf dem Kontrast der Linien, dem einfach wiedergegebenen Helmbusch und den langen Locken, die aus dem Helm hervortreten. Doch besitzt dieser geisterhafte Krieger unmittelbare Wirkung. Dies ist repräsentative Kunst, die über 25 Jahrhunderte hinweg noch Furcht einflößt. Die feine und bewegte Modellierung ist von ungewöhnlicher Qualität und völlig original.

Man hat vermutet, daß der quergestellte Helmbusch italisch-griechisch sei, doch tauchen solche Helmbuschen auch auf attisch-rotfigurigen Vasen und außerhalb Athens auf schwarzfigurigen Gefäßen auf, und der korinthische Helm als solcher ist weit verbreitet. Der Fundort dieses Kriegers ist nicht bekannt, aber er scheint spartanisch zu sein. Seine Füße sind wahrscheinlich modern. Es ist ein Meisterwerk, das im kleinen Maßstab die Grenzen der Möglichkeiten von Skulptur erweitert hat.

*Oben:* Diese ernst blickenden frühklassischen Jünglinge (um 520 v. Chr.) sind in Marmor sehr häufig, doch selten in Bronze, zumindest in Überlebensgröße. Die Hand hielt eine Weihgabe, vermutlich nicht das Attribut eines Gottes. Es ist wohl eher eine Weihgabe in einem Tempel als ein Grabmonument. Die Statue wurde in der Asche eines Lagerhauses in Piräus gefunden, wo sie wahrscheinlich zum Abtransport nach Rom bereitlag, als die Römer den Hafen zerstörten (86 v. Chr.).

*Oben:* Diese schwarzfigurige attische Halsamphore stammt von dem Daybreak-Maler, einem Mitglied der Leagros-Gruppe. Der Name Leagros war als Lieblingsinschrift auf eine große Zahl von Vasen des späten 6. Jahrhunderts, meist rotfigurigen, geschrieben. Die schwarzfigurigen Vasen, die mit für uns manchmal unverständlichen Szenen aus dem Trojanischen Krieg oder dem Leben des Herakles bemalt sind, besitzen eine frische Vielfalt mit kräftiger Zeichnung verwickelter Gruppen. In der hier dargestellten merkwürdigen und dramatischen Szene tut vermutlich der Geist des Achilles das, was Achill im Leben tat, als er bei Troja an Land sprang und an der Stelle, wo sein Fuß den Boden berührte, eine Quelle hervorsprudelte – der berühmte Trojanische Sprung.

Dazu gehört zum einen die Übernahme der Buchstabenschrift. Die Schrift zeigt wie alles andere auch im antiken Griechenland regionale Varianten. Das Alphabet ist sicher eine Form des nordsemitischen Alphabets, das von den Phöniziern stammt, wir wissen allerdings nicht woher genau oder durch wen es nach Griechenland gelangte. Von den regionalen griechischen Schriften steht die kretische der semitischen am nächsten, und zweifelsohne bestanden zwischen den Phöniziern und den Kretern besondere Beziehungen. Die erste Übernahme kann aber auch gut an irgendeinem Handelsplatz an der Küste geschehen sein. Der genaue Zeitpunkt für die Einführung des Alphabets ist weniger schwer zu bestimmen, da die Buchstabenschrift in Griechenland in der Mitte des 8. Jahrhunderts auftaucht und vorher nicht belegt ist. Die Einführung der Schrift hat nicht nur unsere heutige Kenntnis der griechischen Welt beeinflußt, sondern auch die damalige Selbsterkenntnis der Griechen. Das Empfinden, daß die Welt und die Geschehnisse rational begriffen werden können, kommt von der rationalen Beschreibung dessen her, wie sich die Welt verhält und welche Dinge dabei eine Rolle spielen. Die Schrift brachte dieses Empfinden bei den Griechen zum Entstehen oder sie förderte es zumindest. Zunächst geschah dies bei den frühen sozialen Anfängen der Moral und den menschlichen Verhaltensweisen und dann im weiten Bereich von Geschichte und Politik, zuletzt in der Philosophie, in Wissenschaft und Religion. Die perspektivische Malerei, die Anfänge der Medizin, die Gesetzgebung und die Erforschung und Beschreibung fremder Länder gehören zu den Bereichen, die von einer schriftlichen Kultur abhängen.

**Religion**

Ein weiterer wichtiger Faktor für die Entwicklung im späten 8. Jahrhundert ist religiöser Art. Man kann die frühe Geschichte der griechischen Religion nur schwer nachvollziehen. Wenn dann jedoch die Bilder auftauchen, sind sie sofort verständlich; sie erzählen die gleichen Geschichten wie die etwas spätere Literatur und beinhalten nahezu dieselben Vorstellungen. Doch sind sie ernsthafter als bei Homer und manchmal auch furchterregender, obgleich sogar die primitivsten Darstellungen mit einer von Angst weit entfernten Fröhlichkeit und Freude ausgeführt sind. Die schlimmsten Morde sehen fast wie heraldische Darstellungen aus, ebenso wie die Schilderungen entsetzlicher Ereignisse in den *Homerischen Hymnen* fast harmlos klingen. Zwei Kentauren treten eine menschliche Gestalt in die Erde, und diese sticht auf sie ein, oder Perseus enthauptet Medusa. Solche Darstellungen sind jedoch Weihegaben oder *agalmata*, Dinge, die den Göttern Vergnügen bereiten; es sind Gegenstände zur Erbauung, Spielzeug für ernsthafte Kinder.

Natürlich hatte die Religion auch dunklere Seiten. Polytheismus verändert sich ständig an seinen Rändern durch eine Art fortwährender Zeugung. Es gibt einige Anhaltspunkte dafür, daß mehr oder weniger professionelle Propheten und heilige Männer durch das Vorrecht ihrer Geburt oder aus Berufung zu jener Zeit in der griechischen Religion eine bedeutende Rolle spielten. Wenn das zutrifft, dann ist dies eine dem biblischen Israel vergleichbare Erscheinung.

Auch die Orakel bestanden bereits, doch lag ihre große Bedeutung noch in den Anfängen; trotzdem ist es bemerkenswert, welche reiche Gaben in Delphi und Olympia in relativ früher Zeit geopfert wurden. Das nordwestlich von Athen gelegene Eleusis war sicher im 8. Jahrhundert eine Siedlung, und der Demeterkult bestand hier wie überall in Griechenland. Die meisten Belege für den weltweiten Ruhm des Heiligtums stammen aus späterer Zeit.

69

# Kouroi und Koren

Diese Art von Statuen haben untereinander alle eine gewisse Ähnlichkeit. In ihrer Größe reichen sie von Miniaturen aus Elfenbein oder Bronze und kleinen hölzernen Idolen bis zu massiven Steinfiguren von Überlebensgröße auf Basen. Es gibt für sie Vorläufer in Griechenland im 8. Jahrhundert v. Chr. und frühe Ursprünge in Ägypten und Mesopotamien. In ihren Proportionen sind sie sehr sorgfältig gestaltet, und sie waren ehemals kräftig bemalt, obgleich wir darüber nicht viel wissen und sogar auch die Proportionen einige Rätsel aufgeben. Zur Herstellung einer lebensgroßen Statue waren mindestens sechs Monate Arbeit nötig. Der Typus bestand von ca. 620 bis 480 v. Chr. Es waren Grabmäler, Weihegaben an die Götter oder Götter- und Heroenstatuen. Um 500 v. Chr. kam es vor, daß manchen Statuen Wunderkräfte zugesprochen wurden. Im Rahmen der strengen Grenzen in den Proportionen kann man eine faszinierende Entwicklung dieser Figuren verfolgen, die sich in der zunehmenden Offenheit des Lächelns und der Fülle der Formen zeigt. Auch die Beine werden zunehmend bewegter. Dieser Prozeß bezieht sich nicht einfach nur auf den strengen Charme, sondern beruht auf Bewegung, dem Ausgleich von Gewichten und der Strenge des Materials.

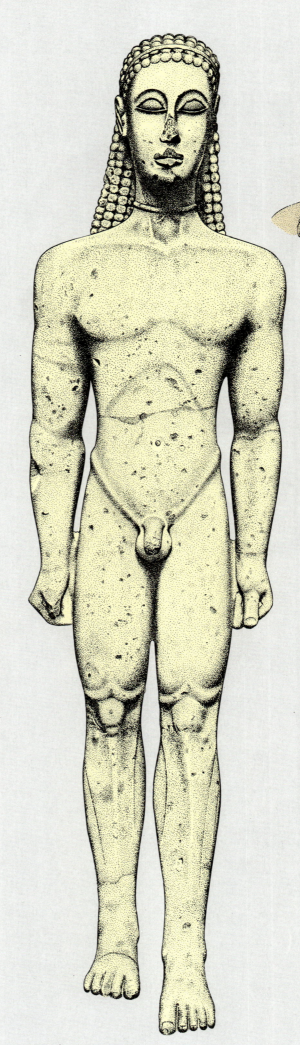

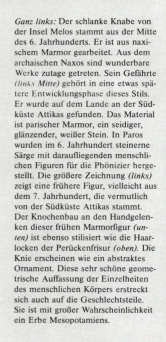

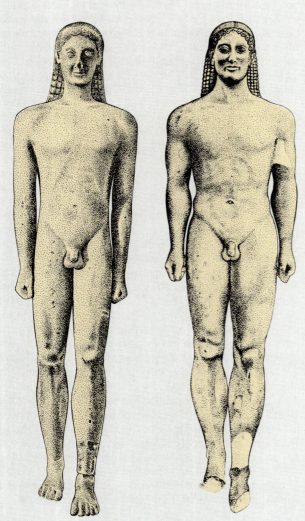

*Ganz links:* Der schlanke Knabe von der Insel Melos stammt aus der Mitte des 6. Jahrhunderts. Er ist aus naxischem Marmor gearbeitet. Aus dem archaischen Naxos sind wunderbare Werke zutage getreten. Sein Gefährte *(links Mitte)* gehört in eine etwas spätere Entwicklungsphase dieses Stils. Er wurde auf dem Lande an der Südküste Attikas gefunden. Das Material ist parischer Marmor, ein seidiger, glänzender, weißer Stein. In Paros wurden im 6. Jahrhundert steinerne Särge mit darauf liegenden menschlichen Figuren für die Phönizier hergestellt. Die größere Zeichnung *(links)* zeigt eine frühere Figur, vielleicht aus dem 7. Jahrhundert, die vermutlich von der Südküste Attikas stammt. Der Knochenbau an den Handgelenken dieser frühen Marmorfigur *(unten)* ist ebenso stilisiert wie die Haarlocken der Perückenfrisur *(oben)*. Die Knie erscheinen wie ein abstraktes Ornament. Diese sehr schöne geometrische Auffassung der Einzelheiten des menschlichen Körpers erstreckt sich auch auf die Geschlechtsteile. Sie ist mit großer Wahrscheinlichkeit ein Erbe Mesopotamiens.

Die würdige Dame *(links)* hält einen Granatapfel in der Hand und trägt den Hut einer Priesterin. Sie wurde von einer Bleiplatte umhüllt bei Keratea in Attika gefunden. Ihre Datierung liegt bei ca. 570 v. Chr., etwa 20 Jahre später als der eindrucksvolle Kalksteinkopf der Hera in Olympia. Die Falten ihres Gewandes wirken schwer und drückend, doch vermitteln ihre Haarlocken, der feine Kopfschmuck und die Frucht in ihrer Hand eine gewisse Zartheit.

*Oben:* Diese Vorder- und Rückansicht von Kopf und Oberkörper gehören zu einer weiteren Frau mit Granatapfel, vielleicht wiederum 10 oder 20 Jahre später entstanden. Die Figur ist aus naxischem Marmor gearbeitet und gehörte zu den Weihgaben auf der Akropolis von Athen, die von den Persern zerstört wurden. Ihr zartes ionisches Gewand mit Knöpfen auf der Schulter scheint auf eine andere Welt zu deuten, doch ist es lediglich eine lokale Variation. Auch ihr Haar ist fein angelegt, jedoch weniger gut ausgearbeitet.

*Unten links:* Diese Vorder- und Rückansicht stammt von einer der besten Athener Statuen. Sie wurde in den späten dreißiger Jahren des 5. Jahrhunderts gefertigt und ebenfalls von den Persern beschädigt. Die hervorragende Qualität ihres engen Gewandes, mit der strengen ornamentalen Verspieltheit, das Gesicht und die Haare sowie die Schönheit des Körpers vermitteln zusammen den Eindruck unwiderstehlicher Freude. Sie trug eine gemalte Halskette.

Die zweite Rückansicht *(unten)* zeigt eine kleine alte Frau aus einem etruskischen Grab. Trotz des schlechtgearbeiteten Gesichts ist die Figur von geometrischer Eleganz. Sie ist aus Gips gearbeitet, und trägt Spuren von Bemalung und Vergoldung.

## DIE RENAISSANCE DES 8. JAHRHUNDERTS

*Oben:* Der Olymp war die Wohnung der Götter, das Haus des Himmelsgottes Zeus. Er ist weit von Süden her zu sehen und ebenso vom Meer.

*Rechts:* Bein eines Bronzedreifußes, der in Olympia geweiht wurde, im heiligen Hain der Olympischen Götter am Fluß Alpheios im südlichen Griechenland. Die Szene mit dem Kampf um den Dreifuß wird gewöhnlich mit Delphi in Verbindung gebracht. Sie stellt wahrscheinlich den mythischen Ursprung der Spiele dar. Die Dame auf dem Pferd *(links)* ist eine kleine Bronze aus Olympia. Ihre Feinheit steht im Kontrast zu der Kraft des Dreifußbeines.

Im frühen 7. Jahrhundert war Eleusis bereits ein Heiligtum und Ziel für die Pilger. Fast das einzige, was wir an Architektur zwischen dem Ende der mykenischen Zeit und einem länglichen Sakralgebäude aus dem späten 7. Jahrhundert kennen, besteht aus einer Terrasse, die den heiligen Bezirk andeutet, und einem kleinen elliptischen Mauerrest.

Es erhebt sich die Frage, warum die Götter gerade als die »olympischen« bezeichnet wurden. Olympia ist bereits in sehr früher Zeit erwähnt, und schon Homer berichtet, daß der Berg »Olympos« der Wohnort der Götter sei. Zeus war ja bekanntlich der Wolken- und Himmelsgott. Da wir heute wissen, daß die meisten Götternamen mykenisch sind und der Name Zeus in der ganzen indoeuropäischen Sprachengruppe eng mit Namen von Himmelsgöttern verbunden ist, kann man annehmen, daß der Olymp bereits tausend Jahre früher als 700 v. Chr. als Göttersitz benannt wurde. Es ist zumindest wahrscheinlich, daß die Leute, die als erste die Götter auf dem Olymp ansiedelten, einst im Norden Griechenlands zu Füßen dieses Berges gelebt haben. Andererseits ist der Olymp vom Meer aus zu sehen, und das Haus der Götter konnte gut an den Rand der bekannten Welt gesetzt werden und zwar im Norden, wie anscheinend auch bei Homer der Eingang zur Unterwelt an der westlichen Grenze oder kurz jenseits davon lag.

Man kann mit Sicherheit behaupten, daß der griechische Polytheismus des 8. Jahrhunderts ein offenes und labiles System von Adaptionen darstellte. Es gab keine neuen Götter mit missionarischen Religionen, sondern eine ständige Hereinnahme von Gottheiten von den Rändern der griechischen Welt, und fortwährend wurden fremde Götter mit vorhandenen Namen gleichgesetzt. Astarte beeinflußte Aphrodite, Artemis war eine orientalische Herrin über die Tiere, Aiolos, der Windgott, wurde angepaßt, usw. Doch all dies geschah, ohne den festen Zusammenhalt der griechischen Mythologie zu zerstören. Nur aufgrund stilistischer Argumente läßt sich nicht feststellen, ob eine bei Homer behandelte Geschichte jung oder alt ist. Das bedeutet auch, daß Geschichten über die Mykener oder über entfernte Völker, Legenden mit magischem Inhalt und die alte religiöse Mythologie der Griechen und ihrer Nachbarn kaum voneinander zu unterscheiden sind.

Die Kunst des 8. Jahrhunderts ist voller unwiderstehlicher Energie, und sie zeigt ein unbesiegbares Gefühl dafür, daß der Mensch einen Großteil der Natur kontrolliert und nahezu sexuell beherrscht. Es gibt ein Bildfragment in Argos, wo die rituelle Zähmung eines Pferdes von einem Mädchenchor mit Zweigen begleitet wird und sich unter dem Boden Fische befinden. Die Fische mögen unwichtig sein, aber auch nicht mehr als die Mädchen, sie deuten vielleicht auf die Gegenwart von Poseidon, des Herrn der Pferde, des Erderschütterers und Beherrschers des Meeres. Vielleicht taucht hier zum erstenmal in der Geschichte das Pferd in einer mythologischen Szene auf. Viele Szenen mit Menschen und Pferden haben etwas gemeinsames, wie z.B. eine Darstellung aus Athen, in der ein Mann zwei große Pferde hält, und eine andere, wo der gleiche Mann mit Ausnahme von Helm, Gürtel und Schwert unbekleidet dargestellt ist. In ihrem Geschirr sind die Pferde stolz und langbeinig gezeigt. Die ergreifendste Darstellung von allen, die auch gut die künstlerische Kraft jener Epoche ausdrückt, ist eine Statuette in Olympia mit einer kleinen nackten Frau, die seitlich auf einem Tier sitzt, das einem Pferd ähnelt. Es gibt zwar mykenische Kleinplastiken ähnlicher Art, doch ist die olympische Göttin (es kann kaum ein menschliches Wesen sein) weitaus naiver und beseelter.

# ARCHAISCHE RELIGIOSITÄT

Probleme, wie die Entscheidung, ob und wohin man Kolonisatoren zu senden hätte, die richtige Verhaltensweise im Falle eines nationalen Notstandes, Fragen des Rechts und der Verfassung wurden zu Zeiten mit Hilfe von Orakeln gelöst. Vor allem aber waren dies eher religiöse Probleme als politische, und die Macht der Orakel über die Politik hielt bis ins 5. Jahrhundert an. Sowohl in Delphi als auch in Olympia waren die Weihegaben der herrschenden Familien, der Völker und Staaten (manche von ihnen Kolonien jüngsten Datums) sehr üppig. Sie wurden ständig ausgestellt, gleichsam eine unbelebte Diplomatie miteinander wetteifernden Prestiges. Manche der sportlichen Wettkämpfe, zumindest Pferde- und Wagenrennen, waren königlicher Sport. Als man im 7. Jahrhundert dazu überging, die Tempel als grandiose Behausung für das Kultbild eines Gottes zu betrachten, stellten die Weihegaben reicher Leute oder Völker eine neue Art von Wettbewerb dar. Die Karte, die zeigt, welche Städte in archaischer Zeit die großzügigsten Weihegeschenke in Delphi und Olympia darbrachten, ist ein aufschlußreicher Hinweis, da sie gleichzeitig verschiedene Aspekte der Geschichte beleuchtet.

**Delphi**

Delphi war ein Hirtenheiligtum an einem alten mykenischen Platz. Es entwickelte sich im 8. Jahrhundert dort, wo eine imposante Quelle den tiefer gelegenen Felsen des Parnaßgebirges unterhalb hoher Felswände entspringt. Es ist unbekannt, ob diese Stätte schon seit jeher als Heiligtum oder Wohnsiedlung gedient hat; die älteste nachmykenische Keramik besteht aus ein paar Bruchstücken des 9. Jahrhunderts. Der heilige Bezirk liegt an einem steilen Abhang, weiter oben klebt das Stadion der Pythischen Spiele, die zu den vier großen Wettspielen der Griechen zählten. Der gesamte Platz bildet ein natürliches Theater (das von Menschen erbaute Theater wurde erst im 4. Jahrhundert errichtet). Der Tempel des Apoll wurde des öfteren an gleicher Stelle wiedererbaut. Aus der Zeit vor dem späten 7. oder frühen 6. Jahrhundert kennt man jedoch keinen Tempel. Die heute noch zu sehenden Ruinen stammen in ihrem Kern aus dem 4. Jahrhundert und stehen auf meisterhaft ausgeführten Bauresten des 6. Jahrhunderts. Die heutigen Säulen wurden vor 30 oder 40 Jahren von französischen Archäologen aufgestellt, indem man einfach antike Säulenteile aus verschiedenen Epochen aufeinanderschichtete.

Delphi ist das eindrucksvollste Heiligtum Griechenlands. Über ihm kreisen Adler und weißschwänzige ägyptische Geier; die Quelle fließt noch immer reichlich, und noch heute ist es ein Wallfahrtsort. Bei Euripides tritt in einem Stück *Ion* ein Pilgerchor in Delphi auf, ganz hingerissen von den Bauwerken. Dieses Schauspiel beginnt mit einem langen Monolog. Ion, Apolls unehelicher Sohn, gezeugt in einer Höhle unterhalb der Akropolis von Athen, wurde als Tempelknabe in Delphis Heiligtum erzogen. Seine Aufgabe ist es, zu kehren, Wasser zu sprengen und die Vögel zu verscheuchen. Das Stück beginnt im Morgengrauen, und diese Szene stellt uns die besondere Atmosphäre Delphis eindringlicher als alles, was in Griechenland je darüber geschrieben worden ist, vor Augen. Später dann, zur Zeit des Niedergangs von Delphi, läßt Plutarch (ca. 50–120 n. Chr.) ein beschauliches Zwiegespräch sich dort abspielen. Der Gegensatz ist kraß. Zu seinen Zeiten sind die Priester gebildete und kultivierte Historiker; sie respektieren ihr Heiligtum; intellektuelle Wißbegierde und ästhetisches Wohlgefallen befassen sich mit der Materialbeschaffenheit der Steine; Tourismus und Forschung haben bereits begonnen. Delphis Rolle in der Geschichte Griechenlands war bedeutend, viele Überreste großartiger historischer Denkmäler sind noch heute dort zu besichtigen. Hier war das reichste und wichtigste Orakel des Apoll auf dem griechischen Festland. Rivalen gab es nur in Kleinasien und auf der Insel Delos. Einst hatten die Griechen geglaubt, Delphi, nicht Delos, sei genau der Mittelpunkt der Welt.

Wie ein Bergheiligtum und Apollon-Orakel aussieht, das nicht die politische Bedeutung und den Reichtum Delphis besitzt, zeigt uns das Ptoion in Böotien, nördlich der Ebene, die einmal der Kopais-See gewesen ist. Es steht in einer Felskulisse, eine gute Quelle entspringt dort, auch gibt es einige Gebäude und Terrassen für die Weihegaben. Es ist ein herrlicher Ort von weltentrücktem und reizvollem Charakter; zusätzlich besitzt das Ptoion den Reiz des Unberührten; Falken nisten auf den Felsen, und Ziegen grasen zwischen den Ruinen. Doch Delphis Rahmen ist prächtiger.

Die Gebäude in Delphi stehen im Wettstreit miteinander. Beide Seiten in den großen Kriegen des 5. Jahrhunderts errichteten in Delphi Denkmäler für ihre Siege. Während der Perserkriege spielte das delphische Orakel eine zwielichtige Rolle. Der lydische König Kroisos hatte mehreren Apollon-Heiligtümern Gold angeboten, und Delphi hatte gegen die persönliche Anwesenheit von Königen nichts einzuwenden. Als die bedeutende Athener Familie der Alkmaioniden aus Athen vertrieben wurde, behielt sie jedoch ihren Einfluß auf internationaler Ebene, indem sie den Apollon-Tempel in Delphi wiederaufbauen und ihre Pferde bei den olympischen Spielen laufen ließ. Dem Pausanias von Sparta legte man, als er in Ungnade gefallen war, zur Last, daß er sich selbst als Stifter der Weihegabe für den Sieg bei Plataä in einer Inschrift ausgab. Die Inschrift wurde daraufhin geändert.

Die Basis dieses Mahnmals gibt es noch nahe dem Apollon-Tempel. Ursprünglich war es ein großer, vergoldeter Bronzepfeiler, der von drei gewundenen Schlangen gebildet wurde. Die Spitze formten die drei nach auswärts gerichteten Schlangenköpfe, die einen goldenen Dreifuß trugen. Von Delphi gelangte es ins Hippodrom von Byzanz. Im späten Mittelalter wurde ein Brunnen daraus. Man legte Leitungen hinein, so daß aus jedem der geöffneten Mäuler eine unterschiedliche Flüssigkeit gespritzt werden konnte. Erst im späten 18. Jahrhundert wurde diese gewundene Säule zerstört, von den Köpfen selbst gibt es nur noch ein bedrohlich wirkendes Fragment im Museum von Istanbul. Als erster plünderte Nero Delphi, Rom hatte sich aber auch schon früher reichlich mit Schätzen aus Griechenland eingedeckt. Im 1. und 2. Jahrhundert n. Chr. entstanden allenthalben auf griechischem Boden die letzten großen und verschwenderischen Bauten, gleichzeitig gingen auch Kunstwerke verloren. In Delphi ließ Herodes Atticus, ein reicher Mäzen der Gelehrten, die Marmorfassade des Stadions im 2. Jahrhun-

Die Weihinschrift des spartanischen Feldherrn Pausanias nach dem Sieg über die Perser in Plataä 479 v. Chr. in einer türkischen Handschrift. Das Ehrenmal wurde aus Delphi entfernt, im Hippodrom von Byzantion aufgestellt und im Mittelalter in einen Brunnen verwandelt.

ARCHAISCHE RELIGIOSITÄT

dert n. Chr. errichten. Das für die griechische Geschichte so typische Theater erlebte im 2. Jahrhundert v. Chr. eine Restaurierung durch einen fremden König, eine zweite in römischer Kaiserzeit.

Es ist schwierig, die frühere Periode genau zu identifizieren; kein großer archäologischer Komplex stellt Überreste einer einzigen begrenzten Periode der Vergangenheit dar, auch und gerade Delphi nicht, das von Erdrutschen, Erdbeben und Felsstürzen bedroht ist. Die Baulichkeiten sind immer wieder neu errichtet worden und haben des öfteren ihren Standort gewechselt. Das deutlichste Zeichen des Neuaufbaus sind die Spuren der Bauklammern an den Steinen, die sich datieren lassen. Tatsächlich hat man die entscheidendsten Erkenntnisse über die Datierung dieser Klammern im Zusammenhang mit den Problemen des Wiederaufbaus in Delphi gewonnen. Vom frühesten Delphi haben wir ein paar Bronzen und Fundamente, außerdem die beiden großen reizvollen Statuen von Kleobis und Biton. Diese beiden sind von einer Naivität und Ungeschlachtheit, die Zeugnis ablegen von einem unschuldigen Zeitalter, unschuldiger als alles, was nach 600 v. Chr. aufgetreten ist.

Der Wagenlenker von Delphi verliert durch seine Einzelaufstellung enorm an Eindruckskraft. Er war Teil einer monumentalen Gruppe, und sowohl die streng senkrechten Linien seines Gewandes als auch die Unbeweglichkeit seiner Haltung sind nur ein Einzelelement innerhalb eines gewaltigen Monumentes; zum Gesamtbild gehörten die langen Beine der Pferde, die hohen Räder des Wagens und die stolz erhobenen Häupter. Der Wagenlenker symbolisiert Kraft, Fähigkeit und Sieg, und das in den 50er Jahren des 5. Jahrhunderts. Er steht also in der Schwebe an der Grenzlinie zwischen der Blütezeit und der Zeit der Katastrophe. Die lebendigsten Skulpturen in Delphi allerdings stammen aus einer früheren Zeit. Sie gehören einer Übergangsära an. Sie sind originell, ohne ihre archaische Würde zu verlieren, beweglich, ohne daß dies ihre Strenge milderte. Sie sollen schmücken, nicht beeindrucken. Sie verlangen Aufmerksamkeit, nicht Raum. Es handelt sich dabei besonders um den Marmorfries am Schatzhaus der Siphnier.

Die Insel Siphnos spielte historisch kaum eine Rolle, aber sie besaß Gold- und Silberminen. Herodot nennt sie die reichste unter den Inseln und erwähnt ein Ratsgebäude und einen marmornen Marktplatz; das kostbare Metall ging jedoch zu Ende, das Meer überflutete die Stadt, die herrlichen Gebäude wurden niemals gefunden. Das Schatzhaus der Siphnier jedoch kann sich sehr wohl mit denen der größten griechischen Städte messen. Es gab sechzehn solcher Gebäude in Delphi, ein jedes repräsentierte einen Stadtstaat oder nationales Geltungsstreben. Sie waren zu dem Zweck erbaut, den kleineren, wertvollen Weihegaben der Athener oder anderer großer Mächte Obdach zu geben. Im Tempel hatten nicht alle Gaben Platz, außerdem zogen die Stadtstaaten es vor, ihre eigenen Schätze an einem Ort versammelt zu haben. Dieser Prestigewettstreit hatte seine Wurzeln in dem Ehrenkodex der Helden Homers und den Wertvorstellungen relativ wenig entwickelter Völker. Einige Städte wurden von Königen oder Tyrannen beherrscht. Reichtum war nicht im wirtschaftlichen Sinn von Nutzen, seine Darstellung jedoch war dies. Er stimmte den Gott freundlich, sicherte die Gunst des Orakels, festigte die Selbstachtung der Völker und brachte auf panhellenischer Ebene den Rang von Athen, Siphnos oder anderen Spendern zur Geltung. Der Fries am Schatzhaus der Siphnier stammt aus dem Jahre 525 v. Chr., als die Bildhauertechnik an einem Wendepunkt stand. Es ist sicherlich zutreffend, festzustellen, daß diese Figuren den Wandel repräsentierten.

## Olympia

Das charakteristischste Bild der archaischen Religion Griechenlands gibt uns Olympia. Olympia, an das sich wirre Legenden knüpfen, war ein Hain, ein Freilufttheiligtum mit mehr als einem Dutzend Altären zwischen Bäumen verstreut, einigen besonderen geweihten Relikten, Unmengen reicher Opfergaben, einer guten Wasserversorgung und einer ausgedehnten Ebene, die sich bestens für sportliche Wettkämpfe eignete. Der Sport hatte in der griechischen Religion annähernd dieselbe Funktion wie die Bildhauerei, die aus diesem Grund oft nackte Sportler darstellt. Er war eine Zurschaustellung von Kraft, Geschicklichkeit und tierhaftem Reaktionsvermögen, an der die Götter ihren Gefallen finden mochten; ganz eindeutig hatte er den Zweck, die Götter zu erfreuen. Selbstverständlich war der Sport ganz und gar auf Wettkampf orientiert. Aus den Zeiten der heroischen Gesellschaftsform, aus denen er stammte, leitete er seine hauptsächliche, eigentliche Bedeutung her – unsterblichen und allumfassenden Ruhm. In der wilden Form einer Art Polo, die die Reiter im nördlichen Afghanistan mit einer toten Ziege veranstalten, die sie mit Steinen und Wasser gefüllt, halb verbrannt hinter sich herschleifen, hat der Sport noch heute eine vergleichbare gesellschaftliche Funktion; der Sieger ist für sein ganzes Leben berühmt und gewinnt Heldenformat. Bei Homer wird immer wieder versucht – ebenso auf eine mehr absichtsvolle, belehrende Art in den späteren Oden Pindars – diesen Heldenbegriff von Erziehung, Abstammung und ererbtem Reichtum herzuleiten.

In Delphi hatte der lydische König Kroisos mächtige Goldgefäße gestiftet, Olympia andererseits war kein Wallfahrtsort wie Dodona oder Delphi; seine politische und religiöse Macht war gering. Es war ein Versammlungsort, hierin – aufgrund ihrer Lage – Nemea und dem Isthmus vergleichbar, den beiden anderen panhellenischen Wettkampfstätten. Es gab ein Orakel der Erdgöttin in Olympia, später auch ein Zeusorakel, das jedoch bald aufgegeben wurde. Die Landschaft um Olympia ist nicht typisch griechisch, dem Empfinden der alten Welt nach jedoch die schönste der Erde. Das Hauptbauwerk, der gigantische, fremdartige Zeustempel, wurde erst im 5. Jahrhundert erbaut. Er ist noch heute nicht wiederhergestellt, in seinen Ruinen jedoch eindrucksvoller als irgendeines seiner besser erhaltenen Gegenstücke. Die gewaltige Zeusstatue des Phidias war aus Gold und Elfenbein, die Schriftsteller der Antike behaupteten von ihr, daß sie zur Erkenntnis der Götter beigetragen habe.

Olympia liegt in einer Biegung des Alpheios, eines breiten, mächtigen Flusses, der aus den Bergen Arkadiens kommt. Bei Olympia ergießen sich diese Wassermassen in die fruchtbare Küstenebene; sie dürften einst die höher gelegenen Weidegründe von den tieferen geschieden haben, so wie heute noch Elis von Triphylia und Nestors Königreich Pylos durch den Alpheios getrennt wird. Olympia stand zunächst unter der Herrschaft der Einwohner von Triphylia, wahrscheinlich weil die Weidegebiete an den Ufern des Alpheios ihnen gehörten. Im Winter sieht man von dem Ruinenbezirk aus den Schnee auf den Bergen Arkadiens, vom nächstgelegenen Hügel erblickt man das Meer.

Der Zeusaltar wurde aus der Asche der Opferfeuer errichtet. Er war schließlich zu einem großen Hügel mit Treppenstufen angewachsen, hielt aber im Mittelalter den Fluten des Alpheios nicht stand, da er lediglich aus massiver Asche bestand. Das ganze Gebiet lag unter einer 3 Meter dicken Lehmschicht, und es dauerte lange, bis man seinen Charakter erkannte. Der Zeusaltar hinterließ keinerlei identifizierbare Spuren; wir kennen nur

Diese Köpfe sind aus Elfenbein. Ihr Fundort ist Delphi. Sie stellen die kärglichen Überreste eines großartigen Schatzes dar. Wahrscheinlich waren sie ursprünglich vergoldet. Ihren Wert macht jedoch eher die künstlerische Verarbeitung als das kostbare Material aus.

# ARCHAISCHE RELIGIOSITÄT

Diese herrlichen Täfelchen aus Delphi waren wahrscheinlich zur Verzierung an einem Schrein oder eher noch Thron angebracht. Sie wurden zusammen mit den Elfenbeinköpfen gefunden. Man hat angenommen, daß sie Fragmente von Weihgaben des Königs Kroisos sind. Wie dem auch sei, sie sind wunderbar vielfältig und erfreuen ihren Betrachter. Die Hirschgeweihe ähneln interessanterweise ganz entfernt dem Tierstil der Kunst in Südrußland. Die ursprüngliche Formensprache all dieser Gestalten stammt aus dem Orient.

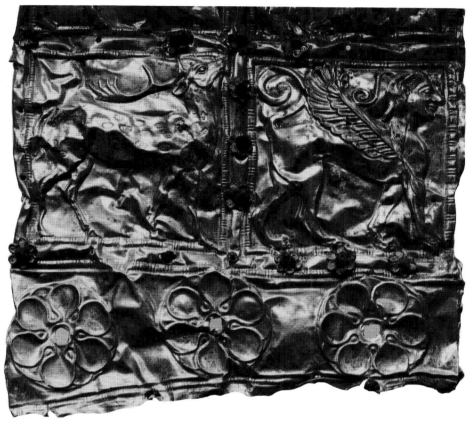

noch die Stelle, an der er stand. Die Bauten Olympias waren nicht einem solch starken Wandel ausgesetzt wie in Delphi; einige Umbauarbeiten fanden jedoch auch hier statt. Es dürfte schwierig gewesen sein, im 5. Jahrhundert noch genügend Platz für den Bau des großen Zeustempels zu finden; Gebäude aus früheren Zeiten haben sich ganz nahebei gefunden. Tatsächlich scheint er unter seinen Baumassen etwas zu begraben, da man ionische Gebäudeteile in seinen Fundamenten gefunden hat.

Die Fluten, die Olympia überschwemmten, konservierten die Fragmente wertvoller Gegenstände und einiger weniger historischer Denkmäler. Der Flußschlamm brachte alles durcheinander: die Rundhütten des dunklen Zeitalters und die Spuren der Mykener in Olympia. Die herrlichsten frühen Bronzen, die Helme, Weihgaben aus berühmten Kriegen und eine wunderschöne goldene Schale in Form eines halben Granatapfels, die zwischen den beiden Weltkriegen gestohlen worden war und sich jetzt in Boston befindet, wurden damals ein Opfer der Fluten. Ebenso erging es den Giebelfiguren des Zeustempels. Sie werfen für die Kunsthistoriker einige Probleme auf. Was immer aber über sie gesagt werden mag, außer Frage stehen ihre Strenge und Schönheit. Der blicklose Gesichtsausdruck des Apoll ist von erschreckender Gewalt. Dies ist kein Kultbild mit gütigem Lächeln, es ist der mythische Gott selbst. Einige der Statuen zeigen bereits Anfänge der Darstellung menschlichen Charakters und Gefühls, sie sind von einem fesselnden Naturalismus, der so bald schon entarten sollte. Sowohl die Anordnung der einzelnen Bauglieder als auch die der Gliedmaßen der Körper ist von großer Harmonie, die eingefrorene Handlung gleicht einem Ballett der Gewalt, ähnlich der wilden, erstarrten Bewegung im Fries von Bassai eine Generation später, die aussieht wie ein vom Wind durchwehter, steinerner Tanz. Der Fries von Bassai befand sich nicht weit von Olympia entfernt in den Bergen Arkadiens, er entstand nicht viel später als die Statuen Olympias, unterscheidet sich aber bereits wesentlich von diesen. Die solide und nüchterne Strenge der Marmorfiguren des Zeustempels signalisiert das Ende einer Epoche.

Die Werkstatt, in der Phidias die Zeusstatue schuf, ist noch in Überresten zu sehen, in Form einer ihrerseits zerstörten byzantinischen Kirche. Ein von Phidias signierter Becher wurde aus ihr geborgen; auch fanden sich mehrere Gewandmatrizen der Statue. An kleineren Funden ragen besonders die Keramiken hervor, farbige Baudekorationen, die hauptsächlich von den Schatzhäusern stammen, die in einer Reihe auf einer Terrasse unterhalb des sogenannten Kronoshügels am Rande des heiligen Bezirks standen. Die Farben sind unauffällig; die besten Stücke sind schwarz und braun. Sie stammen aus der Werkstatt des Phidias und erstaunen durch ihre Kühnheit und die Einfachheit der architektonischen Gestaltung. Die Farben der großen Terrakotta-Statue des Zeus mit dem Ganymedknaben unter dem Arm sind stark verblaßt. Glücklicherweise hat man sie kurz nach ihrer Auffindung in aller damals noch erhaltenen Frische und Schönheit photographiert.

An dieser Stelle möchte ich gerne eine Bemerkung über den Hermes des Praxiteles einfügen. Zweifellos ist diese berühmte Statue kein Original, sondern eine Kopie aus römischer Zeit. Die Ausgräber wußten aus dem Bericht des Pausanias, daß es hier einen Hermes von Praxiteles gab und waren natürlich beglückt, als sie diesen im Jahr 1877 fanden. Es handelt sich um eine ausgezeichnete Kopie, die Ausführung ist gekonnt, es wäre aber ein Fehler, sie zu überschätzen; sie ist von etwas süßlichem Geschmack.

Es würde hier zu weit führen, die Gründe zur Annahme, daß sie kein Werk des Praxiteles sei, ausführlich zu erörtern, sie sind jedoch höchst überzeugend. Es geht dabei um Detailfragen der bildhauerischen Technik.

Es gab ungeheuer viele Siegerstatuen in Olympia, später auch Statuen politischen Charakters. Zudem arbeiteten hier die meisten großen Künstler der hervorragendsten Epoche, doch von all diesen Meisterwerken ist fast nichts erhalten, abgesehen von den mit Inschriften versehenen Basen der Monumente und dem Ohr eines Bronzestieres. Die vier Pferde am Markusdom, die aus der Plünderung Konstantinopels durch Venedig stammen, haben ihre Irrfahrt möglicherweise in Delphi, Olympia, Korinth oder Chios begonnen.

Spekulationen über Ruinen sind tieferen Einsichten jedoch nicht unbedingt förderlich. Die Beschäftigung mit den Plünderungen der Antike verführt dazu, die historische Urteilskraft zu lähmen. Die zuverlässigste Information über die archaischen Griechen liefern uns die vielen Fragmente schriftlich überlieferter Literatur, die Städte, die sie gründeten, ihre Gesetze und Institutionen sowie der immer weiter sich ausdehnende Radius ihrer Aktivitäten. Delphi lag verborgen in den Bergen, und Olympia war eine Kultstätte ohne eine ständig dort seßhafte Bevölkerung.

Die Eleer besaßen sehr lange überhaupt keine Stadt, und als sie eine erbaut hatten, widerstrebte es ihnen, darin zu wohnen, da sie ihr altmodisches Leben auf dem Lande vorzogen. Der Zeustempel ist das Denkmal einer Übergangsepoche, sein Bau war der erste Akt der Selbstbestätigung der ersten elischen Demokratie. Es ist bezeichnend, daß er nicht in Elis, sondern in Olympia errichtet wurde.

ARCHAISCHE RELIGIOSITÄT

# Delphi

Das delphische Orakel bestand in einem ziemlich kleinen Heiligtum, am steilen Hang einer Berghalde unterhalb der Felsen des Parnaß gelegen, ein kurzes Stück Weg landeinwärts von der Nordküste des Golfs von Korinth. Es entwickelte sich an dem Ort, wo Wasser gleichzeitig an zwei Stellen aus dem Berg quillt. Schon den Mykenern waren diese Quellen bekannt, jedoch war Delphi nicht durchgehend besiedelt. In der spätarchaischen Zeit nahm das Orakel schnell an Bedeutung zu. Die griechischen Städte suchten seinen Rat in Fragen ihrer Kolonisationsexpeditionen. Zudem gewann Delphi auch Bedeutung als Treffpunkt aller Griechen, als um 590 v. Chr. die pythischen Spiele entstanden.

In der Klassik war der heilige Bezirk eine Stätte gewaltiger Bauwerke, die darin wetteiferten, einander an Höhe zu übertreffen. So verwundert es nicht, daß sie häufig von Erdbeben zerstört wurden. Ausgehend von der südöstlichen Ecke des ummauerten *Temenos* oder Bezirks wand sich der »heilige Weg« an den Schatzhäusern der griechischen Stadtstaaten und den Gebäuden, die sie zu Ehren eines Sieges oder großer Ereignisse errichtet hatten, vorbei bis zum Tempel und der Orakelstätte empor und weiter zur darüberliegenden Terrasse. In dem Heiligtum, so wie es sich heute darbietet, ist das Theater eine spätere (4. Jahrhundert) Zutat. Die Restaurierung der Säulen des Apollon-Tempels ist unvollständig und nicht originalgetreu, jedoch in dieser Form ungeschlachter Plumpheit vorzuziehen. Es fällt schwer, ist jedoch unerläßlich, die herrlichen und kunstvollen Objekte im Museum von Delphi in einen Zusammenhang mit den kargen Steintrümmern draußen zu bringen.

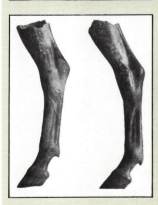

Diese Gruppe muß eine aufsehenerregende Weihgabe gewesen sein, als sie zu Beginn der Klassik im Jahre 475 v. Chr. aufgestellt wurde. Man muß sie sich auf einem hohen Sockel vorstellen: der hochgewachsene Wagenlenker in seinem zierlichen Wagen mit den hohen Rädern, vor den langbeinige Pferde mit edlen Köpfen gespannt sind. Wagen, Pferdezucht und Mannschaftstraining der Lenker waren Symbole des Reichtums.

*Oben:* Die restaurierten Säulen des Apollontempels: davor standen der Altar und verschiedene Monumente, darunter der Dreifuß der Platäer. Der archaische Tempel, den die aus Athen verbannten Alkmaioniden errichtet hatten, wurde 373 v. Chr. durch ein Erdbeben zerstört. Er wurde nach den alten Plänen wieder aufgebaut.

Das Schatzhaus der Siphnier repräsentiert einen Reichtum von kurzer Lebensdauer. Der Reichtum verging, als die Goldminen auf der Insel Siphnos vom Meer verschlungen wurden. Die herrlichen Marmorreliefs (um 530 v. Chr.) dieser Bauten zählen wegen der Zartheit ihrer Proportionen und Gestaltung und der erstaunlichen Heiterkeit ihrer Konzeption zu den Meisterwerken des archaischen Zeitalters. Dieser Ausschnitt *(rechts)* stellt den Kampf der Götter gegen die Giganten dar.

Der Rundtempel oder Tholos *(links)*, ist ein entlegeneres Bauwerk Delphis aus dem frühen 4. Jahrhundert. Er besaß ein Peristyl aus 20 dorischen Säulen. Das Innere war mit korinthischen Halbsäulen ausgeschmückt.

ARCHAISCHE RELIGIOSITÄT

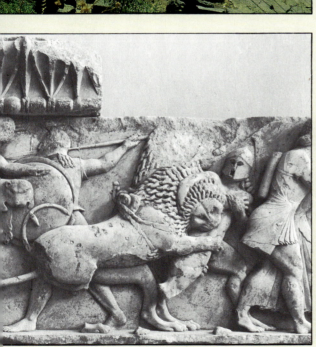

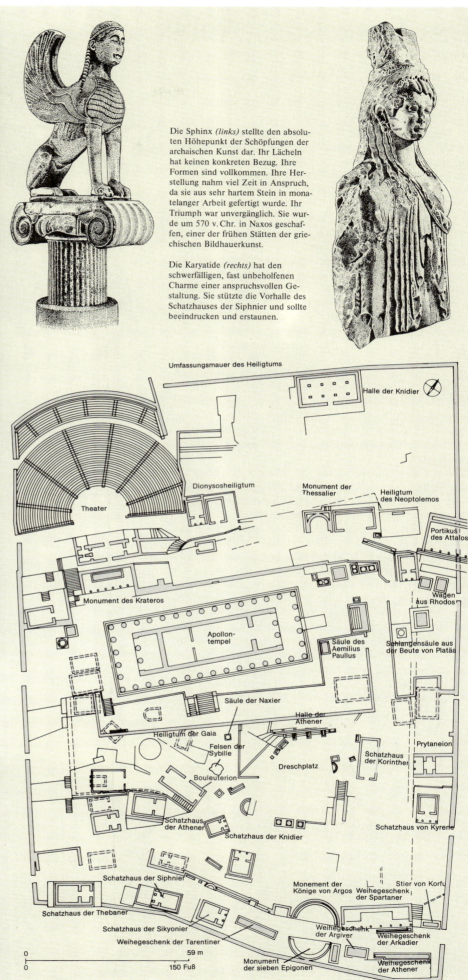

Die Sphinx *(links)* stellte den absoluten Höhepunkt der Schöpfungen der archaischen Kunst dar. Ihr Lächeln hat keinen konkreten Bezug. Ihre Formen sind vollkommen. Ihre Herstellung nahm viel Zeit in Anspruch, da sie aus sehr hartem Stein in monatelanger Arbeit gefertigt wurde. Ihr Triumph war unvergänglich. Sie wurde um 570 v. Chr. in Naxos geschaffen, einer der frühen Stätten der griechischen Bildhauerkunst.

Die Karyatide *(rechts)* hat den schwerfälligen, fast unbeholfenen Charme einer anspruchsvollen Gestaltung. Sie stützte die Vorhalle des Schatzhauses der Siphnier und sollte beeindrucken und erstaunen.

# Das Orakel des Apoll

Die Bedeutung, die die Orakel für Gesellschaftsformen, die wir primitiv nennen, besitzen, läßt sich nicht trennen von deren Religion, ihrer sozialen Struktur, ihrer Geschlossenheit und ihrer Lebenskraft. Orakel beeinflussen viele menschliche Entscheidungen: über Gesundheit und Krankheit, Frieden und Krieg, Kolonisation und Auswanderung, Schuld und Sühne. Orakelstätten sind Orte von großem internationalem Ansehen. Ein Weihegeschenk oder die Errichtung eines Tempels bedeutet hier schon fast die Gewißheit des Anspruchs auf persönliche Unsterblichkeit oder, im Falle einer Stadt, auf ewigen Ruhm. Wer würde sich noch der Siphnier erinnern, gäbe es nicht ihr Schatzhaus in Delphi?

Die großen Orakelstätten der Griechen waren in ihren Anfängen unbedeutend, gewöhnlich lagen sie in schwer zugänglichem Gelände. Ihre Klienten kamen aus der unmittelbaren Umgebung, wahrscheinlich waren es Hirten, die mit ihren Herden herumzogen. Delphi war ursprünglich wohl ein Berghirtenheiligtum; dies gilt auch für Dodona und das Ptoion sowie einige andere. Frühe Berichte über die Antworten der Götter auf die ihnen vorgelegten Fragen sind unentwirrbar verknüpft mit Volkssagen und ausgeschmückten Geschichten jeglichen Genres. Es ist anzunehmen, daß die Orakel weit weniger einflußreich waren als man annimmt. Doch waren es geheiligte Stätten, wesentliche Symbole der Einheit der Griechen. Internationale Festveranstaltungen entstanden an bereits bestehenden Orakelstätten.

In ihrer Endzeit verkörperten die Orakel die ins allgemeine Bewußtsein gedrungene, traditionelle Weisheit der Griechen, das Extrakt der Glaubenslehren der Götter. Die nüchternen, jedoch harmlosen Ratschläge der Götter aus Delphi wurden immer aufs Neue abgeschrieben und verbreiteten sich bis nach Asien, auf Steintäfelchen fand man sie sogar an so entfernten Plätzen wie an der Grenze zwischen Rußland und Afghanistan. Die Kultstätten waren selbst noch unter römischer Herrschaft Wallfahrtsorte und Studienzentren. Gegen Ende der Antike entstanden an vielen Orakelstätten christliche Kirchen. Als jedoch die Tradition der Orakelweisheit unterbrochen war, erstand sie nie mehr zu neuem Leben. Die Gesellschaft, die sie gepflegt hatte, gab es nicht mehr.

*Rechts:* Schriftlich gestellte Frage an ein Orakel. Heute im Antikenmuseum in West-Berlin.

*Oben:* Apollo bringt ein Opfer dar. Der Götterbote Hermes steht hinter ihm. Ihm gegenüber seine Schwester Artemis, ebenso elegant wie Apollon majestätisch. Hinter ihr möglicherweise die pythische Priesterin. Artemis hat etwas in Apollons Schale gegossen. Apollon gießt seine Gabe über den Omphalos, den Nabel-Stein in Delphi, der den Mittelpunkt der Erde darstellte. Diese Darstellung Delphis ist klassisch-athenisch, jedoch wenig aufschlußreich. Man kann ihr lediglich die Mitteilung entnehmen, daß die Götter erhabene Wesen sind, die Erde selbst jedoch noch älter und ehrwürdiger.

*Oben rechts:* Diese große Terrakottawiedergabe des Omphalos stammt aus Delphi selbst.

*Unten links:* Orakelstätten und Stifter von Schatzhäusern in Delphi und Olympia.

*Unten:* Bald nach dem Sieg bei Marathon (490 v. Chr.) erbauten die Athener dieses schöne Schatzhaus aus Marmor. Es beherbergte die wertvollen Weihegaben der Athener für den delphischen Apollon.

*Rechts:* Diese attische Vasenmalerei aus dem 5. Jahrhundert ist eine Darstellung des Apollon-Orakels in Delphi aus klassischer Zeit. Sie strebt keine realistische Darstellungsweise an, vermittelt jedoch einen Eindruck, wie die Griechen über das Orakel und seinen Gott dachten. Die Details sollten nicht wörtlich genommen werden. Nur wenn sie die Orakel mit einer poetischen Aura umgaben, waren die Athener überhaupt imstande, sie ernst zu nehmen.

ARCHAISCHE RELIGIOSITÄT

# Olympia

Olympia war ein Kultplatz, ein heiliger Hain namens Altis, im nicht politisch verwalteten Südwesten Griechenlands am Ufer des mächtigen Flusses Alpheios. Seinen Namen hatte es von den olympischen Göttern, der Hügel an seinem Rande war dem Kronos, dem Vater des Zeus, und vielleicht auch dessen Mutter geweiht. In seinen Anfangszeiten beherbergte das Heiligtum ein Zeusorakel.

Im 8. Jahrhundert war aus Olympia eine ungeheuer reiche und mächtige Kultstätte geworden. Zudem war es Zentrum panhellenischer Kampfspiele. Der Bezirk wurde sorgfältig Stück für Stück erforscht, indem man ihn vom Schwemmschlamm des Alpheios, unter dem er verborgen lag, befreite. Der Zeusaltar bestand aus Asche, er hat sich vollständig aufgelöst. Der Zeustempel aus dem 5. Jahrhundert jedoch ist in kolossalen Ruinen erhalten.

In Olympia gab es sowohl Heldenverehrung, Kulte sagenhafter menschlicher Wesen göttlicher Abstammung als auch Götterverehrung. Zu guter Letzt wurden die Sportler selbst wie Halbgötter verehrt.

Die Opfergaben machten den Göttern Freude. Viele kleine Weihgaben schillern und glänzen deshalb so, damit sie den Göttern Spaß bereiten: sie sind das Spielzeug der Götter. Zeus mit Ganymed unter dem Arm (*unten links*) erinnert an eine heitere, aber nicht schlüpfrige Geschichte.

Die herrliche Goldschale (*oben*), die sich heute in Boston befindet, ist ein Weihgeschenk der Söhne des Tyrannen von Korinth, Kypselos (ca. 600 v. Chr.).

Die differenzierten und satten Farben dieser Gegenstände sind beabsichtigt. Gold verblaßt niemals. Die bemalte Terrakottastatue des Zeus ist leider seit dem Zeitpunkt ihrer Auffindung durch Lichteinwirkung verblaßt. Es gibt eine gute frühe Fotografie aus dem Jahr 1940, die hier aus technischen Gründen nicht wiedergegeben werden kann, auf der die Farben dunkler und leuchtender sind.

Entlang der Südfront des Zeustempels (*unten*) liegen die Säulen noch so, wie sie im 6. Jahrhundert n. Chr. während eines Erdbebens umfielen.

Blick auf Olympia (*rechts*) am Ufer des Alphaios mit dem kegelförmigen, bewaldeten Kronoshügel im Norden.

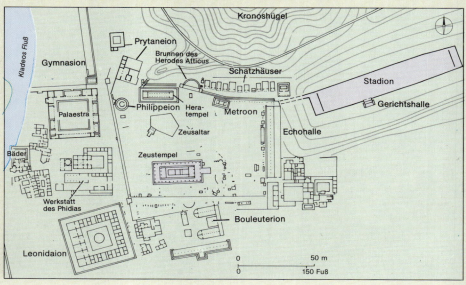

ARCHAISCHE RELIGIOSITÄT

Die großen steinernen Figuren vom Giebel des Zeustempels wurden aus vielen Bruchstücken wieder zusammengesetzt. Sie haben zu zahlreichen Auseinandersetzungen innerhalb der Forschung Anlaß geboten. Der Kentaur *(links)* entführt eine Frau aus dem sagenhaften Volk der Lapithen. Der Anlaß war die Hochzeit des Zeussohnes Peirithoos. Das Fest endete als Kampf, aus dem die Lapithen als Sieger hervorgingen. Pausanias berichtet im 2. Jahrhundert n.Chr., daß die zentrale Gestalt Peirithoos war, der die Befehle erteilte. Sein Bericht stützt sich jedoch lediglich auf Homer. Die Forschung hält die Figur für Apollon, da sie einen Bogen hält. Möglicherweise ist es aber auch Herakles als bartloser Jüngling, der ja ebenfalls ein Zeussohn war, in Olympia eine gewisse Rolle spielte und gleichfalls in den Kentaurenkampf verwickelt war. Wenn das der Fall ist, so handelt es sich um die Verquickung zweier Sagen und somit um eine neue Version des Mythos.

Der in Betrachtung versunkene Alte *(ganz links)* stammt vom Giebel der anderen Tempelfront. Er stellt einen Propheten dar, der den tragischen Ausgang des sagenhaften Wagenrennens vorausschaut, das eben begonnen hat. Propheten waren ein wichtiger Bestandteil des griechischen Lebens bis in die Zeiten, in denen der Tempel erbaut wurde.

# Die Götter des Olymp

Es gibt insgesamt zwölf bedeutende Götter. Es handelt sich dabei aber nicht immer überall um dieselben zwölf. Es gibt bedeutende und beachtenswerte Gottheiten, die niemals zu den zwölf gehört haben, mancher von ihnen besitzt mehrere Gestalten. Die Götter, die hier vorgestellt werden, sind jedenfalls authentische Wiedergaben der ursprünglichen zwölf aus dem Athen des 5. Jahrhunderts.

Jeder Stadtstaat hatte einen oder mehrere eigene Schutzpatrone, die besänftigt wurden und denen gehuldigt wurde. Ein Bauer brachte der Demeter Gaben für eine gute Ernte dar, ein Seemann opferte dem Poseidon für eine glückliche Überfahrt. Es gab zusätzlich unzählige kleinere Gottheiten; auf dem Lande spielten Pan und die Nymphen eine wichtige Rolle. In späteren Zeiten fanden die Mysterien, eher subjektiv geprägte Philosophien und fremde Gottheiten wie Kybele aus Kleinasien, Isis und der gräco-ägyptische Gott Serapis größere Verbreitung. Nach Alexander kamen Herrscherkulte auf.

*Rechts:* Von den großen Gottheiten tritt Ares am seltensten auf. Er besaß lediglich ein ländliches Heiligtum und nahezu keinerlei Kult in Athen, obgleich der größte Gerichtshof, der Areopag, nach ihm benannt ist. Die Aresfigur stammt aus dem etruskischen Todi. Ares ist der Kriegsgott, dessen Rolle in Athen von Athena übernommen wird.

*Unten:* Artemis, die Schwester Apolls, ist eine Jägerin. Sie lebt in den Wäldern und Bergen unter den Nymphen und gilt auch als Göttin der Einweihungen. Sie tritt auch in Gestalt der Hekate auf, einer Totengottheit. Zugleich begünstigte sie die Geburt von Kindern, obgleich sie selbst Jungfrau war.

*Unten rechts:* Poseidon ist der Gott der Erdbeben und des Meeres sowie der Gott der Pferde.

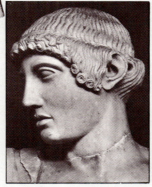

*Links:* Demeter ist die Erntegottheit. Ihre Klage um die verlorene Tochter bringt den Winter, die Wiederfindung der Tochter ist der Frühling. Demeter steht eng mit Tod und Wiedergeburt in Verbindung. Ihre Mysterien in Eleusis gehörten vielleicht zu den erhabensten Vorstellungen der griechischen Religion. Sie bleiben für uns allerdings verborgen.

*Rechts:* Athena ist die bedeutendste Göttin Athens. Sie ist die Schutzherrin der Jugend und der Tapferen, Beschützerin der Stadt, aller Künste und Handwerke und Kriegsgöttin.

*Links:* Zeus, der oberste Gott, thront im Olymp. Er ist der Himmelsgott mit seinen Blitzen und Stürmen. Als beinahe allmächtiger Herr des Schicksals übt er durch seine Gewalt Gerechtigkeit auf Erden und im Himmel. Er wird bei Homer und Aischylos ausführlich geschildert, und es gibt nur sehr wenige plastische Darstellungen.

*Unten:* Hermes ist der Götterbote, er begleitet die Seelen in die Unterwelt. Er ist der Gott der Hirten und der Schäfer auf dem Lande.

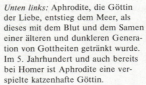

*Oben links:* Apoll ist das Vorbild jugendlicher Strenge. Er ist leidenschaftlich, mächtig und gefährlich. Am Anfang und in seinem eigentlichen Wesen war er eine Gottheit ritueller Reinheit und wurde mit der Zeit zum Orakelgott.

*Links:* Hera ist die Gattin von Zeus, doch war er nicht treu, wie auch die meisten anderen Götter. Hera hatte lange vor der Mitte des 5. Jahrhunderts ihren Tempel in Olympia, als Zeus erst den seinen erhielt, und sie besaß einen weiteren sehr alten und prächtigen Tempel in Argos.

*Unten links:* Aphrodite, die Göttin der Liebe, entstieg dem Meer, als dieses mit dem Blut und dem Samen einer älteren und dunkleren Generation von Gottheiten getränkt wurde. Im 5. Jahrhundert und auch bereits bei Homer ist Aphrodite eine verspielte katzenhafte Göttin.

*Unten Mitte:* Hestia, die Göttin der Erde, wird seit früher Zeit verehrt, ihre Rolle ist jedoch unklar. Auf dem Parthenonfries wird ihr Platz von Dionysos eingenommen, dem Gott der Trauben und des Weins, aus dessen orgiastischen Festen sich das griechische Drama entwickelte.

*Unten:* Hephaistos ist der Schmiedegott. In Athen war er eng mit Athena, der Göttin des Handwerks, verbunden. Diese hatte die Trompete erfunden und zum erstenmal ein Pferd mit einem Zaumzeug versehen,

83

# DIE GEBURT DER STADTSTAATEN

**Die ersten Gesetze**

Frühe griechische Gesetze wurden anscheinend auf zwei verschiedene Arten verfaßt, von denen die eine der religiösen Gesetzgebung der Bibel ähnelt: »Wenn ein Mensch dieses oder jenes tut, dann soll er auf diese oder jene Art dafür büßen, wenn er es aber unter folgender Bedingung tut, dann folgendermaßen.« Das ist ein Stil, der einen aktiven Gesetzgeber voraussetzt und eine endlose Reihe von Anpassungen eines generellen Prinzips. Es ist der Stil der Gesetze von Gortyn in Kreta, ein ganzer Gesetzeskodex, der erst im 5. Jahrhundert in einer Inschrift festgehalten wurde, jedoch viel früher entstand. Der andere Stil kommt in seiner Form von der rituellen und magischen Sprache her, die in den Redewendungen der Epitaphien und Verwünschungen lange überlebt hat. Es war eine alles einbeziehende Sprache, denn bei einem Ritual durfte nichts dem Zufall überlassen werden. Die jährlichen rituellen Verwünschungen in Teos in Kleinasien sind in dieser Form gehalten: »Wer immer einen bösen Zauber gegen die Bürger von Teos, die Stadt oder einen ihrer Bewohner ausübt, soll mit seinem ganzen Geschlecht des Todes sein. Wer auch immer die Einfuhr von Korn verhindert, gleich mit welchen Mitteln, zu Land oder zur See, oder wer eingeführtes Korn wieder exportiert, der soll mit seinem Geschlecht des Todes sein.« Bei der rituellen Verkündung der Verfassung der Kolonie Kyrene in Nordafrika, die von Aristoteles von Thera (Battos I.) um 630 v. Chr. gegründet wurde, fand eine rituelle Verbrennung von Wachspuppen statt. Die alles beinhaltende Formulierung mit ihrem magischen Ursprung wurde dann schließlich zur Sprache der späteren demokratischen Gesetze, denn sie enthielt die Tendenz zu genauen und prinzipiell gleichwertigen Definitionen, obgleich auch bestimmte Bedingungsklauseln für Strafen erhalten blieben.

Als die geschriebene Sprache in Gebrauch kam, war die Verkündung der Gesetze Aufgabe eines geheiligten Beamten. Die alten Gesetze kannte man früher auswendig, oder es waren allgemeine Prinzipien in der Art von Sprichwörtern. Mit dem Beginn der Schrift wurde auch die bewußte Entwicklung von juristischen Institutionen zu einem permanenten Prozeß. Dieser geht jedoch langsamer voran, als man glauben möchte. In Athen wurden die solonischen Gesetze nach 600 v. Chr. aufgezeichnet (siehe S. 92–93), und die Gesetze der neu gegründeten Stadt Marseille (Massilia) wurden nur wenig früher öffentlich niedergeschrieben. Das Gesetz von Dreros dürfte aus dem 7. Jahrhundert stammen und die Gesetze von Chios von ca. 575 v. Chr. Am Ende des 6. Jahrhunderts wurden in Aphrati auf Kreta die Gesetze offensichtlich von einem hohen Beamten, einem Schreiber und Chronisten, zum erstenmal aufgezeichnet. Es gibt einige Fragmente von Gesetzen aus dem 7. Jahrhundert, doch sind dies nur Bruchstücke. Zweifelsohne haben die großen kretischen Städte ihre Gesetze schon früh niedergeschrieben, doch müssen viele Inschriften verloren gegangen sein. Es ist faszinierend, daß die Verfassung von Marseille anscheinend nur mit wenigen Veränderungen bis in die Römerzeit bestanden hat, doch mag ihr steifer, oligarchischer Charakter vor allem wegen der relativ harten Bedingungen des kolonialen Lebens und durch die Isolation erhalten geblieben sein: die ökonomische und juristische Gewalt waren unverändert in den Händen von 600 Besitzern ererbten Landes geblieben.

Der längste archaische Gesetzestext, den wir besitzen, ist derjenige von Gortyn im südlichen Zentralkreta. Er ist in schönen Lettern auf eine Reihe von Steinplatten gemeißelt, die im Fundament einer Wassermühle erhalten blieben, wo sie im 19. Jahrhundert entdeckt wurden. Sie stützten anscheinend ehemals die Mauern eines Theaters, das im 1. Jahrhundert v. Chr. erbaut wurde und offensichtlich auf den Ruinen eines Gerichtshofes oder Versammlungshauses stand. Die Inschrift besteht aus 600 Zeilen, sie ist in die Zeit nach der Mitte des 5. Jahrhunderts datiert. Die Gesetze selbst sind jedoch älter, die

*Oben:* Sparta liegt am Anfang einer langen Flußebene und wird von einer hohen Bergkette geschützt. Man sieht das Taygetos-Gebirge zwischen Sparta und Messenien in der Sicht von Sparta aus, die prächtiger als von Messenien her ist.

*Links:* Das Gesetz von Gortyn ist eine der besterhaltenen und längsten frühgriechischen Inschriften. Die Form der Gesetze ist archaisch, ähnlich den biblischen Gesetzen. Die Gesetze von Gortyn wurden im 5. Jahrhundert v. Chr. aufgeschrieben.

frühesten Teile stammen vermutlich aus dem 7. Jahrhundert. Sie zeugen von einer deutlichen Unterteilung in Klassen, die Freien, diejenigen ohne politische Rechte, die Hausklaven, die Diener und die gewöhnlichen Sklaven. Die Bande, die eine Gruppe an der anderen hielten und dadurch die Erbfolge des Landbesitzes garantierten und den Weg der unvermeidlichen sozialen Veränderungen festlegten, waren geschmeidig und vielschichtig. Das Gesetz unterscheidet zwischen Fällen, bei denen ein Richter daran gebunden ist, entsprechend dem Text und nach Zeugenaussagen zu urteilen, und allen anderen Fällen, in denen er unabhängig entscheiden kann.

**Tyrannen**

Aus dem Gesetz von Gortyn geht hervor, daß es von einer gesetzgebenden Person verordnet wurde. Eine solche Gestalt lebte in Griechenland in anderer Form kurz vor 650 v. Chr. besonders im Bereich des Isthmus wieder auf. Wie zu dieser Zeit in Ägypten und in Lydien hatten in Korinth Außenseiter den Staat an sich gerissen und beherrschten ihn gewaltsam (Kypselos und dann sein Sohn Periander). Dasselbe geschah in Megara (Theagenes), Sikyon (Orthagoras, Kleisthenes) und in Epidauros (das Periander kontrollierte), und im späten 7. Jahrhundert hat Kylon beinahe mit Waffengewalt die Kontrolle über Athen errungen. Im frühen 6. Jahrhundert wurde in Lesbos ein öffentlicher Schiedsrichter gewählt, der sein Amt 10 Jahre lang innehatte, und zur selben Zeit schaffte Solon von Athen als öffentlicher Schiedsrichter und Gesetzesgeber die aristokratische Regierung ab und veränderte einige ihrer sozialen Auswirkungen. Dennoch erhoben sich dann Peisistratos und seine Söhne zu Tyrannen oder verfassungswidrigen Herren über Athen (546–510 v. Chr.). Andere Tyrannen etablierten sich in den Stadtstaaten des Ostens (Milet, Ephesos, Samos, Naxos) und des Westens (Akragas, Gela, Syrakus, Himera, Selinus, Rhegion). Möglicherweise haben die Spartaner eine derartige Herrschaft nur dadurch umgangen, daß sie mit offensichtlichem Erfolg eine expansionistische Politik betrieben. Im 7. Jahrhundert befriedeten sie mit der Verteilung eroberten Landes die ärmeren Bürger.

Dieses Aufkommen von örtlich begrenzten Tyrannenherrschaften, das bis ins 5. Jahrhundert anhielt, dürfte zumindest innerhalb Griechenlands zum Teil auf den Einfluß Pheidons, eines tatkräftigen und tyrannischen Königs von Argos, zurückgehen, der vermutlich Mitte des 7. Jahrhunderts herrschte. Es beruht aber auch auf einigen sozialen Voraussetzungen. Überall gärte es, die Aristokratie war sehr mächtig und überall außer in Argos so zerstritten, daß Außenseiter hochkommen und die Staatsführung übernehmen konnten. Die neuen Dynastien provozierten Loyalitätskonflikte und endeten in der Regel ruhmlos. Gewöhnlich vermehrten sie den Wohlstand der Bevölkerung, denn sie waren verschwenderische und prunksüchtige Herren, die auf diese Weise versuchten, beliebt zu werden und sich internationales Ansehen zu verschaffen. Tyrannenherrschaften kamen zuerst in Handelsstädten mit geringem Territorium auf. Derselbe soziale oder ökonomische Druck, der diese zügellosen Bürgerkriege und harten Regimes verursachte, muß zur selben Zeit auch auf die Kolonisierungsbewegung eingewirkt haben. Es wäre zu einfach, dies als Landhunger zu bezeichnen; sicher war es auch ein ökonomischer Wettbewerb. Man dachte gewöhnlich, daß die neue Erfindung des Münzwesens hierzu beigetragen habe, da man nun zum erstenmal Handelsware bezahlen konnte und soziale Bindungen dadurch aufgelöst und zerstört worden wären, aber das Münzgeld kam zu spät, als daß es zu diesem Zeitpunkt einen so großen Einfluß hätte haben können. Der Wettbewerb beim Handel, der schließlich im 6. Jahr-

## DIE GEBURT DER STADTSTAATEN

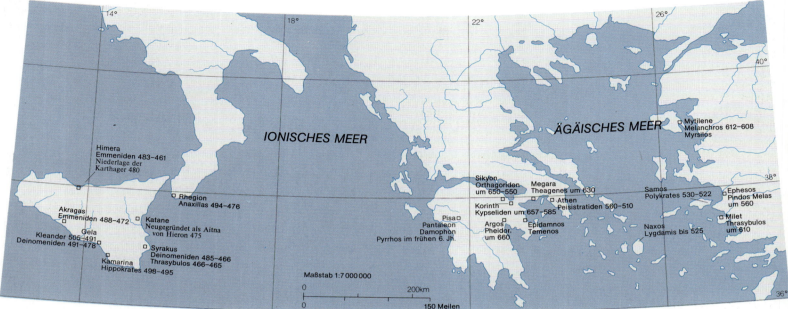

hundert auch das Geld einbürgerte, mag wohl ein störender Faktor gewesen sein; direkten Einfluß hatte er zunächst auf die Reichen. Sie waren es, die die Bürgerkriege ausfochten, die Kolonien gründeten und Tyrannen einsetzten.

**Der Zusammenhang mit Europa**
Im nördlichen Europa kam Eisen gegen Ende des dunklen Zeitalters der Griechen in Gebrauch. Man kann diese verworrene griechische Renaissance ebensogut im Zusammenhang mit Europa sehen, obgleich nach 700 v. Chr. die meisten Einflüsse von Griechenland aus und vom Osten auf Europa einwirkten und nahezu keine von Europa auf Griechenland. Zu jener Zeit tauchen die ersten europäischen Langschwerter und Gürtel aus Eisen auf. Der Wohlstand nahm zu, ebenso die Bevölkerung und deshalb auch die Befestigungen. Vom 10. bis zum 7. Jahrhundert wurden die befestigten Plätze zunehmend stärker und zahlreicher. Seit der Zeit der griechischen Expansion gab es sogar einen gewissen Einfluß griechischer Bautechnik, z.B. auf der Heuneburg an der oberen Donau, wo man im 6. und 5. Jahrhundert auch Wein aus Marseille aus importierten griechischen Schalen trank. Waren diese wehrhaften Städte keine Stadtstaaten? Entsteht denn der Stadtstaat nicht in Griechenland und im Norden aus ähnlichen Gründen? Mag das so sein oder auch nicht, jedenfalls bot sich für Griechenland durch die gemeinsame Sprache und die geographisch bedingte Stabilität der Stammesterritorien ein deutlicher Vorteil.

Was direkte Einflüsse betrifft, so kamen orientalische Metallarbeiten nach Europa. Bis in die Zeit um 500 sind die metallverarbeitenden Künstler, die auf dem Balkan auftreten, am ehesten als Flüchtlinge anzusehen. Allerdings ist das Eindringen der Skythen in Mittel- und sogar in Westeuropa bemerkenswert und kaum ohne große Wanderungsbewegung zu erklären. Auch die verschiedenen Einflüsse auf die materielle Kultur der frühen Etrusker, von denen einige sicher ohne griechische Vermittlung aus dem Orient kamen, werfen einige schwierige Fragen auf. Vor dem 8. Jahrhundert waren lokale Stile und Fertigkeiten in ganz Europa ähnlich und gleichermaßen provinziell. Griechenland wachte als erstes auf. Die bronzenen, von den Griechen so geschätzten Kessel mit Verzierungen von Greifen, Sirenen oder Stierköpfen haben ihren fernen Ursprung in Urartu, östlich vom Vansee, im Osten der heutigen Türkei. (Urartu war 585 v. Chr. von den Medern erobert worden.) Solche Kessel wurden auch in Angers, Auxerre und Sainte Colombe gefunden und ein undekoriertes Exemplar bei Stockholm.

Seit 600 v. Chr. wurden dann jedoch Frankreich, Spanien und Skandinavien mit Imitationen versorgt, die in Britannien und Irland hergestellt wurden. Sogar der frühe La-Tène-Stil im frühen 5. Jahrhundert, der ersten Phase eines der eigenständigsten und besten Stile in Europa, schließt sich in seinen Bronzearbeiten eng an Griechisches an, weit mehr als der später entwickelte La-Tène-Stil. Zwischen 700 und 500 v. Chr. war Europa mehr auf den Orient ausgerichtet als auf Griechenland, doch nahm der griechische Einfluß ständig zu.

Im politischen, ökonomischen und kulturellen Bereich war das Mittelmeer führend, und dabei stand Griechenland an der Spitze. Vieles von dem griechischen Einfluß in Europa ist auf die Suche nach Metall in Spanien, Cornwall, Britannien und natürlich auf Sardinien, der Insel der Metallverarbeitung, zurückzuführen.

*Oben:* **Die Tyrannenherrschaften im 7.–5. Jahrhundert v. Chr.**
Die mächtige Tyrannendynastie, die in der Mitte des 7. Jahrhunderts Korinth von den aristokratischen Herrschern übernahm, zog in anderen Städten des Festlandes erfolgreiche Staatsstreiche nach sich: Sikyon, Megara und später Athen. Charakteristische Eigenheiten der griechischen Tyrannenherrschaften waren Gewaltherrschaft und Landverteilung aus dem Besitz der früher herrschenden Schicht an die eigenen Anhänger. Im späten 6. und frühen 5. Jahrhundert teilten militaristische Tyrannen die sizilischen Städte untereinander auf und siedelten aus politischen Gründen ganze Stadtbevölkerungen um. Im späteren 5. Jahrhundert wurden die sizilischen Tyrannen durch demokratische Bewegungen gestürzt, und auf dem Festland hielten Sparta und Athen aus verschiedenen Gründen die Tyrannis in Schach. Allerdings ist die griechische Welt dadurch nicht von Tyrannei befreit worden.

*Unten:* **Sizilien im 6. Jahrhundert v. Chr.**

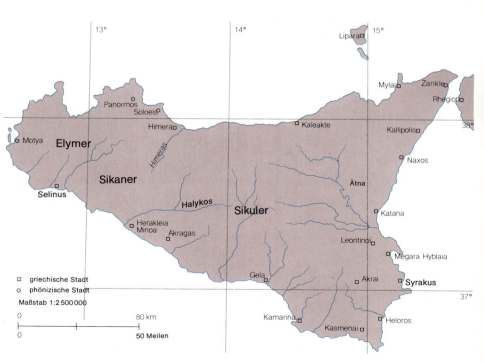

DIE GEBURT DER STADTSTAATEN

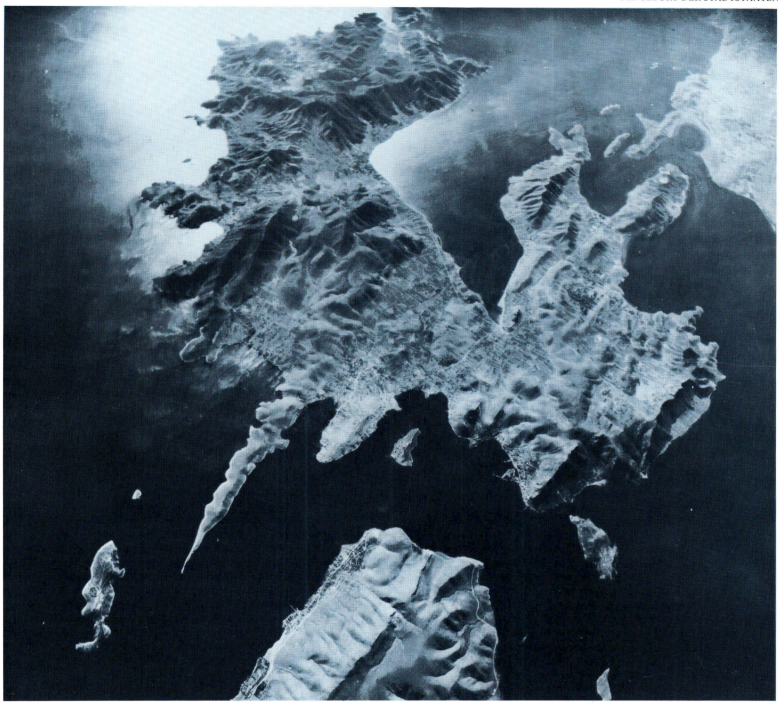

In der Schlacht von Salamis (480 v. Chr.) verwickelten die Athener die persische Flotte in einen Kampf in den engen Gewässern zwischen der Insel Salamis und der Küste von Attika im Osten (in der Mitte der Luftaufnahme). Die Athener waren siegreich. Die Schlacht markiert den äußersten Punkt, bis zu dem der persische Versuch kam, Griechenland zu unterwerfen.

**Der Aufstieg Spartas**

Die archaische Zeit war eine Epoche, in der nicht nur einzelne Familien, sondern auch ganze Volksstämme sich bekriegten. Überlicherweise stellt man eine Karte der griechischen Bevölkerungsbewegungen auf, bei der die Theorien von Herodot und Thukydides, die verschiedenen Dialekte, die mythologischen und archäologischen Anhaltspunkte bis zu einem gewissen Grad in Übereinstimmung gebracht sind. Obgleich kein Schema ganz befriedigend ist, läßt die Sprachforschung doch die Vermutung zu, was auch die Dialekte bestätigen, daß es in Griechenland eine gewisse Neuverteilung der Bevölkerung gegeben hat und daß das Ende dieses Vorgangs noch in historische Zeit fiel. Als die Spartaner etwa im 8. und 7. Jahrhundert Messenien eroberten, wurde nichts von irgendwelchen Flüchtlingen bekannt. Doch nach dem dritten messenischen Krieg, der mit dem Erdbeben von 464 v. Chr. begann, siedelten sich die Flüchtlinge 455 in Naupaktos an, einem Ort an der Nordküste des Golfes von Korinth, der nur vom Meer her betreten werden konnte. Sie bewahrten 100 Jahre lang ihre Eigenständigkeit, und im Jahre 396 v. Chr. wurde dann Messenien wieder ein eigener Staat. In den dunklen Jahrhunderten muß es viele unbekannte Bevölkerungsbewegungen gegeben haben, die mindestens das gleiche Ausmaß hatten.

Die spartanische Expansion in der Peloponnes war ein wagemutiges Unternehmen, das am Ende erfolgreich ausging. Die erste Eroberung Messeniens erfolgte zwischen 735 und 715 v. Chr., doch in der nächsten Generation wurde Sparta 669 v. Chr. bei Hysiai in der Argolis bei einer Unternehmung gegen Argos geschlagen, und um 660 rebellierte Messenien. Für die Spartaner stellten die Berge südwestlich der Argolis und die messenischen Berge eine natürliche Grenze dar. Die großen Berge im Norden der Peloponnes und in Arkadien, die sie vom Golf von Korinth trennten, waren ein Hindernis, das sie immer spürten. Im 6. Jahrhundert erreichten sie die Ostküste der Peloponnes und im Süden die Insel Kythera. *Forts. s. S. 91*

87

# Die Welt des griechischen Sports

Die Griechen hielten viel vom Sport, insbesondere für die Ertüchtigung zum Kriegsdienst. Antiker Kriegsdienst und antiker Sport haben vieles gemeinsam. Erfolg bei den großen Wettspielen wurde um 500 v. Chr. als ein Zeichen für die gute Herkunft und das glänzende Ansehen einer Familie betrachtet. Später wurde der Ruhm nur noch dem einzelnen und dem Staat zugeschrieben. Der griechische Sport war kämpferisch und oft blutig, zuweilen abscheuerregend und sogar tödlich. Doch herrschte strenge Disziplin, und Verstöße gegen die Regeln wurden schwer geahndet. Am Anfang hatten die alten Spiele in Olympia eine rituelle Bedeutung, die jedoch im 5. Jahrhundert fast ganz verlorengegangen war. Andererseits war das Ansehen eines Siegers nie größer als im späten 6. und frühen 5. Jahrhundert. Zahlreiche Geschichten überlieferten den Volksglauben, daß solche Männer Heroen waren, halbgöttische Übermenschen, deren Standbilder Wunder bewirken konnten.

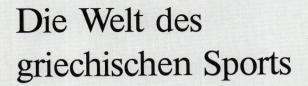

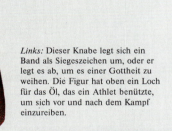

*Links:* Dieser Knabe legt sich ein Band als Siegeszeichen um, oder er legt es ab, um es einer Gottheit zu weihen. Die Figur hat oben ein Loch für das Öl, das ein Athlet benützte, um sich vor und nach dem Kampf einzureiben.

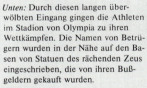

*Unten:* Durch diesen langen überwölbten Eingang gingen die Athleten im Stadion von Olympia zu ihren Wettkämpfen. Die Namen von Betrügern wurden in der Nähe auf den Basen von Statuen des rächenden Zeus eingeschrieben, die von ihren Bußgeldern gekauft wurden.

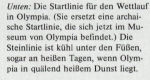

*Unten:* Die Startlinie für den Wettlauf in Olympia. (Sie ersetzt eine archaische Startlinie, die sich jetzt im Museum von Olympia befindet.) Die Steinlinie ist kühl unter den Füßen, sogar an heißen Tagen, wenn Olympia in quälend heißem Dunst liegt.

Dieser junge Mann übt mit Steingewichten, die beim Weitsprung verwendet wurden. Ihre Form war entsprechend der Benützung als Sprunggewichte zur Balance sehr sorgfältig gewählt. Eine Anzahl solcher Gewichte, sogenannte Hanteln, sind erhalten, einige davon im Museum von Olympia.

Im Vergleich zum Freistilringen mit den immer wiederkehrenden gefährlichen Griffen und den häufigen Todesfällen im Ring war der Ringkampf ziemlich harmlos, auch im Vergleich zum Boxen, bei dem die Handschuhe hart wie Schuhsohlen waren und der Kampf auch dann weiterging, wenn einer der Boxer zu Boden gegangen war.

*Unten:* Die Herkunft der Sieger in den olympischen Wettläufen zwischen 700 und 400 v. Chr. Man beachte die allmähliche Vergrößerung der panhellenischen Sportwelt.

Als diese Statue im 4. Jahrhundert v. Chr. geschaffen wurde, waren Pferderennen ein spektakulärer und populärer Bestandteil der Olympischen und auch anderer Festspiele. Doch obgleich sie noch voll Spannung waren, hatten sie die Großartigkeit des 6. Jahrhunderts verloren, als es wirklich noch ein königlicher Sport war. Damals konnte der Name eines Pferdes gewürdigt werden für seine Leistung, doch niemals ein Reiter. Vermutlich war das Wagenrennen die größte Attraktion Olympias. Die Startvorrichtung war anscheinend eine eigentümliche Nachahmung der Bewegung der Sternbilder Adler, Delphin und Füllen. Die hervorragende und lebendige Bronze, die sehr sorgfältig restauriert wurde, befindet sich im Nationalmuseum in Athen. Kein anderes Pferd ist aus so früher Zeit erhalten, keines so lebensvoll und voller Aktion und auch so vollständig. Der kleine Knabe als Jockey ist eine realistische Erfindung. Er wird wie ein Blatt im Wind dahingetragen und steht in wirkungsvollem Gegensatz zu dem dahinfliegenden Tier, das ihn trägt. Dies muß sicherlich ein Siegesdenkmal gewesen sein.

89

## DIE GEBURT DER STADTSTAATEN

**Das griechische Vordringen in Europa, Afrika, dem Vorderen Orient und Asien vom 8.-5. Jahrhundert v. Chr.**

Die zur Zeit Homers bekannte Welt beschränkte sich auf Griechenland, das westliche Kleinasien, Zypern, die Levante und Libyen. Die Berichte in der *Odyssee* über die Gegenden westlich von Ithaka sind eher phantastisch. Doch ab dem 8. Jahrhundert lieferten Handelsfahrten und Kolonisationen eine starke Vermehrung geographischer Kenntnisse. Das Wissen erweiterte sich dann noch mehr, als nach 546 die Griechen Ioniens dem Perserreich untertan waren, das in einem System von Satrapien und Straßenstationen organisiert war. Einige besonders mutige Erkundungsfahrten regten die Phantasie der Griechen an. Die abenteuerlichste war wohl die Reise des Aristeas von Prokonnesos, der im 7. Jahrhundert einen Bericht in Versen über eine Reise bis zu den Issedonen in Zentralasien nahe am Hindukusch verfaßte. Fragmente seines Berichtes stimmen gut zu dem, was wir von der Ethnologie in Asien wissen. Darius, der den Kanal vom Nil nach Suez hatte bauen lassen, beauftragte Skylax von Karyanda (um 518 v. Chr.), den Indus hinunterzufahren und um Arabien herum in 30 Monaten Suez zu erreichen. Auch dieser verfaßte einen Bericht über seine Reise. Es gibt eine etwas unklare Nachricht über einen Reisenden aus Massilia, Euthymenes, der bis zu einem Fluß voller Krokodile in Westafrika gelangt war. Die Griechen lernten auch von den phönizischen Erkundungsfahrten. Die bedeutendste Unternehmung von allen war die Umsegelung von Afrika durch Phönizier auf Veranlassung des ägyptischen Pharaos Necho (610–595 v. Chr.). Andere phönizische Reisende berichteten über ihre Fahrten nach Westafrika und hinauf zur europäischen Atlantikküste.

Durch Krieg und Diplomatie errichteten die Spartaner eine beherrschende Position gegen Argos, und sie schufen ein Schutzbündnis mit Arkadien. In der zweiten Hälfte des 6. Jahrhunderts betätigten sich spartanische Heere auswärts und jenseits des Meeres. Sie stürzten die Tyrannis in Sikyon und gewannen dadurch einen Verbündeten am Golf von Korinth. Sie bedrohten Polykrates von Samos vor der Küste Kleinasiens und vertrieben Lygdamis von Naxos. Sie griffen Hippias, den Sohn des Peisistratos, an und vertrieben ihn aus Athen. Am Ende dieses Jahrhunderts beherrschte Sparta die Peloponnes mit einem festen Netz von Verbindungen, die institutionalisiert wurden zu einer förmlich festgelegten Liga von Verbündeten mit bestimmten Verfahrensweisen und mit regulären Versammlungen. Nur Sparta konnte die peloponnesische Liga zusammenrufen, und durch Mehrheitsbeschluß ihrer Mitglieder unterstützte die gesamte Liga Sparta beim Krieg.

Im Inneren und in seiner sozialen Struktur mußte Sparta seine militärische Stärke und die grausame Disziplin mit einem hohen Preis bezahlen. Von der frühen spartanischen Gesellschaft haben wir den Eindruck einer vitalen Fröhlichkeit, sowohl aus archäologischen wie aus schriftlichen Quellen. Im frühen 6. Jahrhundert hörte der Fernhandel, der einst beträchtlich war, allmählich auf, und in Sparta selbst nahm der Import von Luxusgütern ab. Dies lag offensichtlich daran, daß Sparta beschlossen hatte, Münzen weder zu benützen noch herzustellen, sondern bei der Währung aus Eisenbarren zu bleiben. Eine solche konservative Entscheidung kann man als typisch für ein Herrenvolk ansehen, das seine eigene Reinheit und Strenge andauernd verteidigt. Wann auch immer die Disziplinierungen des spartanischen Lebens eingeführt worden sind, im späten 6. Jahrhundert bildeten die wirklichen Spartaner eine Elite, die Feldarbeit wurde von Leibeigenen verrichtet.

Das spartanische System bestand aus vollständiger und extremer Konzentration auf die Hervorbringung von starken, mutigen, disziplinierten, unkritischen und unbarmherzigen jungen Männern und mehr oder weniger ähnlichen jungen Frauen. Die Spartaner wurden in den Bereichen Krieg und Religion von zwei königlichen Familien regiert. Ihr Heer wurde von einem heiligen Tier geführt, und sie machten dort Halt, wo es sich niederließ. Das war die übliche Art, den Platz für eine neue Stadt zu bestimmen, weniger geeignet für das Militär. Sparta war eine Stadt ohne Mauern. Man glaubte, daß das Kernland der Spartaner niemals angegriffen würde. Religiöse Feste u.a. mit Initiationsriten verbunden. Bei ihnen wurde im einen Fall ein unschuldiger Knabe ausgepeitscht, und in einem anderen kämpften jugendliche Gruppen gegeneinander, zwar unbewaffnet, aber ohne durch Regeln gehindert zu sein. Die Spartaner rühmten sich ihrer harten Strenge, ihres Mutes und ihrer knappen Rede.

### Die Bedrohung durch die Perser

Unterdessen sammelte im Osten eine weitaus gewaltigere Sturmwolke ihre Kräfte. Sie hatte sich seit 100 Jahren aus Zentralasien langsam nach Westen bewegt. Die Assyrer, die im 8. Jahrhundert ein mächtiges Volk waren, verloren im 7. Jahrhundert ihre Macht an die Meder, die sie von Osten her angriffen, und an die Babylonier. Im frühen 6. Jahrhundert nahmen die Meder Urartu ein und bedrohten Lydien. Lydien überlebte eine Generation lang durch eine dynastische Heirat, bedrohte die griechischen Städte Kleinasiens, und zwischen 560 und 546 eroberte Kroisos von Lydien alle außer Milet. Die Lydier hatten in mancher Hinsicht eine hellenisierte Monarchie; sie boten den griechischen Göttern Entschädigungen an, befragten

das Orakel in Delphi und brachten reiche Opfergaben dar. Kroisos war es, der die schönen Marmorreliefs als Verzierung der runden Säulenbasen im Artemistempel von Ephesos stiftete. Doch Kroisos sollte nicht lange leben. Zur selben Zeit brachte eine Revolution den Perser Kyros auf den Thron der Meder und Perser. Für Kroisos waren der Rat aus Delphi und eine Allianz mit Sparta ohne Wirkung; auch aus Babylon kam keine Hilfe und kaum eine, wenn überhaupt, von Ägypten: beide Mächte waren bestrebt, Kyros in Schach zu halten. Lydien wurde erobert, Sardes fiel um 546 v. Chr. und mit ihm fielen die Küstenstädte. Babylon wurde im Jahre 539 erobert. Das persische Reich war nun ungeheuer mächtig und bedrohte Griechenland direkt.

Man könnte die Ereignisse dieser Jahre auch in dramatischen Bildern mit den Augen der biblischen Juden sehen oder aus der Sicht der Ägypter. Die babylonische Gefangenschaft dauerte von 586 v. Chr. an, so lange, bis Kyros 539 Babylon einnahm, und der Tempel Salomons wurde 516 wiederaufgebaut, gleichzeitig mit dem archaischen Tempel von Delphi, doch ist von ihm heute nichts mehr erhalten. Die Mauern von Jerusalem wurden erst um die Mitte des 5. Jahrhunderts wiederaufgebaut. Ägypten war wie auch andere Länder nach dem Zusammenbruch des Assyrerreichs wiederaufgeblüht, und um diese Zeit gab es einen griechischen Einfluß in Ägypten, der vielleicht ebenso vielversprechend und interessant war wie in Lydien. Amasis von Ägypten, der 569 an die Macht kam und eine griechische Prinzessin aus der Kolonie Kyrene in Nordafrika geheiratet hatte, herrschte zur Blütezeit von Naukratis, einer griechischen Handelsstadt auf ägyptischem Boden an der Mündung des Nils. Doch noch vor dem Ende des Jahrhunderts wurde Samos von den Persern verwüstet, Ägypten von ihnen erobert und Zypern sowie Lykien hatten sich unterworfen. An der nördlichen Küste des Mittelmeers dehnten die Perser über Thrakien ihren Einfluß auf Europa aus.

Am Ende der archaischen Zeit waren dann die Assyrer, dank deren erlahmender Macht vieles möglich wurde, durch ein einziges großes Reich im Vorderen Orient abgelöst worden. Die Spartaner ihrerseits hatten bis zu einem gewissen Grad die Peloponnes geeint. Zur selben Zeit hatten die zunehmend aggressiven und kämpferischen griechischen Kolonien im Westen starke Gegenreaktionen von seiten der Phönizier in Karthago hervorgerufen und, was die Etrusker betrifft, eine noch heftigere Ausdehnung nach Süden. Rom war damals bereits eine aufblühende Stadt, es hatte seine ersten Erfolge, allerdings noch nicht im internationalen Bereich.

### Athen

In den drei Jahrhunderten zwischen 800 und 500 v. Chr. war in Europa Athen die Stadt, die sich am erstaunlichsten verändert hat. Sie veränderte sich langsam, und auch am Ende einiger Jahrhunderte war sie keine Weltmacht, höchstens vielleicht im wirtschaftlichen Bereich. Die vorrangige Bedeutung der athenischen Keramik auf den kolonialen und ausländischen Märkten hatte sich erst im Laufe des 6. Jahrhunderts gefestigt, und erst in dieser Zeit wurden athenische Münzen geprägt.

Aegina im Saronischen Golf ist keine große Insel, man kann sie von Athen aus bei Sonnenuntergang deutlich erkennen. Dort wurden zuerst in Griechenland, mindestens 50 Jahre vor den Athenern, eigene Münzen geprägt. Sie wurden in Lydien erfunden, und griechische Städte in Kleinasien hatten sie um 600 v. Chr. übernommen. Es war auch Aegina und nicht Athen, das als einziger griechischer Staat außerhalb Kleinasiens neben Lesbos mit den Griechen aus Kleinasien bei der Gründung von Naukratis

DIE GEBURT DER STADTSTAATEN

kooperierte. In der Tat gab es in dieser Epoche überhaupt keine athenischen Kolonien außer zwei unsicheren und erfolglosen im Jahre 620 v.Chr. an der Durchfahrt zum Schwarzen Meer. Aegina war jedoch der wirtschaftliche Konkurrent und erbitterte Feind von Samos zu einer Zeit, als Athen noch ganz mit sich selbst beschäftigt war. Möglicherweise hat Aegina auch irgendwie die frühe wirtschaftliche Expansion der Athener im späten 8. Jahrhundert behindert. Herodot berichtet dazu von »einem alten Haß«. (Später, im 5. Jahrhundert mündete diese Rivalität in einen Krieg, und im Jahre 459 in der Niederlage Aeginas und deren Aufnahme in den von Athen beherrschten Delischen Bund.) Dennoch betrieb auch Athen einen gewissen Export: Es wurden sowohl athenische als auch euböische Ölgefäße im ganzen Bereich des Mittelmeers gefunden, doch waren dies vermutlich nur die Produkte der reichsten Bauern. Im 7. Jahrhundert wurden auf dem Land noch mehr als in Athen selbst die Landbesitzer mit großem Aufwand bestattet. Die Regierung lag in Händen einer erblichen Oligarchie, und die Armen wurden immer ärmer. Vom Skandal um Kylon und seinen Staatsstreichversuch waren ausschließlich die herrschenden Familien betroffen. Im Jahre 620 v.Chr. erhielt Athen eine neue Verfassung, die Drakonischen Gesetze, in denen sich das einzige fortschrittliche Gesetz auf Staatsverbrechen und auf die Bestrafung von Mördern bezog, wobei Blutrache unter den Familien konsequent abgeschafft wurde.

**Die Reformen Solons**
Eine Generation später können wir dann die Auswirkungen der früharchaischen Periode in Athen genauer im Zusammenhang mit den Reformen Solons erfassen. Natürlich war Solon ein Aristokrat; er war auch ein guter Dichter, und auf seine zurückhaltendere Weise ebenso gut wie die lesbischen Aristokraten Alkaios und Sappho, die seine Zeitgenossen waren. Er war auch weit gereist und kannte damals oder später Zypern und Ägypten. Seine Leistung bestand darin, die Armen Athens von den Schulden zu befreien. Alle ausstehenden Schulden wurden getilgt, und die Sklaverei wegen Verschuldung wurde aufgehoben. Athener, die ins Exil ausgewichen waren, um der Sklaverei zu entgehen, solche, die in die Fremde verkauft wurden, und natürlich jene, die in Attika versklavt waren, wurden nun befreit. Zur gleichen Zeit scheint Solon die Schulden auf gewissem Landbesitz aufgehoben zu haben sowie auch eine bestimmte Art von Leibeigenschaft, in die ein Landarbeiter geriet, wenn eine jährliche Menge an Korn nicht ablieferte. Zugleich verbot Solon den Export von Korn und allen anderen Produkten außer Öl.

Im Bereich des Rechts führte Solon die Möglichkeit der Berufung ein. In der Politik schaffte er das Kriterium der Abstammung für die Regierungsfähigkeit ab und setzte dafür bestimmte Besitzkategorien ein, womit er auf einen Schlag die ausschließliche Macht des Erbadels aufhob, allerdings einen politischen Klassenkampf entfachte, den er nicht vorhergesehen hatte. Er teilte die Bevölkerung ein in die »500 Scheffel«-Männer, Ritter, Schwerbewaffnete und Arbeiter. Die Schwerbewaffneten waren die Fußsoldaten mit einem Einkommen von 200 Scheffel, Ritter hatten 300 Scheffel. Das Maß bezog sich auf Kornmengen, wir kennen die Grundmenge allerdings nicht genau; sie kann nicht sehr groß gewesen sein, denn es war Frauen und Kindern verboten, Geschäfte abzuschließen, die über eine Maßeinheit hinausgingen. (Die Ration für einen spartanischen Soldaten für die Dauer eines Feldzugs betrug siebeneinhalb Maßeinheiten.) Der Unterschied von hundert Scheffeln im Jahr zwischen Ritter und Schwerbewaffnetem erklärt sich aus den Kosten, die jener

# Sparta

*Rechts:* Die in Sparta gefundene Kriegerfigur drückt einen unbeugsamen Nationalstolz aus, eine hohe Wertschätzung von Strenge und Mut und natürlich vom Siegeswillen. Dies findet sich auch in einigen anderen Arbeiten aus Sparta und wird durch die Geschichte und die Literatur bestätigt.

Sparta war nicht durch Mauern geschützt, sondern durch seine günstige Lage im Tal des Eurotas zwischen hohen Bergen. Seine Kunstwerke und Denkmäler waren in der frühen, archaischen Zeit von wunderbarer Feinheit.

Die Spartaner und Perser standen nur widerwillig in Gegnerschaft zueinander. Doch war die militärische Macht Spartas in erster Linie nötig, um das Ansehen und den Einfluß des Landes als führendes Mitglied des Peloponnesischen Bundes im südlichen Griechenland zu beglaubigen. Sie war jedoch auch motiviert durch die ehrgeizige und hochmütige spartanische Rassenidee und die beherrschende politische und wirtschaftliche Position, die die spartanische Elite sich mit Waffengewalt über fremde Gebiete verschafft hatte.

Die Stadt nahm ein großes Gebiet mit mehreren flachen Hügeln ein. Als ihre Vormachtstellung zu Ende ging, war sie von einer etwa zehn Kilometer langen Mauer umgeben. Nur weniges ist von den Gebäuden aus Spartas Blütezeit übriggeblieben. Am Ostende der Akropolis befand sich das Heiligtum der Athena Chalkioikos, das vom 2. oder 1. Jahrhundert v.Chr. an das große neue Theater überragte, welches in der Ausdehnung nur hinter demjenigen von Megalopolis zurückstand. An den Ufern des Eurotas, im Heiligtum der Artemis Orthia, das ins 10. Jahrhundert v.Chr. zurückreicht, gab es rituelle Auspeitschungen von spartanischen Knaben.

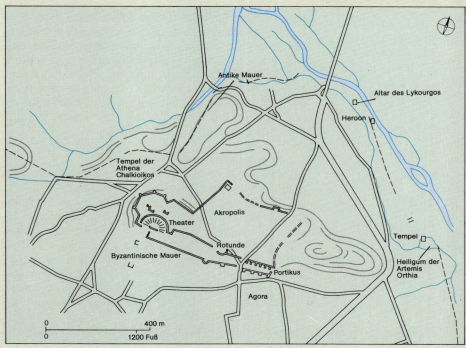

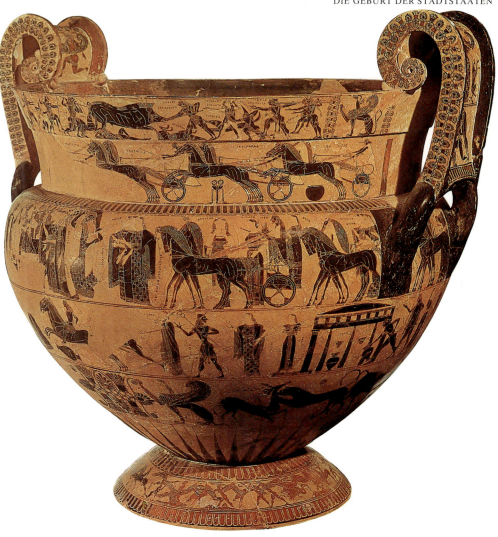

Die François-Vase (um 570 v. Chr.) ist eines der frühen Meisterwerke griechischer Bildkunst, die auf Vasen erhalten ist. Der Entwurf ist vollendet, die Details sind zart, und die Farbigkeit ist lebendig. Das Gefäß befindet sich im Etruskischen Museum von Florenz. Wie viele andere griechische Vasen wurde es einst nach Italien exportiert.

DIE GEBURT DER STADTSTAATEN

für den Unterhalt der Bewaffnung und eines Pferdes aufzubringen hatte; ein staatlicher Beamter begutachtete jährlich, ob alles für den Dienst bereit sei. Im späten 5. Jahrhundert kostete ein Scheffel drei Drachmen, und ein Landarbeiter verdiente 177 Drachmen im Jahr, das bedeutet 59 Scheffel; ein Pferd zu halten war also annähernd zweimal so teuer. Es wurde angenommen, daß Solon dieses Maß absichtlich verwendete, um den Adel an den Landbesitz zu binden, aber es ist viel wahrscheinlicher, daß das Weizenmaß als übliche Werteinheit galt. Geld war damals noch neu und ungewohnt; die Archäologen weigern sich, das athenische Münzwesen soweit zurückzudatieren, daß Solon es geordnet haben könnte, obwohl späte Athener Historiker behaupteten, daß er dies tat, und tatsächlich ist in Fragmenten seiner Gesetze von Belohnungen und Strafen die Rede, die in Metall bezahlt werden mußten. Das spräche doch für eine so frühe Existenz einer Geldwährung.

Die neun Archonten oder Oberbeamten von Athen wurden aus 40 gewählten Kandidaten bestimmt, die die materiellen Voraussetzungen erfüllten; die Wahl ging aus vier Stammesgruppen hervor, deren Namen auch in den ionischen Städten Kleinasiens üblich waren und von vier Kultnamen des Zeus abgeleitet sind. Die neun leitenden Beamten kamen nach ihrem Dienstjahr in den Staatsrat. Darunter stand die allgemeine Volksversammlung, dazwischen eine kleinere von Solon geschaffene Versammlung von 400 gewählten Vertretern, die die Beschlüsse für die allgemeine Versammlung vorbereiteten.

Erst zur Zeit Solons haben die Athener das nahegelegene Salamis eingenommen. Wir besitzen die Reste einer Rede in Versform, die Solon gehalten hat, um Athen anzufeuern, sich wieder dorthin zum Kampf zu begeben, damit eine alte Schmach beseitigt werde. Gleich, in welchem Jahr genau Salamis fiel, jedenfalls haben die Athener unter Solon einen bedeutenden Schritt zum nationalen Selbstbewußtsein hin getan. So verschiedenartige Gelehrte wie Louis Gernet und Sir Maurice Bowra haben in diesen Anfängen demokratischer Lebenshaltung eine deutliche soziale Identität bemerkt, die Befreiung eines mächtigen und mutigen Geistes in Athen, einen schöpferischen Atem, der in der von Solous Reformen geprägten Phase der Geschichte Athens spürbar wurde.

Ich habe bereits betont, daß es nicht richtig ist, eine Zivilisation einzig nach ihrer bemalten Keramik zu beurteilen. Wenn wir dies täten, dann müßten wir etwa die Errungenschaften von Korinth höher bewerten als dies zutrifft. Solon spielte zwar bei der Belebung der Vasenindustrie in Athen eine Rolle, doch der Grund, warum in Athen die Töpferei im 6. Jahrhundert zu einer solchen Meisterschaft heranreifte, daß sie zuletzt die korinthische überflügelte, mag eher im Technischen liegen. Korinth hatte den orientalischen Einfluß direkt und auch früher gespürt. Die Athener Maler mußten dagegen plötzlich große Flächen ausfüllen, und daher wurden ihre ersten Bilder zu aus kleinstem Format aufgeblähten Zeichnungen; im 6. Jahrhundert meisterten sie dann den Raum mit einer Fertigkeit, wie dies andere nicht zustandebrachten. Gab es vielleicht in Athen eine ungewöhnlich große Zahl fremder Künstler in diesem Bereich? Sollten wir hierbei vielleicht die Wirkung von dauernder Konkurrenz bedenken, die Organisation der Manufakturen, die Freiheit und

93

DIE GEBURT DER STADTSTAATEN

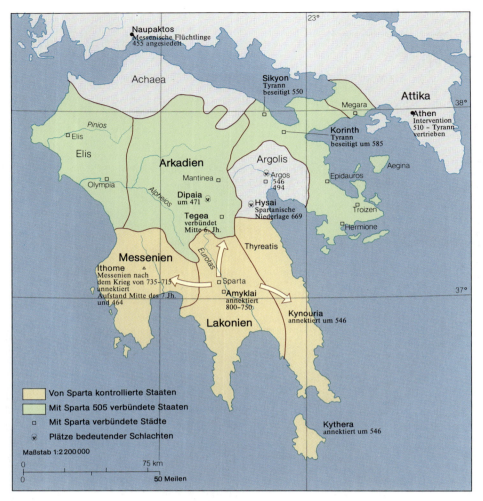

**Die Ausdehnung Spartas in der Peloponnes vom 8.–5. Jahrhundert v. Chr.**
Nach der Eroberung Messeniens (735–715) verlangsamte sich die Ausbreitung Spartas. Doch wurde die einzigartige militärische Stärke Spartas durch Interventionen gegen Tyrannenherrscher und mit einem System von Bündnissen auf der Peloponnes gestützt.

ner Malerei allmählich imitiert wurde. Einige seiner besten Gefäße sowie auch das eine Meisterwerk seines Zeitgenossen und Schülers Kleitias wurde anscheinend zur Hochzeit bedeutender Familien geschaffen.

Wenn man den Blick nur auf die Dinge richtet, die sich in der griechischen Welt am raschesten entwickelt haben, und dabei die konservativen oder weniger erfolgreichen Gegenden ignoriert, erhält man den falschen Eindruck, daß die Geschichte eine lineare Entwicklung nahm. In Arkadien war zum Beispiel das Leben geruhsam, und die tatkräftige Jugend wanderte aus. Wenige Städte entstanden aus der Zusammenballung von Dörfern: Tegea aus neun, Heraia aus neun, Mantineia aus fünf. Schließlich hatte auch Athen im dunklen Zeitalter aus mehreren Dörfern bestanden, und wo später das Forum Romanum stand, befand sich ehemals öffentlicher Grund zwischen zwei Dörfern. Der arkadische Dialekt war sehr altmodisch, und einige religiöse Kulte in den Bergen Arkadiens waren entweder sehr konservativ oder besonders exzentrisch, oder auch beides zugleich. Aber auch in Kleinasien gab es kleine Oligarchien von Landbesitzern, die autonom herrschten, und die rituellen Verwünschungen von Teos machen im Vergleich zu den Gesetzen Solons einen sehr antiquierten Eindruck.

Es ist interessant, daß Teos mit Athen eine Gemeinsamkeit in bezug auf den Bedarf an Korn hatte. Das war vielleicht der Grund dafür, daß die ersten Kolonien Athens im späten 7. Jahrhundert in Richtung des Schwarzen Meeres lagen. Weizenbrot galt als Luxus, den die Armen selten zu essen bekamen; sie lebten von Fladen, Broten und Breigerichten aus Korn, Gerste, Hirse usw. Solon hatte verordnet, daß die öffentlichen Essen, die im Rathaus von Athen abgehalten wurden, an normalen Tagen aus Gerstenfladen und an Festtagen aus Weizenbrot bestehen sollten. Nur von wenigen Staaten kennen wir die Weizenernte, und zwar nur für das späte 4. Jahrhundert. Innerhalb von 250 Jahren dürfte sich die vergleichbare Produktion wohl kaum geändert haben. Wenn das zutrifft, dann ergibt die Liste folgendes: Im Jahre 329 v.Chr. produzierte Attika 363.400 Scheffel Gerste und nur 39.112 an Weizen, in Salamis waren es 24.525 Scheffel Gerste; in der nördlichen Ägäis gab es in Imbros 44.200 an Weizen und 26.000 an Gerste und in Lemnos 56.750 Weizen und 247.500 Gerste. Sogar Sykros im Zen-

den Reichtum des Stils oder die Möglichkeiten, die einer starken Begabung geboten wurden? Zu Solons Zeiten müssen Marmor- und Bronzehandwerk unter der Leitung der großen Familien gestanden sein und das gilt auch für die frühe Vasenkunst. Im Werk des Sophilos in den Jahren um 570 ist noch eine Adaption korinthischer Vorbilder für den Athener Markt zu finden, obgleich einige seiner Werke bereits exportiert wurden und die Athe-

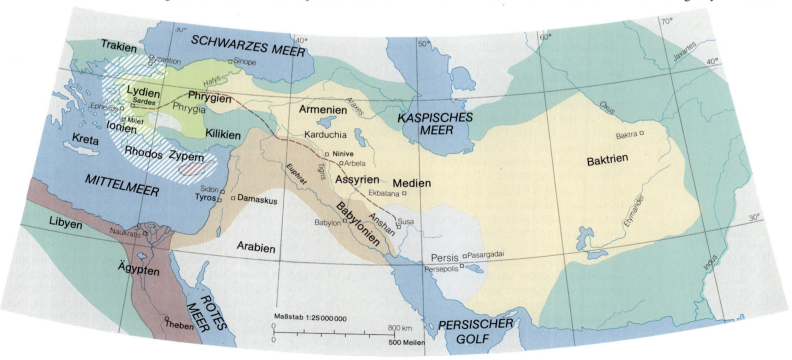

94

*Oben:* Ein böotisches Tonmodell zeigt Frauen in einer Bäckerei bei ihrer Arbeit. Solche Darstellungen, die Szenen des alltäglichen Lebens wiedergeben, waren in Böotien besonders verbreitet.

*Rechts:* Diese Bergbauszene übertreibt keineswegs die Mühseligkeit der Arbeit und die Primitivität archaischer Techniken auf diesem Gebiet.

**Die Vergrößerung des Perserreiches. 6. Jahrhundert v.Chr.**
Kein Reich in der gesamten Geschichte war jemals so groß wie dasjenige des Kyros. Die Griechen waren davon tief beeindruckt, obgleich einige von ihnen sofort mit Persien in Konflikt gerieten und die Spartaner ernste Warnungen an Kyros sandten. Die persischen Eroberungen wären nicht möglich gewesen, wenn der Vordere Orient nicht bereits unter vier große Reiche aufgeteilt gewesen wäre.

- ungefähre Ausdehnung des Persischen Reiches um 500
- Medisches Reich – annektiert 549
- Lydisches Reich – annektiert um 546
- Babylonisches Reich – annektiert 538
- Ägyptisches Reich – annektiert 525
- Abschließende Eroberungen von Darius und Xerxes
- Persische Königsstraße
- Gebiet des Ionischen Aufstands 500–494

## DIE GEBURT DER STADTSTAATEN

trum der Ägäis produzierte mit 9.600 Scheffel Weizen ein Viertel der Menge Attikas. Lemnos hatte mehr Weizen als Attika und über zwei Drittel mehr an Gerste. Wirtschaftshistoriker nehmen an, daß die athenischen Bauern nicht mit dem billigen Weizen von auswärts konkurrieren konnten. Diese Erklärung betrifft jedoch einen späteren Zeitpunkt in der Geschichte, und die statistischen Angaben sind insgesamt spät.

### Die Peisistratiden und die Alkmaioniden

Es war die Zeit großer Familien, unter denen die Peisistratiden und die Alkmaioniden die größten waren, und Pindar preist sie: »... hilfreich zu den Einwohnern und dienstbar den Fremden... möge Zeus ihnen Bescheidenheit schenken und Glück mit süßen Freuden.« Doch waren sie meist dazu verdammt, sich gegenseitig zu vernichten, was derselbe Dichter ebenfalls andeutet. Wenn man ihre Geschichte studiert, gewinnt man Verständnis für die traurige Spruchweisheit, die Pindar mit dem Tragödienchor Athens gemeinsam hat. Einer der berühmtesten Fälle ist derjenige der Alkmaioniden in Athen. Im Jahre 632 war Megakles, ein Mitglied dieser Familie, der höchste Beamte, und als Kylon versuchte, Athen einzunehmen, ließ Megakles viele der Helfer aus dem Heiligtum schleppen, und es wurde an einem geheiligten Platz gemordet. Kylon, ein Athener Adeliger, hatte in Olympia an den Spielen teilgenommen, was für jene Zeit ungewöhnlich war; er war der Schwiegersohn des Tyrannen von Megara.

Eine Generation später erreichten die Gefolgsleute von Kylon, daß alle Alkmaioniden als unter einem Fluch stehend verbannt wurden. Doch kurz danach hatte Alkmaion, der Sohn des Megakles, die Führung des athenischen Heeres, und bis 592 war er auch zu Reichtum gelangt. Er war Gesandter der Lydier in Delphi und gewann ein Wagenrennen in Olympia. Sein Sohn, wieder ein Megakles, heiratete die Tochter des Tyrannen von Sikyon, und seine Enkelin heiratete Peisistratos, den Tyrannen von Athen. Diese Verbindung ging bald auseinander, und es gab noch einige weitere Schicksalsschläge für diese Familie. Doch zu ihren späteren Mitgliedern zählten auch Kleisthenes, Perikles und Alkibiades. Der letzte Fluch, der ausgesprochen wurde, war derjenige der Spartaner gegen Perikles, allerdings ohne Wirkung, wie sich zeigte. Die Alkmaioniden waren es, die im späten 6. Jahrhundert im Exil den archaischen Apollontempel in Delphi erbauten, bei dem zum erstenmal auf dem griechischen Festland Marmor als Baumaterial verwendet wurde. Als die Peisistratiden in Athen an der Macht waren, begannen sie in dieser Stadt den riesigen frühen Zeustempel zu errichten, der mit den neuen Tempeln in Samos und Ephesos konkurrieren sollte.

Einige Anhaltspunkte für den Niedergang dieser großen Familien ergeben sich aus der fatalen und stets überraschenden technologischen Entwicklung. Die Einführung schwerer Rüstung und schwerer Waffen für eine große Anzahl von Fußsoldaten und die Bildung von Massenformationen gedrillter Soldaten zerstörte die persönliche Machtbasis der Berittenen ebenso wie die Bedeutung der edlen und heroischen Einzelkämpfer, die sich im Kampf bewährten, wie ihre Väter es ihnen beigebracht hatten. Die Veränderung in der Taktik führte auch zu einem sozialen Wandel, und die neue Infanterie wurde zu einer neuen und starken Kraft in der griechischen Politik. In Chalkis auf Euböa verloren die Hippobotai, die Pferdezüchter, und in Eretria die Hippeis, die Reiter, allmählich im 7. Jahrhundert ihre Macht, obwohl Herodot annimmt, daß dies in Chalkis ein langsamer Prozeß war; noch im Jahre 556 v.Chr. gewährte Eretria dem Peisistratos Asyl. Als athenischer Landbesitzer war er ein Nachbar, seine Güter befanden sich in Brauron, auf der gegenüberliegenden Seite des Wassers.

Auch die Lebensumstände aus der Zeit Solons hatten

sich nicht auf einen Schlag geändert. Vor der Mitte des Jahrhunderts hatte Peisistratos die Akropolis eingenommen und regierte Athen. Er war ein Verwandter Solons, ein aristokratischer Abenteurer mit internationalen Beziehungen, ein erfolgreicher Soldat, der den Hafen von Megara erobert hatte, und eine reicher Mann. Sein Landgut in Brauron an der Ostküste Attikas lag nahe genug an den athenischen Minen in Laurion, daß er sich für sie interessieren konnte, und später vermehrte er während einer seiner Vertreibungen im Exil seinen Reichtum durch die Silberminen des Pangaion in Thrakien. Seine dortigen Interessen stammten zweifelsohne auch von seinen Nachbarn in Eretria auf Euböa her sowie von deren Kolonie in Methone im Norden. Er setzte Lygdamis als Tyrannen von Naxos ein, und dorthin schickte er den Athener Adel ins Exil. Als Tyrann von Athen war er nach außen hin energisch und erfolgreich und im Inneren ein tüchtiger Verwalter. Der Bau von Straßen und öffentlichen Gebäuden, die Einsetzung von Richtern in ländlichen Gebieten und eine Vermögenssteuer zur Unterstützung der Bauern, die inzwischen wieder verschuldet waren, stellten die einfachen Mittel seiner Politik dar, die auch von seinen Söhnen fortgeführt wurde. Das große sommerliche Fest der Athener, die ersten berühmten Bauten auf der Akropolis und die Förderung der Künstler sind ihr bleibendes Verdienst. Simonides und Anakreon kamen nach Athen, Peisistratos sammelte das Werk Homers. Er setzte auch Minenarbeiter aus dem Norden ein. Bald nach 500 v.Chr. begann man, die tieferen und reicheren

DIE GEBURT DER STADTSTAATEN

Silberadern in Laurion und den besten Marmor vom Pentelikon bei Athen, der beim Parthenon und anderen Bauten des 5. Jahrhunderts verwendet wurde, zu gewinnen.

Die Tyrannis fiel auf Grund einer aristokratischen Opposition und einer Intervention Spartas. Peisistratos war gestorben, und sein Sohn Hippias hatte die Herrschaft übernommen. Die Ermordung seines Bruders Hipparchos 514 wurde von Harmodios und Aristogeiton ausgeführt, zwei jungen Mitgliedern der Familie der Gephyraei, und ein Jahr später drangen die Alkmaioniden von Böotien her in Attika ein. Diese Invasion wurde zu einem tragischen Fehlschlag; von ihr blieb nichts übrig als ein Klagevers, der in Athen gesungen wurde und wie durch ein Wunder erhalten blieb. Das kleine Heer der Exiltruppen starb in Leipsydrion, einer kleinen steinernen Festung in einem Tal des Parnes, eine Grenzfestung mit Blick auf Athen, die sie bis zuletzt nicht aufgeben wollten. »Wehe Leipsydrion, Verräterin Deiner Genossen, welcher Männer Grab bist Du geworden, tapfer im Kampf, edel von Geburt, die damals zeigten, wes Väter Söhne sie waren.«

### Kleisthenes und die Einigung Attikas

Kleisthenes, der Alkmaionide, war ein Freund Delphis, und Delphi rief die Spartaner, die unter Kleisthenes den letzten Tyrannen Athens stürzten. Daraufhin ging Hippias zu seinem Halbbruder Thessalos (oder wurde sein Nachfolger) und war nun ein Küstenbeamter des persischen Königs in Sigeion am Hellespont, das einst eine athenische Gründung war und erst vor kurzer Zeit durch Peisistratos gefestigt wurde. Nach einer kurzen Periode von Kämpfen zwischen den großen Familien führte Kleisthenes im späten 6. Jahrhundert eine vollständige soziale Neuordnung durch. Sie war so erfolgreich, daß es heute schwierig ist, das ältere Gesellschaftssystem wieder zu rekonstruieren. Die vier alten Sippen durften gewisse religiöse Funktionen behalten, den Schatten einer sozialen Rolle, und für alle politischen Belange wurden zehn neue »Stämme« eingerichtet; jeder Stamm wurde nach einem Heroen als Patron und »Vorfahr« benannt. Außer einem in Salamis und einem in Eleusis waren sie alle Heroen, die in Athen selbst ihre Gräber hatten. Natürlich wurde damit auch versucht, die den heroischen Vorfahren bestimmter Clans oder Familien geltenden staatlichen Kulte zu ersetzen, die auf dem Lande von kleinen Städten gepflegt wurden und deren Verehrung von der örtlichen

*Oben:* Bei den sog. Ostraka sind Namen in Tonscherben eingeritzt, und zwar bekannte Personen aus dem Athen des 5. Jahrhunderts, die ins Exil geschickt wurden (Scherbengericht). Die Bronzeplättchen *(unten rechts)* wurden als Stimmarken bei den gewöhnlichen demokratischen Abstimmungen der Stadt verwendet.

*Unten:* Die rotfigurige Zeichnung gibt einen Eindruck davon, wie die Athener ihren Stimmvorgang sahen, über den Athena selbst wachte. Sie gibt anscheinend Anleitungen oder versucht zu überzeugen. Frauen durften in Athen nicht wählen.

## DIE GEBURT DER STADTSTAATEN

Adelsfamilie kontrolliert werden könnte. Zur selben Zeit wurden die Städte auf dem Lande registriert, und jede der drei Regionen Attikas – die Küste, das Innere und die Berge –, deren lokale Rivalitäten viele Jahre lang Grund zur Verwirrung waren, wurde in jeweils zehn Teile geteilt. Jeder Stamm erhielt nun in jeder der drei Regionen einen Teil. Dabei gab es Schwierigkeiten und Ausnahmen. Es wird berichtet, daß die zehn Heroen aus hundert Namen, die in Delphi unterbreitet wurden, ausgewählt waren, und doch variiert ein Monument in Delphi etwas später leicht die Liste der zehn, und zwar unter dem spürbaren Druck einer großen Athener Familie. Doch im Prinzip erfüllte die neue militärische und politische Ordnung, die auf den Stämmen basierte, ihre Aufgabe. Sie verhinderte jede Möglichkeit von territorialen Konflikten des Landadels; andererseits verstärkte sie auch den Konflikt zwischen den Klassen, weil sie die Gebundenheit an Grund und Boden aufhob.

In manchen Gegenden zerschnitten die Grenzen der neuen Gliederung willkürlich alte Verbindungen. In Marathon gab es vier alte Gemeinwesen, die durch die geographische Lage und gemeinsame religiöse Bräuche miteinander verbunden waren. Ein Ort wurde jedoch von Kleisthenes abgetrennt und einem anderen Stamm zugewiesen, sicher in der Absicht, ein Gebiet zu teilen, das Stammland der Peisistratiden gewesen war. Wir können uns zwar kein Bild vom Einfluß dieser Veränderungen auf das tägliche Leben machen, allerdings jedoch auf die Wahlen. Die Opposition beklagte sich sicher zurecht darüber, daß Kleisthenes neue Bürger aufgenommen hatte, die keinen alten Anspruch auf diesen Titel erheben konnten. Die Reformen gingen nicht ohne einen letzten Kampf vor sich, eine gescheiterte Intervention Spartas, den Antrag auf Verbannung der Alkmaioniden und eines weiteren Athener Adligen, die die Akropolis besetzt hielten und sich anschließend ins Exil begaben. Doch am Ende des 6. Jahrhunderts war die Reform etabliert.

Der alte Rat des Areopag, der nun ganz aus früheren Staatsbeamten bestand, seitdem die letzten erblichen Mitglieder aus dem Anfang des Jahrhunderts ausgestorben waren, fungierte immer noch als höchstes richterliches Gremium und als Hüter der Verfassung, obgleich seine Mitglieder nicht persönlich immun waren. Ein neugewählter Rat von zehn Heeresführern aus den Stämmen hatte eine wichtige Bedeutung. Die neu registrierten Landstädte erhielten eine einheitliche lokale Verwaltung. Jeder der zehn Stämme sandte 50 Mitglieder in den Rat der 500. Aus jeder dieser Maßnahmen geht deutlich hervor, daß Kleisthenes den Staat geeint hat. Es wird auch klar, selbst wenn man nur die Vielfalt religiöser Bräuche bedenkt, die in Attika noch im 2. Jahrhundert n. Chr. existierten, daß der athenische Staat um 500 v. Chr. eine gewisse Einigung nötig hatte. Kleisthenes hat auch das Scherbengericht eingeführt, nach dem jeder unerwünschte Bürger innerhalb eines Jahres für zehn Jahre in die Verbannung geschickt werden konnte. Die Mindestzahl der Stimmen (die in Form von Tonscherben abgegeben wurden) mußte 6000 betragen, und wenn entschieden war, daß einer gehen mußte, dann hatte dies innerhalb von zehn Tagen zu geschehen.

Die Vereinigung Attikas war in ihrem Ausmaß kleiner als diejenige des peloponnesischen Bundes und viel kleiner als die des Persischen Reiches, das unter Darius I. den Hellespont überschritt und 512 den erfolglosen Angriff auf die Freiheit der skythischen Nomaden unternahm. Doch waren die Veränderungen in Attika tiefgreifender, und sie faszinieren als bewußter und neuartiger Versuch, eine organisierte Gesellschaft zu bilden.

**Die Ausdehnung Attikas und Athens im 6. Jahrhundert v. Chr.**
Attika hat viel unwirtliches Land und wäre niemals reich geworden ohne seine Silberminen und die Ausdehnung seines Reiches im 5. Jahrhundert. Doch waren die Athener besonders stolz darauf, daß ihr Ursprung bis auf mykenische Zeiten zurückverfolgt werden konnte und daß sie seit Jahrhunderten ein geeintes Volk darstellten, anders als die Böotier jenseits der Grenze. Wie die meisten griechischen Städte war Athen ununterbrochen im Konflikt mit seinen Nachbarn, von denen sie einiges Land eroberten. Salamis wurde zur Zeit von Solon von den Megarern erobert und Oropos von den Thebanern, bald nachdem 510 v. Chr. die Demokratie eingeführt war.

DIE GEBURT DER STADTSTAATEN

# Akragas

Das antike Akragas war eine reiche und mächtige griechische Kolonie an der Südküste Siziliens. Es war von einem langen Bergrücken eingefaßt, der sich an beiden Enden nach vorne biegt und, verbunden mit einer niedrigen Hügelkette, eine weite Talsenke umschließt, wodurch sich eine natürliche Verteidigungsmauer bildete. Akragas wurde 582 v. Chr. von der bereits bestehenden Kolonie Gela aus gegründet. Nach einigen Tyrannenherrschaften und einem starken landwirtschaftlichen und kommerziellen Aufschwung im späten 6. Jahrhundert wurde Akragas mächtig genug, um den Karthagern im Jahre 480 v. Chr. zu trotzen und sie zu schlagen. Die großartigen Ruinen sind eine Denkmal des darauffolgenden ruhmreichen Jahrhunderts, als Akragas eine der größten griechischen Städte war, mit einem auf Kornhandel beruhenden Reichtum. Die Karthager zerstörten es 406 v. Chr. Später wurde es zu einer blühenden römischen Stadt.

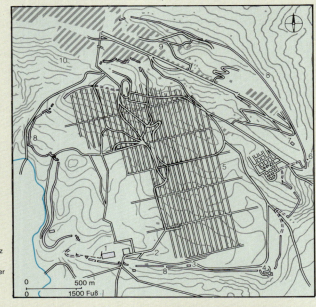

1 Zeustempel
2 Agora
3 Concordiatempel
4 Heratempel
5 Antikes Straßennetz
6 Felsenheiligtum der Demeter
7 Tempel der Demeter
8 Mauern
9 Akropolis
10 Nekropole

*Rechts:* Dieses große barocke Gebilde stellte einen Teil der Fassade des riesigen Tempels des Olympischen Zeus dar, der 480 v. Chr. zum Großteil von Sklaven erbaut wurde. Die Statuen waren rein dekorativ, sie waren in die Mauern eingefügt und trugen keine wirklichen Lasten. Der Tempel selbst maß 112,6 auf 56,3 m, was an die Ausmaße der großen griechischen Tempel in Kleinasien herankommt.

Die Tempel auf dem Bergrücken, der die südliche Begrenzung von Akragas darstellt, sind gut erhalten und sind denen griechischer Städte im Mutterland durchaus ebenbürtig. Zu ihnen gehört der Tempel der Hera oder Juno *(oben)* und der Tempel der Concordia *(rechts)*, wie sie gewöhnlich genannt werden. Der Tempel der Concordia blieb als christliche Kirche erhalten. Man nimmt an, daß er den Dioskuren geweiht war; im 6. Jahrhundert n. Chr. wurde er von Petrus und Paulus übernommen. Seine Vorhalle wurde zum Bischofspalast, und die Seitenmauern wurden von Bögen durchbrochen. Es ist einer der wenigen Fälle, in denen eine spätere Veränderung nicht als Stilbruch wirkt.

DIE GEBURT DER STADTSTAATEN

Von da an fand eine ungestüme Entwicklung statt. Das beruht teilweise auf ökonomischen Gründen und zum Teil auf Kriegserfolgen; auch Fremde trugen dazu bei. Doch ist auch die Erfindung der Demokratie als gesellschaftliche Basis der Athener ein Grund dafür. Deshalb interessierten sich auch viele Menschen hierfür mehr als z.B. für die Ägypter, trotz deren Reichtum, ihrer hervorragender Kunst und ihrer beeindruckenden Denkmäler. Einen anderen Grund könnte auch noch die große Literatur der Griechen bilden, obwohl die Humanität und der Rationalismus, die wir darin erkennen, ebenso auch Elemente der Architektur und der demokratischen Experimente sind.

In Athen gelangte die Literatur wie auch die Architektur erst spät zur Blüte. Um 500 v.Chr. hatten andere griechische Zentren hierin bereits ein beachtliches Niveau erreicht. Das gilt besonders für die östlichen Griechen mit ihren großartigen Heiligtümern, ihren glänzenden Städten und ihrer auf Homer zurückgehenden literarischen Tradition. Sogar eine kleine Kolonie wie Poseidonia im westlichen Italien konnte sich in der archaischen Architektur mit Athen messen. Im 5. Jahrhundert konnten die Reichtümer im westlichen Griechenland weiterhin mit Athen rivalisieren, in mancher Hinsicht sogar erfolgreich. Im Osten hatten die Perser jedoch bereits am Ende des 6. Jahrhunderts die Blüte der griechischen Levante beendet. Erst in späterer Zeit kehrte der Reichtum hierher zurück, als die ganze Levante bis zum Bau des Suezkanals große Bedeutung erhielt. In der Zeit kurz nach 500 v.Chr. erfuhren die Griechen noch die wichtigsten Anregungen aus dem Osten, was sich vor allem in den letzten Generationen vollzog. Außerdem brachten Flüchtlinge wie Pythagoras von Samos und Xenophanes von Kolophon ihre Kenntnisse ein. Schon zu einer früheren Zeit hatte Thales von Milet, einer der großen frühen Wissenschaftler und Gelehrten, einen vereinigten ostgriechischen Staat vorgeschlagen. Sein Schüler oder Verwandter Anaximander zeichnete eine Landkarte der damaligen Welt. Die orientalisierende Phase in der griechischen Kunst endete mit dem Aufstieg des Perserreiches, doch Athen war mehr als die anderen Städte die Erbin der Produktivität östlicher Griechen.

**Akragas, eine griechische Kolonie**
Von allen griechischen Kolonien hat Akragas im südlichen Sizilien die glänzendste Geschichte. Die Römer nannten den Ort Agrigentum, und das moderne Agrigento, ein häßlicher, unliebenswürdiger Ort, bedeckt heute den größten Teil der antiken Akropolis. Die Gegend von Akragas bildet ein weites, natürliches Amphitheater mit einem hohen, halbkreisförmigen Felsgrat im Norden und einer kleineren Abgrenzung, die sich südlich von diesem Kamm erstreckt. Diese Gestalt ähnelt zwei langen Armen mit geschlossenen Händen, die ein weites, fruchtbares Gebiet umschließen: Als eines der Symbole auf den Münzen der Stadt wurde auch eine Krabbe verwendet.

Mehrere Tempel stellen die bedeutendsten Überreste von Akragas dar. Einige von ihnen sind gut erhalten und stehen in einer Reihe am Südende der Stadt über der Ebene. Gegen das Meer oder den Himmel bilden sie eine Silhouette. Es war einst eine stark befestigte Stadt, deren Lage entsprechend gewählt war. Delphi und Olympia waren allmählich gewachsen, Akragas dagegen wurde in einem Zug in die Landschaft gestellt. Die Verschönerung der südlichen Seite folgte dann später. Zu Beginn war Akragas eine starke natürliche Festung, die zum Schutz der Landwirtschaft nach innen orientiert war.

Akragas wurde 581 v.Chr. von einer Expedition aus Rhodos und Gela gegründet, einer einige Kilometer süd-

99

östlich gelegenen reichen Handelsniederlassung. Gela selbst wurde 688 v.Chr. von Rhodos und Kreta aus gegründet. Die Gründung von Akragas war eine bedeutende kolonisatorische Tat; Kolonisten kamen auch von Kreta und von kleineren Inseln, doch Rhodos hatte den dominierenden kulturellen Einfluß, und politisch war Gela führend, das einen Großteil des Handels im südlichen Sizilien kontrollierte. Die ersten Siedler von Akragas ließen sich auf dem nördlichen Rücken nieder, aber das älteste und bedeutendste erhaltene Heiligtum ist das Felsheiligtum der Demeter, der Korngottheit (Sizilien war ein bedeutender Kornlieferant für Griechenland). Es gibt aufgrund der Keramik einen Beleg dafür, daß es ursprünglich ein sizilisches Heiligtum war, noch ehe die Griechen ankamen. Es liegt an einer wichtigen Wasserstelle.

Im 6. Jahrhundert erreichte der griechische Einfluß auch die abgelegensten Siedlungen im Inneren Siziliens, wie er ja auch vor Heuneburg gelangte und vor die keltische Siedlung von Mont Lassois am Oberlauf der Seine. Akragas erreichte seinen gefährlichen Gipfel des Reichtums in einer späteren Zeit, als die sizilischen Griechen unter dem Einfluß von Syrakus kriegerischer wurden; die frühen Tage waren jedoch friedlich. Die Griechen waren in erster Linie Händler, die höher gelegenen Viehweiden wurden von den alten Städten der Eingeborenen kontrolliert. Der größte Teil der Olivenernte wurde friedlich an die Phönizier in Karthago verkauft. Die Akrigenter wurden despotisch regiert, zu Beginn des 5. Jahrhunderts verheiratete einer ihrer erfolgreicheren Herrscher, der Tyrann Theron, seine Tochter an den mächtigen Herrscher von Syrakus. Heirat außerhalb des eigenen aristokratischen Clans war seit dem 7. Jahrhundert üblich geworden. Kimon von Athen etwa war ein halber Thraker; eine stattliche Zahl von nichtgriechischen Namen findet sich unter den großen Familien der griechischen Kolonien. Doch war dies eine Angelegenheit dynastischer Verbindungen mit imperialistischer Zielsetzung.

Die Stadt Himera im nördlichen Sizilien stand in guter Verbindung zu den Karthagern; Theron von Akragas hatte 483 Himera eingenommen, und der ins Exil geratene Herrscher rief die Karthager zu Hilfe. Es war eher Syrakus als Akragas, das drei Jahre später die Schlacht von Himera gewann, was sich später als ein unheilvoller Sieg erwies. Für die Schlacht wurde in Delphi ein schönes Denkmal errichtet und ein glänzender Tempel in der Ebene unterhalb der Stadt, wo das Schlachtfeld lag. Doch Himera gewann nie wieder Bedeutung, und noch vor dem Ende des Jahrhunderts wurde es von Karthago ausgelöscht, ebenso Selinus westlich von Akragas, das früher bereits Theron eingenommen hatte, und auch Akragas selbst im Jahre 406. Akragas wurde öfter wiederaufgebaut, und es erlebte sogar eine späte Blüte im späten 4. Jahrhundert, doch im 3. Jahrhundert wurde es zu einer karthagischen Festung, und später übernahmen es die Römer von den Karthagern.

Die Differenzen zwischen Griechen und Karthagern und die aggressiven Aspekte der griechischen Kolonialpolitik wurden von den späteren griechischen Historikern rückblickend übertrieben, da sie selbst konfliktreiche Jahre erlebt hatten. Doch sind z.B. die beiden karthagischen Sarkophage im Museum von Palermo, die zugleich sehr ungriechisch und auch wieder griechisch aussehen, phönizische Typen, die gewöhnlich von der griechischen Insel Paros stammen. Die Konflikte zwischen Griechen und Karthagern in Sizilien bezogen sich auf den Handel, vor allem auf wertvolle Metalle. Akragas brauchte Frieden. Es war sowohl durch Landwirtschaft und Pferdezucht als auch durch den Handel immens reich geworden. Griechische Dichter wie Pindar und Simonides von Keos

## DIE GEBURT DER STADTSTAATEN

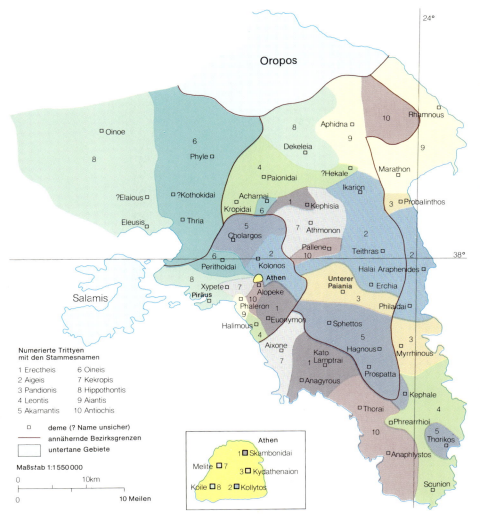

**Die Demen von Attika und Athen um 400 v. Chr.**
Herodot bezeichnete Kleisthenes als den Begründer der Athener Demokratie. Auf den ersten Blick überrascht es, daß seine Hauptleistung in einer Neueinteilung der attischen Stammesgebiete bestand. Doch wurde gerade erst dadurch die Demokratie möglich gemacht. Die Tyrannendynastie hatte sich hinter Befestigungen verschanzt, da sie regionale Konflikte ausgenützt hat. Die neue Karte von Attika vereint jetzt verschiedene Teile (trittyes) der Regionen zu zehn neuen Stämmen. Männer eines Stammes kämpften nun zusammen im selben Regiment. Die *Boule*, das Athener Parlament, das auf der Basis der neuen Stämme reformiert wurde, hatte aus jedem Stamm 50 Mitglieder. Noch hatten adlige Familien großen lokalen und nationalen Einfluß, doch von nun an gab es sicher auch Dörfer (*demen*), die Männer ohne großen Reichtum in die *Boule* schickten. Das Fleckenmuster des Athener Stammessystems überdauerte sogar die Demokratie und bestand noch in römischer Zeit. Seitdem die Stammeszugehörigkeit eines Mannes erblich war, behielt er sie bei, auch wenn er seinen Wohnort wechselte.

*Links:* Die Säulen eines großen dorischen Tempels aus der Zeit um 500 v. Chr. ragen noch aus den Mauern hervor und stützen die Seitenschiffe in der Kathedrale von Syrakus.

genossen den Schutz von Akragas. Als ein Mann aus Akragas das olympische Wagenrennen gewann, wurde er von 300 Wagen, jeder mit einem Gespann weißer Pferde, in die Stadt geleitet. Ein Mann aus dem 5. Jahrhundert konnte für 500 Reiter Quartier und frische Kleidung bereitstellen. In einem Notfall beherbergte die Stadt Akragas 2600 Flüchtlinge und verpflegte sie. Doch gerade die Schlacht von Himera, der Beginn der Schwierigkeiten, brachte erst den Bau so großartiger Architektur, wie man sie heute noch bewundern kann, hervor.

Gefangene wurden versklavt, und es gab Leute, die 500 Sklaven besaßen. Sie bauten öffentliche Gebäude, Aquädukte und sogar einen ansehnlichen künstlichen See in der Stadt. Heratempel und Concordiatempel beherrschten das Stadtbild im Süden. Diese Tempel tragen nicht ihre richtigen Namen. Da jedoch kaum ein Beleg für die richtige alte Bezeichnung existiert, ist es besser, keine Spitzfindigkeiten zu versuchen. Der Concordiatempel blieb durch Umwandlung in eine Kirche erhalten, und er befindet sich in einem besseren Zustand als vielleicht irgendein anderer Tempel der griechischen Welt. Die Mauer zwischen den Säulen des Concordiatempels gehört mit ihren perfekten und griechisch anmutenden Bögen zur Umwandlung des Baues in eine Kirche im 6. Jahrhundert n. Chr. (Sein Rivale in bezug auf ausgezeichnete Erhaltung, das Theseion – ebenfalls eine falsche Bezeichnung – in Athen, überlebte ebenfalls als Kirche. Das eigentümlichste und erstaunlichste Beispiel der vielen Adaptionen griechischer Tempel durch die Christen ist sicherlich die große Kathedrale von Syrakus, der Tempel der Athena. Sie vermittelt einen besseren Eindruck historischer Kontinuität als das ausgediente und perfekte Bauwerk in Agrigent.) In Agrigent gibt es noch weitere Beispiele für christliche Adaptionen. Die kleine Kirche des

hl. Biagio wurde von den Normannen auf den Überresten des Demetertempels an der Innenseite der Stadtmauer über ihrem Felsheiligtum errichtet, zu dem eine steile Treppe hinunterführt. Im Inneren des modernen Agrigent kann man in einem Gang unter S. Maria dei Greci die Säulenbasen eines der Tempel Therons besichtigen.

Die interessantesten Ruinen von Akragas liegen im Süden der heutigen Stadt zwischen einem Komplex von Heiligtümern. Es sind Reste von Gigantenfiguren, die einst oben unter dem Gebälk eines großen Tempels des Olympischen Zeus standen. Er wurde noch vor Himera vermutlich im späten 6. Jahrhundert begonnen und war noch nicht vollendet, als die Stadt im Jahre 406 zerstört wurde. Er spiegelt einen zwar wenig liebenswürdigen, aber doch entscheidenden Aspekt des archaischen Griechenlands wider und erinnert in seinen riesigen Ausmaßen und den Schwierigkeiten beim Bau an den Zeustempel in Athen.

Es fällt schwer, dieses gewichtige Bauwerk nicht als barock zu bezeichnen. Es trotzte den Gesetzen von Raum und Schwerkraft, enthielt technische Raffinessen und brach aus dem architektonischen Kanon aus. An der Innenwand befanden sich Pfeiler entsprechend den eingebundenen dorischen Säulen der Außenmauer. Die Giganten selbst waren ein kühner Einfall, sie waren abwechselnd bärtig und glattgesichtig. Anders als die Frauen, die die Halle des Erechtheions in Athen tragen, verrichteten sie nicht die Arbeit, die sie zu tun schienen; die Last wurde vielmehr von eisernen Trägern gehalten, die von unten her unsichtbar von Säule zu Säule liefen. Die Giganten waren nicht einmal massiv, sondern aus Steinblöcken aufgeschichtet und dann stuckiert und bemalt, wie auch häufig die Säulen. Monolithische Säulen sind erst eine späte Ausnahme. In seiner enormen Größe, seinem Glanz, seinem Anspruch, seiner Verschwendung und in seinem schreienden und unbekümmert schlechten Geschmack spricht dieser Tempel für eine Welt, die wir in manchem auch bei Pindar und noch mehr bei der tragischen Geschichte der westlichen Griechen finden. Es ist die Welt großer und selbsternannter Herrscher reicher Kolonien.

Andererseits war Akragas auch eine Welt der Schafe und Pferde, ausgezeichneten Weines und berühmter Oliven, und Sizilien besaß um 600 v. Chr. noch eine vitale eingeborene Bevölkerung, die die Eigenständigkeit ihrer Sitten bewahrt hatte.

Die archaisch-griechische Welt stellte zwar eine selbstbewußte Einheit von Sprache und Zivilisation dar, die denselben Göttern und Naturgesetzen gehorchte, im Essen und Trinken und im gesamten Lebensstil die gleichen Sitten pflegte. Und doch zersplitterte sie sich so oft in bewaffneten Auseinandersetzungen, die nach 450 v. Chr. zunahmen, und die einzelnen verbündeten Gruppen waren immer noch lokal begrenzt auf ein gemeinsames Heiligtum. Der Apoll von Delphi hat anscheinend Korinth und Euböa begünstigt, die ersten Handelsmächte und guten Klienten des Gottes. Delos zog Athen und die Inselbewohner an. Die zwölf ionischen Städte Kleinasiens hatten ihr eigenes Heiligtum und ihre eigene Liga. In jeder griechischen Gemeinschaft war es üblich, zumindest ein Auge vor dem zu verschließen, was anderswo vorging. Kolonisation war ein Abenteuer und keineswegs immer erfolgreich. Archilochos, der erste griechische Dichter nach Homer und nach ihm der größte, nahm von Paros aus an der Kolonisation von Thasos teil. Er hat einige bittere Sätze über die Unbilden des Lebens hinterlassen, über das stürmische Meer, über verlorene Waffen, Niederlagen in den Schlachten und über den bewaldeten Kamm der Insel Thasos, der wie ein Eselsrücken aussieht, »nicht gut, nicht angenehm, nicht lieblich«.

# Griechisches Münzwesen

Münzen waren ursprünglich Klumpen wertvollen Metalls von einheitlichem Gewicht. Sie waren mit Zeichen und später mit Inschriften versehen, die die Prägestätte bezeichneten. Solche Münzen tauchten zuerst während des 7. Jahrhunderts in Kleinasien auf, und ihr Gebrauch verbreitete sich von hier aus über die griechische Welt. Die frühesten Münzen waren aus Elektron, einer Legierung von Gold und Silber. Von der Mitte des 6. Jahrhunderts an gab man reinem Silber den Vorzug; reines Gold wurde nicht vor dem 4. Jahrhundert allgemein für Münzen benützt. Seit das Münzenprägen ein Zeichen der Unabhängigkeit war, hatte jede Stadt ihre eigene Münzstätte. Einheitliche Münzen, die in weiten Gebieten galten, waren eine Entwicklung der hellenistischen Zeit. Die Abbildungen zeigen einige Münzen aus der Zeit von 600 bis 150 v. Chr.; alle Stücke sind in natürlicher Größe wiedergegeben.

**1 Samos,** um oder vor 600 v. Chr., ein Viertelstater aus Elektron. *Vorderseite* gestreifte Oberfläche. *Rückseite* Prägemarke. Eine sehr primitive Münze aus einer natürlichen Gold- und Silberlegierung.

**2 Milet,** Elektronstater um 570 v. Chr. *Vorderseite* Löwe. *Rückseite* drei ornamentale Stempel. Diese Stempel, die einzeln angebracht wurden, könnten die Markierungen von drei Beamten sein, die die Produktion überwachten.

**3 Aigina,** Didrachme aus Silber um 560 v. Chr. *Vorderseite* Schildkröte (in Verbindung zum Herakult). *Rückseite* Prägemarke. Die früheste Münzstätte im griechischen Mutterland, deren Produkte von den Aigineten beim Handel weit verbreitet wurden.

**4 Lydien,** Kroisos, 560–547 v. Chr. Silberner Halbstater (Sardis). *Vorderseite* Vorderteile von Löwe und Stier. *Rückseite* zwei Prägemarken. Kroisos war der erste, der in reinem Gold und Silber prägen ließ (vgl. Nr. 1 und 2).

**5 Korinth,** Silberstater um 520 v. Chr. *Vorderseite* Pegasus (eine Gestalt des Lokalmythos). *Rückseite* Prägemarke. Korinth hatte wegen seiner Lage am Isthmus politische und wirtschaftliche Verbindungen nach Ost und West.

**6 Dikaia,** Silberstater um 520 v. Chr. *Vorderseite* Herakles. *Rückseite* quadratische Marke. Die Minen in der nördlichen Ägäis lieferten eine Reihe früher Münzen (vgl. Nr. 9 und 11).

**7 Sybaris,** Silberstater um 520 v. Chr. *Vorderseite* Stier. *Rückseite* gleiche Darstellung negativ. Der Stier symbolisiert Viehreichtum. Die eingeschnittene Technik ist bei den meisten gleichzeitigen Münzen Süditaliens üblich.

**8 Syrakus,** silberne Tetradrachme um 485 v. Chr. *Vorderseite* Wagen, in Anspielung auf die internationalen Spiele in Olympia und an anderen Orten (vgl. Nr. 12 und 27). *Rückseite* Arethusa von Delphinen umgeben.

**9 Ainos,** um 465 v. Chr., silberne Tetradrachme. *Vorderseite* Hermes. *Rückseite* Ziege. Wie einige andere Städte in der nördlichen Ägäis (vgl. Nr. 6 und 11) stellte auch Ainos Münzen aus einheimischem Silber her.

**10 Athen,** silberne Tetradrachme um 440 v. Chr. *Vorderseite* Athena. *Rückseite* Eule und Ölzweig. Dieser Münztyp galt mit geringen Veränderungen vom 6. bis zum 2. Jahrhundert v. Chr. Einheimische Minen garantierten einen reichlichen Nachschub an Silber.

**11 Mende,** silberne Tetradrachme um 430 v. Chr. *Vorderseite* Dionysos auf dem Esel. *Rückseite* Weinstock. Die Darstellungen spielen auf den Wein an, für den Mende berühmt war.

**12 Messana,** silberne Tetradrachme um 430 v. Chr. *Vorderseite* Maultiergespann. *Rückseite* Hase und Panskopf. Die Vorderseite ist an Syrakus angelehnt (vgl. Nr. 8), der Hase könnte auf die Geschwindigkeit beim Rennen oder auf einen lokalen Panskult anspielen.

**13 Persien,** 5.–4. Jahrhundert v. Chr., goldener Dareikos. *Vorderseite* König von Persien. *Rückseite* Punze. Diese Bimetallmünzen, die auf Darius I. um 510 v. Chr. zurückgehen, waren nach den Münzen des Kroisos gestaltet. Sardes war ebenfalls eine wichtige Münzstätte (vgl. Nr. 4). Die Gestaltung änderte sich nur wenig von einer Herrschaft zur nächsten.

**14 Rhegion,** silberne Tetradrachme um 390 v. Chr. *Vorderseite* Löwenkopf. *Rückseite* Apollon. Rhegion hatte wie Messana (vgl. Nr. 12) den Vorteil der Lage an der Meerenge zwischen Italien und Sizilien.

**15 Thourioi,** Silberstater um 390 v. Chr. *Vorderseite* Athena. *Rückseite* Stier. Thourioi wurde 444 v. Chr. von Athen aus (daher Athena) auf dem Territorium von Sybaris (der Stier, vgl. Nr. 7) gegründet.

**16 Aspendos,** Silberstater um 380 v. Chr. *Vorderseite* zwei Ringer. *Rückseite* Schleuderer. Ein Beispiel für die

Verbreitung des Münzwesens im östlichen Mittelmeer (vgl. Nr. 18). Diese Münzen waren in Südanatolien weit verbreitet.

**17 Chalkidischer Bund**, silberne Tetradrachme um 375 v. Chr. (Münze von Olynth). *Vorderseite* Apollon. *Rückseite* Lyra. Nach den Münzen dieses mächtigen Bundes gestaltete Philipp seine eigenen Gold- und Silbermünzen (vgl. Nr. 22).

**18 Tyros**, Silberschekel um 360 v. Chr. *Vorderseite* Melqart reitet auf einem Hippokampen über das Meer. *Rückseite* Eule mit Krummstab und Dreschflegel (Ägyptische Königsabzeichen). Ein weiteres Beispiel für die Verbreitung von Münzen in außergriechischen Regionen (vgl. Nr. 16). Die Rückseite dürfte auf die verbreitete Tetradrachme Athens zurückgehen (vgl. Nr. 10).

**19 Theben**, Mitte 4. Jahrhundert v. Chr., silberne Didrachme. *Vorderseite* böotischer Schild. *Rückseite* Amphore. Der Schild war das Wappen der böotischen Liga. Geprägt in der Zeit der Vorherrschaft unter Epaminondas.

**20 Lampsakos**, Goldstater um 350 v. Chr. *Vorderseite* Zeus. *Rückseite* Pegasus. Eine der ersten griechischen Städte, die jährlich Goldmünzen prägten; solche Statere und die Dareiken (Nr. 13) führten eine internationale Goldwährung ein.

**21 Ephesos**, silberne Tetradrachme um 350 v. Chr. *Vorderseite* Biene. *Rückseite* Hirsch und Palme. Beide Tiere stehen in Verbindung mit Artemis, deren berühmtester Tempel sich in Ephesos befand. Unter der Palme hat Leto Apollon und Artemis auf Delos geboren.

**22 Makedonien**, Philipp II., 395–337 v. Chr., Goldstater. *Vorderseite* Apollon. *Rückseite* Wagen. Apollon stammt von dem chalkidischen Bund (vgl. Nr. 17), den Philipp 349 aufgelöst hatte; der Wagen erinnerte an einen Sieg in Olympia. Heimische Goldminen in Philippi ermöglichten eine regelmäßige Münzprägung.

**23 Taras**, Silberstater um 330 v. Chr. *Vorderseite* Krieger mit Pferd. *Rückseite* Delphinreiter. Solche Entwürfe wurden in Taras lange benützt. Die Münzen dienten oft zur Anwerbung von Söldnern, um die griechischen Städte gegen die italischen Stämme zu verteidigen.

**24 Makedonien**, Alexander d. Gr., 332–327 v. Chr., silberne Tetradrachme (Alexandrien). *Vorderseite* Alexander als Herakles. *Rückseite* Zeus. Die Schätze der Perser wurden zu Münzen gemacht. Alexander gab einheitliche Münzen von zahlreichen Prägestätten heraus.

**25 Thrakien**, Lysimachos, 332–281 v. Chr., silberne Tetradrachme (Pella). *Vorderseite* Alexander d. Gr. *Rückseite* Athena. Lysimachos erhielt Thrakien und das nordwestliche Kleinasien als seinen Anteil vom Alexanderreich; er war vorübergehend auch König von Makedonien.

**26 Ägypten**, Ptolemaios I., 332–282 v. Chr., silberne Tetradrachme (Alexandrien). *Vorderseite* Ptolemaios mit der Aigis. *Rückseite* Zeusadler auf Blitzbündel (persönliches Zeichen von Ptolemaios). Ptolemaios wurde wie Alexander mit göttlichen Abzeichen dargestellt (vgl. Nr. 24). Diese Entwürfe wurden für die Dauer der ganzen Dynastie beibehalten.

**27 Syrakus**, Philistis, Frau von Hieron II., 274–216 v. Chr., silberne Tetradrachme. *Vorderseite* Philistis. *Rückseite* Wagen (vgl. Nr. 8). Unter Hieron, einem Verbündeten Roms, hatte Syrakus seine letzte Blütezeit in der Unabhängigkeit.

**28 Pergamon**, Attalos I., 241–197 v. Chr., silberne Tetradrachme. *Vorderseite* Philetairos (Gründer der Dynastie). *Rückseite* Athena. Attalos war ein Nachfolger von Lysimachos (Nr. 25). Wie bei den Ptolemäern wurde das Porträt des Gründers während der ganzen Dynastie verwendet.

**29 Baktrien**, Antimachos, um 180 v. Chr., silberne Tetradrachme. *Vorderseite* Antimachos. *Rückseite* Poseidon. Ein König, der nur von den Münzen her bekannt ist.

**30 Makedonien**, Perseus, 178–168 v. Chr., silberne Tetradrachme. *Vorderseite* Adler. *Rückseite* Adler auf Blitzbündel im Eichenkranz (Bezug auf den Zeus von Dodona). Dieser letzte König von Makedonien wurde von Rom 168 v. Chr. bei Pydna geschlagen.

**31 Syrien**, Antiochos IV., 175–164 v. Chr., silberne Tetradrachme (Antiochia). *Vorderseite* Antiochos IV. *Rückseite* Zeus. Antiochos IV. versuchte, die Juden zu hellenisieren. Sein Angriff auf Ägypten wurde durch eine römische Intervention gestoppt.

**32 Baktrien**, Eukratides, um 170–150 v. Chr., silberne Tetradrachme. *Vorderseite* Eukratides mit einem Reiterhelm. *Rückseite* Dioskuren. Dieser mächtigste aller baktrischen Könige eroberte Gebiete im nordwestlichen Indien.

**33 Myrina**, silberne Tetradrachme um 160 v. Chr. *Vorderseite* Apollon. *Rückseite* Apollon mit Lorbeerkranz. Einige griechische Städte durften unter römischer Kontrolle Münzen prägen. *Anmerkung:* Die Rückseiten von Nr. 25–33 sind nicht abgebildet.

# DIE ENTWICKLUNG DER LITERATUR

Im frühen 5. Jahrhundert gewinnt die griechische Geschichte an Klarheit und detaillierter Darstellung aufgrund literarischer Quellen und konzentriert sich zugleich immer mehr auf Athen. Das ist nicht deswegen so, weil alle Geschichtsschreiber Athener waren. Herodot stammte aus Halikarnass in Kleinasien, und sein Vater hatte einen karischen Geburtsnamen. Er selbst lebte im Exil und schließlich als Kolonist im Westen, für ein paar Jahre aber vorzugsweise im Athen des Perikles. Eine glaubhafte Geschichte, die vielleicht nicht ganz zutreffend sein mag, berichtet, daß Sokrates sein Freund war. Was im 5. Jahrhundert in Athen zur Blüte kam, hatte bereits anderswo und schon früher begonnen. Es ist aber richtig, die Athener nach ihrer eigenen Einschätzung zu beurteilen, wenn auch nur deshalb, weil die Welt, je weiter wir uns vom Athen des 5. Jahrhunderts entfernen, desto stärker hinterherzuhinken scheint. Im weit entfernten Holstein begannen sowohl die Eisenzeit wie auch die geometrische Keramik erst im 7. Jahrhundert. In der nordwestlichen Peloponnes wurden, als Christus schon geboren war, immer noch Steine verehrt. Die großen Weisen des 5. Jahrhunderts kamen nach Athen, während vergleichbare Gestalten in früheren Generationen bereits in Milet, Ephesos und Kolophon in Kleinasien, auf Samos, Syros und auf den Kykladen auftauchten. Dasselbe gilt auch für die epische Dichtung. Das Zentrum des intellektuellen Lebens verlagerte sich, als Ionien in der Mitte des 6. Jahrhunderts unter die Herrschaft der Perser geriet. Sogar danach noch lebten in Abdera, einer ionischen Kolonie, die beiden Philosophen Protagoras und Demokrit, und auch in den westlichen Kolonien entstanden noch im 5. Jahrhundert intellektuelle Bewegungen. Das Zentrum war jedoch Athen.

### Die dramatische Dichtung

Wir sehen Aischylos als einen rein athenischen Schriftsteller an und die dramatische Dichtung als einzigartige athenische Errungenschaft. Aber die Chordichtung hatte bereits eine alte, auswärtige Tradition, ehe sich die tragische Form aus der Chorlyrik entwickelte. In der athenischen Komödie konnte z.B. ein berühmtes altes Chorlied verwendet werden, etwa von Alkman, dem Dichter aus Sparta. Der starke Dialekt in der Tragödie, der in den lyrischen Passagen dorisch und in den Jamben jonisch gefärbt ist, entsteht aus einer Vermischung der Traditionen. Aber sogar Homers Dialekt war eine Mischung, wie das bei der Mundart der heroischen erzählenden Dichtung oft üblich ist, die von einem Ort zum andern getragen wurde. Auch das athenische Griechisch war nicht rein jonisch. Doch die rituellen Formen, die der athenischen Tragödie zugrunde liegen, waren rein lokaler Art, obwohl es überall in Griechenland ähnliche Formen gab.

Nicht in der Tragödie, sondern in der Komödie scheint eine eigene, nicht-athenische Tradition bestanden zu haben. Wir müssen annehmen, daß es überall mimische Tänze und Karnevalspossen gegeben hat: Sie sind uns in vielen Variationen und von vielen Plätzen her bekannt. Der Sizilier Epicharmos schrieb zu Beginn des 5. Jahrhunderts vollständige Komödien, wobei er sich möglicherweise auf einen früheren Komödienschreiber, auf Aristoxenes von Selinus stützte, der die Lustspiele aus Megara übernommen zu haben scheint. Über diese Tradition wissen wir bedauerlicherweise nur sehr wenig. Der einzige und sogar einer der besten Komödienschreiber der athenischen Generation, dessen Stücke wir vollständig besitzen, ist Aristophanes. Von Kratinos und Eupolis haben wir beinahe nichts, obwohl sie große Meister waren, die der feine, kritische Verstand des Horaz mit Aristophanes verglich, und unser eigenes fragmentarisches Wissen bestärkt diese hohe Meinung. Die Tradition des Epicharmos in Syrakus setzte sich bis in die Mitte des 5. Jahrhunderts fort, ebenso die der Werke von Sophron, der ebenfalls aus Syrakus stammte. Um es noch einmal zu sagen, wir wissen über Sophron gerade genug, um seine Bedeutung zu ermessen, doch besitzen wir keine greifbaren Reste seiner Stücke. Um 300 v. Chr. hinterließ ein anderer Syrakusaner, Rhinton, geschriebene Farcen, von denen wir ein paar Fragmente haben, und möglicherweise können wir leider in diesem Falle nur durch ihn – er war der am wenigsten interessante von den dreien – unsere Kenntnis der vielfältigen süditalienischen possenhaften Vasenmalerei vertiefen.

Die Athener erbten bereits ein beachtliches Repertoire an Techniken. Der athenische jambische Hexameter mit seiner unglaublichen Flüssigkeit und Straffheit und dem wechselnden Rhythmus, der von Zeile zu Zeile an Kraft gewann, ist bereits bei Solon vergleichbar den

Dieser Kopf stellt kein zeitgenössisches Portrait dar, man vermutet aber, daß es der Kopf von Herodot ist, der für diejenigen, die ihn von Generation zu Generation schätzten, immer wieder kopiert wurde.

*Gegenüber*, oberste Reihe von links nach rechts: Heraklit (um 540- um 480 v.Chr) aus Ephesos, der über die Unbeständigkeit des Universums, die Wechselbeziehungen aller Dinge (besonders der Gegensätze) untereinander und über das Feuer als Urelement philosophierte.

Aischylos (ca. 525–456 v.Chr.), der erste der großen dramatischen Dichter Griechenlands, wurde in Eleusis geboren, kämpfte in Marathon und starb kurz nach dem Erscheinen seiner *Orestie* in Gela.

Sokrates (469–399 v.Chr.), zu dessen Kreis Platon und Xenophon zählten, die beide viel über ihn und seine Philosophie schrieben.

Platon (ca. 429–347 v.Chr.), Schüler des Sokrates und Lehrer an der Akademie in Athen, die er gegründet hatte.

*Untere Reihe:* Aristoteles (384–322 v.Chr.), geboren auf der Chalkidike, Schüler von Platon, Erzieher von Alexander, gründete mit Theophrast die Peripatetische Schule in Athen.

Thukydides (ca. 460–400 v.Chr.), Schiffskommandant und Autor der großen *Geschichte des Peloponnesischen Krieges*.

Epikur (ca. 341–270 v.Chr.), Athener, der in Samos geboren wurde, Schöpfer des Epikureismus, der materialistischen Philosophie der Lust (Hedonismus), die im Altertum und von den Christen bekämpft wurde.

Zenon (335–263 v.Chr.) aus Kition auf Zypern, studierte an der Akademie in Athen; er wurde Kyniker, bevor er seine eigene Lehre, die als Stoizismus bekannt ist, entwickelte.

DIE ENTWICKLUNG DER LITERATUR

**Philosophen und Dichter der griechischen Welt.**
Nach mündlicher Überlieferung erhoben sieben Städte den Anspruch, die Geburtsstätte von Homer zu sein. Es gab Homeriden, Dichter in der Homerischen Tradition in Chios. Hesiod war Bauer in einem kleinen Dorf in Böotien. Ein Dichterwettbewerb führte ihn sogar nach Chalkis. So hatte die griechische Literatur zu Beginn kein bestimmtes Zentrum. Viele Städte, waren stolz auf ihre lokalen Dichter. Vom 5. Jahrhundert an wurden Philosophen und Dichter aus vielen Teilen der griechischen Welt von Athen angezogen, das dann nach der Tragödie beherrschte und im 4. Jahrhundert die Heimat der Rhetorik und der großen Philosophenschulen wurde.

reifen Versen Shakespeares. Das liegt vielleicht daran, daß Solon oder seine Vorgänger ihn für das gesprochene Wort ausarbeitete, so wie das auch Shakespeare tat. Die Entwicklung der griechischen Metrik und der Rhythmen mag rasch vor sich gegangen sein, aber sie lag mindestens 100 Jahre früher als die Geburt der Tragödie.

**Archilochos von Paros**
Es ist möglich, die Entwicklung des Versmaßes weiter zurückzuverlegen und ebenso die glänzenden komischen Lästerverse des Hipponax von Ephesos auf den größten Meister, Archilochos von Paros, zurückzuführen.

Paros war der Demeter geweiht und wurde früher Demetrias genannt. Es war vielleicht der Urgroßvater des Dichters, Telesikles, der Thasos besiedelte und eine Priesterin der Demetermysterien auf die Insel brachte. Wir wissen, daß die Griechen glaubten, die jambischen Verse hätten ihren Ursprung und ihr traditionelles Thema in den improvisierten komischen Schmähreden und Obszönitäten, die mit den Mysterien der Demeter in Verbindung standen. Sollte es einem heutigen Leser seltsam erscheinen, daß improvisierte Verse bei öffentlichen Anlässen Eleganz und regen Geist besaßen, so mag es genügen, sich an den noch erhaltenen kretischen Brauch der *mantinades*, gesungene Reimpaare, zu erinnern sowie an den Brauch auf der Insel Zakynthos in der westlichen Peloponnes, wo die Karnevalspiele in jambischen Versen aufgeführt werden, die durch improvisierte Wechselreden zwischen den Schauspielern und dem Publikum – immer auch in Versen – unterbrochen sind.

105

*Links:* Ein Teil der Insel Thasos, von Hebraiokastro zur Küste Thrakiens hin gesehen, Juden-Kastell (eine allgemeine Bezeichnung für Plätze, an denen man von der Existenz unerklärter alter Monumente wußte und diese auf das Alte Testament als die einzig überlieferte Vergangenheit der Menschheit zurückführte. Die Säulen gehören zu einer christlichen Basilika aus dem 5. Jahrhundert).

*Rechts:* Dieses Gefäß zeigt das Interesse der Athener des 5. Jahrhunderts an den archaischen Dichtern der Insel Lesbos, Sappho und Alkaios, die hier als aristokratische Dichter und Sänger einer nicht sehr fernen Zeit dargestellt sind.

Archilochos dichtete im 7. Jahrhundert, und es gibt keinen Grund, ihn für den allerersten Dichter zu halten, der in Jamben schrieb, obwohl er vielleicht der erste ist, dessen Werke niedergeschrieben wurden. Sein Vater hieß wie sein Urgroßvater Telesikles, seine Mutter aber war eine Sklavin namens Enipo; so war er ein illegitimes Kind, was im Rahmen der Erbgesetze und der Bürgerrechte des 7. Jahrhunderts einen ernstlichen Nachteil bedeutete. Er war ein armer Mann; das eine Mal ging er nach Thasos, ein anderes Mal war er gedungener Soldat. Er hatte Erfahrungen in Schlachten und fiel im Kampf gegen Naxos. Seine antiheroische Haltung, sein Realismus in allen Lebensbereichen und die Kraft und Vielfalt seiner Verse besitzen eine Modernität, der man zu keinem späteren Zeitpunkt in der griechischen Dichtung mehr begegnen kann oder zumindest nicht bis zu Aristophanes im späten 5. Jahrhundert. Das kürzlich entdeckte Liebesgedicht von Archilochos hat heute den Ruhm wiederaufleben lassen, den er im Altertum neben Homer besaß. In dieser zarten, aber lebendigen Beschreibung, in der er ein Mädchen überredet, mit ihm zu schlafen, spricht er direkt, ändert gleichzeitig ständig den Ton und schöpft die dichterischen Mittel bis auf den Grund aus.

### Frühe lyrische Dichter

In der zweiten Hälfte des 7. Jahrhunderts war die lyrische Chordichtung bereits im Werk von Alkman herangereift und ausgebildet, und noch vor dem Ende des Jahrhunderts wachsen die Meister des Einzelliedes, Alkaios und Sappho auf Lesbos heran. Alkman lebte und dichtete in Sparta, aber noch in einer glücklicheren Gesellschaft als sie Sparta später kennengelernt hat. Er wurde wahrscheinlich in Sardes geboren, war aber sicherlich Grieche und kein Lyder. Für die einfachen Freuden des Lebens, die eine so attraktive Eigenheit des archaischen Griechenland wie so vieler früher Gesellschaften sind, nimmt Alkman unter den Dichtern einen besonderen Platz ein. »Oft, wenn auf den Berggipfeln die Götter ihre Festtage mit einem goldenen Eimer voll Löwenmilch feiern, dann formst Du mit Deinen Händen ein großes, ungebrochenes Stück Käse für Hermes.« In dieser Phantasie werden die Götter sehr heiter dargestellt; die vertraute menschliche bäuerliche Handlung des Käseherstellens wird einfach auf die Welt der Götter übertragen, wo die Eimer aus Gold sind, Feste auf Berggipfeln stattfinden und die Milch von Löwinnen kommt.

Alkmans berühmtestes Gedicht und gleichzeitig das längste Fragment, das wir von ihm besitzen, wurde für ein Weihefest junger Mädchen, ein nächtliches Tanz- und Singritual mit stark bäuerlichem Einschlag geschrieben. Schon seine Lebendigkeit und sein Charme sind bemerkenswert, aber besonders die scherzhafte Unverblümtheit vermittelt die intime Atmosphäre einer kleinen lokalen Feier. Wenn eine gewagte Vermutung von Prof. Huxley richtig ist, was ich glaube, dann wurde ein anderes Fragment von Alkman sogar für das Ritual eines Schwimm- und Tauchfestes von Mädchen geschrieben: »Nicht länger, süß singende Jungfrauen mit lieblichen Stimmen, wollen mich meine Glieder tragen. Ich wünschte, ich wäre ein *Kerylos*, der mit den Eisvögeln über die Gischt der Wellen fliegt, glücklich im Herzen, meerespurner heiliger Vogel.« Die Eisvögel sind in dieser Interpretation die spartanischen Mädchen, ebenso wie sie sich selbst im Gedicht für die nächtlichen Tänze als Pferde bezeichnen. Der *Kerylos* war ein Vogel, dem die Eisvögel der Legende nach in seinem Greisenalter beistanden.

Die Lieder der Sappho und in geringerem Maß die des Alkaios drücken persönliche Gefühle in genauen Einzelheiten aus. Mit einer Sorglosigkeit und einem vornehmen Selbstvertrauen, das dem aristokratischen Leben in jener Zeit eigen ist, singt Sappho aus ihrem Herzen, spielerisch und mit gefälliger formaler Vielfältigkeit, aber niemals auf Kosten der Klarheit. Sie erzählt uns die Einzelheiten ihres Liebeslebens, die manchmal bis zu einem gewissen Grad an die Schwärmereien einer Klosterschülerin erinnern. Archilochos sagt uns vielleicht ebensoviel, aber ohne Anspielungen und ohne die Gefühle so leidenschaftlich zu beschreiben. Auch er vermittelt Leidenschaft, sogar stärker und mit weniger Worten, aber Sappho ist wehmütiger und sehnsüchtiger, sie ist eher eine empfindsame als eine starke Dichterin, obwohl sie beides in sich vereinigt.

Mytilene, die Hauptstadt von Lesbos, taumelte zu Lebzeiten von Sappho und Alkaios von einer Tyrannei zur anderen. Die Brüder des Alkaios kämpften schon um 610 v.Chr. für Pittakos gegen einen Tyrannen, und 606 kämpfte Alkaios selbst unter Pittakos gegen athenische Kolonisten. Den nächsten Tyrannen, Myrsilos, haßte er sehr und ging nach einem mißglückten Versuch, ihn zu beseitigen, ins Exil. Aber noch Schlimmeres folgte: Pittakos ließ die im Exil Lebenden im Stich und schloß sich Myrsilos an. Alkaios ging irgendwann nach Ägypten und Sappho nach Sizilien. Alkaios kannte Thrakien und hatte

Beziehungen zu den Lydern. Sapphos Familie besaß einst Land auf dem Festland in Kleinasien, ihr Bruder trieb in Naukratis in Ägypten Handel. Der Bruder von Alkaios kämpfte als Söldner für den König von Babylon. Sapphos Freundinnen kamen aus Orten wie Kolophon und Milet, eine verschwand in Lydien.

Man kann ein solches Leben kaum als gewöhnlich bezeichnen, denn es waren Privilegierte. Sapphos Hochzeitslieder und die politischen Lieder von Alkaios waren ein wesentlicher Bestandteil der griechischen Literatur in ihrer frühen Blütezeit. In den meisten ihrer Lieder verwenden beide eine Vielfalt vierzeiliger Strophenformen mit gleichem Versmaß, aber sehr verschiedener Wirkung. Es ist unmöglich, die musikalische Geschichte dieser einfach erscheinenden Formen zurückzuverfolgen oder herauszufinden, in welchem Ausmaß sie populär waren, d.h. variierbare Volkskunst, oder inwiefern sie das Werk bewußt schaffender einzelner Künstler darstellten. Es gibt da nicht unbedingt einen grundlegenden Unterschied. Jedenfalls ist bekannt, daß die lesbische Strophenform einer besonderen und sehr alten musikalischen Tradition angehört, die sich in diesem besonderen Dialekt entwickelte. Man vermutet, daß dieselbe Tradition dem Hexameter, dem epischen Versmaß zugrundeliegt, was aber zweifelhaft bleibt. Man kann lediglich sagen, daß eine reiche Tradition an Liedversmaßen vorhanden war und daß ihre Verwendung durch Sappho und Alkaios eine besondere Entwicklungsstufe darstellte. Ihre Zugehörigkeit zum Adel und ihre soziale Stellung bestimmten bis zu einem gewissen Grad die Behandlung der Themen.

Ähnliche vierzeilige Strophen wurden 100 Jahre später in Athen verwendet; viele politische Verse sowohl der letzten Aristokraten als auch der Demokraten wurden in diesem Versmaß verfaßt. Da Bittgebete an die Götter und seit Alkaios auch Hymnen in diesen Strophen geschrieben wurden, ist es gut möglich, daß gerade in den Hymnen ihr Ursprung lag. Es kann leicht sein, daß die Aristokraten des 7. Jahrhunderts als erste die Strophenform des traditionellen Gesangs zum politischen und auch ganz privaten Gebrauch verwendet haben und daß sie auch zuerst lange Lieder aus miteinander verbundenen Strophen aufgebaut haben.

Lyrische Dichtung und Arbeitslieder gab es bereits vor Homer, und das hoch entwickelte rhythmische Gefühl der frühen griechischen Dichter scheint Kleinasien manches zu verdanken. Die Länge einer Strophenform ist die eines menschlichen Atemzuges. Die Vielfalt der Formen, die sich mindestens im 5. Jahrhundert zu vermischen begannen, verdankt ihre Existenz der beträchtlichen, aber nicht vollständigen Isolation so vieler Inseln und der Verschmelzung so vieler Traditionen in Kleinasien. Wir dürfen den persönlichen Beitrag der vergleichsweise wenigen Dichter, die wir heute zufällig kennen, nicht überschätzen.

**Schrift, Prosa und Entwicklungen in der Poesie**
Das Problem liegt weniger darin, daß Lyrik schon früh auftritt, sondern eher darin, daß die Prosa spät ist. Noch gegen Ende des 6. Jahrhunderts wetteiferte die Lyrik mit der Prosa um die Geschichtsschreibung, denn der Vers war das gewohnte Mittel zum Auswendiglernen der Texte. Frühe Prosa verwendet noch viele Versmaße, nicht weil die Leute so sprachen, obwohl sie es nach allem, was wir wissen, getan haben könnten, sondern weil dies Gedächtnisstützen waren. Geschriebene Prosa mußte erst erfunden werden, und dieser Prozeß dauerte lange.

Vor dem 8. Jahrhundert v.Chr. kann es in Griechenland kein in Versen geschriebenes Epitaph oder Epigramm gegeben haben. Wir besitzen fünf Stücke aus der Zeit vor 600 und nur eines vor 730; alle außer einem sind in Hexametern abgefaßt, obwohl im 6. Jahrhundert das Verhältnis der überlieferten elegischen Verse zu den Hexametern drei zu eins beträgt. Der Hexameter war das natürliche Versmaß, das anfänglich benutzt wurde, da es das alte traditionelle Versmaß des Epos und des improvisierten Klageliedes war. Elegisches Versmaß ist eine kunstvollere östliche Version. An ein Klagelied würde man sich erinnern, und es lebte im Munde späterer Generationen weiter. Auf der Mani, der mittleren Spitze des südlichen Griechenland, ist das Klagelied improvisiert und im Versmaß gehalten und es hat einen genau vorgegebenen Rahmen. Die Klagelieder bleiben Wort für Wort viele Jahre lang in Erinnerung.

Oberflächlich betrachtet schrieben alle diese Dichter verhältnismäßig einfach. Die technischen Formen der griechischen Chorpoesie wurden wahrscheinlich durch den Einfluß der Schrift komplizierter; sie wurden selbstbewußt, als es möglich war, schwierige und subtile Rhythmen und lange, ausschweifende Sätze festzuhalten, indem man sie niederschrieb. Einiges aus dem Werk Pindars mag in der Darbietung für viele Ohren zu subtil und zu kompliziert oder zu polyphon geklungen haben. Die Veränderung ging überall vor sich: Stesichoros aus Himera, Ibykos von Rhegion und Anakreon von Teos sind sich

DIE ENTWICKLUNG DER LITERATUR

*Links:* Hier wird auf einer rotfigurigen Schale, die im 4. Jahrhundert von Griechen in Süditalien hergestellt wurde, Pentheus, König von Theben, von den Mänaden in Stücke gerissen. Das ist das Hauptthema der *Bacchen* des Euripides, aber es bestehen Unterschiede im Detail zu der hier dargestellten Geschichte, und selbstverständlich wäre eine solch grausame Szene auf der Bühne niemals gezeigt worden.

*Unten:* Die Szene auf einem Trinkgefäß, das sich jetzt im Museum von Ferrara befindet, zeigt offenbar die Ermordung der Klytämnestra. Sie vermittelt vielleicht mehr Kraft als Realität, und die Geschichte, die unter gekrümmten Olivenzweigen, umgestürzten Dreifüßen und Altären ohne Untergrund spielt, ist ein wenig wild geraten.

Die schöne Pferdegruppe ist eines der konstanten Themen griechischer Kunst von den frühesten Terrakotten bis zu den Bronzepferden von San Marco in Venedig. Hier finden wir eine realistische Darstellung, schwarzfigurig mit etwas weißer Farbe auf eine Preisamphore gemalt. Diese Pferde sind der Stolz eines reichen Adligen, sie sollen an einem internationalen Pferderennen teilnehmen und ihm Ruhm bringen. Pindar preist Pferde und Pferdezüchter, aber niemals einen Reiter oder Wagenlenker. In diesem Falle kann der Lenker ein Berufstrainer oder möglicherweise der Besitzer sein.

im 6. Jahrhundert zwar unähnlich, aber ihr Stil ist kein lokaler, wie es der lesbische war. Seltsamerweise ging Ibykos aus Italien ins Exil, um kein Tyrann zu werden, und arbeitete am Hof des Polykrates von Samos. Anakreon verließ, typisch für seinen Geburtsort an der kleinasiatischen Küste, seine Heimat, als die Perser kamen, half bei der Gründung von Abdera in Thrakien, arbeitete wie Ibykos unter Polykrates und starb in Athen. In Samos scheint die Liebesdichtung besonders beliebt gewesen zu sein. Wir haben es mit Dichtern einer gewissen sozialen Stellung zu tun; dem Stil nach scheint das auch für Stesichoros und ganz sicher für Pindar zu gelten. Dieser hatte familiäre Verbindungen in verschiedenen Städten. Seit dem späten 6. Jahrhundert war es anscheinend dann üblich, seine Kunst in Athen zu erlernen.

Es scheint auf den ersten Eindruck überraschend, daß die griechische Dichtung komplizierter wird, je mehr sie an die Öffentlichkeit tritt, und daß sie einfacher wird, je privater sie ist. Stesichoros und Ibykos schrieben für rituelle Anlässe; sie feierten die ehrwürdige Mythologie aller Griechen, wobei der Akzent auf Kühnheit, Brillanz und Würde liegt. Stesichoros ging in seiner Originalität so weit, neue Episoden zu ersinnen, von denen einige sehr berühmt wurden. Der Stil dieser Dichter ist klar und ihre Sprache beeindruckend, er bleibt trotz der Ausschmückungen verständlich. »Hyperions Sohn Helios stieg in den goldenen Kessel, um den Ozean zu überqueren und in die Tiefen der heiligen dunklen Nacht zu steigen, zu seiner Mutter, seiner geliebten Frau und seinen lieben Söhnen. Dann trat der Sohn des Zeus zu Fuß in das von Lorbeer überschattete Grab.« Diese Zeilen des Stesichoros handeln von Herakles, der die Sonne zwingt, ihn vom Westen, wo sie untergeht, nach Osten, wo sie aufgeht, in einem goldenen Kessel über die dunkle Seite der Erde zu bringen.

Auch die Größe und Kühnheit dieser Themen, die sich auch in der bildenden Kunst dieser Zeit widerspiegeln, haben eine lange Geschichte; ihre Spuren kann man in den Homerischen Hymnen und manchmal in den leider sehr wenigen Fragmenten, die aus der epischen Dichtung nach Homer erhalten sind, finden. Unterschiedlich sind nur das Versmaß sowie einige Erscheinungen in der Ausdrucksweise und im Stil, die von dem neuen Versmaß abhängen: lange flüssige Sätze, die klar ausgeschmückt sind, ihr Reichtum ist mehr durcheinandergebracht, der Höhepunkt nach hinten gestellt, als es bei einer geradlinigen Erzählung der Fall wäre.

DIE ENTWICKLUNG DER LITERATUR

Exekias ist vielleicht der bedeutendste athenische Vasenmaler. Dieses heitere Bild stellt ein Wunder des Dionysos dar. Der Gott wurde von Piraten gefangen, er verwandelte aber die Mannschaft in Delphine, und aus dem Mast wuchsen Weinreben.

In der Dichtung Pindars herrscht Satz für Satz Kühnheit und Klarheit vor, aber sein Stil ist rhapsodisch, die Muster, die er webt, sind gewagter und auch glänzender, komplizierter und verwirrender. »Heiliger Friede, wo Alpheios wieder atmet. Grüner Arm des ruhmreichen Syrakus, Orthygia, worin Artemis schläft, Schwester aus Delos. Von Dir gehen der Hymnen süße Laute aus, das Lobpreisen der schnellfüßigen Pferde des Zeus von Aitna . . .«. Man muß hierzu nicht nur wissen, daß die Nymphe Arethousa und der olympische Fluß Alpheios Ausreißer sind, die sich in ihrem Liebesfrühling in Orthygia, der Halbinsel von Syrakus, umarmen. Es sind auch nicht nur die nächsten beiden Sätze, die vielleicht leichter zu entwirren, aber schwerer zu verstehen sind, sondern es ist vor allem die glänzende Ausschmückung, die unter ihrem eigenen Gewicht fast zusammenbricht, es ist das Fehlen des Satzbaues und die Überfülle archaischer Kunst.

Sowohl die öffentliche Größe eines Pindar als auch die persönliche Brillanz der Sappho sind aristokratischer Natur. Der Beitrag der Demokratie, die Dichtung der Vernunft sollten erst noch kommen. Doch die wirkliche Stärke der dramatischen Dichtung eines Aischylos entsteht aus der Form, aus der sozialen Situation und aus den Anforderungen der Bühne. Bereits bei Homer gibt es eine implizierte Vernunft, und direkter kommt sie bei vielen archaischen Dichtern vor. Aischylos ist nicht so neuartig und progressiv, wie man allgemein angenommen hat. Allein schon die Dramatisierung des tragischen Konflikts dient dazu, ihn sehr treffsicher zu gestalten, und eine lange Tradition, aus der wir vielfältige Eindrücke haben, hat ihn dies gelehrt. Die Idee dieses Konfliktes, eine Rebellion, die fehlschlagen muß, ein Untergang oder ein Unglück, das gefürchtet und bedauert wird, war in die griechische mythische Gedankenwelt bereits lange vor Homer eingebaut. »Wenn Helios seine Grenze überschritte, würden die Furien, die Dienerinnen der Gerechtigkeit, ihn jagen«, schrieb Heraklit um 500 v.Chr.

Eine ebenfalls notwendige Voraussetzung ist die Geschichte. Die Wirkung des Erfolges der Stadt auf das Bewußtsein Athens, der unglaublich war und gegen jede Übermacht stand, gegen die persische Invasion und die Herrschaft Spartas, war so überwältigend, daß sie kaum überschätzt werden kann. Im Nachhinein wissen wir, daß in manchem dieses Selbstvertrauen falsch war und das Schicksal Athens selbst ein tragisches. Aber es wird durch das, was diese Stadt der Welt darbot, gerechtfertigt.

# VIERTER TEIL
# DAS ZEITALTER DES PERIKLES

# DIE GESELLSCHAFT IM ATHEN DES 5. JAHRHUNDERTS

**Der Niedergang der Oligarchen**

Möglicherweise ist unser Verständnis für die Griechen der früheren Jahrhunderte durch unseren Mangel an Kenntnissen getrübt. Was das 5. Jahrhundert dagegen betrifft, so rühren unsere Irrtümer daher, daß wir zu intensiv auf wohlbekanntes Wissen starren. Zwar gibt es noch Lücken im Beweismaterial, dennoch kristallisieren sich klare Hinweise deutlich heraus. In den ionischen Städten der Griechen Kleinasiens wurden in der Zeit nach ihrer Befreiung vom persischen Joch im 5. Jahrhundert nur noch wenige neue oder aufwendige öffentliche Bauten errichtet. Es war üblich gewesen, daß der Adel seinem Reichtum durch solche Gebäude Ausdruck zu geben hatte. Verschwenderischer öffentlicher Aufwand vermehrte sein Ansehen und damit seine Macht, wenngleich noch wichtiger als die Macht der Ruhm gewesen sein dürfte. Jetzt aber herrschte die Zeit des attischen Seebundes, dem auch die Städte im Westen Kleinasiens angehörten sowie die Inseln von Lesbos bis Rhodos und die meisten der Kykladeninseln, die Athen tributpflichtig waren. Ist das die Erklärung? Müssen wir uns verarmte demokratische Stadtbevölkerungen vorstellen, die Athen unterstützten, alte Oligarchen, die sich auf ihre Landgüter zurückzogen und die Städte links liegen ließen, in denen ihre Freigebigkeit nicht gefragt war?

In Athen selbst fand im 5. Jahrhundert ein entscheidender Wandel der öffentlichen Moral statt. Isokrates, geboren 436 v.Chr., erzählt, daß in Athen in seiner Jugendzeit der Reichtum eine Tugend war, die Sicherheit verlieh und sozial beeindruckte. Er berichtet von einer Zeit, als öffentliche Ehre und Schande noch Werte von Rang waren. Das Eingreifen des Staates jedoch nahm den öffentlichen Aufwendungen der Reichen ihren persönlichen Wert. Sie wurden obligatorisch, und es entstand ein weitverzweigtes System, eine Art Extrasteuer neben dem allgemeingültigen Steuersystem. Diejenigen, die dazu beizutragen hatten, trugen die Lasten, ohne jedoch Gewinn davon zu haben. Der Applaus galt sozusagen nur dem Autor eines Schauspiels, nicht aber dem reichen Finanzier der Aufführung. Im 4. Jahrhundert waren die Athener bereits dazu übergegangen, ihren Reichtum zu verbergen, um diesen öffentlichen Abgaben zu entgehen. Seit dem 7. Jahrhundert waren Ausgaben für den Staat den Ahnen dieser Männer immer ein Anreiz gewesen. Sie hatten öffentliche Gebäude errichtet, ihre eigenen Kriegsschiffe kommandiert und großzügige Opfergaben dargebracht, wobei das Fleisch der Opfertiere selbstverständlich später verteilt wurde. Im 4. Jahrhundert berief man sich noch geradezu beflissen vor den Gerichtshöfen auf die eigene Großzügigkeit gegenüber dem Staat, später dann wurde Freigebigkeit nur noch aus politischen Gründen von fremden Fürsten geübt, von Pergamon, Makedonien, Ägypten, Rom und von den reichsten Einzelpersonen des römischen Weltreiches. Der Historiker Xenophon aus Athen verstand bereits im 4. Jahrhundert v.Chr. nicht mehr die Gesinnung eines Hieron, Tyrann von Sizilien.

**Der Aufstieg der unteren Gesellschaftsschichten**

Gleichzeitig mit dem Niedergang dieser Spendefreudigkeit der Oberschicht wurde die Unterschicht in Athen zum erstenmal geldbewußt. In der archaischen Zeit war die Wirtschaftspolitik Athens hauptsächlich eine Angelegenheit der einzelnen Haushalte gewesen, eine verfeinerte Art von Wirtschaftsführung mit ständigem Tauschhandel zwischen Gleichberechtigten und bestimmten Festveranstaltungen der Gemeinschaft. Mitte des 5. Jahrhunderts wurden dann die Bauern unter Perikles durch den Krieg von ihrem Boden abgeschnitten. Die Anzahl derer, die in Athen von öffentlichen Almosen und Zahlungen lebten, ist vielleicht nie so groß gewesen, wie man überliefert hat, fest steht jedoch, daß eine solche Einrichtung bestand, wie es auch Militärsold (zumindest für Söldner) gab. Einschneidender war jedoch, daß viele Menschen zu kleinen Gewerbetreibenden wurden, wie z.B. der Wurstverkäufer bei Aristophanes. Deren Wirtschaftsführung sowie ihre dazugehörige moralische Haltung waren zunehmend am Geld orientiert.

**Der Handel**

Wie weitgehend war der Handel staatlich gelenkt? Der Getreidehandel in Athen stand unter staatlicher Kontrolle. Er bildete einen wichtigen Bestandteil der Lebensfähigkeit der Stadt, da zwei Drittel des Getreidebedarfs übers Meer herbeigeschafft werden mußten. Die großen Kolonnaden in Piräus, die für die Getreidelagerung errichtet worden sind, waren eines der Wahrzeichen des Haupthafens. In Olbia, einem der Zentren des Getreide-

*Rechts:* Ein Negersklave putzt einen Stiefel. Seine Haltung ist aufmerksam, der Körper ist naturgetreu gearbeitet. Merkwürdigerweise hat man Negerjungen mit viel mehr Hingabe dargestellt als Sklaven griechischer Herkunft, wahrscheinlich, weil sie nicht durch das groteske Medium der attischen Komödie verzerrt worden waren. Das Vasenbild (*oben rechts*) zeigt eine Sklavenszene aus einer Komödie.

**Die Bergwerke von Laurion**

Die Silberminen von Laurion gehörten Athen. Reiche Funde steigerten den Ertrag und ermöglichten im Jahr 482 den Bau der Flotte, mit der der Krieg gegen Persien gewonnen wurde. Privatpersonen konnten gegen geringe Gebühren Schürfrechte erhalten. Um die Minen jedoch völlig ausbeuten zu können, mußte man ein reicher Bürger sein, denn man benötigte Sklaven, die unter unsäglich schlechten Bedingungen zu arbeiten hatten, und Sklaven waren nicht billig und auch nicht immer greifbar. Das Gebiet war von Grubenanlagen wabenartig durchlöchert. Es gab Sklavenwohnsiedlungen, Walz- und Schlämmwerkstätten und Schmelzöfen vor Ort.

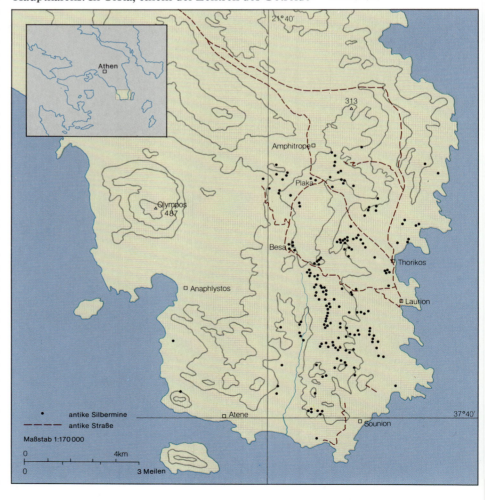

DIE GESELLSCHAFT IM ATHEN DES 5. JAHRHUNDERTS

*Rechts:* Fragment einer Inschrift über den Verkauf von Sklaven, aus dem Stadtzentrum Athens. Der Reichtum eines Atheners bemaß sich weitgehend nach der Anzahl der Sklaven, die er besaß. Allerdings hatten bereits im 5. Jahrhundert v. Chr. die Einwohner von Syrakus Sklaven in weit größerer Anzahl als die Athener.

*Unten:* Die Haltung der Griechen Tieren gegenüber ist liebenswürdiger als ihre Einstellung zu den Sklaven. Diese Tierfigurinen aus dem 6. Jahrhundert v. Chr. sind aus Terrakotta. Sie stammen aus Megara Hyblaia an der Ostküste Siziliens.

handels mit den Ländern am Schwarzen Meer, dessen Blütezeit im 5. Jahrhundert lag, gab es große Privathäuser mit Lagerspeichern, die darauf schließen lassen, daß sie Kaufleuten gehörten. Diese Häuser standen unmittelbar hinter der großen öffentlichen Agora, dem Geschäftsviertel, und die Agora von Olbia zeichnet sich durch besonders weitläufige öffentliche Kolonnaden aus. Olbia glich einem durchorganisierten öffentlichen Handelsunternehmen, und es war erfolgreich. Vergleichbare Ausmaße hat-

ten die Handelsgeschäfte des Königs der Könige, des Herrschers des Perserreiches, der sie durch seine Provinzgouverneure oder besondere Beamte betreiben ließ. In Athen jedoch und vermutlich auf dem gesamten griechischen Festland stand der Handel auf wackeligen Füßen.

Das System des Getreidehandels war seinem Wesen nach labil; er basierte auf dem Konkurrenzprinzip und war einem raschen Wechsel unterworfen. Hungersnot aus Mangel an Getreide und der Verlust der Flotte ruinierten die Einwohner Athens am Ende des Jahrhunderts. Am anderen Ende des Mittelmeeres hatte das Ringen um den Besitz von Silber und Bronze, gesteigert durch die Gier nach geprägtem Geld, verheerende Folgen. Es ist anzunehmen, daß auch dem Pferdehandel innerhalb Griechenlands schwerwiegende Probleme entstanden sind. Ein Teil der athenischen Reitertruppe kam jedenfalls im 4. Jahrhundert und auch später aus drei verschiedenen Regionen Thessaliens, aus Makedonien, von Korinth und Sikyon.

Die Getreideversorgung, die Pferdezucht, das Münzsilber und die Opfergaben für die Götter schienen so selbstverständlich zu sein wie die Natur selbst, bis eine Krise auftrat. Die Menschheit selbst definierte sich als »diejenigen, die das Korn der Demeter essen«. Seit die Verehrer der griechischen Götter das Fleisch ihrer Opfertiere verzehrten, machte dieser Kult das eigentliche Griechentum aus. Es bleibt anzumerken, daß dagegen die eleusinischen Mysterien sich erhabener darstellen. Läßt sich darin wohl der Beginn der Universalität der eleusinischen Mysterien, die sich in der Folgezeit entwickelte, erkennen? Die Gesellschaftsform Athens im 5. Jahrhundert war jedenfalls eine vollständig undurchlässige. Sklaven und Frauen hatten keine Chancen. Die Frauen und Töchter der Bürger hatten nicht mehr politische oder gesellschaftliche Rechte als die Sklaven. Jede griechische Stadt hatte Probleme mit dem Status der Ausländer, da deren Anzahl mit den Städten wuchs, und ebenso mit Mischlingen und Halbgriechen. Solcherart waren Athens Sorgen im 5. Jahrhundert. Mit dem Problem der Sklavenhaltung jedoch hatte das nichts zu tun.

### Sklaverei

Leibeigenschaft, Handel mit Menschen, soll nach Griechenland von Chios aus gekommen sein. Die Chioten jedoch behaupteten, die Sklaven, die sie handelten, seien nichtgriechisch. Weder Krieg noch Piraterie noch Sklavenraubzüge hätten die straff geplanten, auf Sklavenarbeit basierenden Staatsgebilde des 5. Jahrhunderts aufrechterhalten können, wären Handel und Märkte nicht gut organisiert gewesen. So mag Chios wohl eine bedeutende Rolle gespielt haben. Die Nationalität der Sklaven Athens war unterschiedlich. Aristoteles stellt fest, daß überall dort, wo es sehr viele Sklaven gab, sich ihre unterschiedliche Herkunft als Barriere gegen Sklavenaufstände erwies. Die meisten Sklaven gab es in den Silberbergwerken von Laurion, etwa 20–30000, fast so viele wie die freien Einwohner Athens.

Die Lebens- und Arbeitsbedingungen in Laurion waren sprichwörtlich menschenunwürdig, es existierte aber noch andere ekelhafte Sklavenarbeit. Die Athener besaßen schon in früheren Zeiten Kriegsgefangene, die als Sklaven in den Steinbrüchen bei Piräus arbeiteten. In Laurion wurden die Schürfrechte von staatlicher Seite jeweils nur kurzfristig vergeben, was zu einer raschen Ausbeutung führte. Aus diesem Grund wohl bot sich das Gebiet am Ende der klassischen Epoche als Konglomerat kleiner Gruben und Schächte, Löcher und Tunnels dar und besaß nur die wenigen Schmelz- und Veredelungsanlagen, die man gefunden hat.

DIE GESELLSCHAFT IM ATHEN DES 5. JAHRHUNDERTS

DIE GESELLSCHAFT IM ATHEN DES 5. JAHRHUNDERTS

DIE GESELLSCHAFT IM ATHEN DES 5. JAHRHUNDERTS

# Athen

*Vorangehende Seite:* Südost-Ansicht der Akropolis von Athen aus dem Jahr 1813. Der Titel des Bildes weist die Ruinen im Vordergrund als »Hadrianstempel« (der Tempel des Olympischen Zeus) aus. Zwischen den beiden Hälften des Parthenon, der bei der Explosion eines türkischen Pulvermagazins zerstört wurde, ist die Moschee zu sehen, die in der Zeit vor 1766 erbaut wurde.

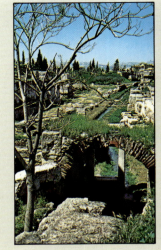

In Athen gibt es wunderbare Tempel und öffentliche Gebäude, aber nur ziemlich schäbige Privathäuser. Die Akropolis, seit jeher zentrale Befestigungsanlage und Haupheiligtum, war seit dem 13. Jahrhundert v. Chr. von einer massiven mykenischen Mauer eingefaßt. Um 800 v. Chr. bestand Athen noch immer lediglich aus ein paar Dörfern im Schatten der Akropolis. Selbst zu Zeiten der Perserkriege war es kaum als Stadt zu bezeichnen. Auf der Akropolis standen die wunderbaren Bauwerke, und die Peisistratiden hatten mit dem Bau des Tempels für den olympischen Zeus im Südosten begonnen. Die Agora im Norden aber bestand lediglich aus einer Reihe von Gebäuden, unter anderem dem neuen Rathaus des Kleisthenes, und einer Baumreihe sowie dem neuen, offenliegenden Abflußgraben.

Nach der Plünderung Athens durch die Perser im Jahr 480 v. Chr. und dem Sieg der Athener bei Plataä begann der Wiederaufbau unter Kimon, dann unter Perikles.

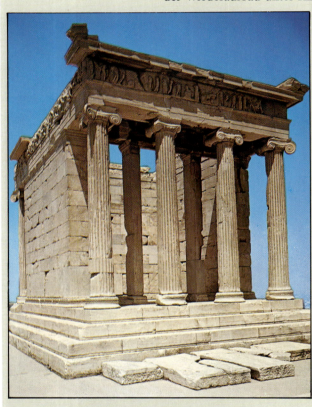

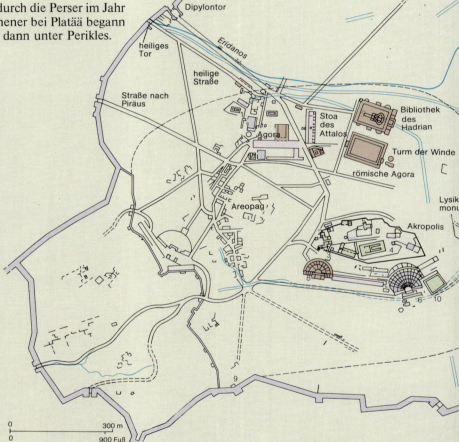

*Oben links:* Nach der Eleganz des Tempels der Nike Apteros (ungeflügelte Siegesgöttin) erwartete den Eintretenden die Erhabenheit der Propyläen. Mit diesem Gebäude wurde der Akropolis nach Perikles' Tod der letzte Schliff gegeben. Man hat geglaubt, daß es ein Mahnmal für die Perserkriege sei.

*Links:* Das Theater (oder Odeon) des Herodes Atticus aus der römischen Kaiserzeit. Es war eines der letzten öffentlichen Gebäude der Antike.

*Rechts:* Die Stoa des Asklepiosheiligtums aus dem 4. Jahrhundert. Ein enger Durchgang führt in die Höhle, in der die heilige Heilquelle fließt.

DIE GESELLSCHAFT IM ATHEN DES 5. JAHRHUNDERTS

- Archaisch
- Klassisch
- Hellenistisch
- Römisch

1 Theseion
2 Propyläen
3 Niketempel
4 Parthenon
5 Erechtheion
6 Dionysostheater
7 Asklepiosheiligtum
8 Odeion des Herodes Atticus
9 Philopappos-Monument
10 Odeion des Perikles

Aquädukt des Peisistratos

Hadriansbogen

Tempel des Olympischen Zeus

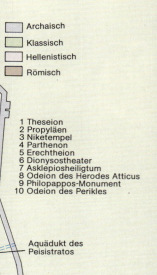

*Gegenüber, oben links:* Das große Eleusinische Tor in Athen und die Straße nach Sparta stellten imponierende Bauleistungen dar. Die dortigen Befestigungsanlagen wurden im Lauf der Jahrhunderte immer stärker ausgebaut. Außerhalb der Stadt säumten Grabsteine (*gegenüber, oben rechts*) die Straßen.

*Oben links:* Das Theseion (richtig: Hephaisteion) war das erste große Bauwerk, das nach den Perserkriegen erbaut wurde. Es ist das am besten erhaltene Beispiel eines dorischen Tempels mit sechssäuliger Front.

*Oben:* Die Propyläen, Haupteingang der Akropolis, wurden von Mnesikles entworfen und zwischen 437 und 432 v. Chr. erbaut.

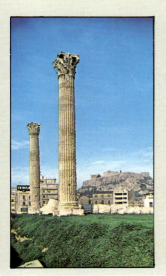

*Oben:* Die großartige Statue der Göttin des Parthenon von Phidias ist oft in kleinerem Maßstab und in schlechter Qualität kopiert worden: hier eine römische Kopie aus dem 2. Jahrhundert.

*Oben rechts:* Der achteckige Turm der Winde am Rand der römischen Agora ist im 1. Jahrhundert v. Chr. von dem Astronomen Andronikos aus Kyrrhos erbaut worden. Er diente als Sonnenuhr, Wasseruhr und Wetterfahne in einem. Die Reliefs stellen die acht Winde dar.

Der Parthenon (*rechts*), erbaut 447–438 v. Chr. unter der Leitung des Phidias, sowie der Zeustempel (*links*) beeindrucken durch ihre Größe, Bedeutung und reiche Ausstattung. Die Säulen des Parthenon (von größerer Anzahl als sonst bei einem Tempel dieser Art) strahlen sowohl Kraft als auch unnachahmliche Grazie aus. Der Tempel des Olympischen Zeus ist hellenistisch-römisch und so großartig geplant, daß es Jahrhunderte dauerte, ihn zu erbauen. Die Tyrannen planten ihn bereits im Jahr 515 v. Chr. Er blieb nach ihrem Sturz unvollendet bis ins Jahr 174 v. Chr., als Antiochos Epiphanes ihn im alten Umfang weiterbauen ließ. Er wurde unter Hadrian vollendet.

# Die Bildwerke des Parthenon

Der Parthenon war nicht allein dazu bestimmt, Athens Stadtgöttin zu verherrlichen, deren schönste Kultfigur (aus Gold und Elfenbein, 12 Meter hoch) er beherbergte, sondern auch dazu, Athens Führerrolle in den Perserkriegen zu würdigen. Der Figurenschmuck, der zum großen Teil von Lord Elgin nach London gebracht wurde, spiegelt diese zweifache Absicht kunstvoll wider. Die Arbei-

*Oben:* Der Fries, der am besten erhaltene Teil des Skulpturenschmucks, fiel am wenigsten auf. Er verlief rund um den gesamten Zentralbau oberhalb der äußeren Säulenreihe. Er stellte eine Prozession dar, an deren Ziel die Versammlung der Olympischen Götter und der Athenischen Stammesheroen stand. Einen Höhepunkt der Darstellung bildete eine kleine Gruppe von Personen, die dem Standbild der Göttin das heilige Gewand am Festtage der großen Panathenäen darbrachte. Diese Prozession ähnelte der Festprozession. Sie wird von den Teilnehmern der Kultfeiern angeführt (*siehe gegenüberliegende Seite*); der Hauptteil bestand jedoch aus Reitern (wie hier) und Wagen, die in Zusammenhang mit den Feierlichkeiten auf dem Prozessionsweg stehen, die ihrerseits einen heldenhaften oder religiösen Inhalt hatten. Vielleicht waren die Reiter jene Athener, die für Athen und Griechenland bei Marathon gekämpft hatten und deswegen wie Helden gefeiert wurden. So könnte man das Phänomen erklären, daß fast ausschließlich Sterbliche zum Gegenstand der Verehrung auf einem religiösen Gebäude werden.

*Unten:* Der Westgiebel stellt den Kampf Athenas mit Poseidon um das Land Attika dar, den die lokalen Gottheiten und Heroen beobachten. Der Ostgiebel zeigt die Geburt Athenas, der die Götter des Olymp beiwohnen. Es sind nur wenige Figuren erhalten, die zudem stark beschädigt sind. Sie sind jedoch von einer Würde, die in keiner Weise statisch oder übermäßig jenseitig erscheint. Diese drei Figuren aus dem Ostgiebel, die man lange Zeit fälschlich für die drei Moiren (Schicksalsgöttinnen) gehalten hat, sind wahrscheinlich Hestia (eine matronenhafte Gestalt der Göttin des Herdfeuers) und eine sich matt in den Schoß ihrer Mutter Dione schmiegende Aphrodite.

DIE GESELLSCHAFT IM ATHEN DES 5. JAHRHUNDERTS

ten wurden angeregt vom Staatsmann und Feldherrn Perikles, entworfen von seinem Freund, dem Bildhauer Phidias, und finanziert aus dem »Überschuß« des Tributes, den der Staatenbund, dem Athen gegen die Perser vorstand, bezahlt hatte. Derartige Bauvorhaben des Perikles zogen Hunderte von Handwerkern, Maurern und Bildhauern zur Arbeit nach Athen, und doch ist die Einheitlichkeit des Stils frappierend, der die humanistischen Ideale der klassischen Epoche auf ihrem Höhepunkt verkörpert. Ihre Siege über die Perser scheinen den sterblichen Athenern einen Hauch von Göttlichkeit verliehen zu haben. Die Bildwerke rühmen die Götter selbst und den heldenhaften Charakter ihres Volkes. Hier sind die Götter des Menschen Ebenbild.

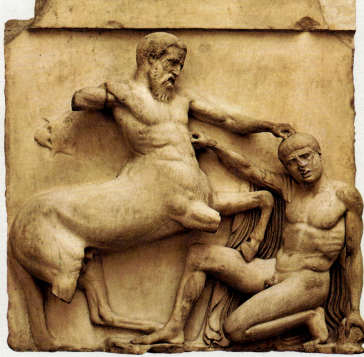

*Oben:* Eine Platte aus dem Fries der Südseite, auf der Jünglinge – fast an der Spitze der Prozession – das Opfervieh führen. Wenngleich die klassische Kunst vorwiegend mit der Wiedergabe des idealisierten Menschen in Verbindung gebracht wird, waren die Künstler der Klassik zugleich sorgfältige und kenntnisreiche Tierbeobachter.

*Oben:* Die Metopen waren oberhalb der äußeren Säulenreihe des Tempels angebracht. Auf der Südseite stehen junge Männer (Lapithen) im Mittelpunkt der Darstellung, die mit den Kentauren kämpfen, die das Hochzeitsfest ihres Königs gestört hatten (das gleiche Thema wird im Westgiebel des Zeustempels von Olympia dargestellt). Der Kentaur, der ja ein wildes Wesen ist, ist mit einer Tierhaut bekleidet. Im allgemeinen hat man innerhalb der klassischen Bildhauerei die Darstellung starker Gefühlsregungen vermieden. Hier jedoch kennzeichnet eine starke Aussagekraft das brutale, maskenhafte Haupt des Kentauren und das schmerzverzerrte Gesicht des im Kampf bedrängten Jünglings.

Die besondere Form der Giebelfelder ließ liegende Figuren für die Ecken allgemein gebräuchlich werden. Hier die Figur eines attischen Heroen aus dem Westgiebel (*oben*), vielleicht ein Flußgott. Aus dem Ostgiebel stammt der Gott Dionysos (oder auch möglicherweise Herakles) (*rechts*). Beides sind vollendete klassische Darstellungen männlicher Akte.

119

DIE GESELLSCHAFT IM ATHEN DES 5. JAHRHUNDERTS

# Olynth

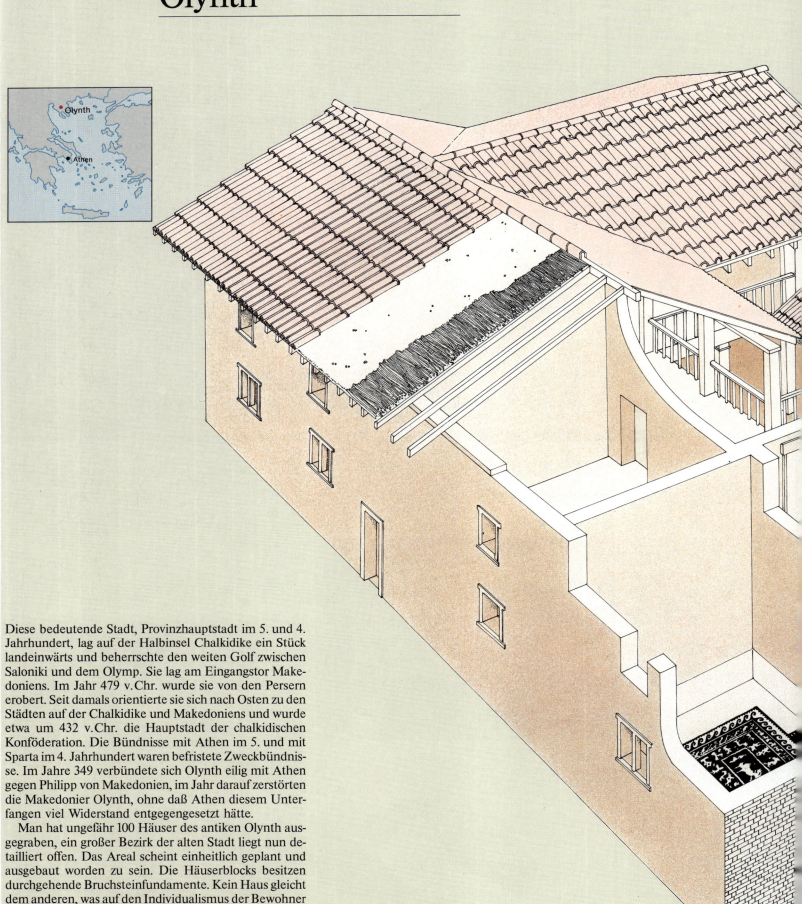

Diese bedeutende Stadt, Provinzhauptstadt im 5. und 4. Jahrhundert, lag auf der Halbinsel Chalkidike ein Stück landeinwärts und beherrschte den weiten Golf zwischen Saloniki und dem Olymp. Sie lag am Eingangstor Makedoniens. Im Jahr 479 v.Chr. wurde sie von den Persern erobert. Seit damals orientierte sie sich nach Osten zu den Städten auf der Chalkidike und Makedoniens und wurde etwa um 432 v.Chr. die Hauptstadt der chalkidischen Konföderation. Die Bündnisse mit Athen im 5. und mit Sparta im 4. Jahrhundert waren befristete Zweckbündnisse. Im Jahre 349 verbündete sich Olynth eilig mit Athen gegen Philipp von Makedonien, im Jahr darauf zerstörten die Makedonier Olynth, ohne daß Athen diesem Unterfangen viel Widerstand entgegengesetzt hätte.

Man hat ungefähr 100 Häuser des antiken Olynth ausgegraben, ein großer Bezirk der alten Stadt liegt nun detailliert offen. Das Areal scheint einheitlich geplant und ausgebaut worden zu sein. Die Häuserblocks besitzen durchgehende Bruchsteinfundamente. Kein Haus gleicht dem anderen, was auf den Individualismus der Bewohner schließen läßt. Die Grundstrukturen ähneln sich jedoch und kommen sehr nahe an die Vorstellungen von Xenophon oder Aristoteles heran.

DIE GESELLSCHAFT IM ATHEN DES 5. JAHRHUNDERTS

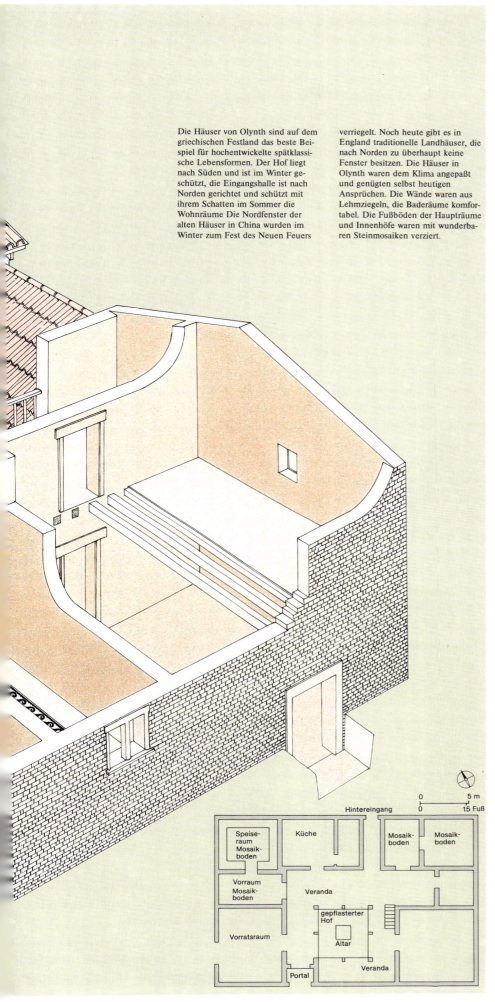

Die Häuser von Olynth sind auf dem griechischen Festland das beste Beispiel für hochentwickelte spätklassische Lebensformen. Der Hof liegt nach Süden und ist im Winter geschützt, die Eingangshalle ist nach Norden gerichtet und schützt mit ihrem Schatten im Sommer die Wohnräume Die Nordfenster der alten Häuser in China wurden im Winter zum Fest des Neuen Feuers verriegelt. Noch heute gibt es in England traditionelle Landhäuser, die nach Norden zu überhaupt keine Fenster besitzen. Die Häuser in Olynth waren dem Klima angepaßt und genügten selbst heutigen Ansprüchen. Die Wände waren aus Lehmziegeln, die Baderäume komfortabel. Die Fußböden der Haupträume und Innenhöfe waren mit wunderbaren Steinmosaiken verziert.

## Arm und reich

Eine Inschrift aus dem Minengebiet von Laurion beansprucht als Eigentum »den Grund, die Anlagen und die *andrapoda* (Menschenvieh)«. Eine Meile entfernt von dort, wo sich noch heute die ländliche Idylle von Sunion im Süden Attikas befindet, landeinwärts hinter der von Bungalows gesäumten Küste, wachsen Iris, Orchideen und Anemonen zwischen den Ruinen mannigfacher Bauerngehöfte. Sie waren berühmt für ihren Honig, der sogar in Gedichten gepriesen wurde. Hier haben wir eine der besterhaltenen antiken Bauernlandschaften vor uns. Es gab im 4. Jahrhundert v. Chr. ein Sprichwort, daß der schreckliche Gegensatz zwischen dem Leben auf einem Bauernhof und der Arbeit in den Bergwerken wohl ein Lebensalter umgreife. Die Kluft war tiefer als unser heutiger Unterschied zwischen Reichtum und Armut. In Athen drängte sich in der 2. Hälfte des 5. Jahrhunderts eine verarmte Stadtbevölkerung, die sich jedoch in sprachlicher und religiöser Hinsicht nicht von den anderen unterschied. Zwischen Sklaven und Freien jedoch lagen Welten. Einige wenige Sklaven wurden freigelassen. Freie wurden durch Krieg oder Piraterie zu Sklaven. Der Gegensatz zwischen arm und reich im Athen des 5. Jahrhunderts war ein durchgängiges Phänomen. Nur wenige begüterte Familien der damaligen Zeit lassen sich über mehr als drei Generationen hinweg verfolgen. Es gab keine wohlhabenden Stadthäuser. Die Landhäuser waren festungsartige Steingehöfte, Rechteckhöfe mit Eckturm, am ehesten mit den alten Bauernhäusern an der schottischen Grenze vergleichbar.

Noch sind nicht genügend Gebiete Griechenlands gründlich genug erforscht, um Vergleiche zu erlauben. Man weiß jedoch, daß der Gegensatz zwischen Stadt und Land sich unterschiedlich darstellte: in der Kolonie Istros (Histria) an der Westküste des Schwarzen Meeres klebten Häuser aus Strohlehm an den Außenseiten der Stadtmauern. Waren dies die Häuser der Ureinwohner? Im reichen Olynth auf der Chalkidike entstanden zauberhafte Villen außerhalb der Stadt in der Verlängerungslinie des symmetrischen Gittermusters der städtischen Straßen. Wem gehörten diese Häuser? Das Prinzip der Gleichberechtigung bei der frühkolonialen Landaufteilung verknöcherte alsbald innerhalb einer Aristokratie von Gründerfamilien. Auch auf andere Weise verlor es sich bald: die Erbgesetze traten in Kraft und galten fort bis weit in spätere Generationen hinein.

In Megara Hyblaia auf Sizilien, das 483 v. Chr. zerstört wurde, bestattete man Reiche und Arme bis ca. 550 v. Chr. auf gemeinsamen Friedhöfen. Später trennten und isolierten die Reichen ihre Grüfte nach Familiengruppen. Doch selbst auf den frühen Friedhöfen sind drei Viertel der Toten Arme. Die Grabbeigaben bestanden aus mehrfach verwendeten Öl- oder Weinkrügen. In 42 Prozent von 250 Gräbern fand man überhaupt keine Beigaben. 13 Prozent der Verstorbenen waren einfach verscharrt worden. Eine gewisse ausgleichende Gerechtigkeit kennzeichnet die Kriege, die Griechenland im 5. Jahrhundert so böse heimsuchten: In Kriegszeiten gelang den Sklaven die Flucht leichter, Sklavenhalter dagegen wurden leichter selbst zu Sklaven. Der General Nikias, der in der sizilischen Expedition 415–413 geschlagen wurde, besaß in den Bergwerken von Laurion 1000 Sklaven. Er vermietete sie an den Thraker Sosias unter der Bedingung, daß die Anzahl konstant zu bleiben habe.

Moderne Untersuchungen antiker Gesellschaftsformen haben gewisse Paradoxien zu Tage gebracht. Die Griechen des 5. Jahrhunderts hatten keine staatlich gelenkte Politik für eine Anzahl von Problemen, die uns wichtig erscheinen.

*Forts. s. S. 125*

# Der Alltag

Wir wissen erstaunlich wenig über das Alltagsleben der Antike, da die gewöhnlichen Verrichtungen einfacher Menschen kaum Spuren in der gehobenen Literatur und Kunst hinterlassen. Das Material, das uns vorliegt, ist jedoch gut und überzeugend, sowohl in der Literatur (Platon, Aristophanes, Archilochos) als auch in der bildlichen Darstellung. Manchmal finden wir nur eine Zeile wie die von Hesiod über den Erwerb einer Frau – »eine gekaufte, nicht eine zum Heiraten, um dem Pflug zu folgen« – oder ein bemalter Grabstein, auf dem eine Frau dargestellt ist, die in ihrem Garten ein Opfer darbringt.

Wichtig ist, sich das Alter jedes der überkommenen Fragmente vor Augen zu halten: Keine Periode kann vollständig rekonstruiert werden. Es gab viele Dinge, die über Jahrhunderte hinweg unverändert Bestand hatten, es begegnen aber auch Abweichungen, und diese Unterschiedlichkeiten machen die Geschichte der Menschheit aus. Der Geschmack am Fisch hielt sich unverändert über Jahrtausende, aber man aß ihn nicht überall, und es aßen ihn nicht alle. Der Handel mit Pökelfisch nahm mit dem Wachstum der Städte zu. In den dunklen Zeitaltern Griechenlands besaß nicht jeder einen Pflug, das Land wurde mit der Hacke bearbeitet. Die Frage nach der Größenentwicklung der Felder und der privaten Landgüter ist leicht gestellt, läßt sich jedoch wie alle derartig leichten und wichtigen Fragen nur in allgemeinsten Umrissen beantworten.

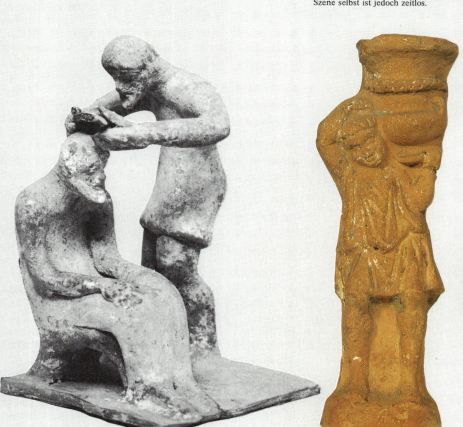

*Unten:* Im späten 6. Jahrhundert wurden derartige kleine Terrakottafiguren, die Alltagsszenen darstellten, häufig hergestellt und gewöhnlich als Grabbeigaben verwendet. Zur Zeit der Klassik war der Friseurladen, wie schon früher die Schmiede, sprichwörtlich berüchtigt als Zentrum des Klatsches. Der Mann mit dem Korb stammt aus einer späteren Zeit, die Szene selbst ist jedoch zeitlos.

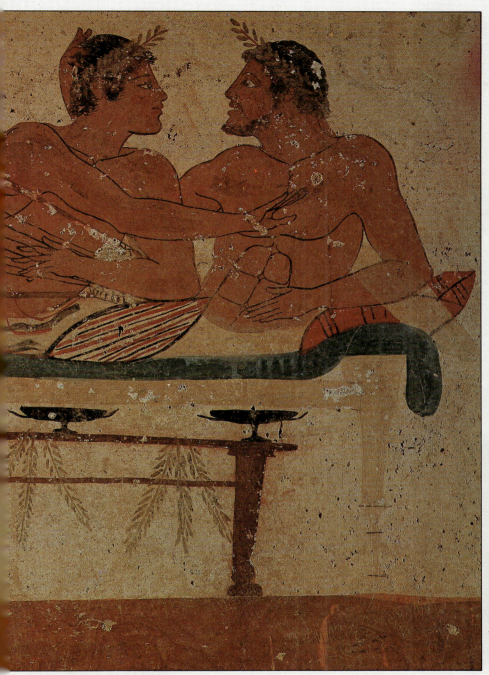

*Links:* Dieses Fresko eines Gastmahls (um 480 v.Chr.) stammt von der Wand eines Sarkophages aus Poseidonia (später Paestum) in Süditalien. Ähnliche Darstellungen gibt es in der attischen Vasenmalerei. An derartigen Gelagen nahmen traditionell nur Männer teil, eine Ausnahme bildeten später Hetären. Von daher erklären sich die Homosexualität und die heiter-gelassene Ironie dieses Paares. Es handelt sich hier um das Grab eines jungen Mannes. Die Malerei offenbart ein starkes Gespür für die Freuden der Sinne.

*Oben:* Der »Kaffeeklatsch« dieser bemalten Frauenfiguren aus Terrakotta aus dem Britischen Museum gehört zur mediterranen Lebensart. Diese genaue Beobachtung, die Mischung aus Humor, Zuneigung, künstlerischer Gestaltung und Realismus gehört zum Besten, was die Kunst der Klassik hervorgebracht hat. Die strengen Linien, die die antiken Statuen selbst in Miniaturform so eindrucksvoll machen, sind hier fließend und weich, gleichzeitig ihrem Gegenstand aber so angemessen gestaltet, daß wir uns gern Menander zuwenden.

*Oben:* Der Pflug war das wichtigste Instrument menschlichen Fortschritts in der Welt der Griechen, und die Griechen wußten das, denn sie maßen dem Pflug in Mythologie und Metapher große Bedeutung bei.

Die Präzision, mit der der Handwerker bei seiner Arbeit am letzten Schmuckornament eines Bronzehelms (*ganz links*) gezeigt wird, läßt auf genaue Beobachtung schließen. Der Fischhändler (*links Mitte*) ist wärmer, freundlicher, weniger anspruchsvoll und typisch süditalienisch. Der Junge (*links*) mit den Möbeln, die wahrscheinlich für ein Bankett bestimmt sind, gehört einer früheren Welt an. Ihm sind ganz unterschwellige erotische Akzente eigentümlich, weitaus subtiler als es die platten Worte »nackter Jüngling mit Bett« ausdrücken könnten.

DIE GESELLSCHAFT IM ATHEN DES 5. JAHRHUNDERTS

Es gab ja keinen Staat in unserem Sinne, kein fürsorgliches, traditionsreiches, sich seiner selbst bewußtes und selbstverwaltendes Staatswesen, das zu handeln verstand und Konsequenzen zu tragen bereit war. Wir wissen beispielsweise, daß das persische Wirtschaftssystem nur so lange funktionierte, wie der Reichtum sich nicht verbreiten konnte. Man hat gesagt, daß die Gesellschaftsstruktur Spartas auf dem Kriegswesen basierte, aber tatsächlich drohte sie zusammenzustürzen, als der Krieg ausbrach. Die Athener waren stolz auf ihre Kunst, den Frieden zu bewahren, und doch war auch ihre Wirtschaft in Friedenszeiten vom Zerfall bedroht. Für die Armen bedeutete die wachsende Inanspruchnahme der Arbeit von Sklaven keine Erleichterung, sondern Bedrohung. Denn stand diese Art von Arbeit einmal zur Verfügung, so verbreitete sie sich zwangsläufig in jeglicher Art von Unternehmen. Xenophon empfiehlt in einem seiner weniger bekannten Werke eine extreme Lösung: der Staat selbst soll Sklaven erwerben wie eine Einzelperson, um durch ihre Arbeit ständig Gewinne zu erzielen. Er schlug als angemessene Anzahl 3 Sklaven pro Kopf der Bevölkerung Athens vor.

**Die Religion**
Im Zusammenhang mit diesen Antagonismen darf ein zusätzliches Wort über die griechische Religion im 5. Jahrhundert nicht fehlen. Die Ordnung des Götterhimmels scheint in sich selbst unveränderlich gewesen zu sein, wenn auch jedes einzelne Element variabel war. Einzelne Götter können mehrere Funktionen haben, und die Rollen der Götter variieren unter Beibehaltung des ursprünglichen Namens. Was Zeus in Elis tut, ist auch ein Teil des Wirkens der Athene in Athen. In einem Festkalender, der in einen Felsen in Attika gehauen ist, sind sämtliche Feiertage dem Hermes geweiht. Die Ansprü-
*Forts. s. S. 128*

*Gegenüber:* Kornmahlende Frau mit Handmühle, Terrakottafigur aus dem Nationalmuseum in Athen.

*Unten:* Die Reiter des Parthenonfrieses sind junge Männer im wehrfähigen Alter, die am Festtag der Athena in der Prozession zur Akropolis mitreiten. Sie sind der Stolz Athens in seiner Blütezeit.

# Das Klassische in der griechischen Kunst

Ein besonderes Kennzeichen der griechischen Kunst des 5. Jahrhunderts ist eine lebendig-natürliche Geometrie. Die Griechen sahen und gestalteten Formen aus der Natur in geometrischen Begriffen und Formen so, als wären sie lebendig gewachsene Organismen. Mathematik und Naturwissenschaft entwickelten sich später als diese instinktiv angewandte Geometrie, dürften jedoch im 5. Jahrhundert nicht ohne Einfluß auf die Formgebung gewesen sein. Statuen wurden gemäß einem Koordinatensystem mathematischer Proportionalität entworfen. Als der Realismus sich

Man darf niemals die seltsamen und wunderbaren Formen aus dem Auge verlieren, die in der griechischen Kunst selbst zu Zeiten der reinsten Klassik auftreten. Andernorts wurden die griechischen Themen mit der gleichen Begeisterung aufgenommen und schöpferisch umgeformt, die die Griechen einst in den Tagen, als ihre Augen noch unbelastet waren, beseelt hatte, wenn sie sich selbst die gleichen oder auch ältere Themen angeeignet hatten. Merkwürdigerweise war es jedoch meistens die der Klassik zugrundeliegende Geisteshaltung, die sich ausbreitete und nicht die Motive selbst. Daher wurden fremde Einflüsse umgestaltet.

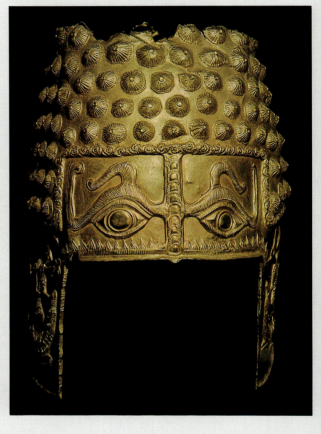

immer mehr durchsetzte und so etwas Paradoxes wie bewegter Marmor entstand, wurde das alte System aufgegeben und neue traten an seine Stelle. Die Palmetten und Lotosknospen des 6. Jahrhunderts erwiesen sich als beliebig variabel: es gab sie aus Marmor, Terrakotta und Bronze.

Sie wurden in verschiedenen Variationen als Gebäudeschmuck verwendet, hier z.B. in nüchternem Schwarz, Braun und Rot (oben) eine Baudekoration aus der Werkstatt des Phidias in Olympia, der dort um 430 v. Chr. die große Zeusstatue für den Tempel entwarf und fertigstellte. Diese goldene Version (oben) stammt aus Brauron in Attika. Ihre Datierung fällt schwer, geht jedoch zumindest teilweise bis ins späte 5. Jahrhundert zurück. Wahrscheinlich ist es ein Teil eines Schmuckes. Seine florale Form ist identisch mit der des Terrakottaexemplars aus der Phidias-Werkstatt, die Wirkung jedoch ist völlig verschieden.

Bei diesem gut gearbeiteten Sarkophag, der in Sidon gefunden wurde und jetzt im Museum von Istanbul steht, ist noch kleinasiatischer Einfluß spürbar, ganz fern klingen auch Elemente der attischen Kunst und der Skulpturen des Parthenon an. Der starke Neigungswinkel seines Deckels ist angeblich lykisch, vielleicht in Anlehnung an die dortigen Dachformen gestaltet. Die glatte Ausführung und die Darstellung mythischer Themen jedoch deuten auf eine griechisch beeinflußte Arbeit hin.

Die Sphinx war ursprünglich ein Grabwächter. Schon auf sehr frühen attischen Grabsteinen hielten die archaischen Sphinxfiguren mit ihren katzenhaften Körpern und ihrem düsteren Lächeln Wache. Um das Jahr 400 v. Chr. jedoch hat die Sphinx diese Funktion verloren. Ihr Haupt ist realistisch und schön, fast gefällig. Die Brüste sind vollkommen herausgearbeitet, der Tierkörper ist raffiniert modelliert. Vielleicht hat sie an erotischem Reiz verloren, ihre sexuelle Anziehungskraft ist jedoch gewachsen. Ihre geheimnisvolle göttliche Herkunft verraten aber noch immer die Flügel, die sie beibehalten hat.

Noch plastischer sind die kämpfenden Kentauren herausgearbeitet. An einem Ende streiten sich zwei Kentauren um ein Stück Wildbret, am anderen stürzen sich zwei auf einen Lapithen. Formal ist die zweite Szene von den Metopen des Parthenon beeinflußt, auf denen ebenfalls der Kampf der Kentauren und Lapithen dargestellt wird. Vergleichbare Darstellungen existierten in Athen auch noch an anderen Stellen sowie am Apollontempel von Bassai. Die Technik dieses Sarkophages ist ausgefeilter als die des Parthenon.
Aber obwohl die Komposition im großen und ganzen gekonnt ist, ist sie kein Meisterwerk. Dieser Sarkophag ist eine gute Arbeit, exzellent im Detail, aber dennoch etwas unbeseelt. Ursprünglich war er bemalt, die Farbe ist aber größtenteils verschwunden.

Dieses herrliche goldene Stück ist einer von mehreren Helmen mit bossierten Augen; sie stammen aus der Zeit um 400 v. Chr. aus Rumänien, der abgebildete aus Cotofenesti. Derartige Augen haben in Griechenland und auch andernorts eine lange Tradition. In archaischer Zeit verlief ein Augenfries um den Thronsaal des Palastes von Ebla in Syrien. Auf den Bug der athenischen Kriegsschiffe waren im 5. Jahrhundert Augen aufgemalt. Noch heute sieht man in den Ländern des Mittelmeerraums hie und da Schiffe mit Augen am Bug. Diese Augen sollen nicht Schrecken verbreiten, sondern vor dem bösen Blick schützen. Die Fabeltiere, die derartige Gegenstände verzieren, stammen ebenfalls aus derselben orientalischen Phantasie, die solche Zwitterwesen schon 200 Jahre früher in der griechischen Kunst und Mythologie heimisch gemacht hatte.

Wahrscheinlich ist es ein Kennzeichen unterentwickelter künstlerischer Tradition von gleichwohl großartigem Charakter, solche Produkte undifferenzierter Einflüsse hervorzubringen. Die Kostbarkeit des Materials hat etwas Barbarisches, Stil und Verarbeitung sind roh und aus griechischer Sicht überspannt. Für griechische Historiker mag es tröstlich sein zu sehen, daß derart luxuriöse und gefragte Gegenstände trotz der Nähe zu Griechenland kaum klassisch beeinflußt waren. Sie gehören nicht zur griechischen Kunst und verraten kaum griechischen Einfluß. Sie geben aber trotzdem Aufschluß über die Ausbreitung der griechischen Geisteshaltung: es gab demnach damals Kontakte zwischen Griechen und fremden Völkern, und es gab Griechen, die diese Kunstschätze mit eigenen Augen gesehen hatten. Wahrscheinlich hätte dieser Helm aus edlem Metall in seiner Pracht und Fremdartigkeit die Athener damals gleichermaßen beeindruckt wie uns.

Zweifellos unterlag die griechische Kunst Veränderungen insbesondere in den Küstenländern des Schwarzen Meeres. Normalerweise herrschte eine regelmäßige und ruhige Gestaltung von Blumen- und Rankenmotiven vor. Auf dieser Prunkhaube aus Ak-Burun auf der Krim wird dieser Stil jedoch aufgegeben. Ihr Schöpfer war wahrscheinlich ein Grieche, ebenso wie ihr Besitzer. Im gleichen Grab fanden sich nämlich eine Amphore und eine griechische Münze. Ursprünglich war diese Haube aus dem 4. Jahrhundert mit Leder eingefaßt. Sie steht hier für die zahlreichen Meisterwerke griechischer und »halbgriechischer« Kunst aus edlen Materialien (meistens aus Gold), die in Rußland gefunden wurden und sich heute zumeist in russischen Provinzmuseen befinden. Sie beeindrucken ebenso durch ihre künstlerische Gestaltung wie auch durch ihre Menge und Kostbarkeit. Man darf nicht vergessen, daß diese Regionen auch Verbindungen zur Kunst der Steppenvölker mit ihrer formstrengen Tierdarstellung hatten sowie zur Webkunst Innerasiens und über die Seidenstraße auch zu China.

Dies ist ein Teilstück eines hervorragend gearbeiteten, verzierten Harnischs (eine nichtgriechische Arbeit), der Knie und Bein eines thrakischen Königs kurz nach 380 v. Chr. schützte. Fundort ist die Mogilanskamündung bei Vratza in Bulgarien, wo man auch einige leichter datierbare (und der griechischen Kunst näher stehende) Kostbarkeiten gefunden und geborgen hat.

Die seltsamen Ornamente und die parallel verlaufenden Streifen auf dem Kopf der Frau sind eine Tätowierung. Im Athen des 5. Jahrhunderts waren thrakische Hexen, die den Mond vom Himmel zaubern konnten, und die tätowierten Gesichter thrakischer Frauen sprichwörtlich bekannt. Die Athener haben wahrscheinlich thrakische Ammen in Diensten gehabt, so wie die Normannen in England walisische Ammen hatten. Das Ergebnis war, daß lokale Traditionen mit Elementen eines fremden Volkscharakters durchsetzt wurden. In Thrakien sind weitaus mehr griechisch beeinflußte Kunstwerke erhalten geblieben als andernorts. Fast durch das ganze 5. Jahrhundert hindurch waren die Athener Bündnispartner der Thraker gegen die Perser. Man heiratete auch untereinander. Es gibt sogar eine detaillierte Aufstellung eines Hochzeitsmahls, dessen Ruhm durch die Jahrhunderte ging.

Die wuchernden Formen dieser Verzierungen ergeben sich durch die Form der Beinschienen. Sie sollten abschreckend wirken, vielleicht einen Zauber ausüben, der Unglück von ihrem Träger fernhält. Im frühen 6. Jahrhundert gab es zum ersten Mal Gesichter auf den Knieschalen der Beinschienen, die in Olympia gefunden wurden. Die spiraligen Formen und die Unterteilungen stammen wahrscheinlich aus früherer Zeit: so orientalisch wie die Greifen auf der unteren Hälfte. Diese Arbeit steht dem griechischen Geschmack des 7. Jahrhunderts sicherlich weitaus näher als der Kunst des klassischen Zeitalters. Was jedoch in Griechenland selbst bereits untergegangen war, konnte an den Grenzen der griechischen Welt mit ungeschmälerter Kraft weiterleben.

Eine Fläche wurde verziert und unterteilt, indem man unzählige Mustervariationen erfand. Gleichzeitig sollten die Werke etwas darstellen und den Betrachter beeindrucken. Diese Löwen, die sich winden wie Locken, die hinter den Ohren hervorkommen, sind flach gearbeitet. Genauso sind mit Ausnahme der Schlangen, die sich aus ihren Schalen hochschlängeln, die übrigen Details gearbeitet. Sie ähneln in gewisser Weise den Tierdarstellungen der Nomadenvölker, wohingegen der Vogel links und der (Greifen-) Flügel rechts etwas weniger roh wirken. Selbstverständlich stammt dieses Werk nicht aus Griechenland. Es ist ein einheimisches Kuriosum, eine Stilmischung mit griechischen Einflüssen.

Seit dem späten 5. Jahrhundert wurde in der bildenden Kunst die burleske Darstellung der Heldengeschichten üblich. Das ist, wenn auch nicht ausschließlich, der attischen Komödie zu verdanken.

Ganz und gar realistisch wurde die Kunst im 5. Jahrhundert wie zu Zeiten der Renaissance unter dem Einfluß der Karikatur. Selbst in den Werken der subtilsten Maler gegen Ende des Jahrhunderts traten Elemente der Karikatur auf. Hier ist besonders der Maler Zeuxis aus Herakleia zu erwähnen, einer Kolonie der Stadt Taras (Tarent) in Lukanien, am »Rist« des italienischen Stiefels. Diese Vase stammt aus Pisticci bei Metapont und ist charakteristisch für die Formensprache des Zeuxis. Dennoch kann man sie kaum mit seinen besseren Arbeiten vergleichen, in denen er den rosenbekränzten Eros, Weintrauben oder eine Kentaurenfamilie darstellt.

Diese größere Skizze zeigt einen berühmten Angriff aus dem Hinterhalt (nämlich auf Dolon durch Odysseus und Diomedes) aus der *Ilias*. Die Bäume mit ihren gestutzten Ästen sind wohl als Element der Perspektive und als Formelement konzipiert. Die Handlung spielt sich mit Blickrichtung auf den Betrachter ab. Die gesamte Bildfläche ist ausgefüllt, wie auf den frühen griechischen Vasen, im Detail jedoch ornamentaler und realistischer als diese. Das Tier auf dem Helm des Diomedes soll so witzig wirken wie Diomedes selbst. Der Künstler erweckt alles, was er anpackt, zum Leben, sogar einen Helmbusch oder ein Hosenband. Er bedient sich in parodistischer Absicht abgedroschener Zeichenkonventionen wie des wehenden Mantels oder der Linien am Magen.

127

DIE GESELLSCHAFT IM ATHEN DES 5. JAHRHUNDERTS

# Bassai

*Unten:* Die Cella mit ihren zehn ionischen Halbsäulen und einer einzelnen korinthischen Säule in der Mitte. Die Engländer beraubten den Tempel seines Figurenschmucks, der sich im Britischen Museum befindet.

Der Tempel des Apollon Epikurios (des Helfers) steht nahe bei einer Quelle hoch oben in den Bergen Arkadiens. Er gehörte den Bewohnern von Phigalia, einer nahegelegenen alten Bergstadt. Er soll zur Erinnerung an die Befreiung von einer Seuche erbaut worden sein, sein Baumeister war angeblich einer der Schöpfer des Parthenon. Der Tempel ist ein Gebäude ganz eigener Prägung mit einzigartigem Grundriß, Haupteingang an der Seite und Nord-Süd-Orientierung. Ein Geheimnis liegt um diesen großartigen Tempelbau in den hohen Bergen, und die Entrücktheit der Atmosphäre, die ihn in der Nacht oder im Winter umgibt, läßt noch heute Ahnungen vom Wesen der antiken Religion aufkommen.

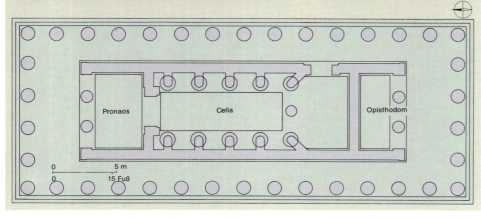

che und Erwartungen an die Götter waren im großen und ganzen immer dieselben: Regen, Brot, Wein, irdische Reichtümer, Heilung, Orakelweisheit, Frieden, Erfolg.

Die Widersprüchlichkeiten im Wesen der einzelnen Götter störten lediglich die Philosophen, der Einzelne bezog seine religiöse Wahrheit aus der Überlieferung und wählte, ohne viel zu überlegen, das aus, was er brauchte.

Aus diesem Grund waren die Athener offen für so kühne Konzeptionen wie die des Aristophanes oder des *Symposion* Platons. Sie besaßen einen genial einfallsreichen und unerschrockenen Verstand, für den kein Gott vollkommen war und der nichts von festen Glaubensbekenntnissen hielt. Ihre Fähigkeit, sich die in der Natur vorkommenden Formen künstlerisch anzueignen, war erstaunlich. Die Künstler des Parthenonfrieses müssen ihre Sicherheit der Pferdedarstellung aus einer künstlerischen Tradition hergeleitet haben, die Helden und Tote zum Gegenstand hatte. Nach dem Parthenon gibt es einige wenige Grabsteine, die mit Sicherheit von denselben Künstlern geschaffen worden sind, da sie seine Figuren adaptieren. Der Grabstein des Sosinos, eines Schmiedes aus Kreta, der in Athen gelebt und gewirkt hatte, und der Grabstein des Flickschusters Xanthippos, der wohl ein Sklave gewesen ist, gleichen in ihrer bildlichen Darstellung den sitzenden Göttern des Parthenon. Die geschorene Sklavin Minno sitzt spinnend auf ihrer Grabstele wie eine Göttin.

Zweifellos aber hatte die Religion der Athener auch ihre Schattenseite, die ernst genommen wurde. Es gab Exorzismen und viele andere primitive Rituale. Zu seiner Zeit stand Sophokles in höherem Ansehen wegen seiner Eigenschaft als Diener einer heiligen Schlange als wegen seiner dramatischen Dichtkunst. Nikias, der ein militärisches Unternehmen wegen einer Mondfinsternis verschob, stand mit seinem Aberglauben nicht allein da. Vor der Schlacht von Salamis im Jahr 480, in der die griechische Flotte die Perser endgültig schlug, brachten die Athener Menschenopfer dar, und zwar in einer Mischung aus abstoßendem Ritual und wilder Grausamkeit des Vollzugs. Später sprach man dann von Wundern, einer magischen Erscheinung aus Eleusis, den Vorzeichen einer Taube, Eule, Schlange oder sogar eines Hundes. Die Athener glaubten, daß ein toter Held auferstand und für sie in Marathon kämpfte, dem Schauplatz eines vergangenen Sieges über die eindringenden Perser im Jahre 490. In ländlichen Gegenden konnte Dionysos in Form von Efeu oder eines Feigenbaumes auftreten. Jährliche Prozessionen tanzender Transvestiten sollten die eine oder andere Gottheit besänftigen oder an diese oder jene Initiationsfeierlichkeit erinnern.

Vor dem Hintergrund dieser dunklen und wirren Seite des Jahrhunderts muß man den geistigen Stolz und das Selbstvertrauen der Athener sehen. Das 7. Jahrhundert v.Chr. hatte weniger Schwierigkeiten, jedoch muß man die beseelte und bezaubernde Dichtung des Archilochos auch an diesen geringeren Schwierigkeiten messen. Neu an der dunklen Seite des 5. Jahrhunderts ist die Orientierungslosigkeit, eine gleichsam nervöse Ermüdung. Gegen Ende des 6. Jahrhunderts hatten die alten Rituale der griechischen Religion, die zu einer ganzen Gesellschaft gehörten, öffentlich und kollektiv, bis zu einem gewissen Grad ihre Kraft verloren. Sie waren aus ihrem »natürlichen« Zusammenhang gerissen, viele wichtige Funktionen hatte der Staat übernommen. Die Athener hatten keinen emotionalen Zugang mehr zu den Riten, die sie vollführten (von daher ist der Pseudorationalismus der sophistischen Generation zur Zeit des Tragödiendichters Euripides zu verstehen), und allgemeine Unsicherheit war sowohl Ursache als auch die Folge.

# DIE PERSERKRIEGE UND DIE PELOPONNESISCHEN KRIEGE

Zwangsläufig mußten die Griechen an ihren Grenzen mit dem Reich der Perser in Konflikt geraten, und so kam es, daß fast alle griechischen Städte in Kleinasien den Persern gleichzeitig zum Opfer fielen. Thrakien befand sich zunächst trotz seiner geographischen Nachbarschaft zu den Barbaren noch in relativer Sicherheit. Für die Kolonien am Schwarzen Meer galt dasselbe trotz der Nähe der Skythen. Nach der Niederlage des Königs Kroisos von Lydien gegen Kyros im Jahr 546 standen die meisten kleinasiatischen griechischen Städte sowie ganz Lydien unter der Herrschaft des persischen Statthalters von Sardes, Phrygien und seine griechischen Städte unter derjenigen Daskylions. Jede Stadt hatte jedoch ihren eigenen Herrscher, zumeist war es ein Tyrann. Er war so lange unabhängig, wie er seine Abgaben bezahlte und sich an der Herrschaft halten konnte. Als Gruppe gesehen waren diese Leute nicht loyal gegenüber Persien. Sie waren eigensüchtige Provinzherren.

## Der persische Einfall in Thrakien

Im Jahre 512 marschierte Kyros' Nachfolger Darius nach Thrakien ein. Ein Baumeister mit Namen Mandrokles aus Samos erbaute eine schwimmende Brücke zwischen Kleinasien und Europa. Immer mehr griechische Regimenter schlossen sich dem gewaltigen kaiserlichen Heereszug an. Das Heer überquerte auf einer zweiten Pontonbrücke die Donau, und Darius zog weiter nördlich gegen die Skythen.

Die lokalen Völkerschaften blieben relativ unberührt. Auch gelangte Darius nicht zu den nördlich der Donau gelegenen Silberbergwerken. Hätte er diese erreicht, so hätte er die gesamten Bodenschätze der Erde von Mitteleuropa bis nach Afghanistan unter seiner Kontrolle gehabt, wo ungefähr zur gleichen Zeit am Oberlauf des Oxus ein persischer Gouverneurspalast entstand, nahe bei den Lapislazuliminen. Als die Verbindung mit seinem Reich plötzlich abbrach, erhoben sich die drei griechischen Städte Byzantion, Perinthos und Chalkedon hinter seinem Rücken. Darius zog sich nach Persien zurück, seinem Heer jedoch gelang es schließlich, die Küstenstaaten vom Bosporus bis zum Axion westlich der Chalkidike zu unterwerfen. Makedonien erkannte die persische Oberhoheit an. Die Siege waren aber nicht von Dauer: Die Skythen übten Vergeltung, überfielen Thrakien und vertrieben den dort von Persern eingesetzten griechischen Statthalter.

Dieser Mann war Miltiades von der Chersonnes. Er hatte, nachdem Darius die Bootsbrücke über die Donau passiert hatte, Kontakt zu den Skythen aufgenommen, die ihm vorschlugen, die Brücke zu zerstören. Die Ausführung dieses Plans wurde durch Histiaios von Milet vereitelt. Sein Lohn bei der Rückkehr des Königs der Könige war die Ortschaft Myrkinos am Strymon östlich der Chalkidike, eine fruchtbare bäuerliche Siedlung im Landesinnern, bei den Silberminen am Abhang des Pangaiongebirges gelegen. Dieser Ansiedlung war jedoch kein Gedeihen beschieden, ebensowenig wie der Kolonie Amphipolis, die die Athener später am gleichen Ort etablierten. Dennoch wurden die Perser bald neidisch. Histiaios wurde nach Persien zurückgerufen und 12 Jahre dort festgehalten. Unterdes herrschte unter persischer Hoheit sein Schwiegersohn Aristagoras über Milet, und er war es, der Persien schließlich in den direkten Konflikt mit dem griechischen Festland brachte.

## Aristagoras und der ionische Aufstand

Die Einwohner von Naxos hatten eine kleine Gruppe herrschender Adelsfamilien außer Landes getrieben. Diese Familien hatten sich an Aristagoras gewandt und ihn dazu gebracht, daß er Darius den Vorschlag machte, Naxos, sämtliche Inseln und die traditionellen Handelsplätze Euböas zu unterwerfen. Im Jahre 499 wurde eine

*Forts. s. S. 131*

**Das Perserreich im 5. Jahrhundert v. Chr.**

In den persischen Palästen von Persepolis sowie in den Königsgräbern von Nashq-i-Rustam existierten Verzeichnisse der Völker, die Untertanen der persischen Könige waren. Ihre typischen Vertreter sind in ihren Trachten und mit Geschenken aus ihrer Heimat abgebildet. Anders als auf ägyptischen und assyrischen Darstellungen sind auf den persischen Reliefs die Untertanen aufrecht und würdevoll abgebildet, wie sie an der Hand geführt werden, um ihre Gaben darzubringen. Die Macht des Reiches zeigt sich hier von einer noblen Seite. Die Liste gibt lediglich eine Auswahl wieder. Es gab viel mehr Stämme und Völker unter persischer Herrschaft, als hier verzeichnet wurden. Ein anderes, offizielles Verzeichnis, das uns Herodot überliefert hat, erwähnt die Satrapien, die Darius eingeteilt hatte, sowie die Höhe der Tribute, die jede Satrapie zu leisten hatte. Sicherlich deckte sich das Verzeichnis der Satrapien nicht mit dem der Völker, zumal die Satrapien von Zeit zu Zeit umorganisiert wurden.

129

DIE PERSERKRIEGE UND DIE PELOPONNESISCHEN KRIEGE

# Aegina

Die Insel Aegina war reich und unabhängig, bis Athen im 5. Jahrhundert v. Chr. stark genug geworden war und sie besiegte. Im 7. und 6. Jahrhundert war Aegina eine bedeutende Seemacht. Auf der Insel liegen einige faszinierende Ausgrabungsplätze. Bei dem heutigen Hauptort wurde ein bedeutender Goldschatz, vermutlich aus der Bronzezeit, in einem Grab außerhalb des Apollon-Tempels gefunden. Die Silbermünzen Aeginas waren das gängige Zahlungsmittel in großen Teilen Griechenlands und im Mittelmeerraum weit verbreitet. Aegina, berühmt für seine Töpferwaren, war zu jener Zeit ein Mittelpunkt der griechischen Kunst. Die Insel liegt ungefähr auf halber Strecke zwischen Athen und der Peloponnes. Sie ist gebirgig und teilweise bewaldet.

Der bedeutendste erhaltene Tempel ist das Heiligtum der Aphaia, einer lokalen Göttin, das sich auf einem niederen Hügel über dem Meer erhebt. Dieser Tempel wurde im frühen 5. Jahrhundert erbaut. Der heilige Bezirk umfaßt jedoch auch Gebäude aus früherer Zeit, der Kult geht mindestens bis ins 7. Jahrhundert zurück. Der Figurenschmuck aus dem 5. Jahrhundert läßt darauf schließen, daß Aphaia identisch mit Athene ist.

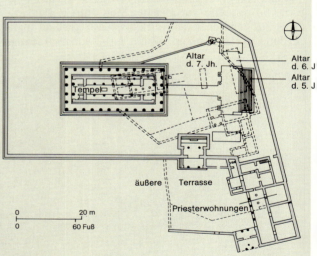

Der Aphaia-Tempel *(links)* ist noch immer eindrucksvoll, obwohl sein Figurenschmuck fehlt (heute in München). Vor nicht allzulanger Zeit wurde er durch Blitzschlag beschädigt, wirkt aber trotzdem noch immer idyllischer als in der Antike, als dort geschäftiges Treiben herrschte. Die Figuren *(oben)* sind auch verändert worden, da sie von Thorwaldsen im letzten Jahrhundert ergänzt worden sind (heute wieder im originalen Zustand). Trotzdem erkennt man in ihnen das genaue Vorstellungsvermögen ihrer Schöpfer, und die Qualität ihrer Ausführung bleibt unverkennbar. In der präzisen Bearbeitung des Steins offenbaren sie viel vom letzten Aufleuchten des archaischen Zeitalters und der beginnenden Klassik.

DIE PERSERKRIEGE UND DIE PELOPONNESISCHEN KRIEGE

*Ganz oben:* Der Artemis-Tempel in Sardes wurde von Griechen im 3. bis 2. Jahrhundert v. Chr. erbaut. Die Kannelierung der Säulen ist niemals vollendet worden.

*Oben:* Diese spätklassische attische Weinkanne zeigt den Kampf zwischen einem Griechen und drei Asiaten. Ein ähnliches Selbstvertrauen findet sich in den Schriften Xenophons und Menanders. Es kam erstmals zu Zeiten der Perserkriege auf oder eher in der Periode, die auf sie folgte.

Expedition von 200 Schiffen gegen Naxos ausgesandt, die jedoch innerhalb von 4 Monaten gar nichts erreichte. Nun fiel Aristagoras in Ungnade, und zwar ebenso rasch wie sein Schwiegervater Histiaios. Seine Reaktion war verheerend. Er organisierte eine Reihe von Aufständen, vertrieb die Statthalter sämtlicher ihm erreichbarer griechischer Städte; den Statthalter von Mytilene auf Lesbos ließ er zu Tode steinigen.

Aristagoras selbst legte seine Alleinherrschaft über Milet nieder. Das Silbermünzsystem wurde von den neuen Demokratien auf einen einheitlichen Standard gebracht. Ein Hilfsgesuch an Sparta brachte keinen Erfolg. Athen jedoch stellte eine Flotte von 20 Schiffen, Eretria auf Euböa 5 Schiffe zur Verfügung. Das persische Reich reagierte langsam. Aristagoras hatte bereits Lydiens Hauptstadt Sardes niedergebrannt, als die Perser ihn bei Ephesos stellten und schlugen. Das Blatt wendete sich, und er floh nach Myrkinos. Er plante, nach Sardinien zu gehen, das Silberminen, Eisengruben und eine berühmte Bronzeindustrie besaß. So waren um 540 auch die Phokaier auf dem Weg über ihre Kolonien Alalia auf Korsika und Massilia (Marseille) gekommen, um Elea (Elia oder Velia) bei Paestum zu gründen, damit sie sich nicht den Persern unter Kyros zu unterwerfen hatten.

Aristagoras aber starb in Thrakien, und seine vormaligen Verbündeten in Athen vollzogen eine scharfe Kehrtwendung ihrer antipersischen Politik. Sie ernannten Hipparchos (nicht der Sohn des Peisistratos, aber doch ein Peisistratide) zum obersten Beamten. Als die Dinge so standen, sandte Darius Histiaios auf eine drei Monate währende Fahrt von Susa zur Küste, mit dem Auftrag, den Aufstand niederzuschlagen. Histiaios aber wechselte die Partei, wie vor ihm Aristagoras, floh nach Chios, bekam aus Lesbos Schiffe und führte ein Seeräuberleben mit Stützpunkt in Byzantion. 493 v. Chr. ergriffen ihn die Perser und kreuzigten ihn. Milet fiel in einer Seeschlacht, wobei die griechische Flotte knapp halb so groß war wie die der Perser. Lesbos und Samos ergriffen die Flucht, lediglich Chios kämpfte erfolgreich. Die überlebenden Männer von Milet wurden zur Mündung des Tigris verschleppt. Alle Frauen und Kinder wurden versklavt. Der Apollontempel im benachbarten Didyma wurde niedergebrannt. Im fernen Athen wurden die Nachrichten aus Milet mit einem Aufschrei der Wut empfangen.

**Die Perser setzen ihren Vormarsch fort**
Die Perser hatten bereits Zypern unter ihre Herrschaft gebracht und waren auf dem Weg, die Griechen in Karien im südwestlichen Kleinasien ebenfalls zu unterjochen. Im Norden marschierte Darius' Schwiegersohn Mardonios im Jahr 492 auf, um die persische Oberheit in Thrakien und Makedonien wiederherzustellen und Eretria und Athen zu vernichten. Er erreichte sein Hauptziel, eroberte Thasos im Vorbeifahren, verlor aber einen großen Teil seiner Flotte in einem Sturm vor dem Berg Athos, so daß Athen und Eretria noch einmal davonkamen. Im Jahre 490 kamen die Perser zum dritten Mal nach Europa, den verbannten Hippias, Sohn des Peisistratos, in ihrem Gefolge. Diesmal segelten sie direkt übers Ägäische Meer und eroberten auf ihrer Fahrt eine Insel nach der anderen. Die Stadt Naxos wurde niedergebrannt. Delos, Apolls heilige Insel, wurde verschont. Es ist anzunehmen, daß auch das Heiligtum in Milet geschont worden wäre, wenn den politischen Zielvorstellungen tatsächlich genau Folge geleistet worden wäre. Die Perser waren keine ideologischen Fanatiker oder politische und religiöse Eiferer. Während sich die Provinzfürsten der griechischen Städte Kleinasiens als unzuverlässig erwiesen, sorgten die Perser durch lokale demokratische Verfassungen für Ordnung, solange nur die Steuern eingingen und die Tributleistungen an Schiffen und Menschen weiterliefen. Das Unternehmen gegen Athen war gewissermaßen ein adliger Bürgerkrieg. Auf der einen Seite stand Hippias, Sohn des Peisistratos, auf der anderen Miltiades, Sohn des Kimon. Derselbe Miltiades hatte ungefähr 20 Jahre zuvor, als er noch Tyrann auf der Chersonnes war, darauf gesonnen, Darius bei der Donaubrücke zu verraten. Als ihn die Skythen von der Chersonnes vertrieben, kehrte er nach Athen zurück. Nun war er einer der Strategen. Die Söhne des Peisistratos hatten seinen Vater ermordet.

DIE PERSERKRIEGE UND DIE PELOPONNESISCHEN KRIEGE

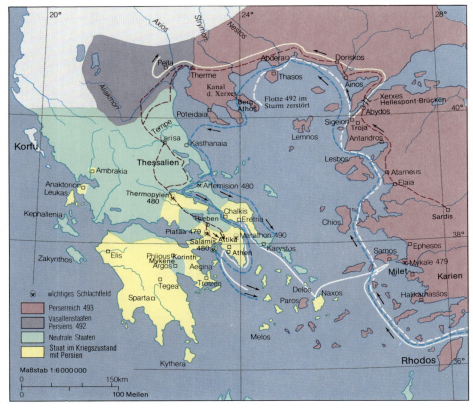

**Persische Kriegszüge, 490–479 v. Chr.**
Aus persischer Sicht war die Expedition des Jahres 490 ein Stoßtruppenunternehmen, um Eretria und Athen für ihre Beteiligung am ionischen Aufstand zu bestrafen und in Athen die Tyrannenherrschaft wiederzuerrichten. Die Schlappe bei Marathon setzte eine massive Vergeltungskampagne in Bewegung, die Jahre der Vorbereitung benötigte und an der das gesamte Herrschergeschlecht und jede Provinz des Reiches teilzunehmen hatten. Die Flotte war zu schwach, um ohne direkten Kontakt zum Landheer operieren zu können. So war der Kanal durch die Athoshalbinsel nicht nur ein Prestigebau, sondern hatte auch eine strategische Bedeutung. Der Plan, die Perser im Tempetal aufzuhalten, wurde aufgegeben, da das Tempetal umgangen werden konnte. Die Thermopylen waren der am besten geeignete Ort, dem Feind entgegenzutreten. Erst in jüngster Zeit ist die Umgehungsroute, die Xerxes durch Verrat bekannt gemacht worden war, wiederentdeckt worden. Die nächste Landenge war der Isthmus, zu dem die Perser jedoch infolge der griechischen Siege bei Salamis (480) und Plataä (479) nie gelangten. Nun war dem griechischen Seesieg bei Mykale (479) der Weg geebnet, durch den Teilgebiete Ioniens befreit wurden. Vom griechischen Festland war somit der Druck gewichen. Die Athener und ihre Verbündeten führten aber weitere 30 Jahre Krieg im östlichen Mittelmeer.

**Die Schlacht bei Marathon**
Die Eroberer brannten Eretria nach siebentägigem Kampf nieder und verkauften seine Bewohner als Sklaven. Dann landeten die Perser in Marathon bei einer weiten sumpfigen Ebene fern der Stadt – vielleicht auf den Rat des Hippias hin, dessen Vater vor 50 Jahren hier gelandet war, um Athen zu erobern. Athen hatte sich bereits an Sparta um Beistand gewandt, da aber Vollmond herrschte, in Sparta eine geheiligte Zeit, kam niemand zu Hilfe. So standen 9000 Athener ohne Verbündete, außer 1000 Mann aus Plataä, dem gewaltigen persischen Heer allein gegenüber. Die Perser hatten erwartet, sie mit einem Pfeilhagel niedermachen zu können, um sie dann mit ihrer Reiterei völlig zu vernichten. Entgegen jeder Wahrscheinlichkeit siegten die Athener. Sie stürmten zu Fuß im Eilschritt voran, schnitten die Heeresmitte der Perser von den sie deckenden Flügeln ab und griffen die mittlere Division an. Das Ergebnis war ein Massaker. Es endete damit, daß die Perser im Sumpf ihr Leben verloren und im Meer niedergemetzelt wurden, während sie zu ihren Schiffen liefen. Die Athener verloren nur 192 Mann. Ihr Grabhügel besteht noch heute. Einige Schiffe verbrannten, aber der Großteil der Flotte von 600 Schiffen segelte um Sunion herum nach Athen. Dort trafen sie auf dasselbe Heer der Athener und ergriffen die Flucht. Zweifellos hatte irgend jemand vom Land aus den Schiffen auf See mit einem gleißenden Schild Signale gegeben. Hippias besaß noch immer Freunde.

Die Denkmäler aus Marmor und Bronze in Marathon und Delphi können kaum den Triumph der Athener wiedergeben. Gedichte, ein berühmtes Bild, Legenden und die Geschichtsschreibung haben ihn auszudrücken versucht. Noch 650 Jahre später glaubten Reisende, geisterhafte Geräusche von bewaffneten Männern zu hören, wenn sie am Schlachtfeld vorüberkamen. Die Kämpfer von Marathon hießen zeit ihres Lebens »Söhne von Marathon«. Zu dieser Zeit begann man in Athen mit dem Bau des strengen und großartigen älteren Parthenon, der noch Jahre später unvollendet stand, als die Perser zurückkamen. Es war auch die Zeit der Entstehung der tragischen Dichtung (Aischylos hatte bei Marathon mitgekämpft). Außenpolitisch waren die Athener nach wie vor – obwohl erfolgreicher – in ihre Händel mit Aegina verstrickt. So muß man sich beispielsweise vorstellen, daß die Athener während eines Ausfalls im Jahr 487 v. Chr. nur 50 Schiffe besaßen und deshalb Aegina erst anzugreifen wagten, nachdem sie sich weitere 20 Schiffe von Korinth geliehen hatten.

Innenpolitisch ging der Trend zur Demokratisierung weiter. Die Staatsbeamten wurden jetzt durch das Los bestimmt. Da diese Methode für die Wahl von Feldherren jedoch nicht angezeigt ist, übertrug man in Kriegszeiten die Macht 10 gewählten Strategen, einem aus jedem Stamm (Phyle). Im Jahr 487 wurde der oberste Beamte Hipparch verbannt, 486 folgte ihm Megakles, ein Neffe des Kleisthenes. 484 fiel Xanthippos, der Mann von Klei-

# DIE PERSERKRIEGE UND DIE PELOPONNESISCHEN KRIEGE

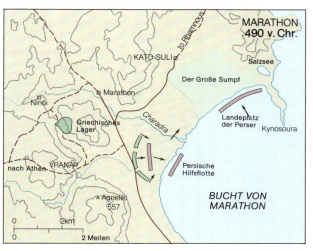

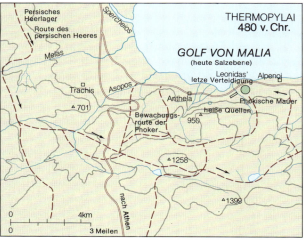

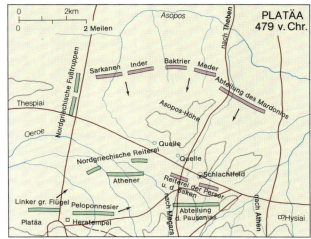

*Oben:* Als die persische Flotte zum ersten Mal den Versuch unternahm, die Halbinsel Athos zu umfahren, geriet sie in einen heftigen Sturm und erlitt große Verluste. Aus diesem Grunde – so meint man – haben die Perser sich einen Kanal durch diese Landenge gegraben.

sthenes' Nichte und Vater des Perikles, dem Scherbengericht anheim und wurde verbannt. Der Held von Marathon, Miltiades, starb in Ungnade als Abenteurer. So ging allmählich die Bedrohung, die von diesen Adelsgeschlechtern ausging, ihrem Ende entgegen. Damals begann die Zeit des Themistokles. Bevor er bei Marathon kämpfte, hatte er bereits ein Amt innegehabt. Seine Familie war reich und adelig, er selbst wohl ein Bastard dieser Familie. Er wurde schließlich durch das Scherbengericht außer Landes geschickt und starb als Statthalter einer griechischen Stadt im persischen Reich.

Themistokles war der Schöpfer der Hafenfestung von Piräus; als Vorbild mag der Lagunenhafen Lechaion bei Korinth gedient haben, doch übertraf Piräus Korinth durch die Einbeziehung des günstig gelegenen natürlichen Felsgeländes in die Anlage. In den Jahren 483 und 482, als die Bergwerke von Laurion erstmals Silber im Überfluß aus tiefer gelegenen Flözen förderten, baute er eine Flotte von 200 Schiffen auf. Als dann im Jahre 480 v. Chr. die Perser erneut zuschlugen, war Athen zum ersten Mal in seiner Geschichte stark genug, einen Sieg zu erringen, der sogar den von Marathon übertraf. Darius selbst war nicht mehr am Leben, er hatte jedoch noch die Vorbereitungen getroffen. Er war im Jahr 486 gestorben.

## Der Heereszug des Xerxes

Xerxes folgte auf seinen Vater. Er ging sorgfältig und mit geballter Kraft vor und ließ einen Kanal durch die Athoshalbinsel stechen, um einer Katastrophe wie der Zerstörung der persischen Flotte im Jahr 492 vorzubauen. 481 kam er hinab nach Sardes, um dort den Winter zu verbringen.

Xerxes war von grausamem Wesen. Als ihn sein Gastgeber in Sardes darum bat, den ältesten seiner fünf ins persische Heer eingezogenen Söhne zu verschonen, ließ Xerxes den jungen Mann in zwei Hälften zerteilen und seine Armee durch die Mitte hindurchmarschieren. Er erbaute zwei immense Brücken zwischen Asien und Europa. Als ein Sturm sie zerstörte, ließ er die Baumeister köpfen und das Meer auspeitschen.

Das Ausmaß dieses persischen Heerhaufens, das uns Herodot, der damals noch ein Junge gewesen war, überliefert, muß unvorstellbar groß gewesen sein. Die Truppe bestand aus Äthiopiern in Leopardenfellen, die Pfeile mit Steinspitzen mit sich führten, aus Persern in Kettenpanzern und langen Hosen, Indern in Baumwollgewändern, Kriegern aus Innerasien in Ziegenfellen, Männern mit Keulen, Dolchen und Lassos, Thrakern mit Fuchspelzmützen, aus Lanzenträgern, Bogenschützen und Gestalten in »gefärbten Kleidern und hohen Stiefeln«. Es wird von mehr als eineinhalb Millionen Fußvolk und 80 000 Reitern berichtet. Tatsächlich dürfte das Landheer etwa 200 000 Mann stark gewesen sein, darunter die persische Elitetruppe mit 10 000 Kriegern, und die persische Flotte dürfte nicht mehr als 1000 Schiffe umfaßt haben.

Wie ein nächtlicher Blitz die Formen der Berge ganz plötzlich erhellt, so wirft die persische Invasion ein Licht auf die Beziehungen der Griechen untereinander. Die Spartaner hielten am Isthmus von Korinth eine Versammlung ab, an der 31 Staaten teilnahmen. Thessalien, ein Großteil Böotiens und die kleineren Völkerschaften aus dem Norden blieben fern; sie lagen an der direkten Einmarschroute der Perser und hatten keine Veranlassung anzunehmen, der Süden würde ihnen beistehen. Argos blieb fern wegen seiner alten Zwietracht mit Sparta. Eine Bittgesandtschaft der Versammlung nach Argos blieb erfolglos. Auch den Gesandtschaften nach Kreta, Korfu und Syrakus war kein Erfolg beschieden. Lediglich Athen und Aegina schienen sich versöhnt zu haben. Den-

*Forts. s. S. 139*

# Der griechische Soldat

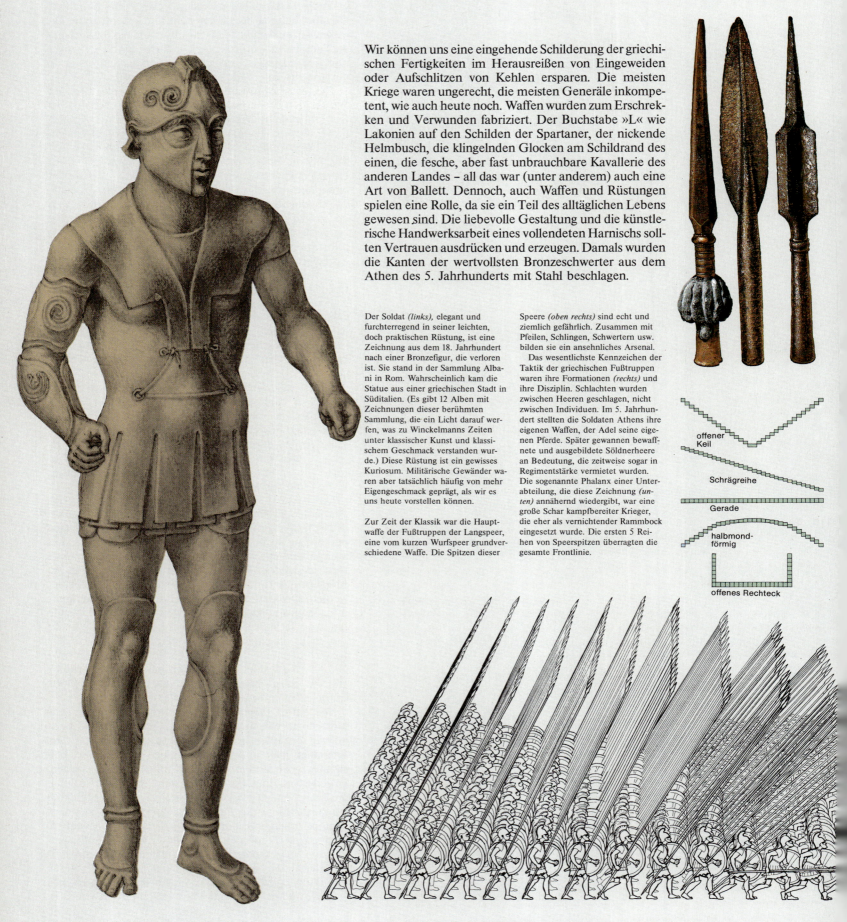

Wir können uns eine eingehende Schilderung der griechischen Fertigkeiten im Herausreißen von Eingeweiden oder Aufschlitzen von Kehlen ersparen. Die meisten Kriege waren ungerecht, die meisten Generäle inkompetent, wie auch heute noch. Waffen wurden zum Erschrecken und Verwunden fabriziert. Der Buchstabe »L« wie Lakonien auf den Schilden der Spartaner, der nickende Helmbusch, die klingelnden Glocken am Schildrand des einen, die fesche, aber fast unbrauchbare Kavallerie des anderen Landes – all das war (unter anderem) auch eine Art von Ballett. Dennoch, auch Waffen und Rüstungen spielen eine Rolle, da sie ein Teil des alltäglichen Lebens gewesen sind. Die liebevolle Gestaltung und die künstlerische Handwerksarbeit eines vollendeten Harnischs sollten Vertrauen ausdrücken und erzeugen. Damals wurden die Kanten der wertvollsten Bronzeschwerter aus dem Athen des 5. Jahrhunderts mit Stahl beschlagen.

Der Soldat *(links),* elegant und furchterregend in seiner leichten, doch praktischen Rüstung, ist eine Zeichnung aus dem 18. Jahrhundert nach einer Bronzefigur, die verloren ist. Sie stand in der Sammlung Albani in Rom. Wahrscheinlich kam die Statue aus einer griechischen Stadt in Süditalien. (Es gibt 12 Alben mit Zeichnungen dieser berühmten Sammlung, die ein Licht darauf werfen, was zu Winckelmanns Zeiten unter klassischer Kunst und klassischem Geschmack verstanden wurde.) Diese Rüstung ist ein gewisses Kuriosum. Militärische Gewänder waren aber tatsächlich häufig von mehr Eigengeschmack geprägt, als wir es uns heute vorstellen können.

Zur Zeit der Klassik war die Hauptwaffe der Fußtruppen der Langspeer, eine vom kurzen Wurfspeer grundverschiedene Waffe. Die Spitzen dieser Speere *(oben rechts)* sind echt und ziemlich gefährlich. Zusammen mit Pfeilen, Schlingen, Schwertern usw. bilden sie ein ansehnliches Arsenal.

Das wesentlichste Kennzeichen der Taktik der griechischen Fußtruppen waren ihre Formationen *(rechts)* und ihre Disziplin. Schlachten wurden zwischen Heeren geschlagen, nicht zwischen Individuen. Im 5. Jahrhundert stellten die Soldaten Athens ihre eigenen Waffen, der Adel seine eigenen Pferde. Später gewannen bewaffnete und ausgebildete Söldnerheere an Bedeutung, die zeitweise sogar in Regimentsstärke vermietet wurden. Die sogenannte Phalanx einer Unterabteilung, die diese Zeichnung *(unten)* annähernd wiedergibt, war eine große Schar kampfbereiter Krieger, die eher als vernichtender Rammbock eingesetzt wurde. Die ersten 5 Reihen von Speerspitzen überragten die gesamte Frontlinie.

Die Helmbüsche der griechischen Vasenmalerei waren füllig, oft seltsam und schön. Es gab sie tatsächlich. In Thrakien ritt ein Stammesfürst in die Schlacht, auf seinem Helm saß ein Vogel aus Eisen, der beim Reiten mit den Flügeln schlug.

Kegel    Frühkorinthisch

Illyrisch

Die Vielfalt der griechischen Helme ist größer, als man es in ein paar Bildern zeigen kann. Sie ist mehr eine Angelegenheit verschiedener lokaler Traditionen als ein Ergebnis technischen Fortschritts. Am weitesten verbreitet war der korinthische Helm. Er konnte sehr elegant aussehen und behielt seine Form vom 8. Jahrhundert *(ganz oben rechts)* über das 6. Jahrhundert *(rechts)* bis ins 5. hinein bei. Ein anderer Vorfahr der meisten griechischen Helme war der »Kegel« *(ganz oben links)*, der unpraktisch und unbeliebt war und bald nach dem Jahr 700 v. Chr. aufgegeben wurde. Sein Helmbusch jedoch blieb Vorbild für spätere Modelle. Eine illyrische Variante *(oben)* war noch bis ins 5. Jahrhundert in Gebrauch.

135

# Kriegsmaschinen

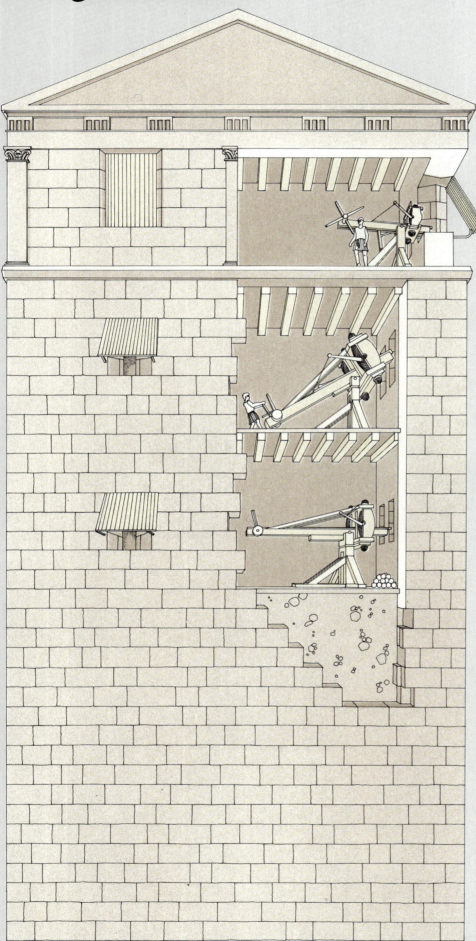

Griechische Festungsanlagen gibt es seit dem Bronzezeitalter und den Tagen Mykenes; die Akropolis in Athen, die die Perser im 5. Jahrhundert eroberten, besaß noch Schutzmauern aus mykenischer Zeit. Im 5. Jahrhundert waren nicht nur Festungen und Burgen mit Mauern umgeben, sondern auch ganze Städte und sogar wie im Falle Athens oder Akragas in Sizilien große Teile unbebauten Grundes. Die Mauern Roms sind griechisch beeinflußt. Die ganze Peloponnes wurde durch eine Mauer auf dem Isthmus geschützt. Im 5. und 4. Jahrhundert erlebten Waffentechnik und Verteidigungssysteme einen fortlaufenden technischen Entwicklungsprozeß. Dieser Fortschritt brachte immer neue Baumethoden, Gerätschaften und Angriffsmethoden mit sich und tatsächlich hielt er trotz Rückschlägen so lange an, bis die Erfindung des Flugzeugs ummauerte Städte unwirksam machte.

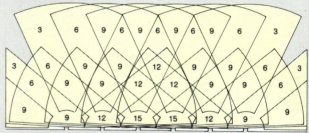

Diese erstaunlichen Bilder zwecklosen Erfindungsgeistes (*rechts*) zeigen den Aufriß einer hellenistischen Belagerungsmaschine. Sogar die Besatzung ist in etwa maßstabsgetreu wiedergegeben, doch wenn schon in der *Ilias* das Leben eines Fußsoldaten als elend und kurz geschildert ist, so trugen diese seltsamen Maschinen und die riesigen Mauern, zu deren Erstürmung sie aufgestellt wurden, dazu bei, es noch elender und kürzer zu machen. Es ist ein Anzeichen des Verfalls der menschlichen Gesellschaft im Zeitalter des Hellenismus, daß derart viele Erfindungen zur Kriegsführung mißbraucht wurden, daß man sogar die Energie des Wasserdampfes erkannt hatte, jedoch niemals auf die Idee der Eisenbahn kam.

Schleudern, die auf Türmen einer langen Verteidigungsmauer befestigt waren, verdichteten die »Feuerlinie« und verstärkten die Angriffskraft mehr, als wir uns das im allgemeinen vorstellen. Diese graphische Darstellung geht von 6 Türmen in einer Reihe aus, die in 100 Meter Abstand voneinander stehen. In jedem Turm befinden sich 9 Schleudern, 3 weitere in jeder der äußeren Befestigungen, d. h. 54 Geräte auf 900 Meter Front. Die Zahlen zeigen, wie viele Schleudern man auf einem bestimmten Terrain unterbringen konnte.

Soziale Veränderungen waren ebenso bedeutend wie technische. Der Krieg stand und fiel mit dem einzelnen Fußsoldaten, der seit den frühen archaischen Zeiten durch strenge militärische Schulung geprägt wurde. Alexanders Soldaten änderten einst auf einen einzigen Befehl hin ihre Richtung, bildeten eine schildkrötenartige Deckung mit ihren Schilden wie hier (*links*), deren Rückseite dem Feind zugewandt war. So konnten mit Steinen beladene Karren über ihren Köpfen ohne Schaden für sie selbst aufeinanderprallen.

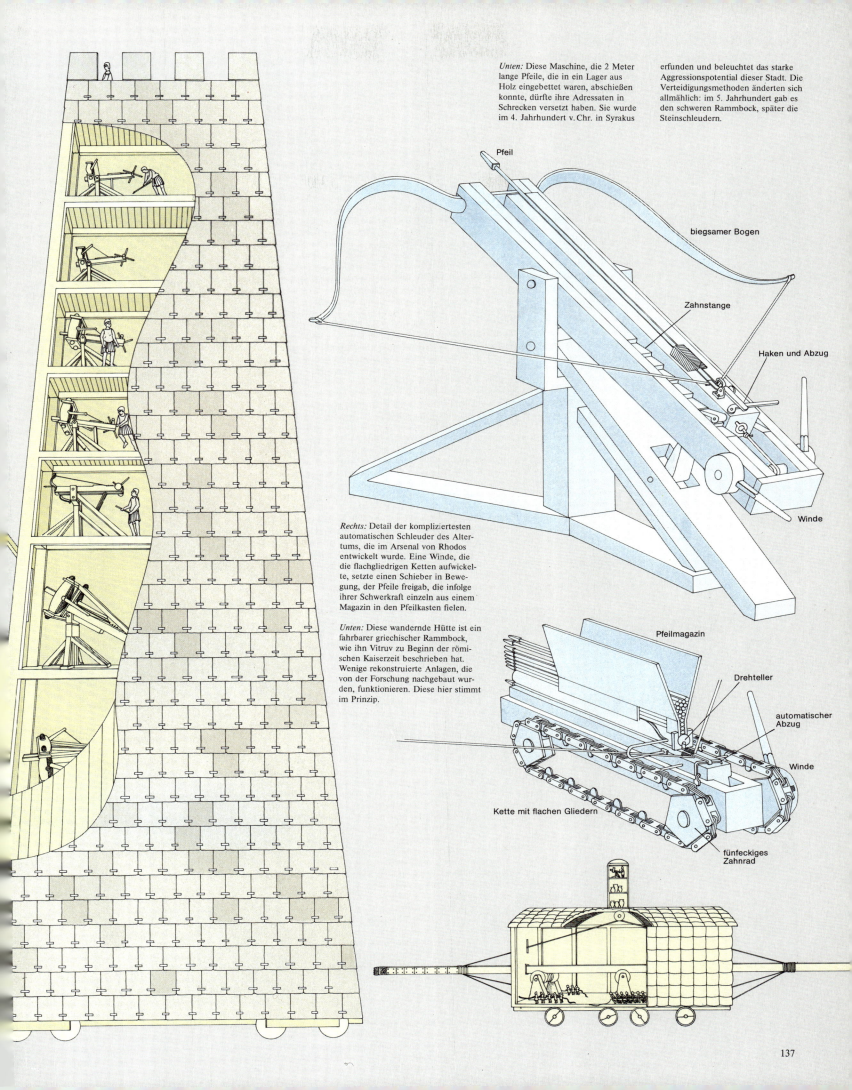

*Unten:* Diese Maschine, die 2 Meter lange Pfeile, die in ein Lager aus Holz eingebettet waren, abschießen konnte, dürfte ihre Adressaten in Schrecken versetzt haben. Sie wurde im 4. Jahrhundert v. Chr. in Syrakus erfunden und beleuchtet das starke Aggressionspotential dieser Stadt. Die Verteidigungsmethoden änderten sich allmählich: im 5. Jahrhundert gab es den schweren Rammbock, später die Steinschleudern.

*Rechts:* Detail der kompliziertesten automatischen Schleuder des Altertums, die im Arsenal von Rhodos entwickelt wurde. Eine Winde, die die flachgliedrigen Ketten aufwickelte, setzte einen Schieber in Bewegung, der Pfeile freigab, die infolge ihrer Schwerkraft einzeln aus einem Magazin in den Pfeilkasten fielen.

*Unten:* Diese wandernde Hütte ist ein fahrbarer griechischer Rammbock, wie ihn Vitruv zu Beginn der römischen Kaiserzeit beschrieben hat. Wenige rekonstruierte Anlagen, die von der Forschung nachgebaut wurden, funktionieren. Diese hier stimmt im Prinzip.

DIE PERSERKRIEGE UND DIE PELOPONNESISCHEN KRIEGE

# Delos

Die Insel Delos bildet den Mittelpunkt des Kykladenarchipels. Sie ist Apolls Haupttheiligtum im Ägäischen Meer. Man nimmt an, daß der Kult bereits in mykenischer Zeit existierte. Apollon und Artemis wurden hier geboren.

Im 7. und frühen 6. Jahrhundert gehörte Delos politisch zu Naxos, seiner großen Nachbarinsel. Später drängte sich Athen immer mehr in den Vordergrund, unterbrochen nur in der Endphase des großen Krieges mit Sparta. Im Jahre 314 wurde Delos unabhängig und blieb es bis 166 v. Chr. Es wurde bedeutend als Bank- und Handelszentrum. Im Jahr 166 ernannten es die Römer zum Freihafen, der Athen unterstand. In den Wirren der Mitte des 1. Jahrhunderts v. Chr. begann dann sein Niedergang.

Das Heer im Tempetal zog sich sofort zurück, da man auf der Stelle entdeckt hatte, daß Tempe nur ein Paß von vielen war, und man die Thessalier für zu unsichere Verbündete hielt, als daß man sie im Rücken haben wollte.

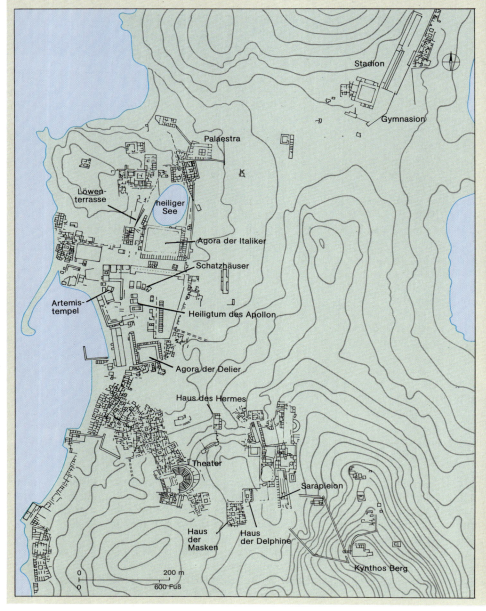

*Links:* Blick auf das Haus des Hermes aus einem der Tempel der fremden Gottheiten. Es war an einen Hügel gebaut, hatte 3 Stockwerke und einen zentralen Innenhof mit Doppelsäulenreihe, die heute restauriert ist.

Die Straße der archaischen Löwen *(links)* ist nur noch ein kleiner Überrest dessen, was es einst auf Delos zu sehen gab. Die Statuen, die hier gestanden haben, sind heute in Athen, in Venedig und noch weiter entfernt. Die Löwen verweisen auf eine wesentliche Eigenschaft Apollons: er war ein mächtiger und schrecklicher Gott, auf Delos wie in Asien, in Stein wie in der Dichtkunst.

noch hielt ein Heer von 10000 Griechen das Tempetal zwischen Thessalien und Makedonien. Auch eine Flotte kam zustande. Beide Streitmächte standen unter dem Kommando Spartas.

**Die Thermopylen und die Plünderung Athens**
Siebentausend Mann unter König Leonidas von Sparta bezogen eine neue Stellung gegenüber dem Nordende von Euböa, am höchsten Punkt eines felsigen Passes oberhalb der Thermopylen, der »Heißen Tore«. Die heißen Quellen, die dem Paß den Namen gegeben haben, fließen heute noch, aber das Landschaftsbild ist verändert; die Mündung des Flusses Spercheios ist verschlammt, und eine Küstenebene entlang führt nun die Hauptstraße von Nord- nach Südgriechenland. Das Heer der 7000 wäre weiter zum Isthmus zurückgefallen, aber die Flotte der Athener hatte nun eine Schlüsselstellung inne, und man mußte Athen zumindest symbolisch verteidigen. Das Gros der Armee in der Peloponnes weigerte sich, weiterzuziehen. Als Entschuldigung führten sie ein Apollonfest und die Olympischen Spiele an. Währenddessen siedelten die Athener klugerweise ihre Zivilbevölkerung in die Peloponnes um, hielten die halbe Flotte als Küstenschutz zurück und schickten die andere Hälfte mit den restlichen griechischen Schiffen nordwärts nach Artemision an der Nordküste Euböas. Eine Rückendeckung plazierten sie bei der Meerenge gegenüber von Chalkis. Die gesamte griechische Flotte zählte 280 Schiffe. Die gewaltige Schiffsansammlung der Perser ging auf der gegenüberliegenden Seite in Stellung, jedoch an einer ungünstigen Küste. Ein Teil der Flotte zerschellte im Sturm.

Zur See begünstigten Ortskenntnis und Seemannskunst die Griechen. Zu Land suchte sie eine Katastrophe heim. Selten gibt es wirklich nur eine einzige Route durch griechische Berge. Die Griechen wurden von den persischen Elitetruppen umzingelt, da sie es aber rechtzeitig ausmachten, traten alle den Rückzug an, mit Ausnahme von 1400 Mann. Dies waren einige Thebaner und Thespier, vielleicht, weil deren Heimat so nahe war, und 300 Spartaner. Leonidas und seine wenigen Getreuen hielten das Westende des Passes gegen den Großteil der persischen Armee. Er fiel, ebenso zwei Brüder des Xerxes. Nach heftiger und zäher Verteidigung gingen die letzten Spartaner in der Umzingelung zugrunde. Sie akzeptierten ihr Geschick mit entschlossenem und ruhigem Mut und einer gewissermaßen verbissenen Freude. Wie A. E. Housman es ausdrückt, »setzten sich die Spartaner auf dem vom Meer benetzten Felsen nieder und kämmten ihr Haar«. Ihr Grabspruch, der höchstwahrscheinlich vom besten lakonischen Dichter aller Zeiten, Simonides, stammt, war einfach; auf Griechisch ist er noch einfacher.

»Wanderer, kommst du nach Sparta, verkündige dorten, du habest uns hier liegen gesehen, wie das Gesetz es befahl.«

Die persische Armee jagte zusammen mit den Resten ihrer Flotte die Athener nach Hause. Die griechische Armee sammelte sich am Isthmus, fast alle Athener verließen ihre Stadt, und die Flotte lag zwischen Athen und Salamis im Wind. Nach zwei Wochen fiel die Akropolis, ihre Verteidiger wurden alle ermordet und die Heiligtümer zertrümmert, ausgebrannt und ausgeplündert. Die zerbrochenen und verschütteten Überreste aus dieser Zeit stellen jetzt den größten erhaltenen Schatz archaischer Skulpturen dar. Die harmonische Heiterkeit und die spielerische oder feierliche Förmlichkeit jener Zeit jedoch gingen unwiederbringlich verloren. Die Heiligtümer wurden mit Ausnahme desjenigen der Demeter 50 Jahre lang im Zustand der Zerstörung belassen, ein Mahnmal für das, was den Griechen angetan worden war.

**Salamis, Platää und der Rückzug der Perser**
Aber genau in Athen gebot man den Persern Einhalt. Mit Hilfe mannigfaltiger Ränkezüge provozierte Themistokles eine Seeschlacht zwischen Salamis und dem Festland. Sie war ein grausames Blutvergießen und ein überwältigender Sieg für die Griechen; es ist ein Augenzeugenbericht von Aischylos erhalten: »Ich sah das ägäische Meer über und über mit Leichen bedeckt; man schlug auf Menschen wie auf Thunfische ein, mit zerbrochenen Rudern und mit Stücken vom Schiffsholz.« Xerxes zog sich mit seiner 60000 Mann starken Armee nach Asien zurück und schlug in Sardes sein Hauptquartier auf. Daraufhin versammelten sich die persischen Truppen erneut in Thessalien, um befestigte Städte zu belagern. In der Zwischenzeit erbauten die Griechen Denkmäler, verfaßten Berichte und verteilten die Kriegsbeute. Es ist bemerkenswert, daß Themistokles, der sich verwirrend zweideutig verhalten hatte, die meisten Nennungen für die Auszeichnung, zum General ernannt zu werden, erhielt. Aegina wurde der erste Preis für Mut zuteil, Athen der zweite. Die Griechen hatten einen tatsächlichen Sieg zur See und einen moralischen an Land errungen. Der zweite Rückzug dieser unermeßlichen persischen Horden innerhalb von zehn Jahren bestätigte, daß weiterer Widerstand lohnte.

Die Perser sandten den König von Makedonien, ihren Untertan, mit dem Angebot eines freien und gleichwertigen Bündnisses nach Athen. Athen stand Sparta treu zur Seite, aber als die Perser vorrückten, entschuldigten sich die Spartaner zunächst wegen eines weiteren Apollonfestes und blieben innerhalb des Walls am Isthmus. Schließlich jedoch rückten sie aus, da Sparta die Folgen fürchtete, wenn die Athener Flotte zur Kapitulation gezwungen würde. So zog das größte Heer, das die Griechen bis dato besaßen, von Nord- nach Südgriechenland: 5000 Spartaner, 5000 Sparta untergebene Söldner und 20000 Leibeigene, die sich einer verbündeten Truppe von 8000 Athenern und weiteren Kontingenten der einzelnen Gebiete anschlossen, so daß sich die gesamte Streitmacht auf eine ansehnliche Zahl belief. Sie stieß auf die Perser unterhalb von Platää am Rand der thebanischen Ebene, am Fuße der auslaufenden Hügel, wo die Straße nach Athen und zur Peloponnes verlief. Das persische Expeditionscorps wurde vernichtet, ein befestigtes Lager zerstört und der General Mardonios getötet; die Führer der verbündeten Thebaner wurden nach Korinth geführt und hingerichtet.

Die Kriegsbeute, die in Griechenland verteilt wurde, war der herrlichste Schatz, den die Griechen je gesehen hatten. Der Krummsäbel und der silberfüßige Thron des Oberbefehlshabers wurden der Akropolis von Athen gestiftet. Das Odeion des Perikles, das erste überdachte Theater in Griechenland, berühmt für seine Akustik, erbaute man viel später als Nachahmung des großen Audienzzeltes des Xerxes, das man in dieser Schlacht erbeutet hatte. Delphi erhielt als Andenken an die Schlacht eine massive Bronzesäule aus drei ineinander verschlungenen Schlangen, deren drei Köpfe an der Spitze herausschauten und einen goldenen Dreifuß auf der Nase balancierten (siehe Seite 73). Das persische Reich hatte seine Blütezeit hinter sich, und der Krieg verlagerte sich zwangsläufig zu den ostgriechischen Städten und den Inseln. Zur See war Athen überlegen, daher bedeutete der Krieg nun die Ausweitung des Einflusses Athens in den Osten.

Zuerst führte der spartanische General Pausanias, der das vereinte griechische Heer zu Platää befehligt hatte, den Krieg im Osten weiter. Er befreite den Großteil Zyperns, eine Aufgabe, die sich in der griechischen Ge-

## DIE PERSERKRIEGE UND DIE PELOPONNESISCHEN KRIEGE

schichte wiederholt stellte, und die Stadt Byzantion. Er benahm sich aber wie ein Kriegsherr der vorigen Generation, und es ist charakteristisch, daß er in den Jahren um 470 mit seiner altmodischen Selbstherrlichkeit scheiterte. Er wurde zweimal nach Sparta zurückgerufen und von Athen aus Sestos und Byzantion vertrieben. Er starb kläglich in Sparta durch die Hände des Magistrats. Für Leute wie ihn und Themistokles war die Zeit vorbei.

### Athen und der Delische Seebund

Schon zu Beginn des Jahrzehnts nach 470 hatte Athen auf Delos ein neues Bündnis beziehungsweise einen Städtebund gegründet (den Delischen Seebund). Er verfügte über eine gemeinsame Kasse, die durch Beiträge gefüllt wurde; die gemeinsame militärische Taktik wurde zunehmend von Athen bestimmt. Die Vormachtstellung der Athener Flotte konnte sich durch den Sieg bei Plataä entwickeln.

Nach und nach wurde Athen selbst eine befestigte Stadt und eine bedeutende Militärmacht. 475 eroberte Kimon, der Sohn des Miltiades und Enkel des Kimon, die stärkste persische Stellung westlich des Hellespont, Eion. Dann fiel die Seeräuberinsel Skyros. Das ermöglichte freien Zugang zum Schiffsholz, Silber und vielleicht Gold Thrakiens. Kimon holte weiterhin die lykischen und karischen Städte im Südwesten Kleinasiens zurück in den griechischen Einflußbereich und vollendete die Befreiung der Griechen von den Persern durch einen Doppelsieg zu Wasser und zu Land an der Mündung des Eurymedon in Südkleinasien um das Jahr 468 v. Chr. Sobald irgendeine Stadt aus dem Delischen Seebund austrat, wurden automatisch schwere Sanktionen verhängt, als ob sie sich des Verrats an die Perser schuldig gemacht hätte. Karystos in Euböa wurde mit Gewalt zum Eintritt in den Bund gezwungen, die Bündnistreue von Naxos gewaltsam erneuert, und als Thasos sich 463 dagegen wehrte, daß Athen eine Goldmine auf dem Festland vereinnahmte, wurde es zur See geschlagen, seine Flotte eingezogen und seine Stadtmauern niedergerissen. Thasos hatte Sparta gegen die Athener zu Hilfe gerufen, die Spartaner jedoch waren gerade damit beschäftigt, ihre aufständischen Leibeigenen zu ermorden.

### Die Keime des Peloponnesischen Kriegs

Die nächste Dekade war der Angelpunkt des Jahrhunderts. Bis zu dieser Zeit war eine ältere Welt auf ihren Höhepunkt zugesteuert, aber seit etwa 460 v. Chr. begannen sich die Folgen dieses letzten Aktes auf überraschende Art zu entwickeln. Athen befand sich im Aufstieg, und zwischen 463 und 454 war es beinahe allen überlegen. Immer entscheidet die tatsächliche Streitmacht einen Machtkampf, wie unglaubwürdig oder unerwünscht sie auch sein mag. Das Perserreich war im Kampf gegen die Griechen in Schimpf und Schande zusammengebrochen. Darunter hatten die Phönizier gelitten, wie auch im Westen ihre Kolonie Karthago unter der angriffslustigen griechischen Rivalin Schaden nahm. Angetrieben von einer erstaunlichen Energie, sicherten sich die Athener eine Vormachtstellung, der keine Stadt widerstehen konnte. Obwohl sogar die See mit ihren Handelsmöglichkeiten, die Minen und der üppige Segen der Erde ihnen gehörten, konnten sie letztlich ihre Vormachtstellung im östlichen Mittelmeer ebensowenig aufrechterhalten. Zuletzt waren die Spartaner für die Athener das, was die Griechen für die Perser waren.

464 mußte Sparta bluten: die Messenier hatten sich erhoben, eine kleine spartanische Abteilung war niedergemetzelt worden und die Verbündeten sammelten sich, um Ithome, das angestammte Bollwerk Messeniens, zu belagern, dessen wirkliche Lage bis heute noch nicht aufgefunden ist.

Unter anderen kam Kimon aus Athen mit 4000 Mann zu Hilfe, aber er wurde schmählich nach Hause geschickt. 461 fiel Kimon dem Scherbengericht anheim. Als diplomatischen Schachzug gegen Sparta verbündete sich Athen mit Argos. Unterdessen fand in Athen ein stetiger Demokratisierungsprozeß statt; er entwickelte sich zwar nicht einheitlich, war jedoch unwiderruflich. Seit 462 wurde in Athen das Richteramt bezahlt, so daß auch die Minderbegüterten es bekleiden konnten. 458 öffnete man die

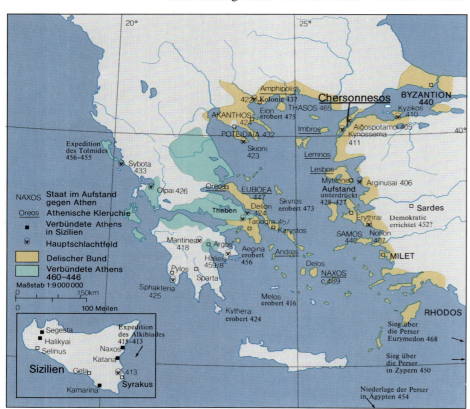

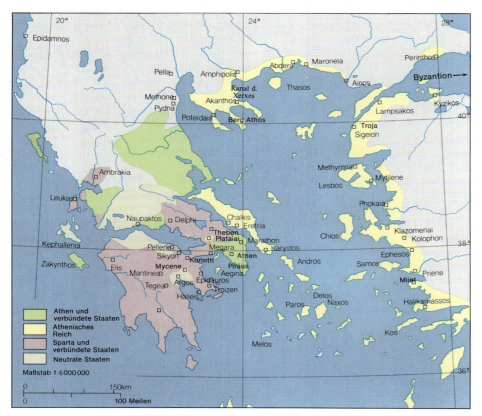

**Perikles**, der gewählte Herr Athens zu Zeiten seiner größten Macht, Baumeister seiner Größe und deswegen vielleicht auch seines Niederganges.

*Links oben:*
**Das Reich Athens (460–446 v. Chr.)**
Sparta zog sich aus dem Perserkrieg im Jahre 478 zurück. Im Winter 478/77 wurde ein Bündnis unter Führung Athens gebildet, um den Kampf gegen die Perser fortzusetzen. Ursprünglich hielt der Bund seine Zusammenkünfte auf Delos ab, wo der Tribut für den Unterhalt der Flotte erhoben wurde. Mehrere Revolten wurden niedergeschlagen. Um die Jahrhundertmitte war Athen eher die führende Kraft denn Bündnispartner. Die Athener unterstützten die örtlichen demokratischen Parteien aber weiterhin höchst loyal, selbst dann noch, als die Spartaner und Perser ihren Druck auf die unter Athens Herrschaft stehenden Städte ausübten. Perikles sagte, es sei gefährlich, das Reich jemals aufzugeben, und tatsächlich war ja die Lebenslinie Athens, die Route, auf der das Korn vom Schwarzen Meer für die stark angewachsene Bevölkerung gebracht wurde, nur so lange sicher, wie Byzantion tributpflichtig war und es entlang dieser Route athenische Siedlungen (Kleruchien) gab

*Links unten:*
**Bündnisse zu Beginn des Peloponnesischen Krieges (431 v. Chr.)**
Wie im Jahr 1914 waren die Griechen in zwei feindliche Lager gespalten. Auf lange Sicht war es das Ergebnis des großen Krieges von 431–404, daß beide vernichtet wurden.

**Die Schlacht von Pylos und Sphakteria**
Ein genialer Handstreich versetzte Athen im Jahre 425 in die Lage, Pylos zu besetzen, nachdem die spartanischen Truppen völlig zusammengebrochen waren, die bis dahin als unbesiegbar galten. Damit hielten sie ihre Hand auf Spartas empfindlichste Stelle, die Brennpunkt eines messenischen Aufstandes werden konnte.

**Die Belagerung von Syrakus**
Athens ehrgeizigstes Unternehmen war der Angriff auf Syrakus, für den es mehr Geld, Menschen und Schiffe aufs Spiel setzte, als es sich leisten konnte. Die Annexion Siziliens war ein tollkühner Plan, die Belagerung von Syrakus jedoch lag in schlechten Händen und endete in totalem Desaster. Zu Hause war Athen nun tödlich geschwächt, hielt sich allerdings, anpassungsfähig wie es war, noch neun Jahre am Leben.

höheren Ämter für Bürger der dritten Klasse der Athener Rangordnung. 459 verließ Megara wegen eines Streites mit Korinth den Peloponnesischen Bund und willigte in ein Bündnis mit Athen ein. Korinth wurde auf vielerlei Arten provoziert: wirtschaftlich im westlichen Mittelmeerraum, näher der Heimat im Golf von Korinth, als Athen von Lokris aus Naupaktos überfiel. Hier in Naupaktos siedelte Athen die aus Messenien Verbannten an. Ein Krieg war die Folge, der sehr heftig ausfiel, dessen Einzelheiten jedoch unbekannt sind. Gleichzeitig erhob sich Ägypten gegen die Perser und rief zur Unterstützung des Aufstandes die Athener zu Hilfe. Dieser Krieg zog sich in die Länge (456–454) und endete schlimm. Die Perser stabilisierten ihre Machtstellung, die Athener zogen heim, und phönizische Schiffe besiegten die Flotte Athens im Nildelta. Unterdessen jedoch war Aegina gefallen und zahlte 456 seinen Tribut an den Delischen Bund.

457 kämpften Athener gegen ein spartanisches Heer bei Tanagra. Die Spartaner reagierten nun mit Verteidigungskämpfen und hatten eine sehr stattliche Abteilung nach Böotien gesandt, um Theben als Gegengewicht zu Athen zu stärken. Etwa 1500 Spartaner und 10000 Bundesgenossen bekämpften und schlugen, wenn auch nicht vernichtend, 14000 Athener, 1000 Argiver und einige Verbündete. Auch thessalische Reiterei war beteiligt, die für Athen ins Feld gezogen war, dann aber auf die Seite Spartas überlief. Die Schlacht von Tanagra läßt ermessen, wie weit es gekommen war. Kämpfe zwischen den Staaten waren einst unüblich gewesen, Reibereien hatten sich auf kleine Gebiete oder gar einzelne Familien beschränkt; jetzt hieß es Bund gegen Bund. 454 v. Chr., zur Zeit des Fehlschlags in Ägypten, ließ Athen die Kasse des Delischen Seebundes von der altehrwürdigen Insel zu sich in die Stadt bringen. 449 reichte der Einfluß Athens im Norden bis zu den Thermopylen, und in den späten 50er und frühen 40er Jahren wagte man sich weiter in den Golf von Korinth vor. Hier ist das Zitat einer athenischen Inschrift am Platz, die im Jahr 458 v. Chr. 177 Gefallene aus einem Volksstamm nennt: »Dies sind sie, die im Krieg starben, in Zypern, in Ägypten, in Phönizien, bei Halieis, in Aegina, bei Megara, im selben Jahr«. (Halieis an der Südspitze der Halbinsel Argolis war von den Athenern erfolglos angegriffen worden). Anscheinend starben in diesen Jahren fast zehnmal so viel Athener pro Jahr als in der Schlacht bei Marathon.

Athen und Sparta schlossen einen fünfjährigen Frieden; Argos und Sparta gingen 451 einen dauerhaften Friedensvertrag auf 30 Jahre ein. Der Konflikt zwischen Athen und Persien bestand weiter, und Kimon, inzwischen aus der Verbannung zurückgekehrt und mit seinem jüngeren Nachfolger Perikles ausgesöhnt, zog von neuem aus, Zypern zu befreien. 449 starb er dort als letzter Vertreter der alten Generation, die gegen Persien und für Sparta eingestellt war. Als Perikles zwischen einem Krieg im Osten und einem in der Heimat wählen mußte, entschied er sich für letzteren, und um 449 v. Chr. handelte er mit Artaxerxes, dem Nachfolger des Xerxes, einen Frieden aus. Da der Druck des persischen Krieges nachließ, begannen die ehrgeizigeren Mitglieder des Delischen Seebundes sofort, sich abzusondern. 447 ging Böotien verloren, dann Phokis und Lokris. Megara und Euböa rebellierten mit Hilfe Spartas, Megara mit Erfolg, wogegen Euböa entsetzlich scheiterte. Athen setzte die Tributzahlungen seiner Verbündeten herab, gab Achäa, Troizen und die Häfen von Megara auf und besiegelte 446 v. Chr. einen dreißigjährigen Friedensvertrag mit der Peloponnes, wie es schon Argos fünf Jahre zuvor getan hatte.

Innerhalb des Delischen Seebundes nahm Athen die

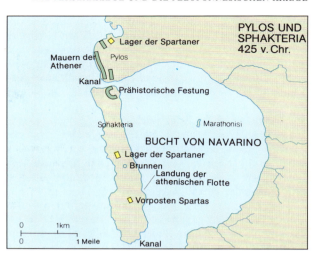

Zügel fast noch straffer in die Hand. Um 450 übernahmen arme Siedler aus Athen Land in Naxos, Andros und vielleicht auch anderswo. 447 sicherte ein strategischer Stützpunkt in der Chersonnes und andere in Lemnos und Imbros den Schiffahrtsweg zum Schwarzen Meer. Die Städte entlang dieser Route waren nun die Reichen. Lampsakos zahlte zweimal so viel an den Bund als Ephesos. Diese Siedler zogen sozialen und wirtschaftlichen Nutzen aus ihren Landgütern, sie zahlten Steuern an Athen und verpflichteten sich zu Kriegsdienst.

Die Währung Athens galt einheitlich im ganzen Bund. Die Reichspolitik Athens in Thrakien und überall sonst wurde von Perikles bestimmt, dessen politischer Hauptgegner Thukydides (nicht der Geschichtsschreiber, sondern ein angeheirateter Verwandter des Kimon) 443 verbannt worden war. In den 40er Jahren entstanden auch berühmte öffentliche Gebäude. Athen war nun gut befestigt, das heißt, so gut, wie ein so großes Gebiet ohne natürlichen Schutz es je sein kann, und geschmückt mit herrlichen Kunstwerken. Als Regierungsform hatte man, mit einigen Einschränkungen, die direkte Demokratie eingeführt. Geld besaß man in großen Mengen, und die Preise stiegen. Die reichen Thraker und die Makedonier versperrten zwar immer noch den nördlichen Landweg nach Europa, aber zur See war dem Handel der Athener im Osten wie im Westen keine Grenzen gesetzt. Obwohl die Ägypter, Perser und Phönizier noch Afrika bewachten, trieb Athen Handel mit nordafrikanischen Städten.

Perikles selbst segelte zum Schwarzen Meer. 440 machte Samos Schwierigkeiten, ebenso wiederum Byzantion. Samos war mit Milet, einer anderen Stadt des Seebundes, in Streit geraten, den Athen entschieden hatte. Dennoch brach ein Krieg aus. Perikles eilte mit 44 Schiffen nach Samos, errichtete dort eine Demokratie und ließ eine Besat-

## Der Peloponnesische Krieg bricht aus

Im Westen Griechenlands hatte die gleiche ängstliche Machtpolitik schließlich noch schlimmere Folgen. Zwischen Korfu (Kerkyra) und Korinth gab es ähnliche Reibereien wie zwischen Athen und Samos, aber diesmal griff eine dritte Partei, nämlich Athen, ein.

Nach einem Seesieg über Korinth im Jahr 435 v. Chr. ging Korfu Athen gegen die zu erwartende heftige Racheaktion um Hilfe an. Trotz der Verhandlungsbereitschaft Korinths verbündete sich Athen mit Korfu und geriet mit Korinth in Konflikt. Dann erließ man auf Vorschlag des Perikles eine Verordnung, Megara, das seit 15 Jahren wieder Mitglied des Peloponnesischen Bundes war, aus jedem Hafen und Markt, der von Athen kontrolliert wurde, auszuschließen. Der Drang zum Machtkampf und seine unvermeidliche Ungerechtigkeit, der anmaßende Imperialismus Athens und sein grenzenloses Vertrauen in die Regierungsform der Demokratie hatten es an den Rand eines entsetzlichen Krieges gebracht. Die Spartaner waren verärgert, sicherlich neidisch und nicht zuletzt ebenso arrogant wie die Athener.

## Der Peloponnesische Krieg

Mit Ausnahme eines Jahres der Waffenruhe (421) sollte der Krieg 27 Jahre dauern, von 431 bis 404 v. Chr. Er endete mit der Zerstörung Athens. In diesen Jahren hatte Griechenland sich selbst in Grund und Boden zerstört. Natürlich ist in der Geschichte kein Zeitraum so klar umrissen, wie diese Sätze glauben machen. Die Auseinandersetzung hatte tatsächlich schon 460 begonnen, lange vor dem nie erfüllten dreißigjährigen Frieden, und das Athen des folgenden Jahrhunderts war zumindest ein mächtiger Schatten. Im Verlauf des Krieges breitete sich der Einfluß der Griechen, besonders der Athens, immer weiter nach Makedonien und Thrakien, Asien, Sizilien und Italien, ja er ergriff sogar die keltischen Völkern und reichte südlich bis zum Sudan.

Im Jahre 431 griff ein thebanisches Truppenkommando Athens Verbündeten Plataä an, die meisten nahm man gefangen und schnitt ihnen die Kehle durch. Die Spartaner drangen in Athener Gebiet ein, und ein Großteil der Bevölkerung, die wahrscheinlich 300000 Menschen zählte, strömte in die Stadt, während die Spartaner im Land so viel zerstörten, wie sie konnten, indem sie hier eine kleine Felsenfestung belagerten, dort eine andere errichteten. Die Athener zeigten größere Tatkraft. Sie kolonisierten Aegina, bekräftigten einige westliche Bündnisse und legten Geld- und Schiffsreserven an. Der jährliche Einfall der Spartaner verstand sich schon von selbst; zum Ausgleich dienten Angriffe der Flotte Athens. Die Einwohner von Poteidaia am Rand Makedoniens hatten Menschenfleisch essen müssen, ehe sie sich Athen unterwarfen. Jetzt starben die belagerten Athener langsam an der Pest, der Perikles selbst 429 v. Chr. erlag. Wie vorauszusehen war, trat 428 eine Insel aus dem Bund aus; es war Lesbos. Die Reaktion Athens hatte verheerende Folgen. Die oberste Volksversammlung schlug zunächst ein allgemeines Blutbad vor, begnügte sich schließlich aber damit, die Mauern von Mytilene niederzureißen und die Flotte sowie das ganze Land zu beschlagnahmen. Man wählte Kolonisten aus, die die Lesbier als Pachtbauern beschäftigten, wie die Spartaner es mit ihren Leibeigenen hielten.

# Milet

Milet war vielleicht die größte archaische Griechenstadt in Asien. Seine Ausdehnung war beachtlich, sein Alter ehrfurchtgebietend und sein Reichtum und Einfluß ungeheuer. Denkmäler sind hier aus jeder historischen Epoche der Stadt erhalten, die von ihrer Lage an der Mündung des Flusses Mäander bestimmt wurde.

Das hellenistische Theater von Milet *(unten rechts)* ist oft wiederhergestellt worden. Seine Überreste stammen aus römischer Zeit, wie z.B. die Reliefs *(rechts)*. Es war das größte Theater in Kleinasien und eines der großartigsten dazu. Es faßte 15000 Zuschauer. In der späten Kaiserzeit wurde es vergrößert. Einige hellenistische Konstruktionsteile sind bis heute erhalten geblieben.

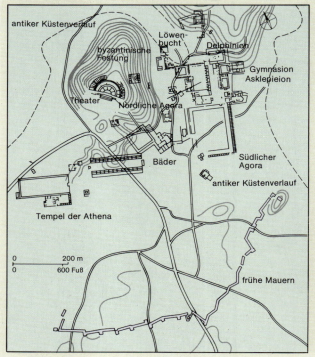

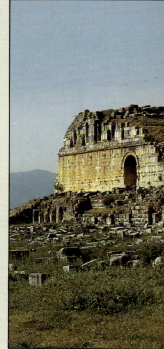

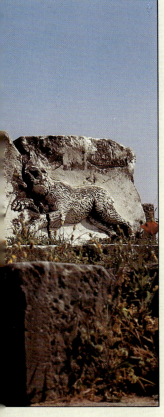
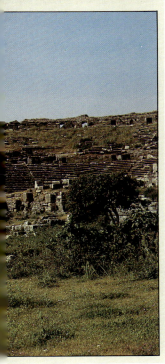

Daß gleichzeitig die abgelegene Hügelstadt Platää an die Spartaner fiel, war ebenso leicht vorherzusagen gewesen. Korfu jedoch bewahrte seine Demokratie nach langwierigen und grausamen Kämpfen.

In den Jahren zwischen 420 und 410 ging der Krieg in den weniger bedeutenden Städten mit wachsender Grausamkeit weiter.

Im Jahre 425 nahmen die Athener in einem Handstreich an der Südwestküste Messeniens, in der Bucht von Pylos, einige spartanische Krieger gefangen. Das Denkmal für diese erhebende Siegestat ist die gut erhaltene Nike des Paionios, die messenische Flüchtlinge, die in Pylos gekämpft hatten, nach Olympia stifteten. Im übrigen waren die Athener nicht so erfolgreich. Sie erlitten Fehlschläge in Böotien und verloren Amphipolis, da sie, typisch für dieses Kriegsstadium, versäumt hatten, es rechtzeitig gegen einen hervorragenden spartanischen Führer, Brasidas, zu decken. Das Kriegsgebiet war zu groß, um beherrscht zu werden. Beide Seiten waren erschöpft, beide verloren, keine gewann. Der Versuch eines Waffenstillstandes 423 v. Chr. scheiterte in erster Linie wegen der Bemühung des Athener Generals Kleon, Amphipolis zurückzuerobern. In dieser Schlacht fielen sowohl er als auch Brasidas. 421 v. Chr. folgte ein Friedensvertrag auf 50 Jahre. Korinth, Megara und Böotien wollten sich auf seine Bedingungen nicht einlassen. Als Athen und Sparta ein Bündnis schlossen, begann der Peloponnesische Bund auseinanderzubrechen.

Aber diplomatische Annäherung bedeutete zwangsläufig Einmischung. Nach der Auflösung des Bundes verbündeten sich Korinth, Mantinea und Elis mit Argos. 419 schloß Athen ebenfalls mit Argos, Elis und Mantinea ein Bündnis auf 100 Jahre. Diese neue Allianz griff nun vereint Epidauros an. Sparta unterstützte Epidauros, und der Krieg entbrannte von neuem (obgleich er formell erst 414 wieder erklärt wurde). Die erste schwere Schlacht wurde 418 v. Chr. bei Mantinea geschlagen. Die Spartaner gewannen, und Athen verlor zeitweilig all seine neuen Verbündeten auf einmal. Das System der direkten Demokratie hatte auf die Athener keinen guten Einfluß ausgeübt; damals verbannten sie zwar im letzten Scherbengericht zu Athen einen der heftigsten Demagogen, Hyperbolos, die Gefahren der attischen Demokratie zeigten sich jedoch in einem grundlosen Angriff auf die neutrale Insel Melos in den südlichen Kykladen, der Ermordung aller Melier im waffenfähigen Alter und der Versklavung der Überlebenden.

**Der Krieg in Sizilien und die Kapitulation Athens**

Athen war geradezu erpicht auf Selbstvernichtung. 416 v. Chr. ließ sich das unabhängige Volk auf das Abenteuer ein, in den verwickelten Krieg auf Sizilien einzutreten. Das erste Opfer des Unternehmens, das er selbst gefördert hatte, war Alkibiades, ein junger Adliger mit zu viel Brillanz und einzigartiger persönlicher Ausstrahlung.

Alkibiades war ein junger Freund des Sokrates, listig, für Männer wie für Frauen gleichermaßen anziehend und ebenso körperlich wohlgestaltet wie überdurchschnittlich intelligent. In gewisser Hinsicht verkörpert er die Hoffnung Athens und ihr Scheitern.

Kurz bevor die unter seinem Oberbefehl stehende Flotte nach Syrakus auslaufen konnte, wurden er und seine nahen Freunde, vielleicht zu Recht, eines betrunkenen, hochmütigen Imponiergehabens und des Frevels an den Demetermysterien und an den öffentlichen Hermesstatuen, deren erigierte Phalli sie abgebrochen haben sollten, angeklagt. Alkibiades kam gerade noch mit dem Leben davon und führte ein abenteuerliches Dasein als Verräter im Exil. Er floh nach Sparta, und überzeugte die dor-

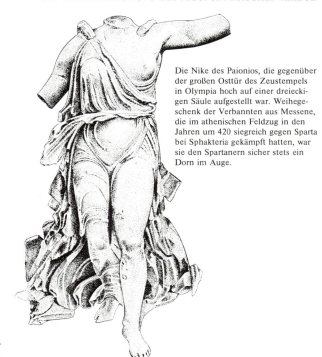

Die Nike des Paionios, die gegenüber der großen Osttür des Zeustempels in Olympia hoch auf einer dreieckigen Säule aufgestellt war. Weihegeschenk der Verbannten aus Messene, die im athenischen Feldzug in den Jahren um 420 siegreich gegen Sparta bei Sphakteria gekämpft hatten, war sie den Spartanern sicher stets ein Dorn im Auge.

tige Ratsversammlung, eine spartanische Abteilung unter Gylippos nach Syrakus zu schicken, um die Verteidigung gegen Athen zu leiten.

Der Krieg in Sizilien war ein Mißerfolg, wie ihn sich niemand vorgestellt hatte. Nachdem man ihn lange Zeit völlig falsch geführt hatte, endete er 414 v. Chr. mit dem Massaker an einem Großteil der Athener unter dem unfähigen Nikias, als diese sich nach der erfolglosen Belagerung von Syrakus zurückziehen wollten. In der Geschichtsschreibung wird dieses Unglück mit einem tragischen und fatalistischen Beiklang geschildert.

Athen sank immer tiefer. Etwa 20000 Sklaven entkamen nach Dekeleia, einem spartanischen Vorposten, der 413 in Attika nördlich von Athen errichtet worden war. Im selben Jahr schloß man die Silberminen in Laurion, da sie gefährdet waren. Münzen prägte man nun aus Gold, das man aus Tempelschätzen borgte, oder aus dünn versilbertem Kupfer. Thrakische Söldner, die in Athen ankamen, wurden aus Geldmangel wieder nach Hause geschickt. Bei einer Zwischenlandung in Böotien metzelten sie Männer, Frauen und Kinder nieder. Die Bundesgenossen Athens fielen ab. Persische Statthalter nahmen regeren Anteil und griffen auf der Seite Spartas in den Krieg ein. In Athen bildete sich eine Bewegung für die Oligarchie. 411 v. Chr. übernahm ein Rat von 400 Männern die Macht und übte eine dreimonatige Tyrannis aus. Aber Sparta war zu langsam oder zu rachsüchtig, um eine Einigung zu suchen, und die Demokratie wurde wiederhergestellt. Sogar zu diesem Zeitpunkt noch brachte ein Seesieg fast das Gleichgewicht zurück: 410 baten die Spartaner um Frieden, und die Athener lehnten ab. Nun wurde der Krieg hauptsächlich zur See und im Osten ausgetragen. Schließlich kam es, wie es kommen mußte: Die Athener verloren eine Seeschlacht. Ihre Flotte wurde vor dem Auslaufen überrascht, und 160 Schiffe wurden ohne ernstlichen Widerstand zerstört. Dies ereignete sich 405 v. Chr. in den Meerengen des Hellespont nahe bei Lampsakos. Athen lebte noch einige Zeit unter einer Blockade zu Land und zur See weiter. Zwar zog sich die spartanische Armee den Winter über zurück, aber Athen war so ausgehungert, daß es kapitulierte. Die Athener mußten ihre eigenen Mauern unter Flötenmusik niederreißen, sie mußten fast alle Schiffe ihrer Flotte und ihre Kolonien ausliefern.

# DIE KLASSISCHE REVOLUTION

Aischylos kämpfte bei Marathon, und sein Enkel war ein erwachsener Mann, als Athen seine Macht verlor. Historisch betrachtet erscheint das 5. Jahrhundert als Teil eines lang andauernden Prozesses, der in stetiger Konsequenz einen allmählichen Niedergang darstellt. In anderer Hinsicht ist es auch dem unentschiedenen Moment zu vergleichen, in dem ein Spieler noch alle Karten in der Hand hält. Die geistige Regsamkeit und die ruhelose Neugierde der besten Philosophen, Dichter und Historiker in diesen wenigen Generationen hatten ihren Ursprung gewiß in einer unschuldigeren Zeit. Besonders lebendig war Athen, wo so viele verschiedene Strömungen zusammentrafen. Polygnot von Thasos wurde durch Kimon nach Athen geholt; sowohl die indirekten Belege für seinen Einfluß als auch die Meinung der antiken Schriftsteller sprechen dafür, daß er der größte griechische Maler war. Seinen Einfluß auf die Entwicklung kann man noch in einigen Spuren erkennen. Phidias war ein überragender Bildhauer, seine Werke standen ebenso in Ephesos und Olympia wie in seiner Heimat Athen, wo sein Einfluß wie derjenige des Polygnot am stärksten war. Von ihm wurden die Skulpturen des Parthenon entworfen.

Es gibt kein Monopol auf die Kunst, auch nicht auf hohe Kunst; so stammte etwa Polyklet, der bedeutendste Bildhauer der Generation nach Phidias, aus Argos und hatte dort auch seine Ausbildung erhalten. In der Peloponnes war er nicht der einzige große Bildhauer seiner Zeit. Wir müssen jedoch nach dem urteilen, was wir wissen können. Die Skulptur hatte zu dieser Zeit einen internationalen Stil angenommen: Bei der kleinen Knabenfigur des 5. Jahrhunderts steht der grobkörnige Inselmarmor in wirkungsvollem Kontrast zu der polykletischen Gestalt. Die Figur wurde vor einiger Zeit für das Ashmolean Museum in Oxford erworben, sie stammt nach stilistischen Kriterien von einem Schüler und Zeitgenossen Polyklets, konnte aber überall in der griechischen Welt ausgeführt worden sein. Dennoch werden wir uns in erster Linie mit Athen beschäftigen, denn mit Ausnahme von Sizilien zeigt sich, daß die bedeutenderen Entwicklungen in anderen Teilen der griechischen Welt insgesamt denen in Athen ähnlich sind, wobei man nur in Athen alle verstreuten Elemente vereint findet.

Man kann den selbstbewußten Ausspruch, den Thukydides dem Perikles in den Mund legt, nicht ganz beiseite lassen, obwohl man ihn mit Vorsicht behandeln sollte: »Daß diese Stadt im allgemeinen die Schule Griechenlands geworden ist und sich hier jedermann mit den verschiedensten Dingen beschäftigt, und dies sogar mit Anmut und in schönster Vielseitigkeit«, ist Voraussetzung für Macht und Erfolgt, »denn wir haben uns durch unseren eigenen Mut alle Meere und Länder geöffnet«. Der interessantere Ausspruch lautet jedoch: »Wir studieren den guten Geschmack, und das mit Maßen, und die Philosophie, ohne zu verweichlichen.« Insgesamt gesehen ist dieser Spruch faszinierend und auch gerechtfertigt. In Athen wurde in der Mitte des 5. Jahrhunderts eine Art Zurückhaltung, verbunden mit der größten Meisterschaft in den Mitteln und einer gewissen Strenge zu einem Grundelement des griechischen Stils. Die Revolution in den Künsten wandte sich von der robusten Fülle des archaischen Stils ab, und die ergreifende Einfachheit, die dann folgte, das kurzlebige empfindliche Gleichgewicht, ehe die Reaktion kam, ist das, was wir als »klassisch« bezeichnen. Es wurde bald von extravaganten und barocken Stilen überlagert und konnte selbst zu seiner eigenen Zeit nie alle Bereiche umfassen; doch bedeutete es ein wichtiges und immer wiederkehrendes Ideal.

In Athen war der grobe und zottige Herakles, der Ägypter mit einem Handstreich erledigte, einen Löwen besiegte und nach einer lokalen Überlieferung aus Versehen den Schädel eines Knaben mit einem Fingerschnipser einschlug, durch Theseus ersetzt worden, einen knabenhaften jugendlichen, eleganten Heros, der ein kultivierter König wird. Gelegentlich wurden die Taten der beiden

Diese Knabenfigur ist aus einem grobkörnigen Inselmarmor gearbeitet, der in gefälligem Gegensatz zu den zarten Formen steht. Es gibt keinen Grund daran zu zweifeln, daß sie im 5. Jahrhundert gearbeitet wurde, und da sie den Einfluß des Meisters Polyklet zeigt, muß sie von einem der Schüler oder Gesellen dieses großen Meisters vermutlich noch zu seinen Lebzeiten geschaffen worden sein. Die Skulptur befindet sich heute im Ashmolean Museum, Oxford.

Malerei des Douris auf einer attischen rotfigurigen Schale aus Vulci in Etrurien (490-480 v.Chr.). Die Taten des Theseus werden denjenigen des Herakles gegenübergestellt, so daß der Athener Heros dem Halbgott gleich wird. Herakles ist ein kräftiger reifer Mann, Theseus dagegen knabenhaft, doch besiegt er die Männer.

# DIE KLASSISCHE REVOLUTION

Helden auch zusammengenommen. Dies bedeutet nicht nur einen Wechsel der Heroen, sondern auch einen Wechsel des Stils. Möglicherweise wurde dem im Bereich der Vasenmalerei zuviel geopfert: Die glänzende dekorative Kraft eines Exekias und die wilde Expressivität so vieler dionysischer Maler war nicht länger möglich. Die Konzentration der Aufmerksamkeit, die Einheitlichkeit des Themas, als wenn alle Kunst wie durch ein Teleskop gesehen werden müßte, legten ein neues Gewicht auf die Bedeutung des Hauptthemas. Ernsthaftigkeit, Sentimentalität und dramatische Emotion waren die neuen Reize.

Es ist eigenartig, daß die Erfindung der perspektivischen Malerei durch die Griechen mit dem Theater, mit der Bühnenmalerei zusammenhing. Die erste Wandmalerei in einem Privathaus wurde von Alkibiades einem Dekorationsmaler in Auftrag gegeben. Wie die Bühne die Aufmerksamkeit mit Nachdruck auf den Schuldigen richtet oder darauf, was jemand tun soll, so warfen jetzt auch die neuen Bedingungen der darstellenden Kunst, die das Athener Theater zum guten Teil entwickelte, ein dramatisches Licht auf die bis dahin nur schemenhaften Gestalten. Die neuen Konventionen haben ihre Vorgeschichte. Das beste und nahezu einzige Beispiel, das wir bisher von der archaischen oder frühklassischen Malerei auf flacher Oberfläche haben, fand sich im sogenannten Grab des Tauchers. Es sind bemalte Platten eines steinernen Sarkophages aus Poseidonia, dem römischen Paestum, an der Westküste Italiens. Der tauchende Knabe war zu der Zeit, als das Grab geschlossen wurde, frisch auf die Unterseite der Deckplatte gemalt worden.

Dies ist eine der sehr seltenen Darstellungen der Antike, die zeigen, wie jemand von oben ins Wasser springt, und sie wirft eine Menge Fragen auf. Wie die Seilspuren auf der Bemalung zeigen, war die Malerei frisch ausgeführt worden und vermutlich in Auftrag gegeben. War es vielleicht das Grab eines Knaben, der gerne tauchte? Ist der steinerne Sprungturm realistisch dargestellt? Nie wurde einer gefunden, der höher als einen Fuß war, und kein Schriftsteller erwähnt einen solchen. Wie kommt der Taucher dort hinauf? Etwa über die Palmette und den Baum? Wozu sind sonst die beiden rahmenden Bäume da, wenn sie nicht etwa ein Bestandteil der Badeszene sind, wie z. B. auf einem Vasenbild mit zwei schwimmenden Mädchen? Dort springen die Mädchen von einem Altar aus; springt der Knabe vielleicht von einer Statuenbasis? Er ist nicht

Der Taucher auf der Innenseite des Deckels eines Steingrabes in Paestum (um 460 v. Chr.). Nicht nur die Darstellung ist sehr ungewöhnlich, sondern es sind auch nur sehr wenige Beispiele von Malerei auf einer ebenen Fläche erhalten – Gefäße überleben, weil sie gebrannt sind. Dieses Grab ist nahezu das einzige Beispiel für frühklassische Freskomalerei und ist von erstaunlicher Lebendigkeit.

Herakles macht die mörderischen Wasservögel des Stymphalischen Sees nieder. Diese Vögel entstanden in der phantasievollsten Zeit der attischen schwarzfigurigen Malerei.

nach der Natur gemalt, da der Winkel seiner Füße und die Kopfhaltung nicht stimmen; dies ist demnach eine besondere Szene und nicht ein bekanntes Motiv. Paestum lag nicht allzuweit von Cumae entfernt, von den mysteriösen Höhlen und dem Fluß Lehte. Könnte daher dieser Knabe in das Wasser des Todes eintauchen, um dann irgendwie zum Leben zurückzukehren? Das Verharren des Knaben in der Luft, die schönen formvollen Ornamente in den Ecken, die beiden kahlen Bäume, die nackten Steine und das bloße Wasser erwecken einen ganz einzigartigen Eindruck. Das Gelage an den Innenseiten des Sarkophags ist mit ähnlichen Szenen großer Meister der Vasenmalerei zu vergleichen, wie etwa Douris oder Euphronios.

Das Grab in Paestum wurde im frühen 5. Jahrhundert ausgemalt, als bereits eine Tradition in Freskomalerei auf Putz weit verbreitet gewesen sein mußte. Paestum war eine Kolonie von Sybaris und damals etwas über 100 Jahre alt. Das für seinen Luxus bekannte Sybaris ist untergegangen, und es hat so wenige Spuren hinterlassen, daß es unsinnig wäre, den Stil dieses einzigartigen bemalten Grabes danach bestimmen zu wollen. Man kann lediglich sagen, daß es zu jener Zeit sicher kein Einzelfall war. Wir wissen, daß der große Wandel in der Malerei mit Polygnot kam, von dem nicht ein einziges Werk erhalten ist. Doch die genaue Beschreibung seiner Kompositionen und der eindeutige Beleg für ein optisches und intellektuelles Erdbeben im Werk seiner Zeitgenossen lassen es lohnend erscheinen, hier noch weiter nachzuforschen. Das Aufgeben einer Standlinie bei der Zeichnung, die Darstellung großer Ereignisse in wenigen dramatischen Einzelheiten, die Anordnung der Dinge im Raum, eine Leichtigkeit in der Bewegung und auch Ruhe charakterisieren ihn als neuen Typ eines erzählenden Malers.

Prof. Martin Robertson hat in seinem Buch *History of Greek Art* (1976) mit Intuition und großer Gelehrsamkeit über dieses Stadium der griechischen Malerei folgendes geschrieben: »Auf vielen anderen Vasen... liegt eine Figur mit der Hand am Knie oder sie ruht mit den Ellbogen auf den Knien, das Gesicht in den Händen. Solche Gesten sind zu jener Zeit beliebt, der nachdenkliche Charakter stimmt mit der Vorliebe für Ruhe und dem indirekten Ausdruck des Geschehens überein.«  *Forts. s. S. 152*

# Das griechische Theater: Aspekte des Dramas

Griechische Theaterfestspiele hatten frühe heimische Ursprünge. Die Aufführungen fanden im frühen 5. Jahrhundert sogar in Athen auf einem leeren Marktplatz mit einem Wagen als Hintergrund statt. Die Theatergebäude selbst gehen auf politische Versammlungsplätze zurück. In den neuen, hufförmigen Anlagen waren die Theaterfestspiele ein Bestandteil des demokratischen Staates geworden. Bald folgten die erhöhte Bühne und der perspektivisch gemalte Hintergrund. Nach 100 Jahren gab es auch Bühnenmaschinen und barocke Dekorationen.

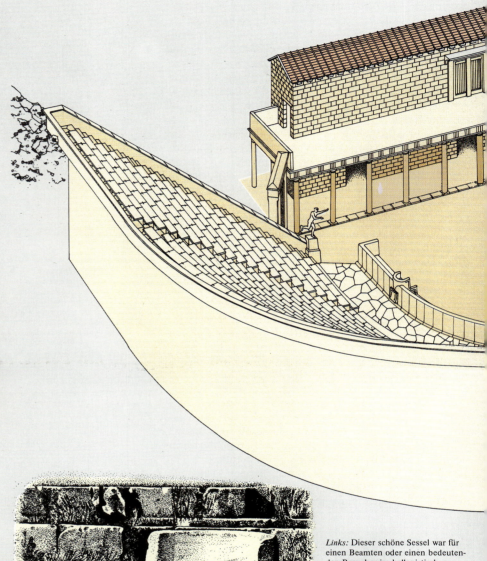

*Oben:* Diese große bronzene Votivmaske mit ihren leeren und aufgerissenen Augen und dem offenen Mund ist die stilisierte Version der Maske des Tragödienschauspielers, die dieser bei den Vorstellungen im 5. Jahrhundert trug. Sie wurde in Piräus gefunden, wo sie vermutlich zur Verschiffung nach Rom zusammen mit anderen Bronzen bereitlag, als Piräus 96 v. Chr. von Sulla zerstört wurde.

*Links:* Die Zahl der Athener, die bei den frühen Tragödien auf der Agora zusahen, ist nicht bekannt. Doch muß im späten 5. und 4. Jahrhundert nahezu die gesamte Bevölkerung im großen Dionysostheater zusammengekommen sein. Die Marken dienten anscheinend als Eintrittskarten. Ihre Buchstaben beziehen sich auf die Sektionen in den Sitzreihen.

*Links:* Dieser schöne Sessel war für einen Beamten oder einen bedeutenden Besucher im hellenistischen Theater von Priene bestimmt, das eine Nachbildung des Athener Theaters darstellt. In Priene wurde das Theater auch für politische Versammlungen der ganzen Bevölkerung verwendet. Vermutlich haben die frühen offenen Versammlungsplätze die ersten Theaterbauten in ihrer Konzeption und Form bestimmt.

DIE KLASSISCHE REVOLUTION

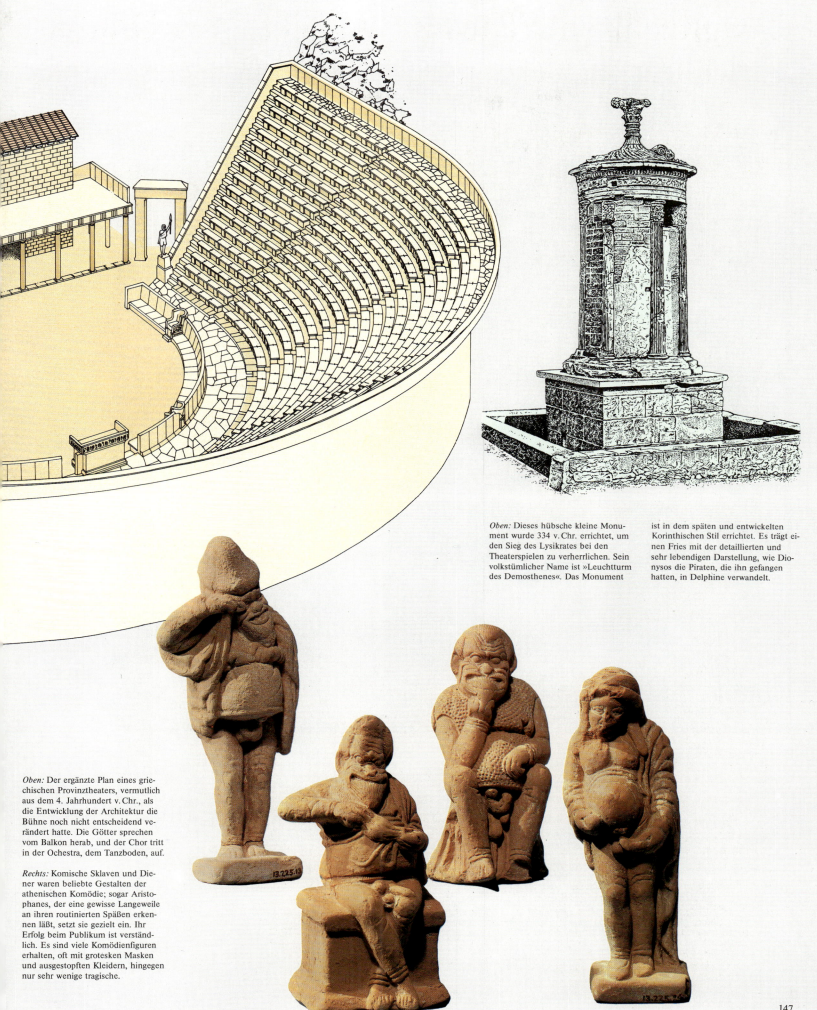

*Oben:* Dieses hübsche kleine Monument wurde 334 v. Chr. errichtet, um den Sieg des Lysikrates bei den Theaterspielen zu verherrlichen. Sein volkstümlicher Name ist »Leuchtturm des Demosthenes«. Das Monument ist in dem späten und entwickelten Korinthischen Stil errichtet. Es trägt einen Fries mit der detaillierten und sehr lebendigen Darstellung, wie Dionysos die Piraten, die ihn gefangen hatten, in Delphine verwandelt.

*Oben:* Der ergänzte Plan eines griechischen Provinztheaters, vermutlich aus dem 4. Jahrhundert v. Chr., als die Entwicklung der Architektur die Bühne noch nicht entscheidend verändert hatte. Die Götter sprechen vom Balkon herab, und der Chor tritt in der Ochestra, dem Tanzboden, auf.

*Rechts:* Komische Sklaven und Diener waren beliebte Gestalten der athenischen Komödie; sogar Aristophanes, der eine gewisse Langeweile an ihren routinierten Späßen erkennen läßt, setzt sie gezielt ein. Ihr Erfolg beim Publikum ist verständlich. Es sind viele Komödienfiguren erhalten, oft mit grotesken Masken und ausgestopften Kleidern, hingegen nur sehr wenige tragische.

147

# Das griechische Theater: Ein Überblick

Viele dieser Theater wurden errichtet, als die klassische Zeit des Athener Theaters bereits vorüber war, auch das Theater von Athen in seiner heutigen Form. Die Ähnlichkeiten unter den verschiedenen Theatern an ganz unterschiedlichen Orten spiegeln den großen Einfluß wider, den die dramatische Kunst Athens hatte.

Karte und Liste enthalten die bekanntesten Theater im griechischen Mutterland und in anderen Regionen.

**Aipion** Auf einer Akropolis, kleines Theater, vielleicht 3. Jahrhundert.

**Alexandria** Wahrscheinlich unter Ptolemaios I. begonnen; die wiederverwendeten Marmorblöcke stammen aus dem 2. Jahrhundert. Im Jahre 1960 wurden 12 Sitzreihen entdeckt.

**Amphiareion** 4. Jahrhundert, eines der reinsten hellenistischen Theater in Griechenland. Ca. 3000 Plätze, 5 Marmorthrone.

**Antiochia** Teil eines Theaters aus dem 3. Jahrhundert (?) am Fuße des Silpius-Berges östlich des Orontes.

**Aptera** Kleines Theater (Durchmesser der Orchestra 18 m, Cavea 55 m). Einige Sitze, ein Diazoma und ein Teil des Proskenions sind zu sehen.

**Argos** Spätes 4. Jahrhundert. Eines der schönsten Theater in Griechenland, an der Ostseite des Burgbergs. Orchestra 26 m; 81 Stufen; faßt bis zu 20000 Zuschauer.

**Assos** Wahrscheinlich 1. Hälfte 3. Jahrhundert vollendet; eingebundenes Proskenion und hohe Bühne auf der Höhe des 1. Stocks der Szene.

**Athen** Theater des Dionysos Eleutherios. Der Platz seit dem 6. Jahrhundert in Gebrauch; Zuschauerraum in der heutigen Gestalt von Lykourgos um 338–326; im Hellenismus und in römischer Zeit verändert. 64–78 Sitzreihen; faßt ca. 17500 Zuschauer.

**Babylon** Geht vermutlich auf ein Theater für Alexander zurück. Konstruktion aus ungebrannten Ziegeln.

**Chaironeia** Kleines Theater (14 Reihen) in den Felsen der Akropolis gehauen; (Widmung über oberster Reihe).

**Korinth** Cavea im späten 5. oder frühen 4. Jahrhundert angelegt. Außer der Cavea wenig erhalten (ca. 17500 Plätze). Römische Umbauten.

**Delos** Im 3. Jahrhundert für ca. 3500 Besucher erbaut. In der Nähe die Mosaiken des Hauses der Masken.

**Delphi** Eines der besterhaltenen Theater in Griechenland. Vermutlich aus dem 4. Jahrhundert, im 2. Jahrhundert und von den Römern restauriert. Über der Orchestra (25 m) 35 Reihen für ca. 5000 Zuschauer.

**Demetrias** Aus dem frühen 3. Jahrhundert. Ecke der Orchestra, erste Sitzreihe und Proskenion wurden ausgegraben.

**Dodona** Das Theater aus dem frühen 3. Jahrhundert faßte ca. 14000 Zuschauer. Steinproskenion spätes 3. Jahrhundert.

**Elis** 4. Jahrhundert. Die Zuschauer saßen auf dem Gras oder auf Erdstufen.

**Ephesos** 1. Hälfte 3. Jahrhundert. In der römischen Form erhalten. Dreimal 22 Reihen für 24000 Plätze. Reste der vorrömischen Bühne erhalten.

**Epidauros** Besterhaltenes aller griechischen Theater, von Pausanias dem Polyklet zugeschrieben. Die Cavea (120 m) faßt in 34 Reihen aus dem späten 4. Jahrhundert und 21 aus dem 2. Jahrhundert ca. 14000 Zuschauer.

**Eretria** Ein gewölbter Gang wurde vielleicht für das rasche Erscheinen von Gestalten aus der Unterwelt verwendet. Er führt von der Mitte der Skene zur Mitte der Orchestra.

**Gortyn** Das griechische Theater ist am Fuß der Akropolis erhalten.

**Gytheion** Etwa 10 Reihen schöner Steinsitze. Ein hübsches kleines Theater am Burgberg.

**Isthmus von Korinth** Ursprung im 4. Jahrhundert, zwei römische Umbauten erhalten.

**Kabirion** Neu ausgegrabenes hellenistisches Theater in der Nähe des Kabirenheiligtums.

**Kassope** Ein kleines Theater, 4. Jahrhundert, liegt bei den Ruinen eines Gasthauses.

**Kephalos** Cavea, 4. Jahrhundert mit Sitzen aus Trachyt. In Kardamania und auch in Kos gibt es weitere hellenistische Theater.

**Knossos** Eines der ältesten der Welt (2000–1500 v. Chr.). Dieses minoische Theater hat zwei Sitztribünen im Winkel zueinander.

# DIE KLASSISCHE REVOLUTION

**Kyrene** Griechisches Theater an der Nordseite der Akropolis, wurde von den Römern in eine Arena verwandelt.

**Larissa** Späthellenistisch; erhaltene Marmorsitze tragen die Namen von Bürgern.

**Lemnos** Griechisches Theater im Nordosten der Insel; spätes 5. oder frühes 4. Jahrhundert; von den Römern verändert.

**Leontion** Kleines Theater, 4. Jahrhundert, mit einigen gut erhaltenen Sitzreihen.

**Leukas** Reste von Teilen eines griechischen Theaters in der Altstadt.

**Lindos** Orchestra (5 m) und Reihen gut erhalten; faßte ca. 2000 Personen.

**Magnesia am Mäander** 3. Jahrhundert, Skene mit 5 Räumen und Tunnel zur Mitte der Orchestra.

**Mantineia** 4. Jahrhundert, auf ebenem Boden. Außenmauern des Treppenhauses aus schönem polygonalen Mauerwerk.

**Megalopolis** 4. Jahrhundert, größtes in Griechenland, 59 Reihen (9 gut erhalten); 17000–21000 Plätze. Schöne Bänke um die Orchestra (30 m).

**Melos** Mit Blick über das Meer bewahrt dieses hübsche kleine Theater aus dem späten 4. oder frühen 3. Jahrhundert einige schöne Steinstufen.

**Messene** Kleines restauriertes Theater des 4. Jahrhunderts, rechteckiger Grundriß der Cavea. Teil eines größeren Gebäudekomplexes. Ein zweites Theater ist noch nicht ausgegraben.

**Milet** In dem großen römischen Theater sind die hellenistische untere Bühnenmauer und einige Bänke zu sehen.

**Mykene** Nur wenige Sitze sind von dem hellenistischen Theater erhalten, das über dem Dromos (Gang) zum alten Grab der Klytemnästra erbaut wurde.

**Mytilene** Möglicherweise gleichgroß wie Megalopolis; die runde Orchestra (25 m) spricht für frühe Datierung (vielleicht frühes 4. Jahrhundert), 18000–20000 Plätze.

**Oiniadai** Die Steinstufen (15 erhalten), Skene und große Orchestra stammen wahrscheinlich aus dem 4. Jahrhundert.

**Patara** Die Cavea (Durchmesser über 90 m) ist ungewöhnlich steil.

**Piräus** Das große klassische Theater ist heute überbaut. Ein kleines Theater, 2. Jahrhundert, ist erhalten.

**Pergamon** Die erhaltene steile Cavea (frühes 2. Jahrhundert, 80 Reihen) faßte ca. 10000 Menschen. Eine Straße, die die Rückseite der Orchestra kreuzte, machte eine hölzerne Skene notwendig.

**Perge** Griechisch-römisch, in einen Hügel gebaut; Sitze für ca. 14000 Personen.

**Philippi** In dem römischen Theater sind die runde Orchestra aus dem 4. Jahrhundert und einige Parodosmauern erhalten.

**Phaistos** Rechteckig mit acht erhaltenen Reihen; 2000–1500 v. Chr. Wie das kleinere Theater in Knossos vermutlich für Spiele und für den Ritus benutzt.

**Phlious** Die sichtbaren römischen Reste im Südwesten der Akropolis überdecken wahrscheinlich ein griechisches Gebäude.

**Pleuron** Klein, erbaut um 230 an der Stadtmauer, die mit einem Turm als Skene diente.

**Priene** eines der besterhaltenen hellenistischen Theater; spätes 4. Jahrhundert mit etwas späterer Bühne.

**Rhamnous** Mitte 4. Jahrhundert, in einer Burgstadt. Rechteckiger Grundriß. Vielleicht auch als Versammlungsraum benützt.

**Rhodos** Kleines hellenistisches Theater, rekonstruiert; rechteckiger Grundriß, ca. 2000 Sitze. Das Haupttheater ist noch nicht entdeckt.

**Samos** Die noch unausgegrabenen Ruinen eines kleinen griechischen Theaters liegen am Abhang der Akropolis.

**Samothrake** Das Theater von ca. 200 v. Chr. wurde 1927–37 als Steinbruch benützt, nur der Umriß ist zu sehen. Über ihm stand die »Nike von Samothrake«.

**Segesta** Herrlich gelegen. Mitte 3. Jahrhundert. Der untere Rang mit 20 Reihen ist erhalten. Typisch sizilische hellenistische Paraskenien (Flügel).

**Sikyon** Im frühen 3. Jahrhundert in den Burgberg gebaut; eines der größten Theater im Mutterland; Orchestra 20 m, Cavea ca. 125 m. Gewölbte Eingänge zu den unteren der ca. 50 Reihen, schöne Sitze in der 1. Reihe.

**Sparta** Im 18. Jahrhundert von der Armee des Russen Orloff entdeckt, als sie sich unterhalb der Akropolis eingrub. Ein großes Theater aus dem 2. oder 1. Jahrhundert, mit vielen Inschriften.

**Stratos** 4. Jahrhundert, noch unausgegraben auf einem Hügel westlich des Dorfes Surovigli.

**Sybaris** Ausgrabungen haben griechische Reste unter dem römischen Theater aufgedeckt.

**Syrakus** Es gab bereits ein Theater im 5. Jahrhundert. Das erhaltene Gebäude, vermutlich 3. Jahrhundert, ist in den Felsen gehauen. Es war groß (Cavea 134 m), hatte eine monumentale Bühne und trägt viele Inschriften des 3. Jahrhunderts.

**Taormina** Sitze mit Inschriften und Mauern in der römischen Skene weisen auf ein früheres griechisches Theater an diese Stelle hin.

**Tegea** Nur ein Teil der Stützmauern aus dem 2. Jahrhundert für das ursprünglich aus dem 4. Jahrhundert stammende Theater ist erhalten. Darüber steht heute eine Kirche.

**Termessos** Ein kleines, gut erhaltenes hellenistisches Theater mit späteren Anbauten; 24 Reihen.

**Thasos** 4. Jahrhundert. Sitzreihen und Skene sind gut erhalten.

**Thera** Unter den Ruinen von Alt-Thera befindet sich auf einer felsigen Landzunge ein kleines hellenistisches Theater, das von den Römern umgebaut wurde.

**Thorikos** Theater des 5. Jahrhunderts, wurde im 4. Jahrhundert zu seiner heutigen elliptischen Form erweitert. Zwei Ränge von 20 und 11 Reihen, Orchestra 30 m 50 m, 5000 Plätze.

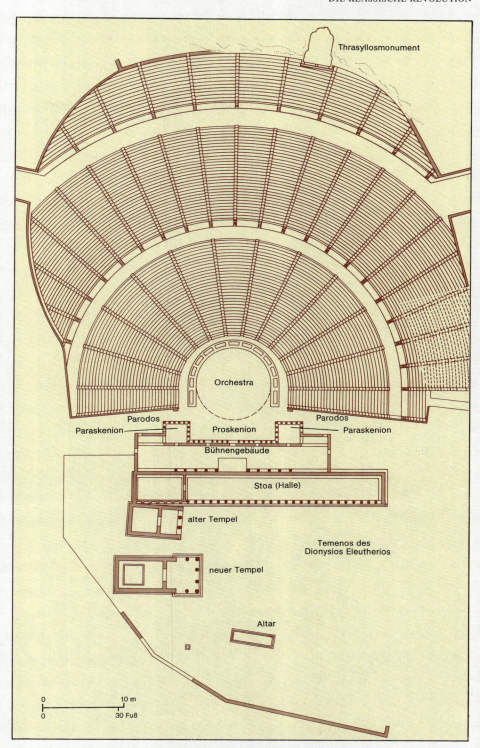

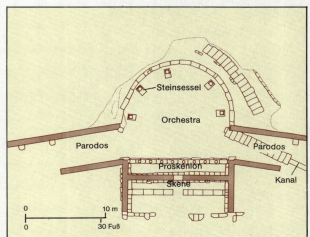

*Oben:* Das Theater des Dionysos Eleuthereus in Athen. Die Schauspieler zogen im 5. Jahrhundert von der Agora weg, wo sie noch auf einem Wagen gespielt hatten, an die Südseite der Akropolis, oberhalb vom Heiligtum des Gottes mit seinen Tempeln des 6. und 4. Jahrhunderts und der perikleischen Kolonnade. Beim Umbau unter Lykourgos ersetzten Steinsitze die hölzernen Bänke, auf die die Zuschauer ihren Applaus getrommelt hatten, und Stein ersetzte hölzerne Skene und Paraskenien. Als die Theaterkunst verfiel, wurde die Bühne aufwendiger.

*Links:* In dem hübschen kleinen Theater des Amphiareions, das nur 300 Zuschauer faßte, ist das Proskenion noch ein Teil des originalen hellenistischen Entwurfes.

149

Dementsprechend gibt es auch in der zeitgenössischen Tragödie nur wenig oder überhaupt keine Handlung auf der Bühne. In gesetzten Reden werden die Ereignisse jedoch großartig geschildert; doch das wirkliche Drama, das sich in den Worten zwischen wenigen Gestalten und dem Chor darstellt und das oft in einer gewaltsamen Tat hinter der Bühne gipfelt, von der vielleicht nur ein Bild des tötenden und des Getöteten gezeigt wird, ist sicher in seinem Geist derjenigen Kunst verwandt, die man mit einigem Recht als polygnotisch bezeichnen kann. Das bedeutendste Beispiel dieser Kunst muß das große Wandgemälde mit der Darstellung von Odysseus in der Unterwelt in Delphi gewesen sein, wo die Höhe ein Gefühl für Distanz erzeugte und ein Wald zwischen dem unteren und dem oberen Hintergrund das Zentrum des Bildes verwischte. Auf das Bild waren mehrere Gruppen komponiert, von denen einige sehr fremdartig erschienen. Die Mittelgruppe direkt unter dem Wald zeigte Agamemnon, wie er mit seinem Stock zwischen den größten Heroen stand, die alle außer dem König keine Bärte trugen.

Die Sparsamkeit der Mittel und die Mäßigung der klassischen Kunst nach ihrer Trennung von der alten Großartigkeit und Vitalität sind sicher der Ausdruck einer bewußten und überlegten Geistesbewegung. Die Gewänder fallen schlichter, und die ausdruckslosen Gesichter sehen aus, als wären sie für die Ewigkeit bestimmt. Während sich die Skulptur auf einen ernsten Realismus zubewegt, gewinnt die Zeichnung eine plastische Qualität. Eine mehr theoretische, selbstbewußtere Kunst ist entstanden. In der Geschichte hatte es etwas derartiges natürlich noch nicht gegeben. Im 5. Jahrhundert v. Chr. haben sich die Griechen endgültig von ihren Vorläufern und Zeitgenossen gelöst. Künstler fingen jetzt an, über ihr Fach zu schreiben: Polyklet über Bildhauerei, Parrhasios über Malerei, Iktinos über den Parthenon, Agatharchos über Wandmalerei und Sophokles über den tragischen Chor.

Die Wirkung dieser Bewegung ist in der Literatur besonders deutlich, und hier schlug sie sich zuerst nieder. Herodot ist, obwohl er erst in den frühen zwanziger Jahren des 5. Jahrhunderts schrieb, noch ein archaischer Schriftsteller. Er gestaltete seine Anekdoten und komponierte seine Sätze ebenso wie Kapitel und ganze Bücher mit einem offensichtlich intuitiven formalen Gefühl. Thukydides begann bereits bald nach 431 v. Chr. zu schreiben und war etwa 30 Jahre lang aktiv. Doch die Klarheit seiner Gestaltung, seine bewußte persönliche Zurückhaltung und die großartigen Effekte, die er anstrebt, zeichnen ihn als reinen Vertreter der Klassik aus. Dies ist ein manierierter Stil, und Klassik ist von Natur aus eine bestimmte Manier. Das Ergebnis sind jedoch

*Vorhergehende Seiten:* Dodona in dem geschlossenen Tal von Tsarkovitsa im fernen Nordwesten war der Platz eines Zeusorakels, vielleicht des ältesten in Griechenland. Das großartige Theater wurde zur Zeit des Pyrrhus von Epirus (297–272 v. Chr.) erbaut. Die Cavea ist teilweise in den Burghügel eingelassen, sie faßte ursprünglich über 14000 Zuschauer. Das Theater wurde neuerdings für das jährliche Theaterfestival restauriert.

**Die griechische Welt der Klassik**

eine wohlgeordnete Klarheit des Materials und leichte Verständlichkeit. Diese beiden Zeitgenossen gehören nicht nur in ihrer Schreibweise zwei verschiedenen Generationen an, sondern ganz unterschiedlichen Welten, einerseits Halikarnass, das von den Persern erobert war, und andererseits Athen in seiner Hochblüte. Es ist einerseits die alte jonische Gemeinschaft und andererseits der Delische Seebund des 5. Jahrhunderts.

Thukydides lebte bereits zur Zeit der Sophisten. Ihre Wirkung auf den Stil der Prosa war sehr nach rückwärts gerichtet. Sie reglementierten die Formen der öffentlichen Rede, die bestanden hatten, ehe sie niedergeschrieben werden konnten, zu einer klangvollen ornamentalen Rhetorik. Die Rede wurde zu einer wirkungsvollen Darbietung, die gelehrt werden konnte. Diese neuartige Rhetorik war typisch westgriechisch. Sie war jedoch nicht der einzige Ausdruck der Sophistik. Die Sophisten verfeinerten auch die Kunst des Argumentierens, und zwar oft in perverser Art und Weise, und sie gerieten manchmal in philosophische Positionen von radikaler Originalität, wobei sie jedoch wenig Rücksicht auf Verantwortung und Moral nahmen, die damit in Zusammenhang stehen. Nichts von alledem war ganz neuartig, doch geriet es in der sophistischen Bewegung aus der Form.

Die Reaktion in Richtung auf Wildheit und Extravaganz läßt sich aus den späten Stücken des Euripides ermessen. Sie zeigt sich in ihrem machtvollen und verwickelten Impressionismus, in der Brillanz und Verwirrung der Strukturen und in der exotischen Färbung. Das beste und bedeutendste Stück sind sicher die *Bacchen,* auch wenn man unterstellt, daß es zu diesem Thema sicherlich ein verlorenes Meisterwerk von Aischylos gab. In der dramatischen Dichtung wird gewöhnlich Sophokles als der große Klassiker bezeichnet. Wenn ich meine eigene Erfahrung hierzu nennen darf, so muß ich sagen, daß auch mir dies in der Schule beigebracht wurde, und ich habe es bisher immer abgelehnt. Da ich nun älter werde, scheint es mir doch bis zu einem gewissen Grade zuzutreffen. Die unbedingte Konzentration der Argumente, die Einfachheit der Konzeptionen und die Beherrschung der Strukturen ist bei Sophokles am stärksten.

Die dramatische Dichtung ist ganz in Athen zuhause, während die Sophisten und Philosophen mit Ausnahme von Sokrates, der sich über die anderen lustig machte, Fremde waren. Sie waren meist Ionier, Protagoras aus Abdera, Prodikos aus Keos usw. Den größten Einfluß hatten diese wandernden Weisen vermutlich in den späten dreißiger Jahren des Jahrhunderts. Die ersten Stücke von Aristophanes entstanden in den zwanziger Jahren, und Plato datierte sein *Symposion* 416 v. Chr.

# Die Musik im antiken Griechenland

Auf allen Ebenen haben Praxis und Theorie der Musik die Gesellschaft beeinflußt. Festtage, Eßgelage und die Arbeit (sogar so spezialisierte wie Brotbacken oder das Paaren von Pferden) hatten ihre eigenen Lieder und Gesänge. Der Krieger übte sich im Schwertkampf und der Athlet beim Boxen zu den lieblichen Klängen der Flöte. Der Tanz war so stark verbreitet wie nie wieder in Europa. *Mousikos* – musisch – war im Sprachgebrauch Athens gleichbedeutend mit kultiviert. Der selbstbeherrschte Mensch »ging im Rhythmus dahin« und der verdrießliche »ging ohne Lieder« (eine Anspielung auf einen Mißgriff auf der Lyra und einen Irrtum, der zumindest einem einzigen Spieler seinen Ruf beim Konzertpublikum in Alexandria kostete). Ziegenhirten zogen sich in der Mittagsruhe mit der Panflöte zurück, und sogar die Kriegsgefangenen stimmten angesichts ihres traurigen Schicksals Lieder an.

Die Griechen verdankten zugegebenermaßen ihre Instrumente und frühen Melodien dem westlichen Asien und ihren thrakischen Nachbarn. Was sie jedoch daraus machten, war eine neue, langlebige Wissenschaft und Ästhetik der Musik. Nachdem Pythagoras einmal die numerische Basis der Konsonanz dargelegt hatte, machten die Mathematiker z.B. in der Akustik spektakuläre Fortschritte. Im Instrumentebau gab es eine stürmische Entwicklung. Als psychologisches Porträt eines Musikers ist Platons Bild von Ion, dem Sänger mit der Lyra, überragend.

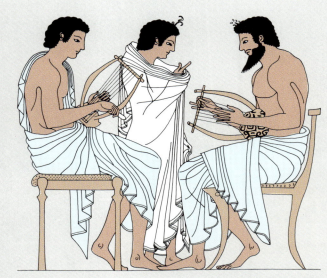

*Oben:* ». . . So achtet der Lehrer beim Lyra-Unterricht auch auf des Schülers Selbstbeherrschung und sein gutes Benehmen. Wenn sie einmal spielen können, bringt er ihnen Lieder von guten Dichtern bei, und er lehrt sie Rhythmen und Melodien, damit sie sanfter werden und geneigter für wirkungsvollen Vortrag und für das Handeln. . .«.

»Er tötete die Schildkröte mit einem scharfen Messer und nahm sie aus. . . Er schnitt Stöcke ab (als Halterungen) und befestigte sie in Löchern, die er durch den steinharten Panzer gebohrt hatte. Auf den Panzer spannte er ein Rinderfell, durch das er die beiden Arme steckte, zwischen die er eine Querlatte setzte. Als er schließlich das liebliche Spielzeug in Händen hielt, probierte Hermes mit dem *Plektron* Stück für Stück, und es gab einen angenehmen Klang von sich. Dann sang der Gott einen schönen Refrain, und er improvisierte, als er fortfuhr, wie Burschen, die sich beim Gelage herausfordern: das Lied von einem Gott und einer Nymphe in Sandalen. . .; und wenn er das eine sang, behielt er das andere im Kopf.«

*Unten:* Gemeinsames Musizieren und Opfern, ein Fest oder ein Kriegstanz. »Dies Lied will ich leben und singen; und wenn ich tot bin,/legt meine Leier zu meinen Füßen/und meine Flöten über meinen Kopf,/Flötet nur weiter!«

*Links:* »und in der Mitte führte Apollon, der sein Plektron aus Gold über die siebenstimmige Lyra erhob, alle Melodien an«. . . Bei den vier großen internationalen Festspielen brachten prächtig gekleidete Solisten und Gruppen ihre Kunst vor einer kosmopolitischen Zuschauerschaft dar. Das Lied zu der feierlichen Leier (*Kithara*) war der älteste musikalische Wettstreit.

*Unten:* Griechische Philosophen legten größten Wert auf die Theorie, was in der Musik zur Entwicklung eines Meßinstruments mit einer Saite geführt hat, das als Monochord bekannt ist. Mit diesem akustischen »Potentiometer« konnten griechische Mathematiker, namentlich Pythagoras von Samos im 6. Jahrhundert v. Chr., die numerischen Relationen zwischen verschiedenen Tönen berechnen und demonstrieren. Eine einzige Saite, die an zwei Punkten befestigt ist und einen hohlen Tonkörper überspannt, gibt einen Ton wieder, wenn sie angeschlagen wird. Wenn man die Saite in zwei Teile unterteilt, dann entsteht ein um eine Oktav höherer Ton, im Verhältnis von zwei zu fünf entsteht eine Quint, und bei drei zu vier entsteht ein Intervall von einer Quart, usw. Dies ist besser an dem Diagramm zu sehen, wo die Saite in 120 gleiche Teile unterteilt ist und die Noten nach der Voraussetzung eingesetzt wurden, daß die volle Saite ein C wiedergibt.

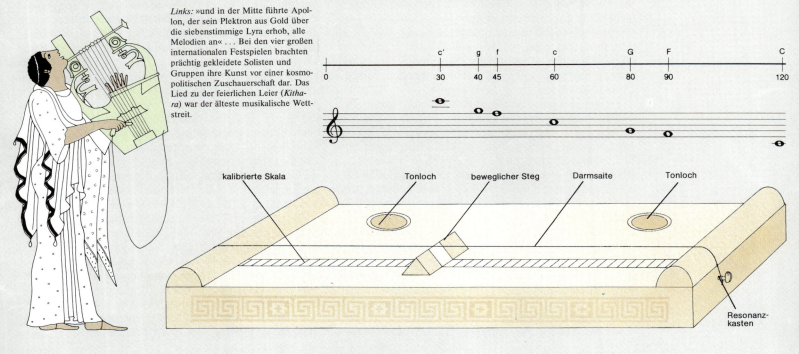

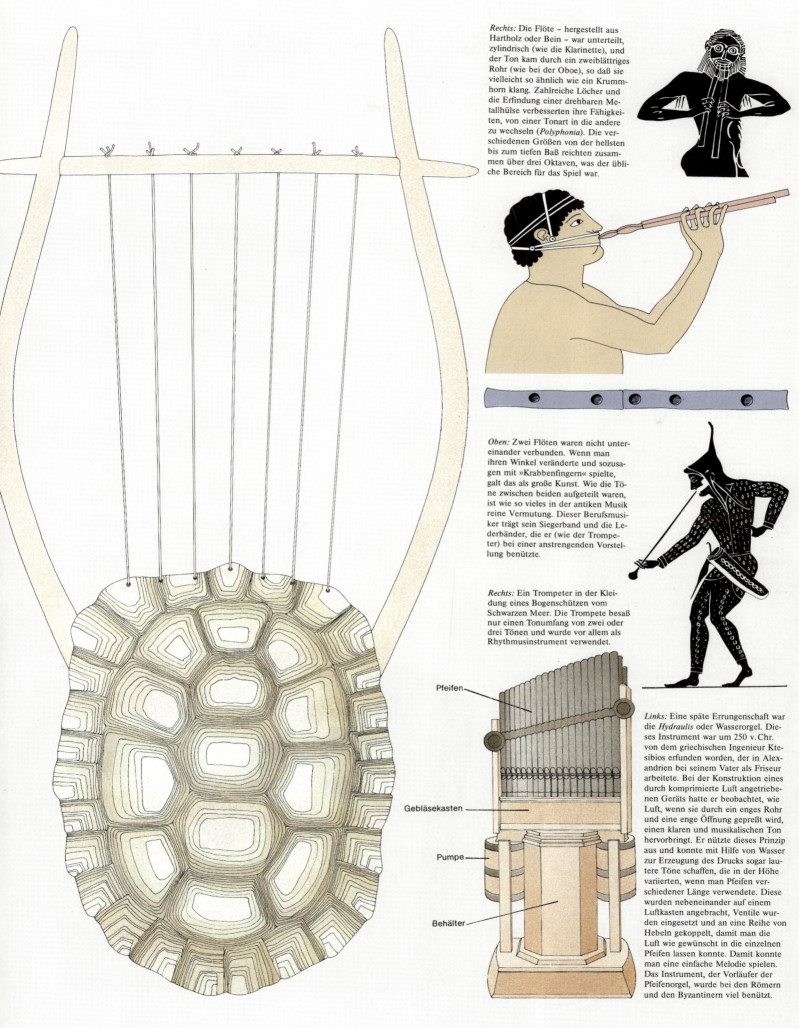

*Rechts:* Die Flöte – hergestellt aus Hartholz oder Bein – war unterteilt, zylindrisch (wie die Klarinette), und der Ton kam durch ein zweiblättriges Rohr (wie bei der Oboe), so daß sie vielleicht so ähnlich wie ein Krummhorn klang. Zahlreiche Löcher und die Erfindung einer drehbaren Metallhülse verbesserten ihre Fähigkeiten, von einer Tonart in die andere zu wechseln (*Polyphonia*). Die verschiedenen Größen von der hellsten bis zum tiefen Baß reichten zusammen über drei Oktaven, was der übliche Bereich für das Spiel war.

*Oben:* Zwei Flöten waren nicht untereinander verbunden. Wenn man ihren Winkel veränderte und sozusagen mit »Krabbenfingern« spielte, galt das als große Kunst. Wie die Töne zwischen beiden aufgeteilt waren, ist wie so vieles in der antiken Musik reine Vermutung. Dieser Berufsmusiker trägt sein Siegerband und die Lederbänder, die er (wie der Trompeter) bei einer anstrengenden Vorstellung benützte.

*Rechts:* Ein Trompeter in der Kleidung eines Bogenschützen vom Schwarzen Meer. Die Trompete besaß nur einen Tonumfang von zwei oder drei Tönen und wurde vor allem als Rhythmusinstrument verwendet.

*Links:* Eine späte Errungenschaft war die *Hydraulis* oder Wasserorgel. Dieses Instrument war um 250 v. Chr. von dem griechischen Ingenieur Ktesibios erfunden worden, der in Alexandrien bei seinem Vater als Friseur arbeitete. Bei der Konstruktion eines durch komprimierte Luft angetriebenen Geräts hatte er beobachtet, wie Luft, wenn sie durch ein enges Rohr und eine enge Öffnung gepreßt wird, einen klaren und musikalischen Ton hervorbringt. Er nützte dieses Prinzip aus und konnte mit Hilfe von Wasser zur Erzeugung des Drucks sogar lautere Töne schaffen, die in der Höhe variierten, wenn man Pfeifen verschiedener Länge verwendete. Diese wurden nebeneinander auf einem Luftkasten angebracht, Ventile wurden eingesetzt und an eine Reihe von Hebeln gekoppelt, damit man die Luft wie gewünscht in die einzelnen Pfeifen lassen konnte. Damit konnte man eine einfache Melodie spielen. Das Instrument, der Vorläufer der Pfeifenorgel, wurde bei den Römern und den Byzantinern viel benützt.

155

DIE KLASSISCHE REVOLUTION

Man soll die Anschuldigungen, die nach einer Krise im Staat immer gegen die Intellektuellen und Ausländer vorgebracht werden, nicht allzu ernst nehmen. Es war kaum der sophistische Einfluß, der die Athener politisch herunterkommen ließ. Solange alles gut geht, macht niemand den Intellektuellen, die in ihrer Ecke dahinplaudern, Vorwürfe wegen eben derselben Redeweisen, die bei anderer Gelegenheit den Zorn der Götter auf sie zu lenken scheinen. In Athen wurde etwa Protagoras verfolgt, und er war nicht der einzige Fall; das berühmteste Opfer war Sokrates. Er wurde wegen des gefährlichen Verhaltens seiner Schüler verurteilt. Dies geschah nach einem Staatsstreich am Ende eines verlorenen Krieges, als die Athener von vornherein schon erbost und verwirrt waren. Gleichgültig, ob man die Sophisten nun gutheißt oder nicht – und Sokrates tat dies nicht –, jedenfalls läßt Platon ihre Schädlichkeit als sehr harmlos erscheinen.

Es ist nicht sicher, ob sie wirklich an die Götter glaubten oder nicht. Jedenfalls zeugt das Verhalten der Athener am Ende des Jahrhunderts von hysterischer Ängstlichkeit. Die Religion lebte in der Öffentlichkeit ungebrochen weiter, und private Kulte nahmen eher zu als ab. In jedem Heiligtum, das kontinuierlich benützt wurde, sind, soviel ich weiß, im späten 5. Jahrhundert kleine Opfergaben sogar häufiger als zu Beginn des Jahrhunderts. Die geistvollen dramatischen Bilder bei Euripides lassen keinesfalls den Verdacht auf Atheismus zu. In seinem *Ion* erscheinen die Athener Frauen als realistisch, die in Delphi bei einer Statue der Athena rufen: »Athena, meine einzige Göttin«. Als Dichtung von wirklich religiösem Gehalt auf vielen verschiedenen Ebenen haben die *Bacchen* sogar in Griechenland nur wenig Vergleichbares.

Das beste Beispiel dafür, was in Athen im 5. Jahrhundert vor sich ging, ist der Werdegang des Aristophanes. Die Unterschiede in seinem Stil sind sehr groß. Die ersten Stücke sind geistreich, lyrisch und sehr angriffslustig. Nach 424 ist die politische Schärfe etwas abgestumpft: In den *Wolken* macht er sich über Sokrates lustig, in den *Wespen* ist ein verrückter alter Mann von den Gerichten besessen, und im *Frieden* im Jahre 421, als der Friede ein Hauptthema war, erweist er sich als ebenso lyrisch und auch wieder heftig, wie er 425 war, wenn er für die Bauern eintritt, jetzt allerdings mit weniger großem Zorn. Im Jahre

**Fundplätze von Münzen in England und Nordeuropa**

*Unten:* Man nimmt an, daß die Szene auf dieser attischen Vase aus der *Antigone* von Sophokles stammt. Es ist ein eigenartiger Kompromiß zwischen der Wirklichkeit des Lebens und der Wirklichkeit im Theater. Antigone wird vom Tyrannen Kreon verurteilt, weil sie versucht hatte, ihren Bruder zu beerdigen. Es ist eine fast ausnahmslose Regel, daß solche Gewaltszenen im Text eines Schauspiels beschrieben wurden, daß man sie jedoch nicht auf der Bühne darstellte.

Das Erechtheion ist der Wiederaufbau des Hauses von Erechtheus in Athen im 5. Jahrhundert, das Homer erwähnt. Hier ist die Nordhalle zu sehen (*oben*), die Ostseite (*rechts*), die Westfassade (*unten rechts*) und von dem oberen Teil die südwestliche Seite (*ganz unten rechts*).

Das Erechtheion ist auf dem Platz des mykenischen Palastes von Athen erbaut, und auch der ursprüngliche, heilige Olivenbaum, der daneben wuchs, war vermutlich mykenisch.

Erechtheus war zugleich auch Poseidon. Hier hatten sich Athena und Poseidon um den Besitz von Attika gestritten, die Spur seines Dreizacks war im Fels zu sehen. Die Südhalle, die von steinernen Frauen getragen wird, den Karyatiden, ist der Platz, wo etwas Geheiligtes, vielleicht eine Figur oder ihre Kleidung, dem Volk gezeigt wurde. Innerhalb des Hauptbaus befand sich ein Doppeltempel für Athena in einem Raum und Poseidon-Erechtheus im anderen. Dort wurde das alte hölzerne Idol der Athena aufbewahrt. Nach einem Brand haben die Römer das Erechtheion wiederhergestellt; einige der originalen Steine wurden für einen Tempel der Roma und des Augustus wiederverwendet. Das Erechtheion blickt direkt von der Akropolis nach Nordwesten hinunter zur heiligen Straße nach Eleusis.

*Ganz rechts:* Götter auf einem Teil der Ostseite des Parthenonfrieses.

DIE KLASSISCHE REVOLUTION

DIE KLASSISCHE REVOLUTION

414 war das Theater, nach den *Vögeln* zu urteilen, spektakulärer, musikalischer und utopischer geworden: Die Rhythmen der Chordichtung sind subtiler als je zuvor, es gibt noch einige scharfe Bemerkungen, doch die Handlung ist unterhaltsam, die Stimmung wie in einem seligen Nirwana.

Die *Frösche* (405) enthalten einen weiteren, glänzend ausgedachten Tierchor, dieselbe rhythmische Meisterschaft und Lyrik, genug Witze und zum erstenmal eine intellektuell ansprechende literarische Kritik. Man könnte erwarten, daß das Stück in Düsternis getaucht sei, da sich Athen der Niederlage gegenüber sah, doch dies war keineswegs der Fall. Es benutzt eine Vorlage aus einer verlorenen Komödie des Eupolis, in der die Landstädte Attikas eine Gesandtschaft in die Unterwelt schicken, um von den Toten einen Staatsmann zu holen, der Athen retten sollte. Darauf gibt es bei Aristophanes zwar Hinweise, doch in seiner Version rettet niemand irgend etwas. Man sucht lediglich nach einem guten Tragödiendichter. Und so haben Sophokles und Euripides Aischylos unter den Toten gefunden. Der Chor der Eleusinerinnen in der Unterwelt hätte kaum noch mehr von einer jenseitigen Welt sein können.

Die letzten Stücke der Athener Theaterdichter vor der Niederlage der Stadt sind Sophokles' *Oedipus Coloneus,* ein sehr bewegendes und religiöses Stück, von Aristophanes die *Frösche* und von Euripides die *Bacchen.* Das zeugt davon, daß, wenn auch alles andere in Unordnung war, es dennoch Witz, Religion und Dichtung wie zuvor gab. Natürlich kann man sagen, daß die *Lysistrata* des Aristophanes von 411, eine lärmende Komödie, in der sich die Frauen verschwören, sich ihren Liebhabern zu verweigern, bis diese dem Frieden zustimmen würden, einen gesünderen politischen Ton anschlägt.

Die öffentlichen Bauten Athens in den letzten Jahren des Peloponnesischen Kriegs sind in ihren Ausmaßen kleiner als der Parthenon, doch in der Feinheit der Details, in der Sorgfalt der Planung und der Subtilität der Komposition stellen sie keinen Niedergang dar. Das Erechtheion wurde 421 v. Chr. begonnen, und nach einer Unterbrechung wurden dann seine Friese 408 und 407 ausgeführt. Sein komplizierter Grundriß rührt von der Verflechtung verschiedener ritueller Funktionen her: eine heilige Schlange, der Zwillingstempel für Poseidon-Erechtheus und Athena, eine festliche Halle und ein tiefes Loch im Felsen, womit noch nicht alle Elemente genannt sind. Die Aufgabe wurde noch dadurch erschwert, daß man bei der Bauausführung auf ein prähistorisches Grab stieß, das man als den Ruheort eines legendären Königs bezeichnete und deshalb berücksichtigen mußte. Das Erechtheion selbst ist großartig gelungen, von jeder Seite vermittelt es einen anderen Eindruck und verändert sich von einem Blickwinkel zum anderen. Es ist ein schlankes, zartes ionisches Meisterwerk, sowohl schön als auch höchst raffiniert. Nach dem Erechtheion sollte es keinen griechischen Tempel mehr geben, der nicht weniger schön ausfiele als der Vorgänger, den er ersetzte.

Auch aus den Grabgefäßen kann man einiges erfahren. Es sind die sogenannten weißgrundigen *Lekythen,* die entsprechend ihrem Verwendungszweck dekoriert wurden. Sie waren fast ausschließlich in Athen und den athenischen Kolonien in der 2. Hälfte des 5. Jahrhunderts in Gebrauch. Hypnos und Thanatos, das Geschwisterpaar von Schlaf und Tod, die in der *Ilias* und auf dem schönen rotfigurigen Krater des Euphronios von ca. 500 v. Chr. in New York den Sarpedon hinwegtragen, haben die Körper vieler Athener Soldaten weggebracht. Der Schlaf ist im Gegensatz zum Tod jung und schön, alt ist der Fährmann Charon, der auf vielen der Vasen erscheint. Auf den Vasen mit Charon begegnet nur der Fährmann mit dem Heck seines Kahns, Hermes geleitet den Toten. Manche spätere Szenen unter diesen Darstellungen sind von unbestimmter Trauer gezeichnet.

Was war in dieser Zeit mit den Göttern geschehen? Ihre Darstellungen waren immer menschlicher geworden. Athena, die sich auf ihre Lanze stützt und an einem Grabmal trauert, war sicherlich nicht nach dem Leben dargestellt, doch überzeugt sie, als wäre sie lebendig. Die männlichen Gottheiten erhielten Athletenkörper, Aphrodite hatte erotische Reize, und sogar die Pane und Satyrn waren ansehnliche Nackte und viel weniger wild als einst. Was hatte sich verändert? Die Antwort lautet anscheinend, daß in manchen Regionen oder bei bestimmten Leuten sich außer der Kunst hier nicht viel geändert hat und auch das noch weniger, als wir glauben. Am Hof des Polykrates von Samos waren Zeus und Hera boshafte erotische Gestalten, und in der *Ilias* bestätigt sich, daß diese Vorstellung von den Göttern nicht einmal in der archaischen Zeit neuartig oder schockierend wirkte. Der Zeus des Phidias besaß große Würde. Dagegen war der wilde Orientale Zagreus (der kretische Gott, der dem Dionysos gleichgesetzt wurde), der auf einer Bronzescheibe aus einem kretischen Grab Jahrhunderte früher dargestellt war, wie er auf einem Stier tänzelt, eine völlig ungriechische Gestalt aus einer ganz anderen Welt. Die einfacheren Weihegaben blieben das ganze 5. Jahrhundert hindurch konservativ. Zeus Ktesios war immer noch der Name der Hausschlange, Apollon Aguieus war noch ein Steinmal, und Hermes erhielt noch Kränze auf seine ständige Erektion. Religiöse Dichtung war zu raffiniert, als daß man sie ernstnehmen könnte.

*Oben:* Der Nordostwind und der Westwind bringen den Leichnam eines jungen Soldaten in sein Grab.

*Oben rechts:* Die Göttin Athena steht trauernd an einem Denkmal für die Athener Gefallenen.

## FÜNFTER TEIL
## DAS ZEITALTER ALEXANDERS

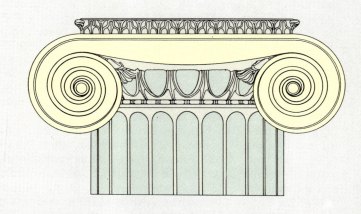

# NEUE TENDENZEN IN LITERATUR UND RELIGION

### Archaismus in der Literatur
Im 4. Jahrhundert waren bereits archaisierende Tendenzen in Kunst und Literatur aufgetreten. Die große Zeit der Nostalgie sollte dann 100 Jahre später kommen, als die Athener Meister der Prosa ebenso studiert wurden wie die Dichter des 5. Jahrhunderts. Epische Dichtung gehörte schon im 5. Jahrhundert der Vergangenheit an; damals mußten die Kinder in Athen bereits besondere Bedeutungen und fremde Worte erlernen, um Homer zu verstehen. Homer war für sie noch beinahe ein Gott, doch seine Dichtung erschien ihnen als sehr altmodisch oder sie war ebenso verehrungswürdig wie ihr Stoff. In der Tat wurde er in dieser Zeit zum erstenmal als der früheste und verwunderlicherweise als der wichtigste Historiker bezeichnet. Bereits am Ende des 4. Jahrhunderts wurden die drei Dichter verehrt, die wir heute als die drei klassischen Tragiker bezeichnen – Aischylos, Sophokles und Euripides. Im Fall der beiden letzteren geschah dies bereits weniger als ein Jahrhundert nach ihrer Zeit. Ihre Werke wurden von der Stadt Athen aufbewahrt, wie Peisistratos im 6. Jahrhundert *Ilias* und *Odyssee* erhalten hatte. Das Wiederaufleben der athenischen Flotten und der Bündnisse nach 400 v. Chr., der Neuaufbau der Stadtmauern und die Wiederkehr des Wohlstandes waren nicht in der Lage, das 5. Jahrhundert wiederzubringen.

Auch Thukydides verwendete im späten 5. Jahrhundert archaisierende Stilelemente, doch glaubte man in Athen, daß eine altertümliche Sprache mehr Würde und Poesie besaß als die Umgangssprache, und ein antiker Kritiker hat richtig beobachtet, daß Thukydides, »in seiner Wortwahl politisch war, wandelbar in seiner Rhetorik, rauh in der Harmonie und flüchtig in der Bedeutung«. Für uns ist das Interessante am Archaismus des 4. Jahrhunderts nicht, daß damals die Neuerungen aufhörten, sondern daß damit eine Tendenz begann, die sehr lange Zeit anhalten sollte. Die Denker waren strengere Verehrer der Vergangenheit als die Dichter, Bildhauer oder Architekten. Aristoteles hielt Sophokles für den größten Tragiker, Platon holte sich Anregungen bei Pindar. Bis heute werden die elegischen Dichter des 4. Jahrhunderts unterbewertet, wie auch die besten Zeugnisse der Skulptur des 4. Jahrhunderts.

### Theokrit und die Schäferlyrik
Zur selben Zeit gewinnen wir den Eindruck eines ausgeglicheneren und (es gibt kein treffenderes Wort dafür) bourgeoiseren Athens. Die strenge Schönheit kam etwas herunter zur Hübschheit, bis sie schließlich verblühte. Die milden Gesellschaftskomödien des Atheners Menander sind nach Aristophanes zu zahm und zu glatt, doch war er populärer als es dieser je war. Darstellungen des Medusenhauptes waren einst furchterregend gewesen, dann grotesk, schließlich im frühen 5. Jahrhundert teilweise fröhlich, und nun konnte die Medusa eine schöne Frau sein. Der Zyklop war einst ein Antigott gewesen, dann ein schreckliches Ungeheuer, schließlich eine unterhaltsame Gestalt der Pantomime in dem Satyrspiel *Kyklopen* von Euripides, und jetzt, im frühen 3. Jahrhundert, war er leidenschaftlich und hoffnungslos verliebt in eine Meernymphe: »Mein süßer Honigapfel, .... für Dich ziehe ich elf junge Rehe auf und vier Bärenjunge.«

Der Dichter dieser Zeilen ist Theokrit, ein Grieche aus Sizilien, der die süß-sauren Konventionen der Schäferlyrik von Philetos von der Insel Kos erworben hatte. Er lebte am Hofe des makedonischen Griechen Ptolemaios in Alexandrien. Es ist bemerkenswert, daß er seine Gedichte im Dialekt schrieb. Es ist der dorische Dialekt, der als bäuerliche Sprache gilt. Theokrit übertreibt allerdings absichtlich. Sein Dialekt wurde außer von ihm selbst niemals von irgend jemandem gesprochen oder geschrieben. Es ist ein Mittel zur absichtlichen Entstellung, teilweise als Scherz gemeint und zum Teil auch ein Habitus wie die Bühnenkostüme oder die Hirtenlandschaft. Zur selben Zeit schrieb, ebenfalls in Alexandrien, Herodas seine Theaterstücke, kurze Szenen aus dem alltäglichen und gewöhnlichen Leben, die dieselbe Mischung aus Realismus, traditioneller Dichtung und Dialekt darstellten, in diesem Fall ein ionischer Dialekt, der nirgends genau einzuordnen war.

Ebenfalls in derselben Epoche, jedoch auf ganz andere Art, hat jemand anscheinend ein Plagiat verfaßt, das raffiniert genug war, um viele antike und moderne Gelehrte zu täuschen. Es war angeblich eine Dichtung der Corinna, einer böotischen Dialektdichterin des 6. Jahrhunderts, Rivalin von Pindar. Die erhaltenen schönen Fragmente weisen Teile eines Hymnus auf für ein Frühlingsfest und einen Sängerwettstreit zwischen den beiden Bergen Kitharion und Helikon. Leider führen sowohl ihre Ausdrücke und einige andere linguistische Eigenheiten, vielleicht auch die Einfachheit der Versform und vor allem die Tat-

*Unten:* Die Herrin der wilden Tiere, die mit Artemis gleichgesetzt wird, wandelt sich bereits in dieser frühen Darstellung von der Strenge über das Groteske zu burleskem Charme.

# NEUE TENDENZEN IN LITERATUR UND RELIGION

sache, daß ihre Dichtung zu lieblich ist, um authentisch zu sein, dazu, sie ins 3. Jahrhundert v. Chr. zu datieren. Sie ist nicht die wirkliche Corinna. Insgesamt sprechen diese Dialektdichter des 3. Jahrhunderts für eine wichtige Entwicklung des griechischen Weltverständnisses: Es ist eine Erweiterung der Neugierde eines Herodot, verbunden mit sozialem Interesse (seitdem Theokrit und Herodas Szenen aus dem täglichen Leben wiedergaben) und mit einer Sehnsucht nach Einfachheit und Sicherheit.

Die Literatur geht jedoch raffinierte Wege. Das grundlegende Thema von Theokrits Dichtung ist die Liebe, und seine Hirtenknaben sind lediglich der Teil einer Reihe eigenartiger Liebhaber. Er sieht ihr Leben und ihre Gefühle mit den Augen eines Liebhabers. (Es ist bemerkenswert, daß der etwa 500–600 Jahre später entstandene Schäferroman *Daphnis und Chloe* von Longus, eines der wenigen stark erotischen Meisterwerke der antiken Literatur, dieselben Mittel in fast der gleichen Weise anwendet). Ein Gedicht auf die Syrinx, die Flöte der Schaf- und Ziegenhirten, von Mnasakles von Sikyon, einem Zeitgenossen des Theokrit, entstand etwa in der Mitte des 3. Jahrhunderts: »Syrinx, was tust Du hier bei der Meerestochter Aphrodite? Warum bist Du hier, fern von den Lippen des Schäfers? Hier gibt es keine Bergketten und keine Schluchten, nur Eros und die Sehnsucht; die wilde Muse lebt jedoch auf dem Berg.« Diese Vermischung der Themen entfernt sich niemals weit von der Schäferlyrik, obwohl die Motive oft in einer gewissen Spannung dazu stehen. Der Stil war bald international verbreitet, wie dies zu jener Zeit für alle Stilformen galt.

## Der öffentliche Ritus

Auch in den Empfindungen und im Glauben der einfachen Leute hatte sich im 3. Jahrhundert v. Chr. etwas verändert. Theokrit schrieb ein Gedicht über ein Königsfest für Adonis in Alexandrien. Der Adoniskult war im Athen des 5. Jahrhunderts bereits verbreitet gewesen, obgleich sein Ursprung in Babylonien lag und er in Zypern seine griechische Form erhalten hatte. Adonis war der verwundete Thammuz, ein sterbender Vegetationsgott. Zum erstenmal hören wir von seiner Verehrung in Griechenland durch ein Fragment der Sappho. In Athen fand sein Fest im April statt und in Alexandrien im September; es gab jedoch noch größere Unterschiede. Die Hauptfiguren bei Theokrit sind Syrakusaner Frauen, und ihr Fest besteht aus einer bewegten Prozession durch eine dichtgedrängte Volksmenge, der ein ungewöhnliches Bild von Aphrodite und Adonis gezeigt wurde, auf dem die beiden sich auf einer Liege in einem Gemach aus grünen Zweigen befanden. Und es war der Lobpreis des Gottes zu hören: »Herrin Athena, was für eine Arbeit, welche Kunst! Die Figuren bewegen sich so natürlich, das ist Leben und nicht Gewebe! Was für ein herrliches Ding ist der Mensch! Und seht, wie wundervoll liegt dort der dreifach geliebte Adonis mit dem ersten Bartflaum auf seinen Wangen in seinem silbernen Stuhl, sogar im Tode geliebt!« Es sind derbe Frauen aus den ärmeren, äußeren Stadtvierteln, sie verachten die Ägypter sowie ihre eigenen versklavten Töchter. Sie haben Angst vor Pferden und besitzen einen deftigen Humor.

*Forts. s. S. 165*

*Oben links:* Perseus in seinen Flügelschuhen enthauptet die Gorgo. Dies ist ein gut erhaltenes Stück reifarchaischer Skulptur von einem Tempel in Selinus, einer griechischen Stadt an der Südküste Siziliens.

*Links:* Diese Meduse von einer Hydria (Wassergefäß), die in Tarquinia gefunden wurde und vielleicht um 490 v. Chr. vom Berliner Maler gemalt wurde, ist mit Enthusiasmus und einem hohen Maß an Fröhlichkeit ausgeführt.

*Oben:* Als Tonschmuck auf einem etruskischen Tempel blieb die Gorgo noch furchterregend, doch auch hier ist sie mit einem gewissen Vergnügen modelliert und bemalt worden.

# Griechische Medizin und der Asklepioskult

Die griechische Medizin entwickelte sich von den überlieferten Weisheiten und der Magie der frühen Gesellschaften zu den Anfängen der wissenschaftlichen Medizin im 5. und 4. Jahrhundert v. Chr. In den frühesten medizinischen Schriften des 5. Jahrhunderts finden sich noch magische Elemente: Gastritis ist ein Fluch Apollons, denn sie erinnert an die flüssige Ausscheidung der Schwalben, der Vögel dieses Gottes. Doch zur Zeit des Aristoteles begannen Anatomie und solide Beobachtungen ihre Wirkung zu zeigen.

Die frühen Zentren der praktischen Medizin waren die Asklepiosheiligtümer, und die dort erzielten Erfolge waren bemerkenswert. Sie waren mit religiösen Mysterien verschleiert, doch wurden die Heilungen nicht als gänzlich wundertätig angesehen. Auch andere Götter und Heroen konnten heilen, doch die Verbreitung des Asklepioskultes läßt vermuten, daß es ein diszipliniertes Handwerk oder eine Kunst gab, eine bestimmte Menge an Wissen, eine Methode die übertragbar war. Natürlich gab es auch Wunder: die Zehe des Epaminondas von Theben, die vom Leichenfeuer nicht zerstört worden war, wirkte seither Wunder, wo immer sie hingebracht wurde.

Der eher strenge Kult des Asklepios ging von der Insel Kos aus, ebenso der Name des berühmten Hippokrates, dem einige erhaltene griechische Werke über Medizin zugeschrieben wurden – eines davon wohl zurecht.

Diese Statue des Asklepios aus dem großen Heiligtum in Epidauros wurde in römischer Zeit geschaffen. Der freundliche alte Mann mit der weisen und guten Schlange hat anscheinend die wilderen und ambivalenteren Ursprünge der Medizin vergessen. Noch ist er nicht ganz ein Wissenschafter. Christusstatuen gehen manchmal in einigen Zügen auf Asklepiosstatuen zurück. Die Gefährtin von Asklepios war Hygieia (Gesundheit) und ihre Dienerin die Allheilerin. Was die Schlange betrifft, so war sie im Heiligtum die Hauptperson. Auch im 4. Jahrhundert galt noch, daß Blindheit geheilt wird, wenn die Schlange des Asklepios die Augen leckt.

*Rechts:* Dieses riesige Bein auf einem Relief im Athener Nationalmuseum ist eine Weihgabe; es ist die überlebensgroße Nachbildung eines Beines, das der Gott geheilt hat.

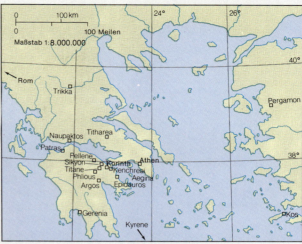

*Links:* Dieses Steinrelief im Athener Nationalmuseum zeigt einen Doktor oder Heilpriester mit einer Pflegerin oder Priesterin als Gehilfin. Er ist mit einer Patientin beschäftigt. Vieles von der medizinischen Tätigkeit im Namen des Asklepios wurde nachts verrichtet: die Patienten schliefen, vielleicht bekamen sie Betäubungsmittel. Obwohl wir oft die Details dessen kennen, was geheilt wurde, z.B. die Entfernung eines Speersplitters aus einer Wange, so wissen wir doch nur wenig über die Einzelheiten der Behandlung. Die Patienten glaubten anscheinend, daß der Gott selbst kam, um sie zu heilen.

*Oben:* Dieses Relief ist wie das andere eine Votivgabe für eine erfolgreiche Heilung. Solche Geschenke hatten häufig die Gestalt des geheilten Körperteils, ob Ohr, Nase, Auge oder Geschlechtsorgan. Um das Mittelmeer herum hat diese Sitte bis heute überlebt. Doch dieses Relief schildert eine mehr systematische und nüchterne Art medizinischer Praxis.

*Oben links:* Diese medizinischen Instrumente, heute im Britischen Museum, stammen aus hellenistischer Zeit. Anatomie und Chirurgie machten in hellenistischer Zeit unter der Führung von Herophilos von Chalkedon große Fortschritte.

*Ganz oben:* Die wichtigsten Heiligtümer des Asklepios in der griechischen Welt.

163

# Epidauros

Die Stadt Epidauros liegt am Meer, am Saronischen Golf, und einige Kilometer landeinwärts entstand ein Asklepiosheiligtum, dessen internationaler Ruf seinen Höhepunkt im 4. Jahrhundert v. Chr. erreichte. Das dortige Theater wurde sogar noch zur Zeit Hadrians für das schönste der Welt gehalten, als bereits weitaus größere Gebäude existierten. Es war einfach und klassisch. In dem Heiligtum wurden Spiele abgehalten, die mit den größten internationalen Festspielen fast auf gleicher Ebene standen. Architektur und Skulptur waren sehr formenreich mit einer leichten Schwere, die bereits das Ende der klassischen Hochblüte anzeigte. Von dem Asklepiostempel aus dem späten 5. Jahrhundert und der vollendeten Tholos oder Rotunde aus dem 4. Jahrhundert sind nur die Grundmauern und einige Fragmente vorhanden.

Die antiken Straßen, die das Asklepiosheiligtum mit der Küstenstadt verbanden, sind noch in Spuren erhalten, und noch in einiger Entfernung finden sich vereinzelte Blöcke von schön behauenem Marmor vom Tempel der Gottheit in den Mauern von Kirchen verbaut. Das Heiligtum oder *hieron* war ein Ort der Heilung, unberührt von der Geschichte.

NEUE TENDENZEN IN LITERATUR UND RELIGION

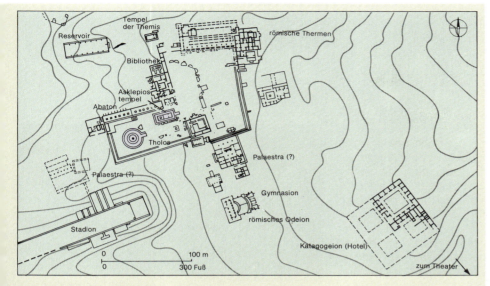

*Links:* Das Theater beim Heiligtum des Asklepios stammt aus dem 4. Jahrhundert und ist das am besten erhaltene von allen griechischen Theatern. Es hat 14000 Plätze und besitzt eine besonders gute Akustik.

Die Dame auf dem Pferd ist ein *Akroter*, eine Dekoration vom Dach des Asklepiostempels. Figuren wie diese nahmen die Natur des Windes an; sie flogen oder liefen leicht dahin, sie hatten Flügel, oder ihre Kleider bauschten sich um sie herum. Sie stehen im Kontrast zu den schweren, harten Linien der Tempel selbst. Diese Figur ist eine späte Vertreterin ihrer Art, um 380 v. Chr. Sie scheint aus dem Meer aufzusteigen und könnte der Geist eines Windes sein.

In der Passage, in der Theokrit die Wirkung auf das Bild schildert, findet sich kein religiöser Einschlag. Der darauf folgende Hymnus ist von vollendeter literarischer Schönheit. Er hat auch Züge, die anrühren; und wenn der Leser sich nicht so sehr in die Bewunderung der kontrastierenden Rhythmen des ganzen Gedichts verlieren würde und auch nicht in die offensichtliche und wunderbare künstlerische Vollendung, so würde man sich davon stark bewegen lassen und es vielleicht auch für religiös halten. Vielleicht ist es unter anderem auch tatsächlich religiös. Es trägt weltlichen Charakter, es ist ein von Ptolmaios für die Volksmassen veranstaltetes populäres Schauspiel.

Auch die Handlungsabfolge des Festes ist eigenartig. Glücklicherweise können wir aus einigen literarischen Quellen und einem Papyrus aus Faijum von ca. 250 v. Chr. etwas über den Adoniskult in Ägypten erfahren. Nahezu alle Belege stimmen darin überein, daß das Fest mit der Beweinung des Todes von Adonis beginnt und dann mit seiner Auferstehung und Himmelfahrt einen Tag später weitergeht. Nach dem Papyrus ist zu vermuten, daß auf einen fröhlichen Feiertag ein Fastentag folgte und zum Schluß dann wieder ein Tag des Überflusses, vermutlich eine öffentliche oder mystische Bestätigung der Auferstehung. Nach dem Papyrus, der einen Bericht der täglichen Ereignisse darstellt, bedeutet das ein drei Tage dauerndes Fest. Die christlichen Theologen Hieronymus, Origenes und Kyrillos von Alexandrien hatten keinen Zweifel, daß auf den Tod die Auferstehung folgte. In Theokrits Dichtung beginnt Arsinoë, die Königin von Ägypten, den Festzyklus mit der Vereinigung von Adonis und Aphrodite, fährt dann am nächsten Tag mit dem Tod und der Beweinung fort und beschließt damit das Fest. In Athen hatte das Adonisfest privaten Charakter und war auf die Frauen beschränkt. Zu ihm gehörten, soweit wir wissen, kleine Gärten, die auf den Hausdächern plötzlich entstanden und wieder verdorrten, und an einem bestimmten Tag lautes Klagen der Frauen.

Zumindest im ptolemäischen Ägypten, der Heimat einer neuen graeco-ägyptischen Kultur, hatte die öffentliche Feier von romantischer Liebe und Tod, die im Königspalast mit großem Aufwand an Opfern und unterhaltsamem künstlerischem Wettstreit im Singen stattfand, das private Ritual eines sterbenden Gottes, der auf mysteriöse Weise wieder lebendig wurde, ersetzt. Die einzige bei Theokrit erwähnte Verlebendigung ist die neuerliche Inszenierung im nächsten Jahr. Bei ihm lauten die letzten Worte: »Lebe wohl Adonis, und willkommen im nächsten Jahr.« Das wichtigste an dem Palastfest ist der Reichtum. Der Palast ist behangen mit neuen und großartigen Wandteppichen, auf denen der in seinem silbernen Stuhl sterbende Adonis mit der klagenden Aphrodite dargestellt ist. Es gibt Gemache mit süß duftendem Grün. Das Mittelstück in einem Gemach stellt eine Liege aus Ebenholz und Gold dar, mit Beinen aus Elfenbein und einem Relief mit Ganymed, der von einem Adler entführt wird. Hier liegen die Gestalten von Adonis und Aphrodite beieinander, vor sich einen reich gedeckten Tisch.

In bescheidenerem Ausmaß fand die gleiche Entwicklung auch bei den Staatsfesten Athens statt. Die Prunkhaftigkeit der Veranstaltungen nahm zu, ebenso die Volksmenge und ihre Vielfältigkeit. Die rituellen Verpflichtungen der jungen Männer, die den Militärdienst verrichteten, wurden im zeremoniellen Aufwand üppiger und verloren an Realität. Gerade die äußerlich sichtbaren Teile der öffentlichen Rituale wurden umfangreicher. Es war nicht unnatürlich, daß sich die jungen Männer in ihren schönen neuen Gewändern mehr an die Stadt hielten als an die mysteriösen und ominösen privaten Prozessionen, die damals auch in den Straßen auftauchten. So

*Forts. s. S. 167*

NEUE TENDENZEN IN LITERATUR UND RELIGION

# Ephesos

Ephesos war eine weitere unter den wimmelnden, gemischten griechischen Städten der kleinasiatischen Küste. Es war in seiner Bedeutung und Größe der Rivale von Milet und später von Alexandrien. Die alte lokale Muttergottheit wurde mit Artemis gleichgesetzt und von den Römern dann mit der ephesischen Diana; ihr Körper war bedeckt mit eiförmigen Brüsten oder mit brustförmigen Eiern. Ihr großer Tempel, eines der Sieben Weltwunder, hatte 117 Säulen, jede davon über 18 Meter hoch. Ephesos war die bedeutendste Stadt im römischen Asien, und nahezu alle aufgedeckten Überreste stammen aus römischer Zeit. Es verlor wie seine Vorläufer und auch seine Nachfolger an Bedeutung, als die Flußmündung versandete, doch war es noch im Mittelalter eine wichtige Stadt.

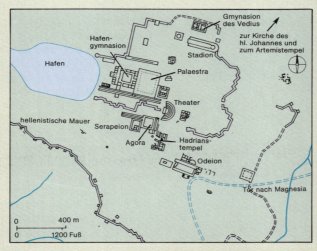

*Unten:* Die sogenannte Arkadenstraße verläuft vom Hafen zum Theater, und sie ist mehr als einen halben Kilometer lang. Das Theater wurde in der ersten Hälfte des 3. Jahrhunderts erbaut; es ist in seiner römischen Form erhalten, obwohl noch etwas von dem vorrömischen Bühnengebäude zu erkennen ist. In einer parallelen Straße südlich von der Arkadenstraße ist noch ein zweigeschossiger Portikus von 200 v. Chr. zu sehen.

*Oben:* Diese Artemis-Statue aus Ephesos stammt aus der klassizistischen und archaisierenden römischen Nachblüte im 2. Jahrhundert n. Chr.

166

behauptete etwa Demosthenes, daß sein Feind Aischines an den Riten des Sabazios teilnahm, einer ungezähmten phrygischen Version des Dionysos: er las in den heiligen Büchern während seine Mutter neue Gläubige einführte, er trug ein Rehfell in der Nacht, er beschmierte die Frommen mit Erde und Kleie, und tagsüber führte er Menschenmengen durch die Straßen, hielt Schlangen in seinen Händen und rief *Euoi Saboi* oder *Yarroo!* Es ist nicht schwer zu erkennen, wie diese Verhaltensweisen die Intellektuellen ebenso wie die Konservativen in Wut brachten. Es war ein absurdes Verhalten mit einem unheilvollen Anstrich. Man konnte auch leicht erkennen, wie an den Rändern der Gesellschaft, in einem sich vergrößernden Bereich in Athen, hierfür Anhänger gefunden wurden.

### Der Asklepioskult
Die größte Zunahme bei den religiösen Kulten vom 5. Jahrhundert an hatte ein sehr angesehener, weniger großer Gott zu verzeichnen, dessen Wohltaten keineswegs unsichtbar waren. Es ist Asklepios, der Heilgott. Viele Heiligtümer übernahm er von einer bereits vorhandenen Gottheit oder einem Heros, und er beherrschte andererseits niemals alle Heilkulte. Die Nymphen heilten Augenleiden in entfernt liegenden Bergquellen, auch der Orakelheros Amphiaraos hörte in seinem erfolgreichen Heiligtum an der Grenze von Attika nach Böotien nicht zu heilen auf, und sogar auf der Agora von Athen befand sich ein Heiligtum des namenlosen »heilenden Heros« nahe bei dem Begräbnisplatz des Theseus. Der Asklepioskult gelangte im Jahre 420 v. Chr. von der Peloponnes aus nach Athen, vermutlich über Aegina, wohin Aristophanes in seinen *Wespen* von 422 v. Chr. eine Person zur Heilung schickt. Doch gibt es keinen Zweifel darüber, daß das große Haupttheiligtum in Epidauros den Vorrang hatte, da auch das neue Fest des Gottes in Athen den Namen Epidauria trug. Es war üblich, daß jedes neue Heiligtum des Asklepios feierlich eingeweiht wurde, indem man von dem Muttertempel eine Schlange des Gottes brachte. Das geschah auch in Athen, wo der Dichter Sophokles die Schlange bewirtete, bis das neue Hospital erbaut war.

Es ist kaum übertrieben, hier von Hospitalen zu sprechen. In Epidauros haben wir eine Reihe von Inschriften über die Wunderheilungen des Asklepios. Man weiß, daß dazu auch chirugische Methoden gehörten sowie die ernsthafte Kenntnis einiger Bereiche der Medizin. Wie in den vielen, von Epidauros aus gegründeten anderen Heiligtümern, so fand auch in Epidauros selbst die große Expansion des Kultes im späten 5. Jahrhundert statt und erreichte ihren Höhepunkt im 4. Jahrhundert. Seit ca. 400 v. Chr. gab es für Asklepios in Epidauros internationale Wettspiele mit Athleten, Pferderennen, Musik und Dichtung. Seine neuen Heiligtümer wurden in Kos errichtet (wo Hippokrates im 5. Jahrhundert die Grundlagen der Medizin geschaffen hatte), ebenso in Pergamon und in Kyrene im 4. Jahrhundert und in Rom 293 v. Chr. In Nau-

Diese Knaben führen die Opferrinder in der Prozession für Athena auf dem Marmorfries des Parthenon. Die meisten Rinder sind ganz ruhig. Vielleicht sind die Knaben junge Hirten.

Neue Tendenzen in Literatur und Religion

paktos war im 3. Jahrhundert die diplomatische Gesandte, die die Einrichtung seines Kultes betrieb, eine Frau, Anyte von Tegea, eine gute Dichterin; Asklepios erhielt Heiligtümer in Sikyon, Korinth, Kenchreai, Philous, Argos, Patras und Pellene in der nördlichen Peloponnes, in Tithorea und Naupaktos in Phokis und noch viele mehr weiter im Süden. Diese Ausbreitung geschah ebensosehr aufgrund einer bestimmten Religion als auch der Organisation der Heilkunde. Es war ein Kult, für den die Wohlhabenden bezahlten.

Im 4. Jahrhundert beantworteten die Orakel auch bereits Fragen Einzelner in bescheidenem Umfang. Solche Fragen konnten etwa folgendermaßen lauten: »Herakleidas fragt, ob seine gegenwärtige Frau ein Kind erwartet«, oder »Nikokrateia fragt, welchem Gott sie opfern soll, um von ihrer Krankheit zu genesen«. Das liegt zum Teil daran, daß man jede Art von Krankheit einem bestimmten Gott zuschrieb. Von Apoll glaubte man, daß er Darmbeschwerden heilen könne, weil die Symptome den Ausscheidungen der Schwalben, seiner heiligen Vögel, ähnlich waren. Asklepios war für die Heilung sämtlicher Krankheiten zuständig. In einer Darstellung des Gottes aus dem 4. Jahrhundert wurde seine Magd als Panakeia, »Allheilerin«, bezeichnet. Die Kranken reisten weit, um solch einen Gott zu finden; in den Inschriften von Epidauros hören wir von einem Mann, der nach einer Verwundung beim Kampf jahrelang ein Stück Metall in seinem Körper hatte, bis ihn Asklepios endlich heilte. Asklepios war den älteren Göttern auch darin unähnlich, daß er keine strengen, schrecklichen Eigenschaften hatte. Nach einer Legende wurde er von den Göttern vernichtet, nachdem er einen Menschen vom Tode erweckt hatte.

**Die private Philosophie**
Im 4. Jahrhundert gab es eine starke Vermehrung kleiner Händler und unsicherer kommerzieller Unternehmungen. Die Schicksalsfälle sind extremer geworden, in den Städten konnte man leichter aufsteigen und untergehen, und auch die Städte selbst erlebten einen raschen Aufstieg und Niedergang. Für die Griechen war es nun nicht mehr möglich, sich ganz mit den alten Göttern zufrieden zu geben, mit der sprichwörtlichen Moral und ihrer Sorge für den Staat wie im 5. Jahrhundert. In Religion und Philosophie gab es einen bemerkenswerten Trend zu Zurückgezogenheit, individueller Heilserwartung und geistigem Frieden. Der freundliche und einfache Epikur wurde 341 v. Chr. in Samos geboren und starb 270 v. Chr. in Athen. Im Vergleich zu seinen Zeitgenossen stellte er keineswegs ein Extrem dar. Er studierte 323 in Athen, lebte dann zunächst in Kolophon, Lesbos und Lampsakos in der Troas, an der Ostseite des Hellespont. Gegen Ende seines Lebens stammten seine engsten Freunde aus Lampsakos und aus Mytilene auf Lesbos, Orte, die abseits der großen Machtkämpfe der Makedoner lagen. Seine Schülergemeinde umfaßte auch Sklaven und Frauen.

Diese Bewegungen hatten eine neue Art von Mythologie zur Folge, eine neue Weise der Wiedergabe. So entstand besonders im 3. Jahrhundert ein ganzer Bereich lokaler Mythen in Kleinasien. Einige der damals populären Geschichten tauchten möglicherweise in den *Metamorphosen* des Ovid wieder auf. Es waren Erzählungen, die »einen schläfrigen Kaiser wachhalten sollten«. Die Intentionen waren zumindest in der Nacherzählung nicht mehr besonders ernstzunehmen; in Fragen der Erfahrungsanalyse und Weltanschauung wandten sich die Griechen im 4. Jahrhundert an die Philosophen. Schon seit Platon gab es in der Literatur eine gewisse Geringschätzung für jegliches besondere Interesse an der antiken Mythologie.

# Kos

Die Insel Kos gehört zu den südlichen Sporaden. Sie stand in dem südöstlichen Bündnis mit Lindos, Knidos und Halikarnass. Die Perser eroberten sie am Ende des 6. Jahrhunderts und im 5. Jahrhundert war sie eine Verbündete Athens und erlebte die Geburt des Hippokrates. Im Peloponnesischen Krieg zerstört, wurde der Platz 366 v. Chr. neu gegründet. In der hellenistischen Zeit brachte sie Philetos, den Schöpfer der Schäferlyrik, hervor, und eines der bedeutendsten Gedichte von Theokrit spielt in ihrer Landschaft. Immer noch kommen Denkmäler und Heiligtümer ans Licht.

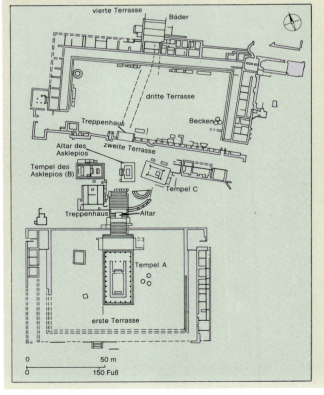

Das berühmte Heiligtum des Asklepios, in dem die griechische Medizin mehr oder weniger begann, liegt nahe bei der Stadt Kos. Es war einst ein Apollonheiligtum. Bald nach dem Tod des Hippokrates wurden in der Mitte des 4. Jahrhunderts der Tempel des Asklepios und die umliegenden Bauten errichtet. Es sind auch Teile aus dem 3. Jahrhundert erhalten.

Der Blick von der ersten und höchsten Terrasse (*oben*), dem Platz des Haupttempels, umfaßt die Reste des großen Altars und die Säulen des römischen Tempels auf der zweiten Terrasse sowie den Bereich auf der dritten Terrasse, in dem die Feiern für Asklepios vermutlich abgehalten wurden.

# DER AUFSTIEG MAKEDONIENS

**Spartas und Thebens Kampf um die Hegemonie**
Am Ende des Krieges zwischen Sparta und Athen hatten die Spartaner eine Vormachtstellung inne, die praktisch eine ganze Generation hindurch währte, nämlich von 404–371 v. Chr. Der Verlauf der Nachkriegsgeschichte bis zum Ende des 5. Jahrhunderts war ein Abklatsch der Geschehnisse, die sich 80 Jahre vorher abgespielt hatten. Der Held von Sparta, Lysander, imitierte seine Vorgänger aus den Perserkriegen: er prunkte mit seiner Macht im östlichen Mittelmeer, ließ sich in Samos als Halbgott verehren – wie später Alexander –, ließ sich auf verräterische Verhandlungen mit den Persern ein, wurde zurückgerufen und fiel in Ungnade. Die unheilvollen Verstrickungen mit Persien wiederholten sich geradezu zwanghaft, bis sie durch den Siegeszug Alexanders unerwartet und nicht für Dauer ihr Ende fanden.

Im Jahr 401 v. Chr. faßte Kyros, der Bruder des persischen Königs Artaxerxes und Oberbefehlshaber Kleinasiens, den Entschluß, sich des persischen Thrones zu bemächtigen. Bezeichnenderweise marschierten in seinem Troß 13 000 Griechen mit, davon 10 600 schwerbewaffnetes Fußvolk. Die griechische Division war von Klearchos aufgestellt worden, einem Beamten aus Sparta, den man aus Byzantion wegen seiner dort begangenen Verbrechen verbannt hatte. Diese Griechen waren wahrscheinlich versprengte Überbleibsel militärischer Abenteurer. Chronist der Ereignisse war ein Schüler des Sokrates, der athenische Kavallerist Xenophon. In der verhängnisvollen Schlacht bei Kunaxa nördlich von Babylon wurde Kyros getötet, nachdem er seinen Bruder verwundet hatte. Artaxerxes gesundete und blieb Großkönig; auch sein Hofarzt, Ktesias, war Grieche und schrieb selbst einen Bericht über die Schlacht.

Die griechische Division, die unbesiegt geblieben war, weigerte sich nach Kyros' Niederlage, sich zu ergeben. Ihre Anführer wurden während der Verhandlungen ermordet. Es gelang den Griechen jedoch unter dem Oberkommando des Atheners Xenophon, sich ihren Rückzug aus dem Perserreich zu erkämpfen. Schon ohne die zusätzlich auftretenden Schwierigkeiten wäre es ein bewundernswerter Marsch gewesen. Der Marsch wurde zusätzlich durch den Widerstand gereizter und hartnäckiger kurdischer Bergvölker sowie das Eingreifen persischer Truppen erschwert. Entlang der Südküste des Schwarzen Meeres zogen sie zum Mittelmeer. Dort aber stellten sie einen derartigen Störfaktor dar, daß die Spartaner sie nach Byzanz verschifften, wo sie sie verließen. Sie kämpften dann in Diensten des Thrakers Seuthes innerhalb von Stammesfehden. Schließlich konnte sie niemand mehr bezahlen. Man konnte nicht freundschaftlich mit ihnen verkehren, da sie zu gefährlich waren. Die restlichen 6000 Mann zogen im Jahr 399 v. Chr. als Söldnerheer Spartas erneut nach Kleinasien gegen das Perserreich. Xenophon verbrachte 20 Jahre im Exil, größtenteil in Skillous in Triphylien. Er lebte in einer der schönsten Gegenden Griechenlands, auf einem Berg südlich von Olympia, und war weder von Sparta noch von Athen abhängig. Erst um das Jahr 360 kam er zurück nach Athen.

Die langen Mauern, die Athen mit seinem befestigten Hafen Piräus verbanden, erlaubten es der Stadt, einer langen Belagerung standzuhalten. Sie wurden Mitte des 5. Jahrhunderts vollendet und zu Ende des Peloponnesischen Krieges niedergerissen. Konon von Athen ließ sie im frühen 4. Jahrhundert mit persischer Hilfe wiedererbauen.

DER AUFSTIEG MAKEDONIENS

# Alexandrien

Alexander wurde in der ersten seiner dreizehn Stadtgründungen, denen er allen seinen Namen verlieh, im Jahre 332/331 v. Chr. in Ägypten begraben. Als Meisterstück darf die 1500 Meter lange Verbindungsmole zwischen der Insel Pharos und dem Festland gelten, durch deren Erbauung zwei einander berührende Häfen entstanden. Zur Zeit der Ptolemäer (*links* Ptolemäus II., 285–246 v. Chr.) wurde Alexandrien zeitweise der kulturelle und kommerzielle Mittelpunkt der alten Welt. Hier entstand die erste große Bibliothek und die erste Poesie neuen Stils. Hier gab es die ersten bedeutenden Gelehrten. Schließlich wurde es von den Arabern zerstört.

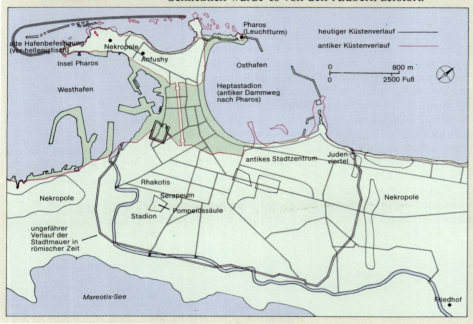

Der Krieg Spartas gegen Persien 400 v. Chr. ließ sich wegen der persischen Bedrohung der Griechenstädte Kleinasiens nicht umgehen. Er führte jedoch zu keinem bemerkenswerten Erfolg und wurde ziemlich lustlos betrieben. Als es Konon aus Athen, einem Admiral, der dem Massaker der athenischen Flotte bei Lampsakos im Jahr 405 v. Chr. entkommen war, durch Verhandlungen mit dem Hofarzt Ktesias gelang, das Kommando einer persischen Flotteneinheit zu übernehmen, eroberte er im Jahre 395 Rhodos von den Spartanern. Im Jahr zuvor war der König von Sparta, Agesilaos, nach Kleinasien gekommen (wo er auch im Nachricht vom Verlust der Insel Rhodos empfing), hochfahrende Pläne im Kopf, die Alexander der Große später verwirklichen sollte. Er hatte in Nachahmung Agamemnons zunächst in Aulis ein Opfer dargebracht, aber dummerweise vergessen, in Theben um Erlaubnis nachzufragen, so daß die heilige Handlung durch bewaffnete Männer unterbrochen wurde. Agesilaos war erfolgreich in Phrygien, zur See herrschte jedoch Konon, der eine ägyptische Kornhandelsflotte auf ihrem Weg nach Sparta kaperte und schließlich im Jahr 394 v. Chr. bei Knidos die spartanische Flotte schlug.

Im griechischen Mutterland hatten sich die Spartaner ebenfalls unerbittliche Feinde gemacht. Im Juli des Jahres 394 kam es zu einer blutigen, aber unentschiedenen Schlacht bei Korinth. Agesilaos war in der Zwischenzeit aus Kleinasien zurückgerufen worden, da Lysander in Böotien gefallen war. Im August besiegten ihn die Böotier gemeinsam mit den Athenern in Böotien. Sparta war auf der Peloponnes eingeschlossen, in der Hauptsache von der See her wie zu Perikles' Zeiten, blieb hier jedoch lange Zeit unbezwinglich. Konon ließ die Mauern von Athen und Piräus unter stillschweigender Duldung und mit dem Geld der Perser wieder aufbauen. Athen bemächtigte sich aufs neue der Inseln Lemnos, Imbros und Skyros. Nach der Schlacht bei Knidos vertrieben die griechischen Städte Kleinasiens ihre spartanischen Statthalter, und die neuen Demokratien wählten nicht Athen, sondern Persien als Schutzmacht. Persien konnte sich in Europa jedoch nie auf mehr als einen mehr oder weniger zuverlässigen Verbündeten stützen, mit dessen Hilfe es seine Herrschaft über andere unabhängige Völker ausüben konnte. Selbstredend stellte eine solche Stellung für

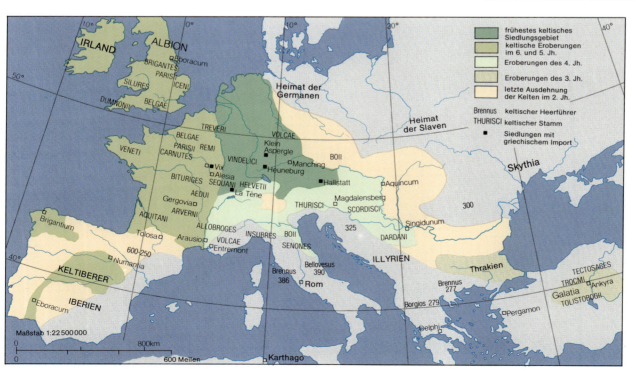

**Keltische Invasionen in Europa**
Heute bezeichnet man die Kelten als Randgruppen. Zwischen dem 6. und 3. Jahrhundert v. Chr. erstreckten sich ihre Beutezüge über halb Europa. Im Jahr 386 fiel Brennus in Rom ein, ein zweiter Brennus kam im 3. Jahrhundert nach Delphi. Die Galater, die im 3. Jahrhundert v. Chr. die zentralanatolische Ebene besiedelten, sprachen noch bis in römische Zeiten hinein eine dem Wallisischen verwandte Sprache. Die Keltiberer kamen bis nach Südportugal. Der Name der dortigen Stadt Evora stammt von demselben keltischen Namen (Eboracum) wie York in England. Diese Kelten waren häufig eine Herrenrasse, die über besiegte Untertanen herrschte. Teile ein- und desselben Volksstammes siedelten weit voneinander entfernt: es gab Belgae in Wiltshire und in Belgien, Parisii in Yorkshire und in der Gegend von Paris. Keltische Stämme, die von reichen und edlen Stammesfürsten geführt wurden, hielten sowohl Caesars Eroberungen in Gallien stand als auch den kaiserlichen Feldzügen der Römer in Britannien.

# DER AUFSTIEG MAKEDONIENS

alle griechischen Staaten, die sich in verzweifelter Lage befanden, eine Versuchung dar. Ebenso selbstverständlich ist es aber auch, daß nicht jeder griechische Bündnispartner loyal war. Für den Augenblick jedoch schien für Athen die Sonne. Sechs Jahre lang beherrschte es den Hellespont.

Eine wichtige Rolle spielte in diesen Jahren der Kämpfe um die Hegemonie auch die Tatsache, daß Söldnertruppen zahlreich und leicht zu bekommen waren. Es handelte sich nicht um die verstreuten Reste des xenophonischen Berufsheeres, sondern um leicht bewegliche Bergbewohner aus Kreta und vom Pindos, die besser ausgerüstet waren als ihre Vorgänger und längere Schwerter und Wurfspieße hatten. In einem kleinen Scharmützel nahe Korinth besiegten sie im Jahr 390 v. Chr. unter dem Kommando eines Atheners namens Iphikrates eine Truppe von 600 Spartanern. Im Jahr 388 v. Chr. überwältigten sie unter demselben Befehlshaber aus einem Hinterhalt in den Bergen heraus einen spartanischen Expeditionstrupp.

Alle diese Ereignisse ließen das zukünftige Geschehen bereits erahnen. Persien erwies sich als nicht unbesiegbar, ebensowenig Sparta. Söldner, Geld und wirtschaftliche Macht gewannen an Bedeutung. Bald schon würden die weniger zivilisierten Griechen und die Völker am Rand der damals bekannten Welt den Ton angeben. Unterdessen hatte Persien im Jahr 386 v. Chr. einen allgemeinen Frieden proklamiert, der von allen befolgt wurde. Die diplomatische Macht der Perser hatte ihren Höhepunkt erreicht, wahrscheinlich, weil die Kommunikationsmöglichkeiten einfacher geworden waren. Zypern gehörte nun zum persischen Machtbereich. Sein Statthalter in Salamis jedoch, Euagoras, blieb bis zu seinem Lebensende unabhängig und souverän, obwohl er Tribut zu leisten hatte. Persiens Machtstellung war also nicht unangefochten. Unter Euagoras war Salamis eine ausschließlich griechische Stadt. Die Umstände, unter denen Euagoras im Jahr 374 v. Chr. zu Tode kam, zeigten sowohl griechische als auch orientalische Züge: Er wurde zusammen mit seinem ältesten Sohn von einem Eunuchen ermordet, der auf diese Art die Verbannung seines Herrn rächen wollte. Beide wurden in der Hoffnung auf die Gunst ein und derselben Dame aus dem Haus gelockt. Euagoras' Nachfol-

*Links:* Philipp II. hinkte, war aber ein erfolgreicher Soldat und Diplomat, dem es gelang, Griechenland infolge seiner persönlichen Autorität zu einen. Seine Generäle trugen viel zum Erfolg seines Sohnes Alexanders des Großen bei.

*Unten:* Diese Bronzestatuette wurde zur Zeit des römischen Imperiums hergestellt, ist aber wahrscheinlich die Kopie eines älteren Stückes. Sie zeigt Alexander den Großen als Reiter und ähnelt ihm von allen Portraits wohl am meisten.

**Der Marsch der Zehntausend, 401 v. Chr.**

Als im Jahr 401 Kyros der Jüngere den Thron seines Bruders Artaxerxes II. anstrebte, führte er 10 000 griechische Söldner, die besten Soldaten, die je in eines Mannes Dienst gestanden hatten, in seinem asiatischen Heer mit sich. Anfänglich hatte er ihnen vorgespiegelt, er brauche sie für eine Strafexpedition gegen die unabhängigen Pisider. Sie folgten ihm freiwillig bis nach Babylon. In der Schlacht bei Kunaxa siegten die Griechen, und Kyros fiel. Während eines Waffenstillstandes wurden die Führer der Griechen heimtückisch von den Persern ermordet. Die Griechen zogen auf ihren Rückmarsch über rauhes Gebirge zum Schwarzen Meer und zu den dortigen Griechenstädten und nach Hause. Dieser Feldzug zeigte den Griechen, wie schwach das Perserreich geworden war. Die griechischen Staaten waren jedoch selbst noch uneins, und Artaxerxes konnte sein Geld dazu verwenden, auf dem griechischen Festland für lange Zeit eine entscheidende politische Rolle zu spielen. Die Schwäche der Perser trat erst durch die Feldzüge Alexanders zutage.

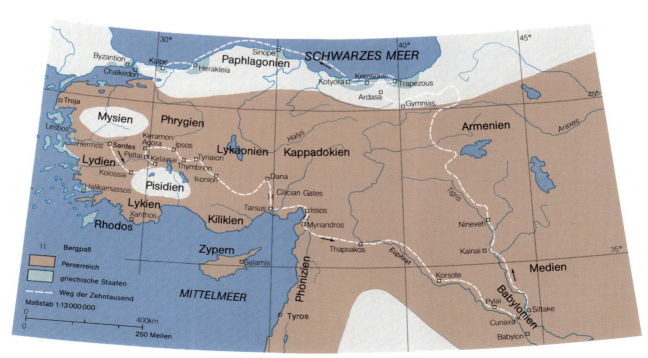

ger Nikokles war einer seiner Söhne. Er war der Gönner und Freund des berühmten Redners Isokrates.

Im Jahr 382 besetzten die Spartaner die Burg von Theben. Dies geschah mit Hilfe von Verrat, am Tag eines Frauenfestes, als keine Männer auf den Mauern postiert waren, während eine spartanische Division auf ihrem Weg in den Norden an Theben vorbeimarschierte. Diese Truppe sollte den Chalkidischen Bund unter der Führung von Olynth, der immer mächtiger wurde und dem sich die Makedonen hilfesuchend gegen die Illyrer angeschlossen hatten, niederschlagen. Die Spartaner hatten in Böotien Erfolg. Im Norden jedoch gelang ihnen der Durchbruch erst einige Jahre später, nämlich im Jahr 379 v. Chr. In der Zwischenzeit war ihr König Agesipolis gestorben und in Honig einbalsamiert in die Heimat transportiert worden. Im Winter darauf verbesserte sich Thebens Lage mit Hilfe einer seltsamen Kriegslist: bewaffnete Krieger nahmen als verschleierte Frauen verkleidet an einem Saufgelage der Feinde teil. Ein Freiwilligenheer aus Athen unterstützte sie, wurde aber von Athen nicht anerkannt. Zum Ausgleich kämpfte eine spartanische Truppe am Piräus, zwar ohne Erfolg, dafür aber mit Billigung Spartas. Zuletzt verbündete sich Athen mit Theben im Jahr 378 v. Chr. zu einem neuerlichen Krieg gegen Sparta und übernahm die Führung eines neugegründeten attischen Bundes. Es war jedoch nicht Athen, das die Schlüsselstellung innerhalb der Ereignisse der folgenden Jahre innehatte, sondern Theben, dessen militärische Macht wieder Bedeutung erlangte. Dem Stoßtrupp seines Heeres – ausgesuchte Athleten, die gleichzeitig homosexuelle Liebespaare waren – stand ein bescheidener intellektueller General mit Namen Epaminondas vor. Er und seine Armee veränderten den Lauf der Geschichte.

Allmählich gewannen die Thebaner im Lauf der Jahre – immer auf böotischem Boden – die Oberhand über Sparta. Die Athener vernichteten die spartanische Flotte, die ihre Getreideversorgung bedrohte, zwischen Naxos und Paros. Im Jahr 376 beteiligte sich die athenische Flotte an den Kämpfen der Akarnanen und Molosser aus Epirus im Nordwesten Griechenlands, die sich im Seegebiet zwischen Korfu (Kerkyra) und Kephallenia ereigneten. Innerhalb der nächsten Generation sollten die Kontakte mit den Molossern eine Bedeutung gewinnen, von der in den siebziger Jahren niemand in Athen eine Vorahnung hatte. Im Jahr 374 wurden Friedensvorstöße unternommen, doch der Krieg schwelte weiter. Für Athen wurde es zunehmend schwierig, einen so entfernten Verbündeten wie Korfu zu schützen. Das militärische und diplomatische Netzwerk wurde überdehnt, vor allem aber reichten die finanziellen Mittel nicht aus. Die Athener gaben ihren eigenen Generälen die Schuld. Andererseits kamen der König von Pherai in Thessalien und der König der Molosser, Jason und Alketas, nach Athen, als der General Timotheos, Sohn des Konon, angeklagt wurde und bezeugten seine Unschuld. Korfu war gerettet, und Timotheos wurde freigesprochen. 371 schlossen Sparta und Athen Frieden; Bündnisse lösten sich auf, Machtsphären wurden zugestanden. Theben weigerte sich, die eben erst befreiten böotischen Städte aus dem Böotischen Bund zu entlassen und wurde nicht in den endgültigen Friedensvertrag aufgenommen.

Zu dieser Zeit herrschte in Thessalien, dem Land zwischen Theben und Makedonien, Jason von Pherai. Alketas der Molosser war sein Vasall geworden, und Jasons Machtbereich dehnte sich über den Pindos hinaus bis zur Adria aus, östlich reichte er bis an die Grenze Makedoniens. Seine Ambitionen richteten sich gegen Sparta. Im Jahr 371 setzte sich das Heer der Spartaner gegen Theben

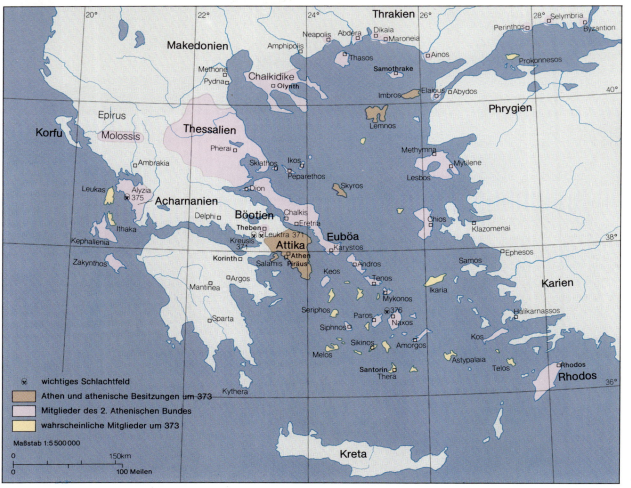

*Unten:* Diese Tetradrachme ist eine Münze aus Kyrene, einer Kolonie Spartas an der Küste Nordafrikas, die Beziehungen zum Wüstenorakel des Zeus Ammon und dort entsprechende Privilegien hatte.

**Der zweite Attische Bund, 377–355 v. Chr.**

Der zweite Attische Bund wurde 377 gegründet, um die Hegemonie Spartas zu brechen. Persien hatte inzwischen das kleinasiatische Festland erobert, nicht jedoch die vorgelagerten Inseln. In diesem Bund vermied Athen imperialistische Exzesse: Tribute hießen nun »Beiträge«. Als Spartas Macht 371 zusammenbrach und Theben kurzzeitig die Vormachtstellung auf dem Festland innehatte, drehte sich Athen um 180 Grad und kam Sparta zu Hilfe. Die Lebensader vom Schwarzen Meer war zwar wiederhergestellt, Amphipolis aber mußte nach harten Kämpfen aufgegeben werden. Nach dem »Bundesgenossenkrieg« des Jahres 355 fiel der Bund fast völlig auseinander. Athen konnte sich nur noch auf wenige Inseln stützen, als Philipp II. Makedonien zur Supermacht ausbaute.

Die Mauern von Messene befestigten eine ganze Landschaft. Diese wiedergegründete und stark befestigte Stadt sollte ein Gegengewicht gegen Spartas Macht in Südgriechenland bilden. Die Thebaner hofften, daß sie eine Situation zu schaffen imstande waren, die es seit prähistorischen Zeiten nicht mehr gegeben hatte, wenn sie Messenien vom spartanischen Joch befreiten, die verbannten Messenier aus Naupaktos zurückholten und diese ausgedehnten modernen Bollwerke errichteten. Die Überreste der Mauern sind das besterhaltene Beispiel eines ausgeklügelten Verteidigungssystems des 4. Jahrhunderts.

in Bewegung. Die Spartaner eroberten den Hafen von Kreusis sowie elf thebanische Schiffe und marschierten weiter gegen die Stadt in der großen Ebene. In Leuktra trafen sie auf den thebanischen Feldherrn Epaminondas und wurden zurückgeschlagen: 1000 Mann fielen, 400 davon reinblütige Spartaner. Als sich diese Nachricht verbreitete, eilte Jason von Pherai mit seiner Reiterei Theben zu Hilfe; Athen hüllte sich in Schweigen. Die Spartaner zogen ab. Auf seinem Heimweg schleifte Jason die spartanische Festung bei den Thermopylen. Er begann mit dem Bau einer Flotte, und bei den kommenden Festspielen wollte er seine neugewonnene Macht auch über Delphi demonstrieren. Aber schon im nächsten Jahr (370 v. Chr.) wurde er ermordet. Thebens Sieg bei Leuktra und Jasons Tod kündigten die wachsende Macht Thebens an.

In Südgriechenland herrschten unterdessen entsetzliche, bürgerkriegsähnliche Zustände. Die Besitzenden waren an der Macht. Die Besitzlosen und die Armen standen kurz davor, sie zu Tode zu prügeln, wie es bereits einmal in Argos geschehen war. Auf der Peloponnes gärte es. Im Osten Arkadiens wurde Mantineia wieder aufgebaut. Tegea verjagte die 800 Spartatreuen. Arkadiens Hilferuf an Athen blieb unbeantwortet. Theben jedoch erklärte sich zur Unterstützung bereit; Epaminondas marschierte in den Süden. Sparta befand sich im Zustand des Verfalls. Die privilegierte spartanische Urbevölkerung war stark geschrumpft. Und als nun zum erstenmal seit Menschengedenken das spartanische Stammland angegriffen wurde, gab es nur wenige treue Verteidiger. Sparta konnte sich nur mit Hilfe seiner Verbündeten und dem Versprechen, 6000 Leibeigene freizulassen, retten. Epaminondas ließ Messene wiedererrichten und baute es zu einer starken Festung gegen Sparta im Südwesten der Peloponnes aus. Die großartigen Ruinen dieser Wiedergründung gibt es noch heute. Athen aber haßte Theben noch mehr als es Sparta gehaßt hatte. Im Jahr 369 v. Chr. verbündete es sich in aller Form mit Sparta.

Epaminondas fiel mehrere Male in Sparta ein. Die Geschichte der nächstfolgenden Jahre ist voll von Bündnissen, ihrem Scheitern und Neubeginn, je nachdem, was den Bündnispartnern opportun erschien, die getrieben waren von Furcht und Ehrgeiz im Schatten des Konflikts zwischen Theben und Sparta. 365 brach ein Krieg zwischen Elis und Arkadien aus, 364 kam es zu einer regelrechten Schlacht in Olympia während der olympischen Spiele. Epaminondas starb im Jahr 362 mitten in einer Siegesserie in einer Schlacht bei Mantineia gegen Athen, Sparta und Arkadien. Er hinterließ als dauerhaftes Erbe die moralische Vernichtung Spartas und die Rettung zweier tatkräftiger Städte, die die Aktivitäten Spartas gemeinsam unter Kontrolle halten konnten: Megalopolis, die neue Stadt, die die einzelnen Bergvölker Arkadiens gemeinsam gegründet hatten, und Messene, die Hauptstadt des neuen Staates Messenien. Die militärische Suprematie Thebens hielt sich nach dem Tode des Epaminondas nur noch für kurze Zeit.

# Die Königsgräber Makedoniens

N. G. L. Hammond hatte richtig vermutet, daß die makedonischen Königsgräber, einschließlich des Grabes Philipps, des Vaters Alexanders des Großen, in Vergina in Nordgriechenland liegen mußten. Manolis Andronikos, einer der fähigsten und hartnäckigsten griechischen Archäologen, hat den genauen Ort festgestellt und die Ausgrabungen geleitet.

Der Inhalt der Gräber ist außergewöhnlich. Noch nie waren Griechen so prunkvoll bestattet worden. Die Empfindungen, die der Anblick dieser Schätze hervorruft, entziehen sich der Beschreibung. Die Gräber waren wunderbar geschmückt und aus Marmor erbaut. Sie lagen unter einer dicken Erdschicht, die sie erfolgreich gegen Grabschänder schützte.

Dieser Kopf gehört zu einer kleinen Statue Philipps von Makedonien. Sie wurde in seinem Grab gefunden. Der kleine Maßstab (der Elfenbeinkopf ist wenig höher als 2 cm) erlaubte nur wenig mehr als den Ausdruck von Lebendigkeit, der das hervorstechendste Merkmal des Kopfes ist. Es wäre müßig, über die Entsprechung von Lebensgeschichte und Gesichtsausdruck zu streiten, wenn man aber beides kennt, sieht man, wie sehr sie sich entsprechen.

*Oben rechts:* Der Schilddeckel und die Gefäße sind photographiert worden, bevor man sie berührte und forttrug. Die Gefäße sind aus Bronze, das Diadem ist aus Gold. Der Rohrwischer war noch frisch und biegsam nach 2300 Jahren. Die Rüstung sowie der Beinschutz im Vordergrund und die Beinschienen an der Mauer sind aus Bronze. Sie waren zum Gebrauch gedacht, ebenso das Diadem, wenn auch sein »Gebrauch« eher zeremonieller Art war.

*Unten:* Ein anderer der 5 Elfenbeinköpfe, die man im Grab gefunden hat. Die Meinungen gehen dahin, daß es sich um Alexander den Großen, Philipps Sohn und Nachfolger handelt.

*Oben:* Der feinverzierte Brustharnisch bedarf keines Kommentars. Die Beinschienen, die eine 3 cm kürzer als die andere, scheinen für einen leicht hinkenden Mann hergestellt worden zu sein. Philipp hinkte, so daß man annehmen darf, daß er sie im Kampf getragen hat.

*Unten:* Der Silberkrug ist kostbar und edel zugleich. Schön ist, daß die hohe Qualität und die fast absolute Zurückhaltung des Ausdrucks so betont zur Wirkung kommen.

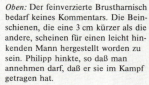

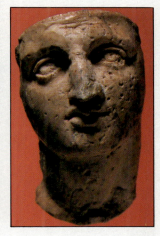

*Links:* Der Schrein, der Philipps Asche enthielt, war klein, seine Verzierungen waren elegant, doch nüchtern. Er mißt 33 x 41 Zentimeter, sein Goldgewicht betrug jedoch mehr als 10 kg. Der Stern auf seinem Deckel war das Symbol der makedonischen Könige. Es wird ersichtlich, daß es schon vor der Eroberung Griechenlands griechische Einflüsse gab.

*Ganz links:* Die Spitze der Säulenfassade des Haupteinganges der Hauptgräber. Unter der Erdschicht kam ein Fries zutage, der eine Löwenjagd darstellte. Noch bessere Malereien hat man in dem kleinen Grab, das dem Philipps gegenüberliegt, gefunden.

175

## DER AUFSTIEG MAKEDONIENS

**Philipp von Makedonien**

In Epirus besaß Athen in Alketas dem Molosser und seinem ältesten Sohn Neoptolemos Verbündete. Nach dem Tod des Vaters machte der jüngere Sohn seinem älteren Bruder das alleinige Nachfolgerecht streitig und herrschte gemeinsam mit ihm. Nach dem Tod dieses Bruders regierte er allein. Dieser Mann war Arybbas, der in den späten vierziger Jahren in Athen Ehrungen erfahren hat, deren Niederschrift es noch heute gibt.

Arybbas wurde geehrt, »da das Bürgerrecht und die Privilegien, die sein Vater sich verdient hatte, auch ihm zustehen«. Das Schriftstück endet mit den ominösen Worten, »daß die gegenwärtig amtierenden Feldherren Sorge dafür tragen sollen, daß Arybbas und seine Söhne das Reich ihrer Ahnen wiedererlangen«. Inzwischen warf das makedonische Königreich seinen Schatten über die Molosser und alle anderen Völker in Epirus. Makedonien hatte damals zwei Gesichter, wie alle Länder, die den Einfluß Athens zu spüren bekommen hatten. Der Hof und die wichtigen Städte waren griechisch und von immensem Reichtum, die Wurzeln der irrationalen Triebkräfte des Volkes selbst reichten jedoch weiter hinab als bis zu den intellektuellen oder zivilisierten Randbereichen der Griechen. Im Jahr 359 v. Chr. kam Philipp von Makedonien an die Macht und stellte sein Heer auf. Er war stellvertretender Regent für den unmündigen Prinzen eines Königreiches, das heftigem Druck von seiten der Paionen und Illyrer im Norden und Nordwesten ausgesetzt war.

Philipp war 24 Jahre alt, als er im Jahr 358 10 000 bestens disziplinierte Krieger unter Waffen und eine Reiterei von 600 Mann hatte. Es wird berichtet, daß er in einer mörderischen Schlacht gegen die Illyrer 7000 Feinde getötet habe. Als er Makedonien unter seine Kontrolle gebracht hatte, stieß er nach Osten gegen Thrakien vor. Hier berührte er zum erstenmal die Interessen Athens. Im Jahr 357 eroberte er Amphipolis und die Goldbergwerke und erbaute dort eine eigene Festung, um seine Beute zu schützen. Andere Eroberungen folgten und damit neue Feindschaften. Unterdessen waren die Paionen zu Vasallenfürsten geworden, die Illyrer erneut vernichtet und die Thraker abgefunden. 356 ernannte sich Philipp zum König, und im selben Jahr wurde sein Sohn geboren. Er hatte Olympias, die Tochter des Molossers Neoptolemos, geheiratet. Sie war die Nichte des Arybbas und Enkelin des Alketas. Aus dieser Ehe entstammte Alexander.

Zu dieser Zeit unternahm Mausolos von Karien – ähnlich wie Jason in Thessalien und Philipp im Norden – den Versuch, im Osten ein Reich zu errichten, was ihn zwangsläufig in Konflikt mit Athen bringen mußte. Er war ein Satrap des Perserreiches, seine imperialistischen Wünsche waren enorm, in ihrem Konzept jedoch unklar. Die griechischen Küstenstädte waren nacheinander in seine Hand gefallen. Er annektierte Lykien, und seine Bestrebungen richteten sich gegen die Inseln. Er verlegte seine Residenz von Mylasa nach Halikarnass am Meer. 357 erhoben sich Chios, Kos und Rhodos gegen Athen. Sie begaben sich geschlossen in Mausolos' schützenden Arm. Die darauffolgenden Kämpfe drohten, zum totalen Krieg gegen Persien auszuarten. 354 kam ein Friedensschluß zustande, aber Athen erholte sich nie mehr. Die Inseln wurde unabhängige Oligarchien, karische Garnisonen übernahmen das Kommando. Rhodos wandte sich ohne Erfolg an Athen um Hilfe gegen die neue Tyrannis. Im Jahr 353 starb Mausolos, und Karien sank zurück in seine frühere Lethargie. Die größten Bildhauer der damaligen Zeit arbeiteten an Mausolos' gewaltigem und kunstvollem Grabmal in Halikarnass.

Um das Jahr 355 brach in Mittelgriechenland ein neuer Krieg aus: Phokis und der Rat seiner Nachbarstädte gerie-

# Salamis

Zypern war sehr lange Zeit hindurch unter griechischer Herrschaft gestanden. Der sagenhafte Gründer von Salamis war Teukros, Sohn des Königs der Insel Salamis bei Athen. Tatsächlich war Salamis eine Nachfolgegründung der im Innenland gelegenen mykenischen Stadt Enkomi. Im 6. Jahrhundert war Salamis die bedeutendste Stadt Zyperns. Damals gab es dort noch – zumindest auf Münzen – eine Silbenschrift. Im 5. und 4. Jahrhundert hatte Salamis eine Reihe von Kämpfen gegen phönizische und persische Invasoren zu bestehen. Zur Zeit des Hellenismus jedoch war es eine blühende Stadt.

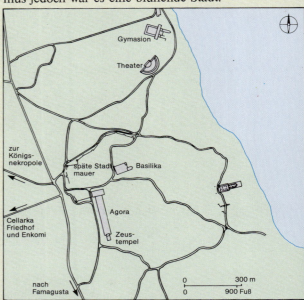

Der Ringplatz war der zentrale Innenhof eines großen Gymnasions, das in hellenistischer Zeit erbaut und in römischer erweitert wurde. Seine monolithischen korinthischen Säulen und großen Bögen ließen zunächst auf ein marmornes Forum schließen. Die Säulen und Kapitele wurden nach den Erdbeben des 4. Jahrhunderts n. Chr. aus den verschiedenen Gebäuden zusammengesetzt.

## DER AUFSTIEG MAKEDONIENS

**Die Expansion Makedoniens**

Ein halbes Jahrhundert war Makedonien ein labiles Staatswesen, dessen Könige einander in kurzen Zeitabständen ermordeten. Ein strenges Regiment, das Philipp II., ein Herrscher von genialer und absoluter Skrupellosigkeit, einführte, machte es seinem Königreich möglich, seine günstige geographische Lage auszunutzen. Es war nun nicht so, daß Athen ganz und gar friedensbereit gewesen wäre, aber es hatte Philipps Eroberungen nichts entgegenzusetzen und sein Heer war Philipps Truppen nicht gewachsen. Die Tatsache, daß Makedonien in politischer Hinsicht unterentwickelt war, stellte sich als Vorteil heraus, da ein feudalistisches Militär Vorteile aus seiner überlegenen Taktik und Disziplin bezog. Der Frieden des Jahres 346 zwischen Athen und Philipp führte zu bitteren gegenseitigen Beschuldigungen der athenischen Politiker untereinander. Athen schloß einen neuen Bund, um die Aggression Philipps im Krieg 340–338 zu stoppen. Nach seinem Sieg bei Chaironeia war er der Herr Griechenlands, regierte ein großes Königreich und konnte sich nun seinen Plänen einer Eroberung Asiens widmen, die sein Sohn Alexander dann ausführte. Die Demokratie Athens war vorläufig gerettet, wurde jedoch 322 von den Makedonern außer Kraft gesetzt.

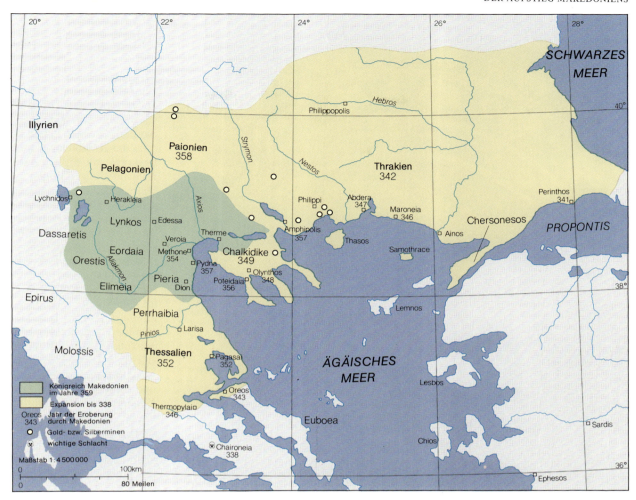

ten in Streit über die Vorherrschaft in Delphi. Theben hatte den Konflikt provoziert, der jedoch alsbald außer Kontrolle geriet und Sparta und Athen miteinbezog, die sich unter Vorbehalt gegen Theben verbündeten; schließlich wurden auch Thessalien und Philipp von Makedonien mit hineinverwickelt. An solchen Gelegenheiten fehlte es in der griechischen Geschichte selten, diese jedoch hatte der Himmel gesandt. Philipp vereinnahmte Methone, den letzten Bundesgenossen Athens auf seinem Weg, und marschierte nach Süden. In Thessalien hielten ihn zunächst die Phoker auf. Im Jahr 352 aber besiegte er sie und zog weiter. Da er die Thermopylen nicht passieren konnte, griff er Thrakien an. Nur der Tatsache, daß er krank wurde, verdanken die thrakische Chersonnes und der Hellespont ihre Freiheit.

Philipp fiel im Jahre 349 wieder auf der Chalkidike ein und zerstörte die wichtigste Stadt dieser Halbinsel, Olynth. 346 verzichteten die Athener in einem Vertrag auf Amphipolis, behielten jedoch den größten Teil der Chersonnes im Osten für sich. Philipp war unterdessen in Thrakien mit dem Schleifen einer ganzen Reihe von Festungen beschäftigt. Als der Frieden gesichert und Phokis entmachtet war, zog Philipp südwärts. Er präsidierte den Delphischen Spielen des Jahres 346. Durch seine Herrschaft über Thessalien erlangte er einen Sitz im Delphischen Rat. Kersobleptes von Thrakien war sein Vasall; Messenien, Megalopolis, Elis und Argos – Spartas Feinde in der Peloponnes – waren seine Bundesgenossen. Um 342 v. Chr. vertrieb er den Molosserkönig Arybbas aus Epirus und setzte dort seinen Schwager Alexander auf den Thron. Von Epirus aus hatte er nun einen guten Überblick über die Geschehnisse im korinthischen Golf und die westlichen Handelswege. Ganz allmählich dehnte er somit sein Bergkönigreich südwärts aus.

Athen reagierte zu spät. Thrakien, Makedonien, Thessalien und Epirus bilden zusammen ein ungeheures Territorium, dessen Grenzen noch dazu von Philipp erweitert worden waren. Er hatte Philippopolis am Hebros (heute Plovdiv) gegründet und stand an der Westküste Griechenlands am Acheron. 340 gewann Athen Byzantion und Perinthos für sich und verhalf Euböa zur Unabhängigkeit; dort war eine philipptreue Oligarchie am Ruder gewesen. Philipp führte seine Armee gegen Perinthos und Byzantion, ohne jedoch sofort zum Ziel zu kommen. Er verbrachte den Winter in Nordost-Thrakien mit Kriegen gegen die Skythen an der Donaumündung und wandte sich erst im folgenden Jahr wieder dem griechischen Kriegsschauplatz zu. Wieder einmal diente als Vorwand eine Klage innerhalb des Delphischen Rates, diesmal ging es um Delphis Nachbarstadt Amphissa. Im Jahr 338 drang Philipp in blitzschnellem Zugriff in Griechenland ein, nahm die Thermopylen, befestigte eine Stadt der Phoker und bemächtigte sich der Städte Amphissa und Naupaktos am Golf von Korinth. Theben, Athen und einige kleinere Bundesgenossen stellten sich ihm entgegen. Im August dieses Jahres wurde das Heer der Verbündeten in der Entscheidungsschlacht bei Chaironeia in Nordböotien vollständig geschlagen. Nun konnte Philipp den Griechen seine Bedingungen diktieren, was er auch tat. Seine Bedingungen aber waren mild, und schon im Jahr 337 v. Chr. erklärte er einen Krieg aller Griechen gegen Persien.

Ebenfalls im Jahr 337 v. Chr. ließ sich Philipp von seiner Frau Olympias scheiden, um eine makedonische Adlige zu heiraten. Um die Molosser zu versöhnen, arrangierte er eine inzestuöse Heirat seiner Tochter Kleopatra, der Schwester Alexanders des Großen, mit ihrem Onkel, dem Bruder der Olympias, Alexander von Epirus, einem

*Oben:* Diese Tafel aus Mittelitalien zeigt einen der Kriegselefanten, die Alexanders Nachfolger in die Mittelmeerländer gebracht hatten. Der Kampfturm auf seinem Rücken ist wahrscheinlich eine griechische Erfindung.

*Rechts:* Alexander trägt Widderhörner, um seine Verwandtschaft mit Zeus Ammon zu beweisen, dessen Orakel in der Libyschen Wüste stand. Das Kultobjekt war eine phallusförmige, bekleidete Mumie, gekrümmt wie eine Banane oder ein Widderhorn, die mit Edelsteinen geschmückt war. Als Ammun-Ré gewann sie in Ägypten Bedeutung. Die Griechen nannten sie Zeus.

seiner Vasallenfürsten. Am Morgen des Hochzeitstages wurde er beim Betreten des Theaters der makedonischen Hauptstadt Pella mit einem keltischen Dolch erstochen.

**Alexander der Große**

Zum Zeitpunkt der Ermordung seines Vaters war Alexander der Große 18 oder 19 Jahre alt. Er lebte in Ungnade zusammen mit seiner molossischen Mutter in der Verbannung. Sein Erzieher war der Philosoph und Wissenschaftler Aristoteles gewesen, der sanfteste und klarsichtigste Denker des Altertums. Alexander war kühn, phantasievoll und gewalttätig. Ein Jahr brauchte er, um seinen Herrschaftsanspruch über Griechenland in der Nachfolge seines dominierenden Vaters zu festigen, dann schlug er unvermittelt los. Er begann einen Krieg in den Bergen Thrakiens und an der Donau. Er bewies eine geradezu erschreckende militärische Genialität in seinem Tempo, seinem taktischen Geschick und seinem Mut. Im Verlauf dieses Feldzuges eroberte er eine Insel in der Donau, deren Bewohner Kelten waren. Auch sie schlossen sich ihm an. Die Städte im Süden Griechenlands gärten; als sich ein Gerücht vom Tode Alexanders verbreitete, erhoben sich die Thebaner. Innerhalb von nur zwei Wochen kam Alexander in Gewaltmärschen vom Berg Pelion herabgestürmt, wo er wegen eines drohenden Angriffs der Illyrer in Stellung gestanden hatte, zerstörte Theben vollständig und veranstaltete ein Massaker: 6000 Menschen wurden niedergemetzelt und fast sämtliche Überlebenden, Frauen und Kinder eingeschlossen, in die Sklaverei geführt. Athen beglückwünschte ihn dazu.

Im Jahr 334 marschierte Alexander in Persien ein. Schon 335 war ihm ein Heer unter einem der alten Generale Philipps dort zuvorgekommen. Alexander setzte von Norden aus nach Persien über und brachte in Troja Opfer dar, um zu verdeutlichen, daß er in gewissem Sinne die Heldentaten des berühmten Epos wiedererstehen ließ. Dann vernichtete er mit einem Schlag ein gewaltiges persisches Heer am Fluß Granikos, nicht weit von Troja im Landesinnern. Den überwiegenden Teil der Beute schickte er seiner Mutter. Die gefangenen Griechen ließ er als Sklaven nach Makedonien bringen. Nach Athen wurden 300 persische Kriegerrüstungen gesandt. Dem makedonischen Statthalter, den er in Kleinasien einsetzte, verlieh er den persischen Rang eines Satrapen. Er untersagte Plünderungen und ließ Abgaben und Steuern auf ihrem alten Stand; ganz offensichtlich hatte er vor, das Land auf Dauer zu beherrschen. Seine Wertschätzung der persischen Administration dürfte er durch Aristoteles gewonnen haben, der vergleichende Studien über die Gesellschaftsformen der griechischen und der barbarischen Staaten angestellt hatte. Alexander baute Troja wieder auf und befreite Sardes, die alte Residenz des Lyderreiches. Er ließ keinen Zweifel an seiner festen Absicht, die Oberherrschaft zu übernehmen. In Ephesos stellte er die Demokratie wieder her, untersagte jedoch Vergeltungsmaßnahmen. Ab jetzt wurde in triumphaler Abfolge eine griechische Stadt nach der anderen befreit und wieder in ihre alten Rechte eingesetzt. Um Alexander entstand nun auf eine feierliche, allegorische Art und Weise ein an Götterverehrung grenzender Kult.

In Milet wurde sein Siegeszug aufgehalten, jedoch nicht nachhaltig. Obwohl die persische Flotte die Übermacht besaß, gelang es ihm, die Stadt zu erobern. Alexanders Reaktion auf diesen Sieg bestand darin, seine eigene unzulängliche Flotte aufzulösen und jede Hafenfestung im östlichen Mittelmeerraum zu besetzen. In den folgenden zwei Jahren löste ein Sieg den nächsten ab. Im Oktober des Jahres 333 v. Chr. traf Alexander auf den Großkönig Darius III. Die Perser waren langsam zur Küste voran-

DER AUFSTIEG MAKEDONIENS

*Oben:* Es ist ungewiß, ob dieser skeptisch-melancholische Philosoph eine bestimmte Person darstellt oder lediglich eine typisierte Abbildung ist. Viel spricht dafür, daß er der Philosoph Bion ist. Derartige individuell gestaltete Köpfe gab es in dem Jahrhundert nach Alexander in vermehrtem Ausmaß.

*Ganz oben rechts:* Diese Häupter waren von griechischen Künstlern auf den heimischen Kalkstein im persischen Palast von Persepolis geritzt.

*Umseitig:* Die innengelegene östliche Mauer (4. Jahrhundert v. Chr.) der Festung Aigosthenai am Ostpunkt des Golfs von Korinth, an der Route von Böotien zur Peloponnes. Die Innenmauer, die zum Schutz der Akropolis diente, und die Mauer, die die ganze Stadt umgab, gehören zu den besterhaltenen Beispielen der Militärarchitektur Griechenlands.

gerückt, Alexanders Marschgeschwindigkeit aber kam ihnen zu Hilfe, da das erste, was sie von seinem Heer bei Issos an der südöstlichen Küste Kleinasiens erblickten, die Kranken und Verwundeten der Makedonen waren. Die Perser waren bereits einige Meilen an Alexanders Heer vorbeigezogen und standen in seinem Rücken. Darius ließ den Kranken die Hände abhacken, und Alexander erfuhr davon. Erschöpft und von schweren Regenfällen durchnäßt, unternahm sein Heer einen letzten Gewaltmarsch und attackierte die Perser am nächsten Morgen überraschend in einer engen Küstenebene. Auch hier siegte er. Das Massaker unter den Persern war fürchterlich, Darius floh. Wenn die überlieferten Zahlen der persischen Verluste stimmen, so starben bei Issos an einem einzigen Tag so viele Soldaten wie erst wieder am ersten Tag der Somme-Schlacht, nämlich 110 000 Mann. 4000 Makedonen wurden verwundet, 302 fielen. Zu Alexanders Beute gehörten das persische Königszelt und die kö-

niglichen Schätze. Zu seinen Gefangenen zählten die Königin, die er ehrenvoll und großzügig behandelte, sowie eine Frau von 30 Jahren, eine persische Adlige, die schon zwei Ehen mit Griechen hinter sich hatte. Sie wurde für fünf Jahre seine Geliebte.

Er setzte seinen Feldzug fort und marschierte gegen Syrien, Phönizien und Tyros. Nach achtmonatigem Widerstand nahm er die Stadt im Jahr 332 v. Chr. ein; er tötete 8000 Tyrer und verkaufte 30 000 in die Sklaverei. Nach Tyros fiel Gaza, nach Gaza Ägypten in seine Hand. Nach der Schlacht bei Issos hatte er eine Stadt gegründet, die er nach sich selbst benannt hatte. Heute heißt sie Alexandretta. Im Nildelta gründete er Alexandrien. In Memphis am Nil veranstaltete er griechische Spiele, opferte den Göttern Ägyptens und wurde zum König Ägyptens gekrönt. Er besuchte das altehrwürdige Orakel des Amun, den die Griechen Zeus Ammon nannten, in der Libyschen Wüste. Der Pilgerzug war damals wie heute ein aufwendiges und gefährliches Unternehmen. Er führte durch Felseinöden und Wüsteneien von fremdartiger Erhabenheit. Alexander hat seine Fragen nie enthüllt, er hat lediglich berichtet, daß der Gott ihn zufriedengestellt habe. Seine Soldaten glaubten später, er habe gefragt, ob er Herrscher der Welt werde und ob er sämtliche Mörder seines Vaters bestraft habe. Das Orakel hat möglicherweise auch seine Annahme bestätigt, daß Zeus in Wahrheit sein Vater gewesen sei.

Mit 400 000 Fußsoldaten und 7000 Reitern setzte Alexander im Jahr 331 über den Euphrat, überquerte dann den Tigris mit der ihm eigenen beflügelten Zuversicht und traf bei Gaugamela zum zweiten Mal mit dem Heer des Darius zusammen. Im persischen Heer gab es Elefanten und Sichelwagen, Reitertruppen aus den Steppen Innerasiens sowie Krieger aus Persien, Babylon, Afghanistan und Indien. Die Schlacht dauerte lange Zeit und war schwierig zu schlagen, doch Alexander blieb Sieger und Darius entfloh. Babylon ergab sich, und Susa fiel Alexander in die Hände, die Stadt der Lilien, die alte Haupt- und Residenzstadt der persischen Könige in Elam. Nun war das persische Reich so gut wie geschlagen. Hier fand er auch – gleichsam symbolisch – das alte Doppelstandbild der Tyrannenmörder Harmodios und Aristogeiton, das vor 150 Jahren aus Athen entführt worden war, und sandte es zurück. Er und sein Troß stießen weiter ins persische Kernland gegen Persepolis vor – Eroberer und Entdecker in einem. Seine schwierigste Aufgabe war die Eroberung der Persischen Tore im Jahr 330 v. Chr., eines engen und steilen Paßübergangs, der fanatisch verteidigt wurde. Er entdeckte eine exponierte Umgehungsroute, so wie die Perser seinerzeit bei den Thermopylen, und besiegte die starke feindliche Truppe, die Persepolis schützen sollte.

Der Schatz von Persepolis entzieht sich in seiner Großartigkeit jeder Beschreibung. Er wurde sorgfältig auf Maultieren und Kamelen davongeschafft. Dann wurde

der Palast von Alexander und seinen Truppen gebrandschatzt und verwüstet. Noch heute gibt es in persischen Museen Luxusgegenstände, die mit Bedacht zertrümmert worden sind und den sittenstrengen Zorn oder die ausschweifende Anmaßung jener Nacht ins Gedächtnis zurückrufen. Darius ergab sich nicht. Alexander verfolgte ihn in den Norden bis nach Ekbatana, der Hauptstadt Mediens, vorbei am heutigen Teheran und weiter nach Osten. Auf seiner Flucht war Darius in die Gefangenschaft eines seiner Lehnsmänner, des Satrapen von Baktrien geraten. In Gewaltmärschen gelang es Alexander, ihn einzuholen. Er fand ihn von seinen eigenen Höflingen tödlich verwundet. Einige von diesen leisteten noch Widerstand. Sie wurden jedoch nacheinander in Feldzügen, die einzigartige Kraft im Ertragen von Mühen und ungeheuren Mut verlangten, besiegt.

Viele starben. Die griechischen Truppen, die nur für den Krieg gegen Persien ausgehoben worden waren, wurden reich belohnt nach Hause geschickt. Neue Aushebungen folgten nur allmählich. Alexander übernahm persische Sitten und heiratete im Jahr 327 v. Chr. Roxane, eine persische Adlige. Sein Ziel war nun, das gesamte Innere Asiens und ganz Indien zu erobern. Es schien fast, als sei es sein und seiner schrumpfenden Truppe Schicksal, sich im fremden Osten aufzuzehren, auf einem endlosen Zug der Eroberungen und Entdeckungen. Während seiner Kampagne im Pandschab wurde Alexander beim Sturm auf die Stadt der Maller, den er selbst anführte, schwer verwundet. Seine Truppen hatten ihm nie den Gehorsam verweigert. In Indien jedoch weigerten sie sich, den Marsch durch das Wüstengebiet zwischen Indus und Ganges fortzusetzen. Auf dem Rückweg über das Indusdelta und Gedrosia kam eine Vielzahl in einer Wüste ums Leben. Alexander tötete in einem Streit in betrunkenem Zustand einen seiner alten Generäle und ließ einen zweiten wegen Verrates hinrichten. Er hatte sein Heer bis an die Grenzen der Leistungsfähigkeit getrieben, diese Grenzen jedoch waren ungeheuer weit gesteckt.

Am Endes des Jahres 330 v. Chr. war Alexander bis zur Nordgrenze Afghanistans gelangt, im Jahr 327 hatte er das Gebirge und die Oxusebene (Amu-Darya) erobert, 326 kehrte er nach Babylon zurück, wo er im Jahr 323 v. Chr. starb. Man nimmt an, daß er an Erschöpfung, Fieber und Trunksucht zugrunde gegangen ist. Er zählte 32 Jahre. Der strahlende Glanz und die mutige Kühnheit seines Wirkens gingen mit ihm zusammen unter. Ein Zeichen für die prägende Kraft seiner Unbarmherzigkeit im Umgang mit seinen Feinden ist die Tatsache, daß im Zeitraum einer Generation keines der von ihm unterworfenen Völker rebellierte. Die Tatsache, daß nach seinem Tode in geschichtlicher Zeit nichts mehr an seine territorialen Eroberungen in Asien herangekommen ist, beweist die Gradlinigkeit seines Denkens und seine Fähigkeit, vorausschauend planen zu können. Von Gibraltar bis zum heutigen westlichen China erstreckte sich eine im Geiste verbundene Welt, eine griechische Welt, die für Jahrhunderte Bestand hatte.

**Die übersteigerte Expansion der politischen Macht**

Die politische Einheit Griechenlands, die unter so großen Schwierigkeiten zustandegekommen war, war keinesfalls gesichert. Im Jahr 323 v. Chr. erhob sich ein Bündnis griechischer Städte in offener Rebellion, gestützt von einer Armee, der auch 8000 ausgediente Söldner Alexanders angehörten. Antipater, der Oberbefehlshaber der Makedonen, wurde den Winter über in Lamia, einer Küstenstadt, die die Hauptstraße zwischen Thessalien und dem Süden kontrollierte, belagert. Aber 322 v. Chr. genügte ein weder blutiger noch überwältigender Sieg zu Krannon in Mittelthessalien, um die makedonische Überlegenheit wiederherzustellen. Demosthenes beging Selbstmord. Eine makedonische Garnison wurde nach Athen gelegt. In seiner Leichenrede für die Toten des Jahres in Athen rühmte Hypereides diese mit Worten, die die mythische Erhabenheit Alexanders zum Ausdruck brachten.

In wenigen Jahren hatte Griechenland viel von seiner politischen Macht eingebüßt. In Athen hielten inmitten anhaltender Streitigkeiten, Proteste und Spitzfindigkeiten die Schulen der großen Philosophen die Stellung der Stadt als Mittelpunkt der Geisteswelt aufrecht. Aber die weltweite Verbreitung ihres eigenen Gedankengutes hatte sie selbst fast zur Bedeutungslosigkeit schrumpfen lassen. Im nächsten Jahrhundert sollte im Osten eine Flut nomadischer Parther, der früheren Herren Persiens, die östlichsten Provinzen Makedoniens von Griechenland trennen; dort aber sollten die isolierten Makedonen über Generationen hinweg die Könige stellen. Der neue indische König Chandragupta lag an den südlichen Grenzen im Osten auf der Lauer; gegen die Bezahlung von 500 Elefanten ließ man ihn gewähren. Alexander der Molosser, der Schwager Alexanders des Großen, war bereits in einem seiner Feldzüge in Süditalien gefallen. Pyrrhus von Epirus, 307 v. Chr. als Kind zum König gekrönt, sollte der erste Grieche sein, der gegen Rom kämpfte. Keine Stadt auf dem griechischen Festland hatte von Natur aus die Mittel, in solch einer Weltlage zu bestehen. Jeder bedeutende makedonische General konnte im Kampf um die Hegemonie mit Hilfe persischer Gelder derartige Mengen von Söldnern anwerben, wie es einer einzigen Stadt niemals möglich war.

Die zerstrittenen makedonischen Feldherren erzeugten ein weltweites Chaos. Oberbefehlshaber waren naturgemäß Perdikkas in Asien, der Alexanders posthum geborenen Sohn in Gewahrsam hielt, und Antipater in Europa, der letzte von Philipps Generälen, der noch am Leben war. Die Krone Makedoniens teilten sich der Säugling und ein schwachsinniger Halbbruder Alexanders. Die übrigen Generäle waren Provinzfürsten: Ptolemaios in Ägypten, Antigonos in Phrygien, Seleukos in Babylon und Lysimachos in Thrakien. Perdikkas wurde als erster zu Fall gebracht. Er wurde 321 v. Chr. von seinen eigenen Soldaten bei dem Versuch, Ägypten zu überfallen, erschlagen. Antipater starb 319 v. Chr. Antipaters Sohn Kassandros ermordete den Schwachsinnigen, Alexanders Mutter und schließlich dessen Sohn, der eben 13 Jahre zählte. Kassandros selbst starb 298 v. Chr. Währenddessen betätigten sich Antigonos und sein Sohn Demetrios in Griechenland. Zwischen 307 und 303 v. Chr. standen sie auf dem Höhepunkt ihrer Macht. Im Jahr 302 v. Chr. fiel Antigonos in einer Schlacht gegen Seleukos und seine Elefanten, Demetrios lebte noch mit wechselndem Schicksal bis 285 v. Chr. In diesem Jahr wurde er gezwungen, sich Seleukos zu unterwerfen, worauf er sich binnen zweier Jahre zu Tode trank.

Der einzige direkte Nachfolger Alexanders, der in seinem Bett starb, war Ptolemaios. Demetrios hatte eine Tochter des alten Antipater geheiratet. Ihr Sohn, Antigonos Gonatas, wurde zu seiner Zeit Herrscher eines neuen Makedonien. Ptolemaios hatte eine zweite Tochter Antipaters zur Frau genommen, und beider Sohn, Ptolemaios der »Donnerkeil«, tötete den alten Recken Seleukos auf dem Höhepunkt seiner Macht im Jahr 280 v. Chr. Aber Ptolemaios der »Donnerkeil« herrschte zu keiner Zeit über Ägypten. Sein Vater hatte seine Mutter verstoßen und überließ Ägypten einem unehelichen Sohn: dem Ptolemaios, der der Gönner der letzten griechischen Dichter war.

# DIE ALEXANDRINISCHE EXPANSION

**Die Folgen der Eroberung Persiens**

In nur wenigen Generationen hatte sich die Machtstruktur der Welt stark und irreversibel geändert. Als sich der Sturm nach Alexanders explosivem Aufstieg etwa 50 Jahre nach seinem Tod gelegt hatte, hatten die Griechen unvermeidlich ferne Völker und Traditionen kennengelernt. Die Nomaden aus Innerasien und an den Grenzen Chinas sowie die unberührten Völker im Norden und Westen kamen jetzt in ständig zunehmenden Kontakt mit den Zentren am Mittelmeer. Im 2. Jahrhundert v. Chr. erfahren wir, daß ein alexandrinisches Handelsschiff von schwerfälliger Größe vor Anglesey Schiffbruch erlitt, als es die Nordwestspitze von Wales umfahren wollte. Zu dieser Zeit hatten in Alexandria die Gelehrten bereits begonnen, die Größe der Erde zu berechnen.

Die ökonomischen Folgen der Eroberung Persiens waren jedoch verheerend. Geld gab es noch nicht sehr lange, und niemand verstand damals, daß dieses einfache und elegante Tauschmittel seine eigenen Gesetze hatte und sogar ein eigenständiges Leben führte. Mit Geld konnte sich jeder reiche Mann, so z.B. einer der Generäle Alexanders oder der Herrscher eines barbarischen Landes, ein großes Söldnerheer kaufen. Söldner gab es nach Alexanders Unternehmungen in großer Zahl. Wir können aus steinernen Bittinschriften ersehen, daß die bäuerliche Struktur auf den griechischen Inseln sich veränderte. Jetzt überschwemmten große, von bewaffneten Aufsehern bewachte Herden das ehemalige Bauernland.

Der Nachschub an Geld hatte sich ungeheuer vergrößert, weil durch die altmodische und gedankenlose königliche Freigebigkeit Alexanders der ganze Staatsschatz des persischen Reichs, der in der Vergangenheit nicht im Umlauf gewesen war, nun herausgegeben wurde und die griechische Welt überschwemmte. Aus den Einkünften bestimmter Gehöfte im Besitz des Heiligtums von Delos und aus Berichten über die Löhne von Söldnern wissen wir, daß die daraus entstandene Inflation tatsächlich sehr hoch war. Eine andere bedeutende Entwicklung vollzieht sich zu dieser Zeit dadurch, daß die großen nationalen Götterheiligtümer, die bisher immer bereit waren aus ihrem Schatz in Zeiten der Not an den Staat zu verleihen, nun anfingen, als Handelsbanken für das allgemeine Publikum zu fungieren. Es gab sogar Banken für Investitionen in Landbesitz. Die Folgen im Bereich der Inflation und der sozialen Unordnung waren sehr weitreichend. Der Klassenkampf, der sich manchmal zum Bürgerkrieg ausweitete, schwelte in ganz Griechenland, doch waren es niemals die Demokraten oder die städtischen Sozialisten, die siegten, oder zumindest nicht für lange Zeit. Sklavenaufstände endeten für die Rebellen fürchterlich. Das Piratentum fing wieder an, und mit der Zeit wurde es zu einer schlimmeren Plage als je zuvor.

Auf der Höhe all dieser Umwälzungen und auf dem Gipfel zunehmender Kenntnisse und wachsender Spekualtionen, als die Seidenstraße auf dem Landweg nach China eröffnet war und alexandrinische Schiffe bis nach Britannien und nach Südostasien gelangten, wurde das Orakel von Delphi gefragt, wer denn der glücklichste Mensch auf der Welt sei. Das Orakel nannte einen unbekannten Bauern, der nicht weit landeinwärts in der Peloponnes lebte, selten seinen Hof verließ und niemals das Meer erblickt hatte. Die Antwort ist etwas im Sinne der epikureischen Philosophie gehalten, sogar im stoischen Geist: es war mittlerweile klar geworden, daß man, um in der neuen Zeit gesund und glücklich zu sein, seine Wünsche und Ängste einschränken müsse.

Dennoch war im weiteren Bereich der zerstörerische Prozeß nicht zu vermeiden. Die Zukunft gehörte bereits den reichen Bauern und Kaufleuten, die in der reichsten und mächtigsten Gemeinschaft organisiert waren. Solch eine Gemeinschaft mußte sich entweder ausdehnen oder untergehen; sie sollte zu einem großen Reich werden.

*Forts. s. S. 186*

---

Die exotischste Form des Hellenismus zeigte sich in den Tempeln und Gräbern, die in den Sandstein von Petra gehauen wurden, der antiken Hauptstadt des Königreichs der Nabatäer im Süden des heutigen Jordanien. Petra war jahrhundertelang das Zentrum eines ausgedehnten Karawanenhandels. Die Khanzné (oder Schatzhaus) *(rechts)* ist über 40 m hoch; sie hat einen weitläufigen Innenraum mit kreuzförmigem Grundriß. Das Gebäude könnte als Mausoleum für einen König der Nabatäer errichtet worden sein.

**Die Eroberungszüge Alexanders 334–323 v. Chr.**
Kein Europäer konnte jemals Alexanders Eroberungen wiederholen. Caesar und Trajan versuchten, ihm gleichzukommen, aber sie kamen nie auch nur annähernd so weit. Seine Taten waren noch im Mittelalter legendär und wurden später in zahllosen Bildern und Gobelins dargestellt. Die wahre Geschichte seiner Eroberungen enthält eher mehr Greueltaten als menschliche Seiten. Eine entscheidende Schlacht war nötig, damit er in Kleinasien weiterziehen konnte, wobei er in den griechischen Städten die Demokratie wiedereinführte. Der Widerstand des persischen Heeres bei Issos 333 war leichter überwunden als die hartnäckige Verteidigung von Tyros. In Ägypten, wo die Herrschaft der Perser verhaßt war, fand Alexander willkommene Aufnahme. Hier wurde ihm vom Orakel des Ammon seine göttliche Abstammung geweissagt. Die große Schlacht von Gaugamela (331) bedeutete das Ende der achämenidischen Dynastie. Persepolis wurde niedergebrannt, doch war in der Gegend des heutigen Afghanistan starker Widerstand zu überwinden. Alexanders Eroberungen reichten bis über Samarkand hinaus (Marakanda) und umfaßten auch den Punjab. Er wäre noch weiter gezogen, wenn sein Heer bereit gewesen wäre, ihm zu folgen. Sein Tod in Babylon 323 hatte bald die Aufteilung seines Reiches unter die Generäle zur Folge.

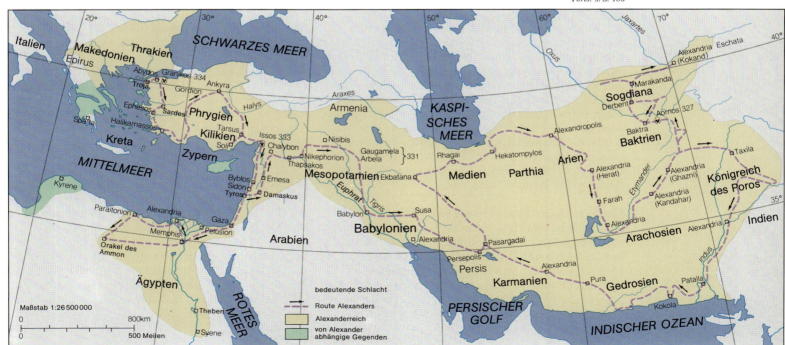

# Die Entwicklung der Vasenmalerei

Das Interesse bei der Untersuchung griechischer Vasen richtet sich eher auf den Dekor als auf die Form sowie auf die Art, in der besonders der figürliche Dekor mit dem Fortschritt in der übrigen Kunst Schritt hält. Die frühesten eisenzeitlichen Vasen (10.–9. Jahrhundert) tragen noch abstrakte Muster, und erst mit dem entwickelten geometrischen Stil (8. Jahrhundert) tauchen Figuren in sehr stilisierter Form auf. Die vorderasiatische Kunst brachte den Tierfries als hauptsächliches Dekorationselement und beeinflußte die »schwarzfigurige« Technik, in der die Figuren als Silhouetten mit gravierten Details und wenig zusätzlicher Farbe wiedergegeben werden. Die besten Vasen stammen aus Athen, doch war Korinth führend, und es gibt auch regionale Schulen. Um 530 wurde in Athen die rotfigurige Technik erfunden, bei der die Figuren im schwarzen Untergrund ausgespart sind und die Einzelheiten gemalt werden. Dadurch wird eine weitaus realistischere Wirkung erzielt; die weißgrundigen Vasen verfügen dann über eine von der klassischen Wandmalerei beeinflußte Technik. Ausgewanderte Künstler eröffneten in der 2. Hälfte des 5. Jahrhunderts in Süditalien und Sizilien bedeutende Malerschulen. Nach dem 4. Jahrhundert starb der rotfigurige Stil aus, und in hellenistischer Zeit war bemalter Vasendekor nicht üblich.

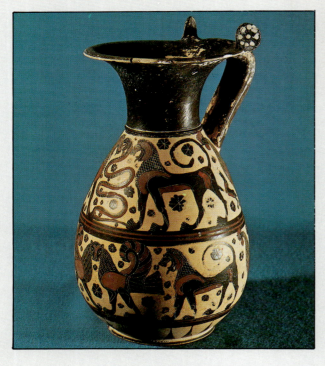

*Ganz links oben:* Eine protogeometrische Vase (10. Jahrhundert) mit rein abstrakten Mustern, die aus der mykenischen Tradition stammen.

*Ganz links Mitte:* Eine attische Kanne (8. Jahrhundert) mit der reichen Fülle geometrischen Dekors – Zickzackmuster, Mäander usw.

*Ganz links unten:* Eine protokorinthische Vase (7. Jahrhundert), im orientalisierenden Stil bemalt, mit der neuen schwarzfigurigen Ritztechnik. Der Osten brachte eine neue Fauna für die Tierfriese – Löwen und der geflügelte Panther mit zwei Körpern im unteren Fries.

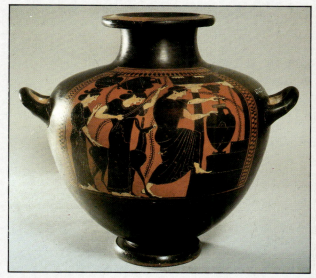

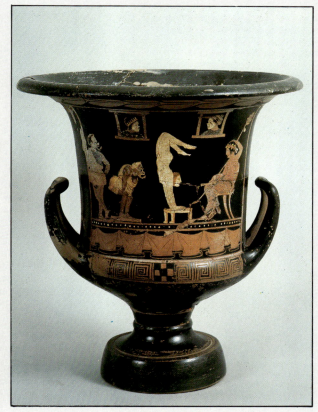

*Links Mitte:* Eine attische schwarzfigurige Schale um 550 v. Chr. Die Taten des Herakles sind ein Hauptthema für diese Vasen: Hier kämpft er mit dem Meeresungeheuer Triton, in dem anderen Fries ist ein Tanz von Meernymphen dargestellt.

*Ganz oben links:* Eine attische schwarzfigurige Hydria (Wasserkanne) um 510 v. Chr. mit drei Mädchen, die Wasser in einem Brunnenhaus holen. Ihre Haut ist weiß gemalt, was in der schwarzfigurigen Malerei für Frauen üblich ist.

*Ganz oben rechts:* Eine Schale aus Sparta um 550 v. Chr. Links stützt Atlas das Himmelsgewölbe. Prometheus ist an einen Pfahl gebunden, und der Adler des Zeus pickt an seiner Leber – eine ewige Strafe. Das strenge Bild von Sparta in der griechischen Geschichte kommt von der Macht und Imagination seiner archaischen Kunst.

*Oben links:* Eine attische rotfigurige Hydria (vgl. die obige – das Gefäß hat zwei Henkel zum Heben und einen zum Ausgießen) des sog. Berliner Malers aus dem frühen 5. Jahrhundert. Der Gott Apollon fährt auf einem geflügelten Dreifuß übers Meer – das Gefäß steht im Zusammenhang mit Heiligtum und Orakel in Delphi.

*Links:* Eine attische Schale von ca. 460 v. Chr. Die sitzende Aphrodite wird auf weißem Grund von zwei Eroten begleitet.

*Oben:* Ein Kelchkrater (Gefäß zum Weinmischen), von Asteas in Paestum in Italien um 350 v. Chr. bemalt. Ein jugendlicher Dionysos, zwei Komödienschauspieler *(Phlyaken)* mit Masken und ausgestopften Kleidern und zwei als Frauen gekleidete Schauspieler (in den Fenstern) sehen der Vorstellung eines akrobatischen nackten Mädchens zu.

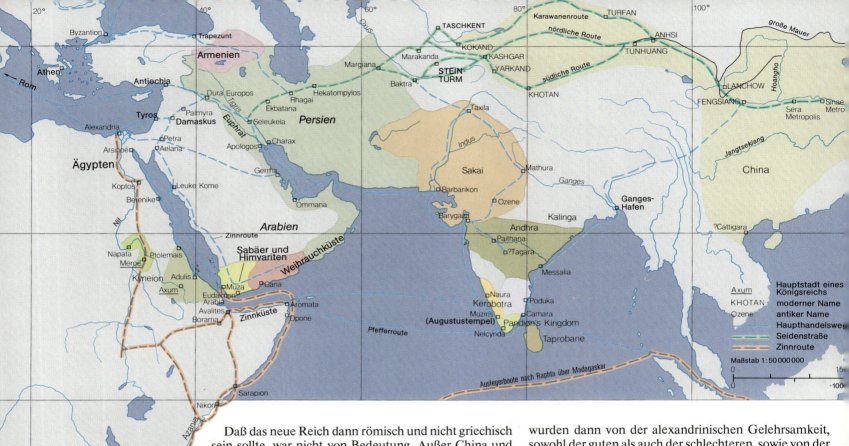

**Die Seiden- und Gewürzstraßen**
Rom erhob den Anspruch, die ganze bewohnte Welt zu beherrschen, doch war es kein Geheimnis, daß große Bereiche außerhalb seines Einflusses lagen. In den ersten Jahrhunderten n. Chr. fuhren Handelsleute zwischen Ägypten und Indien hin und her. Der Pfeffer kam aus dem südlichen Indien. Zimt wurde von der Küste Somalias geholt – obwohl er von viel weiter weg kam, von Indonesien mit Auslegerbooten nach Madagaskar und die Küste Afrikas hinauf. Über Land brachten Karawanen Seide aus China über die Pässe Zentralasiens in die griechisch-römische Welt. Im 2. Jahrhundert n. Chr. waren auf der Weltkarte des Ptolemaios Ostafrika, Indien, Ceylon und Malaya zu sehen.

Daß das neue Reich dann römisch und nicht griechisch sein sollte, war nicht von Bedeutung. Außer China und vielleicht Indien war die ganze zivilisierte Welt vom griechischen Leben beeinflußt. Die Ptolemäer in Ägypten und die großen griechischen Dynastien in Asien brachten die griechische Sprache und viele griechische Eigenarten in ihre neuen Königreiche mit. Athen wurde zum Ziel kultureller Pilgerfahrten, und seine Literatur wurde nicht nur dominierend, sondern zum anerkannten Vorbild für die Reinheit und Kraft einer Sprache sowohl für das Lateinische als auch das Griechische.

**Alexandrinische Gelehrsamkeit**
Einer der wichtigen Wege, auf denen dies geschah, war die Entwicklung gelehrter und kritischer Literatur: die Kommentare der alexandrinischen Gelehrten zu den Klassikern. Erst im späten 4. Jahrhundert erwarb Athen einen offiziellen Text der Werke der drei großen Tragiker des 5. Jahrhunderts und verwahrte ihn im Archiv. Im 3. Jahrhundert schufen die Ptolemäer in Alexandrien eine große und in den meisten Bereichen vermutlich vollständige Bibliothek der griechischen Literatur, und sie unterstützten eine Gemeinschaft von Dichtern und Gelehrten, die wie Tempelpriester in ihr arbeiten konnten. Antiquarische Kritik und theoretische Schriften hatte es seit dem späten 5. Jahrhundert gegeben; Platon und Aristoteles hatten ein Klima ernsthafter Buchgelehrsamkeit erzeugt, das auf der Welt neuartig war, ein allgemeines Bewußtsein, das über die individuelle Anwandlung eines gelehrten Temperaments hinausging. So war auch die Bibliothek von Alexandrien neuartig, da sie eine vollständige, katalogisierte Büchersammlung darstellte und nicht eine zufällige und individuelle Sammlung wie etwa die Bibliothek des Aristoteles. Literarische Gelehrsamkeit war damals aus demselben Grund wie bei ihrer Wiederaufnahme in der italienischen Renaissance ins Leben gerufen worden, nämlich durch die Bedürfnisse der Dichter. Dann durchlief sie ein Stadium, in dem gewichtige Beiträge geliefert und erregende Aufgaben angepackt werden und schließlich wurde sie zu einer nebulosen Angelegenheit, einer Wissenschaft von der Gelehrsamkeit, eine Kompilation der Kompilationen, ähnlich der heutigen literarischen Gelehrsamkeit aus zweiter Hand. Die Römer wurden dann von der alexandrinischen Gelehrsamkeit, sowohl der guten als auch der schlechteren, sowie von der alexandrinischen Dichtung überschwemmt. Die Dichtung war sparsam, gelehrt und zuweilen voller Anspielungen, aber auch leidenschaftlich und ironisch. Um Frische und Freiheit zu erreichen, beschäftigte sie sich oft mit dunkler und provinzieller Mythologie und mit allen Variationen der menschlichen Liebe. Eine ihrer letzten Hervorbringungen war der Prosaroman, mit Leidenschaft und Anmut erzählt.

**Hellenistischer Barock**
Dasselbe königliche Mäzenatentum brachte eine Architektur hervor, die wie die Literatur bis in die römische Zeit hineinreichte. Sie verband, ähnlich wie die Aktivitäten der Bibliothek von Alexandrien, eine beeindruckende Neuartigkeit in der Wiederverwendung und Verknüpfung traditioneller Formen einerseits mit einer umwerfenden Großartigkeit und zum anderen mit einem Gefühl luxuriösen privaten Vergnügens, wie es selbst die Minoer kaum oder nur selten erreicht haben. Eine weitere Analogie zur Literatur besteht darin, daß der Sieg dieses prunkvollen und schwerfälligen Stils eine klassizistische Reaktion hervorrief, eine Bevorzugung einfacherer und reinerer Formen aus dem 5. oder 4. Jahrhundert. Sie sind in einigen der besten erhaltenen römischen Gebäude zu finden, und sogar in der Versetzung und dem Wiederaufbau entfernt liegender, doch bewunderter Tempel in einer aufwendigeren und bevölkerteren städtischen Umgebung. In derselben Weise gingen die Dichter der augusteischen Zeit vor die Alexandriner zurück, auf der Suche nach reinen und einfachen formalen Vorbildern.

Die volle Blüte der griechischen barocken Architektur ist für uns am besten in einer fantastischen Wiedergabe ihrer selbst, in den Wandmalereien von Pompeji erhalten, die sehr viel darüber aussagen, welche ästhetischen Wirkungen ihr zugedacht waren. Die Malereien bestätigen unsere allgemeine Vermutung, daß die schönsten Gebäude nicht immer die größten waren. Es gibt ein Fresko mit einem heiligen Baum, der von Säulen gerahmt ist, wobei anscheinend eine knorrige Pinie durch das Mauerwerk eines ehemaligen Tempeltores gewachsen ist. Im Vordergrund befinden sich kleine Altäre und eine hübsche Sta-

DIE ALEXANDRINISCHE EXPANSION

tue, im Hintergrund locker hingesetzte Gebäude mit Säulen. Es ist mit leichter Hand ausgeführt und besitzt die flüchtige Qualität, die den Denkmälern und Ruinen Leben einhauchen kann. Die Ansicht ist nicht feierlich, es ist keine bedeutende religiöse Zeremonie dargestellt, sondern die alltägliche Frömmigkeit der Griechen im südlichen Italien während ihres langen und insgesamt doch friedlichen Niedergangs.

Die ungewöhnlichsten Überreste der entwickelten hellenistischen Architektur finden sich in den Tempeln und Gräbern von Petra, im heutigen Süden Jordaniens. Petra war für den Gewürzhandel ein bedeutender Stützpunkt an der Karawanenstraße. Es war eine reiche, in der Wüste isoliert liegende Oase, die allerdings andauernd mit der Küste Palästinas in Berührung stand. Es war die Heimat dessen, den Properz in der frühen römischen Kaiserzeit als den »arabischen Schafhirten mit dem guten Geruchssinn« bezeichnete. Das beste erhaltene Monument der profanen Architektur ist vielleicht das Tor vom Südmarkt in Milet, das heute nahezu vollständig erhalten ist, aber durch seine Überführung in ein Berliner Museum seiner Wirkung beraubt wurde. Die aufwendigsten Bauten waren Bäder und Paläste, wie etwa der Palast des Herodes in Massadah. Überall gibt es erfindungsreiche Details: Die korinthischen Kapitelle, die in Ay Khanoum am Oxus (Amu-Darya) bald nach Alexanders Tod gearbeitet wurden, waren zu feingliedrig ausgeführt, um großes Gewicht tragen zu können. Sie müssen den Eindruck erweckt haben, als schwebten sie hoch oben in der Luft, und die Steinbalken ruhten nur leicht auf ihnen, die Säulen selbst sind in ihrer Ausdehnung kaum mehr erkennbar. Theater und Brunnen erhielten große ornamentale Fassaden, deren Oberfläche sorgfältig mit Rücksicht auf die Wirkung von Licht und Schatten konzipiert wurden. In Olympia tauchte der bunte Marmor von Rhodos auf.

Die Zeit, die so viele feste Bauten zerstört hat, hat uns manche Fragmente erhalten, und eine Einzelheit eines Fragments wirkt auf uns oft anziehender als es die großartigen vollständigen Entwürfe je hätten tun können. In den großen Bauten von Jerash in Syrien (heute Jordanien) aus dem 2. Jahrhundert n. Chr. geben die Mulde einer steinernen Schale oder die feine Verzierung eines Rohres mit Delphinen auch noch zu jener Zeit die griechischen Qualitäten wieder, die auch wir bewundern. William Pars, der Freund und Zeichenlehrer von William Blake, zeichnete ein viel früheres Grab, das sich heute noch in Mylasa befindet, einer Stadt im Inneren Kleinasiens. Es wirkt auf uns heute noch so wie auf seine Erbauer. Das Lysikratesdenkmal in Athen aus dem 4. Jahrhundert mit seinem federbuschartigen oder tortenähnlichen Dachschmuck war bereits sehr barock. Dieser Bau und das Grab in Mylasa lagen jedoch noch vor dem verschwenderischen und schwindelerregenden Erfindungsreichtum, der Bewegung der Oberflächen und der Verkehrung der Innenseiten nach außen, die den entwickelten Stil charakterisierte. Der große Unterschied entstand durch das Geld und die Sklaven. Architektur ist vielleicht nicht durch einzelne Mäzene geschaffen worden, doch wurde sie sicherlich durch den Einfluß einer bestimmten Art von Förderung geprägt.

Der griechische barocke Stil entstand in Alexandrien. Zweifellos kannten seine Urheber bereits bestehende monumentale Gebäude aus einer weit früheren Epoche in Ägypten. Dennoch bleiben die Einzelheiten von Einfluß und Reaktion im Dunkeln, und einige der interessantesten und offensichtlich frühesten barocken Bauten sind schwer zu datieren. Die Sache wird außerdem noch dadurch erschwert, daß die Menge der erhaltenen Beispiele nicht aus Alexandrien selbst stammt, sondern aus weniger bedeutenden Städten, die unter seinem Einfluß standen, wie z.B. aus Petra, und von Bauten wie dem Säulenpalast in Ptolemais in der Cyrenaika, etwa 50 km westlich von Kyrene. In beiden Fällen ist die Datierung unsicher, doch der mächtige Einfluß Alexandriens steht außer Zweifel. Der Stil war bald international verbreitet, und da Varianz und spektakuläre Kühnheit seine wichtigen Elemente waren, lassen sich Adaptionen und Einflüsse kaum mehr erkennen, insbesondere dann in der römischen Kaiserzeit. Eine der kunstvollsten griechischen barocken Anlagen war der Tempel der Fortuna in Praeneste in Italien, und bereits im 2. Jahrhundert v. Chr. wurde ein römischer Architekt von der Stadt Athen für den großen neuen barocken Tempel des Zeus angestellt. Anderswo lagen die Dinge noch komplizierter. Es gab jetzt keine griechische Welt mehr, sondern nur noch eine gesamte.

In dieser Welt gehörte der Sieg den übergroßen Mächten. Nicht nur die unabhängigen Städte waren zum Untergang verurteilt, sondern auch die kleineren dynastischen Mächte. Im 3. Jahrhundert v. Chr. veränderten die neuen Königreiche ihre Grenzen in gigantischen Ausmaßen. Thrakien, das Königreich des Lysimachos, wurde verschluckt. Es entstand das neue Königreich Pergamon in Kleinasien. Pergamon war reich, mächtig und sogar im Bereich der Kunst so einflußreich wie Alexandrien. In Pergamon hatte sich die Gartenkunst entwickelt, von der wir kaum etwas wüßten, hätten wir nicht einige Wandmalereien aus römischer Zeit. Der Begriff »Pergament« ist über das Lateinische von »Pergamon« abgeleitet. Die barocken Figuren vom Zeusaltar in Pergamon mit ihren großen verschlungenen Formen, ihrer übergroßen Kraft und ihrem dichten Gefüge, die ein klassischer Geschmack ablehnen würde, bedeuten für die Geschichte der griechischen Kunst eine neue Dimension.

Auf diesem eleganten, aber etwas prunkvoll geformten Gefäß aus Centuripe in Sizilien sind Wärme und Charme der Farbe und des Dekors zum Selbstzweck geworden. Seit dem 6. Jahrhundert v. Chr. hatte der Geschmack der Griechen sich zunehmend gefälligeren Darstellungen zugewandt.

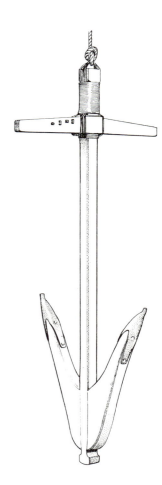

*Unten:* Ein Anker von den Überresten eines alexandrinischen Handelsschiffes, das vor Anglesey in Nordwales im 2. Jahrhundert v. Chr. Schiffbruch erlitten hatte. Bereits vor 300 v. Chr. hatte Pytheas von Massalia die Britischen Inseln umfahren, die eines der Zinnquellen jenseits der Straße von Gibraltar darstellten.

187

DIE ALEXANDRINISCHE EXPANSION

# Pergamon

Unter den Attaliden war Pergamon von 282 bis 133 v. Chr. ein wohlhabendes und mächtiges Reich. Das Pergament, die Alternative für Papyrus, hat seinen Namen daher. Die Bibliothek war die zweitgrößte nach Alexandria. Hier entstand eine neue und berühmte Schule barocker Skulptur. Die Kelten wurden hier geschlagen und in Galatia angesiedelt, die Makedonen wurden ferngehalten und zu Rom unterhielt man gute Beziehungen. Hier finden sich die Anfänge der Gartenkunst. Das Asklepiosheiligtum, eine private Gründung im Jahre 400 v. Chr., wurde unter Hadrian zu einem »Weltwunder«.

Ein Teil der Skulpturen des großen Altars von Pergamon *(rechts)* die sich heute fast alle in Berlin befinden. Sie sind von monumentaler Größe, massiv, muskulös und prächtig. Aufsehen erregend in der Vollendung und faszinierend im Detail ist dies das großartigste Monument des 2. Jahrhunderts v. Chr. Pergamon wurde auf Terrassen an einem steilen Berghang in einem harmonischen Wechselspiel von schöner Architektur und offenen Räumen erbaut. Wie viele der öffentlichen Bauten wurde auch das Theater *(unten)* von Eumenes III. im frühen 2. Jahrhundert errichtet.

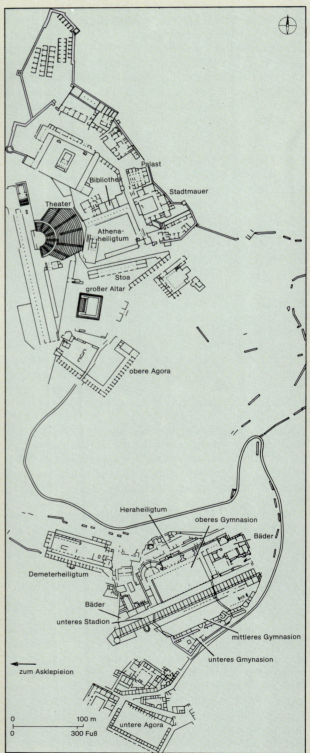

# DIE ALEXANDRINISCHE EXPANSION

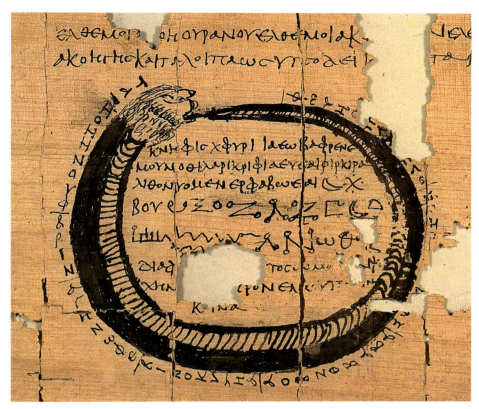

Diese hieratische, aber doch noch real denkbare Schlange ist eine Illustration zu einem magischen Text auf Papyrus, der von der verlorenen Welt der Griechen erhalten ist.

### Heerführer und Söldner

Der Prozeß der allmählichen Schwächung, der langsam vor sich ging, war ein direktes Ergebnis oder auch eine Weiterentwicklung der Bedingungen, die nach Alexander herrschten. Er ging unter dem Druck von langwirkenden Kräften vor sich, die sich erst in dieser Zeit neu gebildet hatten. Erst im 3. Jahrhundert wurden z. B. Söldnerheere zu einer regulären Einrichtung, die allen großen Mächten gleichermaßen zur Verfügung standen. Zu Anfang brachten Illoyalität und Eifersucht der Heerführer, die mit ihrer Heeresmacht von einem König zum anderen wechselten, das Gleichgewicht der Welt empfindlich ins Schwanken. Diese unabhängigen kleineren Anführer waren letztlich nicht erfolgreich und sie verschwanden. Die griechischen Heere der neuen Könige spielten im 3. Jahrhundert eine kolonisierende Rolle; in Ägypten, Kleinasien und Mesopotamien besaßen sie Land. Ihre Siedlungen waren Unterkünfte außerhalb der regulären Städte, und die Zuteilung des Landes an Griechen wurde vermutlich durch den Herrscher jeder Generation erneuert.

Natürlich gab es auch spezielle Einheiten professioneller Soldaten, z. B. Bogenschützen aus den kretischen Bergen oder Thraker mit ihren breiten Schwertern. Ihre Rekrutierung war bis zur Zeit des römischen Heeres üblich. Die Makedonen haben es nicht verschmäht, barbarische Söldner zu verwenden. Es gab auch bedeutende Unterschiede in der landbesitzenden Reservearmee, denn bei weitem nicht alle waren Bürger, weil nur diejenigen das Bürgerrecht hatten, deren Siedlungen durch Verordnung zu offiziellen Städten ernannt wurden. Zu jener Zeit war jede griechische Stadt auf die Großzügigkeit des Monarchen ebenso angewiesen wie die wildeste Militärsiedlung in Asien. Dies ist auf dramatische Weise belegt durch die Bauten der pergamenischen Könige in Athen und die zahllosen Dankdekrete des athenischen Staates.

### Veränderungen im Geschmack

Einzelne Bürger konnten sich vielleicht Hoffnungen auf ein Leben in Reichtum machen. Ein von Armut geschlagener Fischer in einem Gedicht von Theokrit träumte von einem goldenen Fisch, obwohl man wußte, daß er nie reich sein würde. Auch konnte vielleicht ein Bauer einen im Acker vergrabenen Schatz finden, oder ein solcher Schatz wurde ans Ufer gespült. Mit derlei Geschichten konnte man vielleicht ein Theaterpublikum unterhalten, doch die meisten Leute führten ihr Leben, ohne auf irgendeine große Veränderung zu hoffen. Es gab eine gewisse Mittelschicht, deren Geschmack zumeist überladen und häßlich war, manches aber auch gefällig. In Centuripe in Sizilien und in Alexandrien wurden jetzt Vasen hergestellt, die in Farbenreichtum erstickten und zu aufwendig geformt waren. Ein besonders grelles rosafarbenes Purpur oder Magentarot kam in Mode, das auf den Vasen oft mit schrecklicher Wirkung verwendet wurde. Später wurde diese Farbe vermutlich in Sizilien oder Süditalien seit dem späten 2. Jahrhundert bis in christliche Zeit für kleine Terrakottafiguren benutzt, die als Behälter für das Lampenöl dienten, das in jedem Haus vorrätig war. Einige dieser Figuren sind hübsch und die meisten bis zu einem gewissen Grad humorvoll.

Meisterwerke sagen oft über die Sozialgeschichte weniger aus, obgleich sie immer Beachtung verdienen. Die letzten Meisterwerke griechischer Vasenmalerei stammen jedoch aus dem späten 4. Jahrhundert, der letzte Meister ist vermutlich der sogenannte Lipari-Maler, dessen Werke nur auf der entlegenen Insel selbst und an den umliegenden Küsten gefunden wurden. Keines gelangte weiter als bis nach Neapel. In seinen Darstellungen sitzen die Frauen locker und unbeschwert da, die Zeichnung ist genau und frei. Er bevorzugt ein kühles Hellblau mit cremigem Weiß und realistischen Fleischfarben. Der Kontrast zu dem herkömmlichen schwarzen Hintergrund ist fein und kühl, und auch die Frauen scheinen sich kühl zu verhalten. Die Magenta-Vasen aus Centuripe und einige Grabmäler im Museum von Kairo, die den gleichen bürgerlichen Hang zum Luxus ausdrücken, sind weitaus wärmer, phantastischer und weniger verfeinert.

Das heißt nicht, daß es in dieser Welt nicht wirklich Qualitätvolles gab. Es war nämlich die große Zeit illustrierter Handschriften. Es sind nur wenige frühe Beispiele erhalten, doch ihre Existenz und ihr Aussehen läßt sich aus vielen Kopien erschließen. Wir wissen von sorgfältig illustrierten medizinischen und chirurgischen Texten, von einem Gedicht über Schlangen mit realistisch kolorierten Zeichnungen jeder Spezies und sogar von vollständigen epischen Dichtungen, die zwischen den Zeilen mit einer Bildversion der Handlung versehen waren. Einige Zeichnungen müssen sehr schön gewesen sein, und sie waren sicher sehr verbreitet. Sie gelangten auch dahin, wo die Sprache der Verse nicht mehr verstanden wurde; so kopierte z. B. ein früher buddhistischer Bildhauer in Gandhara, im heutigen Pakistan, eine Szene aus einem nachhomerischen Epos, die das hölzerne Pferd beim Untergang Trojas zeigte. Er deutete es als ein Wunder Buddhas. Eine in feinster nachgriechischer Arbeit erhaltene Silberschale aus Tibet trägt eine Szene, die ursprünglich einmal eine Illustration zu Euripides war.

Andererseits paßten sich auch die Griechen im Osten an das Leben an, das sie vorfanden. Wir wissen z. B. von einem Griechen, der Buddha ein Opfer brachte. Irgend jemand hat auch die buddhistischen Lebensregeln des indischen Königs Ashoka in ausgezeichnetes philosophisches Griechisch übersetzt, wovon mehr als eine Abschrift gefunden wurde. Die Göttin von Baktra (Balkh), der Hauptstadt von Baktrien, war Anahita, die große Wassergottheit des Oxus, deren Rock aus Biberfellen gefertigt war. Sie wurde in einem eigenartigen Kult als Artemis verehrt. Der Sinn der Griechen für ihre Identität überlebte den Verlust der Institutionen und sogar der Sprache.

DIE ALEXANDRINISCHE EXPANSION

# Ay Khanoum

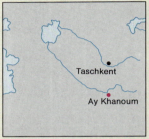

Die Silberplatte aus dem Tempel *(unten)* zeigt eine orientalische Gottheit, Kybele mit einem Priester an einem Feueraltar und einem Gott am Himmel. Diese vermengten religiösen Vorstellungen wurden in einer dementsprechenden Mischung von Kunststilen ausgedrückt.

Ay Khanoum ist eine einsame griechische Stadt, die vielleicht einmal Alexandria hieß. Sie liegt nicht weit von China entfernt an der Grenze von Rußland und Afghanistan. Ihr hellenistischer Palast, der einst ein großer Säulenwald war, steht anscheinend auf der Stelle eines persischen Palastes. In Ay Khanoum mündet der Kokcha, der von den Lapislazuliminen und dem hohen Paß nach Indien herunterfließt, in den Oxus. Dies ist die einzige rein griechische Stadt, die jemals in Afghanistan ausgegraben wurde. Sie wurde durch Zufall durch den König von Afghanistan bei einem Jagdausflug entdeckt. Es ist eine Stadt mit guten Verteidigungsanlagen, einem Gymnasion, einem Tempel und Inschriften in Griechisch. Alexander kam selbst niemals so weit nach Nordosten, doch geht diese Stadt auf ihn zurück.

Der schöne alte Kopf *(links)* stammt von einer Herme, einem hohen Steinpfeiler, der einen Kopf trägt. In diesem Fall trug er einen Porträtkopf und den bekleideten Oberkörper eines Beamten, allerdings nicht die Genitalien eines Gottes, wie das in Athen im 5. Jahrhundert der Fall gewesen wäre. Er wurde im Vorraum des Heroons des Gründungsheros in Ay Khanoum gefunden.

*Unten:* Die Palästra in Ay Khanoum.

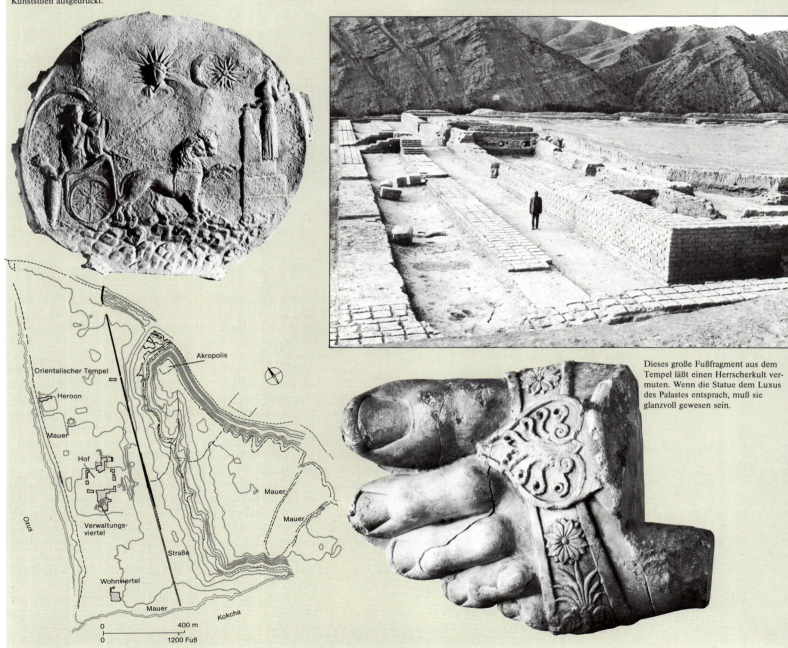

Dieses große Fußfragment aus dem Tempel läßt einen Herrscherkult vermuten. Wenn die Statue dem Luxus des Palastes entsprach, muß sie glanzvoll gewesen sein.

*Rechts:* Eine Seite aus einem prachtvollen Buch, das für die Tochter eines römischen Kaisers angefertigt wurde. Es stellt den Höhepunkt der antiken griechischen Blumenmalerei dar. Es ist das Buch *De Materia Medica* des Dioskurides. Im 16. Jahrhundert wurde es aus Istanbul von Augier de Bousbecque mitgebracht, der auch die ersten Lilien, Tulpen und Eßkastanien in Europa eingeführt hat.

Kleine Figur eines Kriegselephanten in Aktion

## DIE ALEXANDRINISCHE EXPANSION

Wenn davon etwas erhalten blieb, dann wegen der gelehrten Bemühungen passionierter Antiquare oder der Förderung der Neureichen, die das für nützlich oder dekorativ hielten.

Das schönste aller erhaltenen antiken Bücher enthält eine Sammlung botanischer Zeichnungen und wurde für Flavia Anicia, die Tochter eines römischen Kaisers, gegen Ende des Reiches angefertigt. Es wurde durch einen Gesandten des »heiligen römischen Reiches« im 16. Jahrhundert in Konstantinopel erworben und befindet sich heute noch in Wien. (Derselbe gelehrte Reisende brachte die Lilie, die Tulpe und die Roßkastanie nach Europa.) Die Illustrationen dieses Buches scheinen direkt nach der Natur gefertigt zu sein. Es ist ein Teil der *De Materia Medica* des Dioskurides, eines griechischen Arztes im römischen Heer im 1. Jahrhundert n. Chr. Diese und ähnliche botanische Zeichnungen wurden im Mittelalter immer wieder kopiert, gerieten dabei immer formelhafter und unkenntlicher. Der Kodex in Wien ist jedoch der Endpunkt einer langen und reichen Tradition. In ihm können wir den besten Teil griechischer Arbeit aus der Zeit nichtgriechischer Herrschaft erkennen.

### Ay Khanoum

Der einzige rein griechische Fundort, der jemals östlich von Persien ausgegraben wurde, ist Ay Khanoum an der Grenze von Rußland und Afghanistan. Die Männer Alexanders haben ihn befestigt. Der Ort wurde entdeckt durch ein korinthisches Kapitell, das der König von Afghanistan vor etwa 20 Jahren bei einem Jagdausflug fand. Als Ay Khanoum in die Hand der Nomaden fiel, die das griechische Baktrien eroberten, wurde es verlassen und nie wieder aufgebaut. Der Säulenwald wurde wie ein richtiger Forst mit Äxten gefällt, und der Ort wurde nie wieder benutzt, außer Jahrhunderte später als Poloplatz. Die Akropolis trägt noch den Namen »Hügel der Dame«, und es ist nicht auszuschließen, daß sich darin der Name der Gottheit des Ortes erhalten hat. Ay Khanoum war eine kleine Stadt mit einem großen Palast und starken Befestigungen. Vor der griechischen Zeit war es sicherlich persisch, da man dort zumindest eine einzige Säulenbasis fand.

Der Palast steht auf der Landspitze, wo der Kokcha in den Oxus oder Amu-Darya fließt und dies ist in jeder Richtung meilenweit die einzige Stelle, an der der Fluß zu tief für einen Übergang ist: eine Verteidigungsstellung. Der Kokcha kommt aus den hohen Bergen Afghanistans, aus der Gegend der einzigen Lapislazuliminen, die in der damaligen Welt bekannt waren. Es ist wahrscheinlich, daß die Funktion dieses Satrapenpalastes und der ihm folgenden griechischen Stadt darin bestand, die Gewinnung des Lapislazuli zu besteuern oder zu kontrollieren. In denselben Bergen kann man heute noch Balasrubine, feine leicht splitternde Gemmensteine in Dunkelrosa und auch Bergkristall finden. Ay Khanoum liegt nicht weit von der Route nomadischer Schafhirten, die bis in neueste Zeit ganz Afghanistan durchzogen. Sie gingen zweimal im Jahr von Pakistan und dem Industal durch die Berge und über den Oxus nach Rußland. Noch wichtiger war die Tatsache, daß Ay Khanoum sehr nahe an der Seidenstraße zwischen dem Mittelmeer und China lag.

Die Griechen in Ay Khanoum machten einige interessante Zugeständnisse an die örtliche Religion. Eine Platte aus den Ruinen des Tempels zeigt die Göttin Kybele. Die Platte ist eine feingehämmerte Silberscheibe. Zwei tänzelnde Löwen ziehen einen Wagen durch eine Gebirgslandschaft zu einem rein persischen Altar mit sieben Stufen hin, der ihr gegenüberliegt. Ein Priester mit einem langen Gewand und einem spitzen Hut bringt ein Opfer dar. Hinter dem Wagen geht ein persischer Priester und hält einen Schirm über den Kopf der griechischen Göttin, die aus der Fläche nach außen blickt. Sie fährt in dem Wagen, den ein griechisches Mädchen lenkt. Ein Stern, der zunehmende Mond und der Kopf eines jungen griechischen Sonnengottes mit 13 Strahlen, die von ihm ausgehen, überwachen die mysteriöse Szene. Wir wissen, daß Kybele ursprünglich eine regionale Muttergottheit war, welche die Griechen in Kleinasien übernahmen. Sie wurde in Griechenland selbst nur von den Gemeinden der Fremden verehrt, und bis in die Römerzeit niemals öffentlich, doch war sie diejenige asiatische Gottheit, die die Griechen des 3. Jahrhunderts am besten kannten.

Der Tempel war wiederaufgebaut worden. Zuerst war in seine Außenmauer eine Reihe von rechteckigen Nischen eingearbeitet, von denen jede in einer einfachen Stufe in Form von Rahmen zurückging. Dies war ein Stil von gewisser Eleganz, die im persischen Reich verbreitet war. Beim Wiederaufbau wurden die Mauern von massiven Tonziegeln überdeckt, und man verwendete Stuck und weiße Farbe. Ein verkohltes ionisches Kapitell wurde fast vollständig geborgen. Die wichtigste Kultstatue war von großem Format. Der erhaltene Marmorfuß gehört zu einer männlichen Gestalt mit Sandalen, die das Emblem des Blitzes tragen. Es muß sich daher um Zeus handeln, oder um einen König, der sich mit ihm identifiziert. An einem anderen Platz befand sich ein Heroon mit zwei Gräbern aus Ziegeln und zwei Sarkophagen und einem kleinen Gebäude mit einem Säulenpaar am Eingang. Das Gebäude wurde öfters wiederaufgebaut, es steht auf einem Hügel, vielleicht dem Grabhügel des Stadtgründers, dessen Name Kineas lautet.

Wie jede griechische Stadt hat Ay Khanoum seine ummauerte Palästra, einen Sport- oder Trainingsplatz. Man hat dort einen schönen griechischen Marmorkopf des betagten Herakles gefunden. Der bedeutendste griechische Fund ist jedoch eine Inschrift aus der Nähe des Heroons. Sie ist in korrekten griechischen Versen verfaßt und ihre Buchstaben stammen aus der Zeit vor 250 v. Chr. Sie berichtet, daß Klearchos, den wir als einen Schüler des Aristoteles kennen, die Vorschriften der berühmten alten Männer abgeschrieben hat, die er in Delphi sah, und sie hier als Inschrift hinterließ. Nur eine der Regeln aus Delphi ist erhalten, weil ein zweiter Stein verloren ging: Es war eine Inschrift, die die isoliert lebenden Griechen von Ay Khanoum zu den verschiedenen Tugenden ermuntern sollte, die für jedes Menschenalter passend sind.

# DIE RÖMISCHE EROBERUNG

**Die römische Expansion im Westen**

Die Dynastien, die Alexanders Adelige gründeten, hatten kleinere Staaten beinahe bis an den Rand der Existenz ausgepreßt, wenn auch nicht einer der Kriegsherren das makedonische Reich so wiedervereinigen konnte, wie es Alexander hinterlassen hatte. Auch hatte Alexander seinen geplanten Feldzug nach Westen nicht ausführen können, so daß viele ungeordnete und unabhängige Relikte früherer Zeiten dort noch überlebten, bis ihre Zeit kam. Rom war im 3. Jahrhundert v. Chr. eine mächtige Stadt nahe der reichen italischen Westküste, und es hatte bereits weitere zivilisierte Plätze erobert. Die gallische Invasion im 4. Jahrhundert, die im 3. Jahrhundert in Kleinasien mit der gallischen Besiedlung von Galatia endete, war über Italien hinweggefegt. Nach der Plünderung Roms 390 v. Chr. bauten die Römer 378 eine massive Stadtmauer. Sie hatten die Etrusker im Norden herausgefordert, indem sie Veji völlig zerstörten (396 v. Chr.) und nun den nahegelegenen konkurrierenden Markt von Caere beherrschten.

Vom militärischen Gesichtspunkt aus blieb die römische Macht seit dem 5. Jahrhundert ein Bund der Städte Latiums im Süden, sehr ähnlich jedem griechischen Bund derselben Periode. Aber die Römer wuchsen wie die griechischen Städte über ihren Bund hinaus und unterwarfen nach und nach mit der Rücksichtslosigkeit eines neuen Zeitalters ihre Gegner. Weder Capua noch Praeneste, die zweitgrößte Stadt ganz Italiens und die Heimatstadt der großen Göttin Fortuna, der Göttin der Vorsehung, die die Römer von Praeneste übernommen hatten, konnten gegen diese Expansion des 4. Jahrhunderts standhalten. Die Römer waren nun im Norden bis Etrurien und im Süden über Latium hinaus bis nach Campanien gelangt. Römische Kolonien, die im 4. Jahrhundert gegründet wurden, faßten im 3. Jahrhundert in Cales in der Nähe von Capua, an der Tibermündung an der Küste in Ostia und weiter südlich in Antium (Anzio) und Terracina Boden. Um 218 v. Chr. gab es 12 römische Kolonialstädte an der italienischen Küste und viele weitere an Flußübergängen, an den Zugängen zu Bergpässen und dort, wo sich große Straßen kreuzten. Zwischen 343 und 263 v. Chr. wurden 60 000 neue römische Grundbesitze gegründet, die etwa eine Fläche von 120 000 Quadratkilometern einnahmen. Die Ergebnisse dieses langsamen, methodischen Vorgehens mußten dauerhafter sein als Alexanders abenteuerliches Dahinstürmen.

Natürlich verursachte diese Expansion Kriege, und die siegreichen Kriege wiederum zogen weitere Expansion nach sich. Um 290 v. Chr. beherrschten die Römer die wilden Samniten des Apennin. Gegen Ende dieses Jahrhunderts hatten sie sich Sardinien, Korsika und Sizilien und den großen Reichtum der Poebene angeeignet. Ihre Armee bestand aus zwei Legionen, eine Entwicklung aus der griechischen Phalanx, jede war in 30 kleinere Einheiten unterteilt, die diszipliniert und anpassungsfähig waren. Im Laufe des 3. Jahrhunderts wurden sie mit dem kühnen Feldzug des Molosserkönigs Pyrrhos von Epirus (280–275 v. Chr.) fertig, der herbeigerufen worden war, um Tarent gegen Rom beizustehen. Ganz Italien gehörte jetzt entweder in einer unwiderruflichen Allianz oder durch Eroberung zu Rom. Seit die Römer nun die griechischen Städte Süditaliens beherrschten, übernahmen sie willig den seit langem bestehenden Streit der Griechen mit Karthago. Der nachfolgende Seekrieg, der Krieg in Sizilien und in Nordafrika zog sie in das Zentrum des gewaltigen karthagischen Einflußbereiches, an dessen Rand sie immer gelebt hatten. Im ersten Punischen Krieg von 264–241 v. Chr. führten sie die größten Seeschlachten, die das Mittelmeer je sah, mit entsetzlichen Verlusten auf beiden Seiten. (Der beste der karthagischen Befehlshaber, Xanthippos, war ein Söldner, der ursprünglich aus Sparta stammte.)

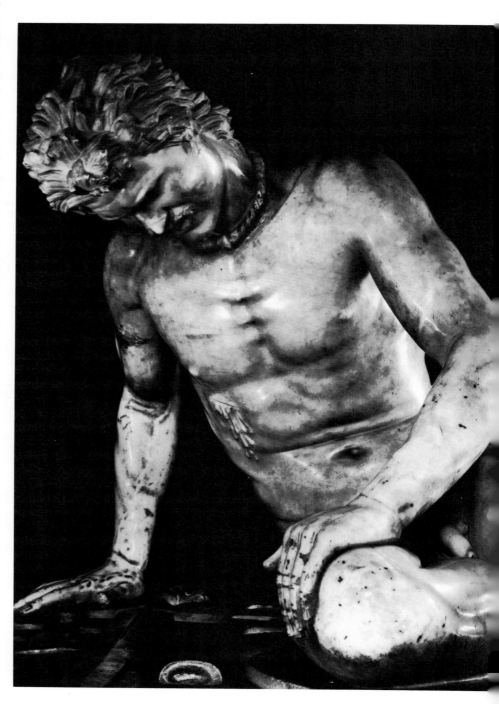

DIE RÖMISCHE EROBERUNG

# KORINTH

Korinth war eine der größten und wohlhabendsten Städte auf dem griechischen Festland. Mit Häfen an beiden Seiten des Isthmus war es eine wichtige Handelsstadt und eine frühe Kolonialmacht. Die Festung war ein nahezu uneinnehmbarer Felsen, das Land war reich, seine bildende Kunst, die viele orientalische Einflüße aufnahm, war großartig und ein wenig exotisch. Die Römer zerstörten Korinth 146 v. Chr. und gründeten es 44 v. Chr. neu.

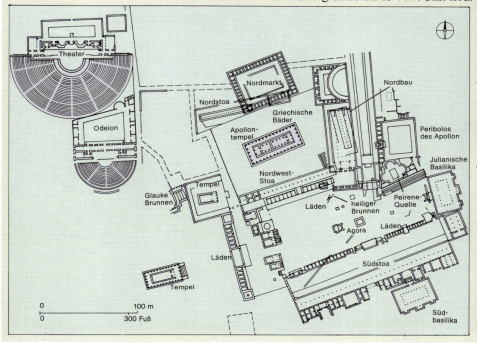

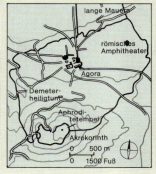

Der Apollontempel ist einer der ältesten Tempel in Griechenland. Er steht auf einem kleinen Hügel, der eine komplizierte archäologische Geschichte hat. Hier wurden Fragmente von bemaltem Wandverputz gefunden, bei denen die Muster der Periode der geometrischen Kunst in Farbe angewendet wurden. Der Tempel stammt aus der Mitte des 6. Jahrhunderts, sein Vorgänger aus dem 7. Die monolithischen dorischen Kalksteinsäulen sind alles, was von einem Rechteck von je sechs Säulen vorne und hinten und von je 15 an beiden Seiten erhalten ist. Im Hintergrund die Festung Akrokorinth.

*Links:* Zur Erinnerung an den Rückzug der gallischen Invasion und die Besiedlung von Galatia durch die Gallier schmückte der König von Pergamon seine Stadt mit glitzernden Statuen wie dieser, in denen sich glänzende Oberflächenbearbeitung mit erschreckendem Realismus vereint. Es war der Anfang eines völlig neuen Kunststils.

Ein weiterer Einfall der Gallier, die zurecht über die römische Politik der Massaker und Vertreibung erzürnt waren, brachte eine Armee von 70000 Mann bis in die Mitte Italiens. 225 v. Chr. wurde sie in Telamon völlig geschlagen. 273 v. Chr. war Hamilkar Barkas, ein alter General aus dem ersten Punischen Krieg, ausgezogen, um Spanien zu kolonisieren. Er gründete das heutige Alicante an der Küste, und das Binnenland mit seinem Reichtum an Bodenschätzen, das er eroberte, machte ihn zu einem mächtigen Mann. Sein Schwiegersohn, der ihm nachfolgte, zog weiter nach Süden, wo er Cartagena gründete. Zur selben Zeit schob er die Grenzen bis zum Ebro vor, über die Mitte Spaniens hinaus. Er wurde 221 v. Chr. ermordet, und die enorme Grundlage seiner Macht ging auf Hannibal, den Sohn Hamilkars über, der für den Rest dieses Jahrhunderts die Römer bekämpfte. (Zweiter Punischer Krieg 218–201 v. Chr.) Der Verlauf des Krieges war dramatisch, um 205 v. Chr. hattte der römische General Scipio Spanien besetzt und war erfolgreich in Afrika eingefallen. Die karthagische Macht war zerstört. Rom war nun ebenso furchterregend, reich, und ausgedehnt wie irgendeines der Königreiche der Nachfolger Alexanders.

### Der erste Makedonische Krieg

Während ihres ersten Punischen Krieges hatten die Römer schon an der östlichen Küste der Adria Fuß gefaßt. Um die Adria vor Karthago zu schützen, hatten sie Brundisium (Brindisi), eine mächtige und befestigte Kolonie an einem wundervollen natürlichen Hafen, gegründet und provozierten dadurch Angriffe der Illyrer auf die adriatische Schiffahrt an der heutigen jugoslawischen Küste. Daraufhin entsandten die Römer eine militärische Expedition und errichteten an der illyrischen Küste ein Protektorat. Das konnte unmöglich das Ende dieser Affaire sein. 220 v. Chr. begann Demetrios von Pharos, ein ortsansässiger Abenteurer von der Küste, Rom zu beunruhigen. Natürlich vertrieben ihn die Römer letztlich, und ebenso selbstverständlich wandte sich Demetrios an die nächstgelegene große Macht in Griechenland, an den makedonischen Hof, an König Philipp V. Der König mißbilligte und verübelte die römische Expansion an der Ostküste der Adria, er tat einen naheliegenden Schritt und verbündete sich mit Hannibal (215 v. Chr.), als dieser auf dem Höhepunkt seines Erfolges stand. Die Römer kontrollierten das Meer, und so wie es die Athener 250 Jahre früher getan hätten, schickten sie Schiffe und Soldaten nach Griechenland, um soviel Ärger wie möglich zu machen. 205 v. Chr. gegen Ende des zweiten Punischen Krieges ergriff Philipp eine weitere logische Maßnahme in seinem Verlierspiel. Indem er Frieden mit Rom schloß, entfremdete er sich seine neugewonnenen Verbündeten in Achäa, ohne die rachsüchtigen Römer zu beschwichtigen. Vor der römischen Invasion jedenfalls hatten die Makedonier schon Schwierigkeiten in Griechenland. Um

## DIE RÖMISCHE EROBERUNG

228 v. Chr. hatte der Achäische Städtebund, die wichtigste Macht in der Peloponnes, der im Norden und in der Mitte der Halbinsel seine Stützpunkte hatte, die Makedonier aus der gewaltigen Festung Korinth, aus Sikyon, Argos, Arkadien, Megara und Aegina vertrieben. Dieser glorreiche Augenblick ging schnell vorüber; der Achäische Bund war eine Bedrohung für Sparta, und um 220 v. Chr. beschlossen die Spartaner, ihn völlig zu vernichten. Der Bund rief in seiner Verzweiflung deren alte Feinde, die Makedonier, zu Hilfe und Sparta und Korinth fielen.

Während ihres ersten Krieges in Griechenland sicherten sich die Römer ihre ersten wirklichen Verbündeten in Griechenland selbst. Der Ätolische Bund, ein lockerer Zusammenschluß der Städte Zentralgriechenlands an der nordwestlichen Seite des Golfs von Korinth, war eine organisierte föderalistische Macht seit dem 4. Jahrhundert. Im 3. Jahrhundert weitete er seine Macht auf Delphi aus, um durch Delphi zu einem starken Einfluß in dem anderen Städtebund Griechenlands zu gelangen, der für Delphi Verantwortung geltend machte, dem Amphiktyonischen Bund. Da Philipp sie jetzt nicht gegen römische Einmischung schützen konnte, mußten sie sich selbst helfen. Im Jahre 211 v. Chr. traten sie deshalb dem römischen Bündnis gegen die Makedonier bei, waren aber nach dem römischen Rückzug zu einem separaten Frieden mit Philipp gezwungen.

Nun wandte sich Philipp nach Osten. Er schloß ein Bündnis mit dem König von Syrien, Antiochos d. Gr., dem Ur-Ur-Enkel von Seleukos, dem Satrapen von Babylon unter Alexander. Unter Antiochos d. Gr. war Syrien wahrscheinlich das größte Königreich der griechischen Welt, im Osten so mächtig wie Rom im Westen. Die Parther waren ihm tributpflichtig, und der König von Baktrien regierte mit Erlaubnis des Antiochos.

Im Jahre 203 v. Chr., in einem weiteren der ständigen »Dinosaurierkriege« der großen Mächte, vereinigte sich Philipp mit Antiochos, um das Ägypten der Ptolemäer zu bedrohen. Kleinere Mächte waren ernstlich beunruhigt, und Rhodos und das stärkere Pergamon flüchteten in die Arme Roms; zur selben Zeit zogen sie gegen Philipp von Makedonien in den Krieg. Die Römer, deren diplomatische Klugheit keineswegs perfekt und deren Argwohn dementsprechend groß war, wandten sich gegen Philipp. Es ist interessant, daß dieser Krieg nicht die Politik des römischen Volkes war, das sich anfangs weigerte, ihn zu führen, sondern des Senates, der überall seine Geldinteressen vertrat. Es gab schon im 3. Jahrhundert v. Chr. eine reiche und solide italische Präsenz in Delos, das damals eines der größten Handelszentren im Mittelmeerraum war. Das römische Ultimatum an Philipp stand in direktem Zusammenhang mit der bestehenden Politik des »schützenden Eingreifens«. Philipp mußte an Pergamon Kriegsentschädigung zahlen und durfte niemals wieder eine militärische Aktion gegen einen griechischen Staat unternehmen.

### Der Zweite makedonische Krieg

Der unvermeidliche Krieg begann im Jahre 200 v. Chr. Der Plan Roms bestand darin, die griechischen Städte als römische Protektorate, als Grenzmacht gegen die Nachfolger Alexanders freizugeben. Die ätolischen Städte schlossen sich 198 v. Chr. den Römern an, und Athen hieß Attalos von Pergamon willkommen. Die Städte Achäas kehrten plötzlich zu ihrer alten anti-makedonischen Politik zurück. Der Krieg war ermüdend; Philipp hatte schon den größten Teil seiner Seemacht in einem Krieg mit Rhodos und Pergamon verloren, und 197 v. Chr. konnte er nur noch 26000 Mann aufbieten und dies nur, weil er

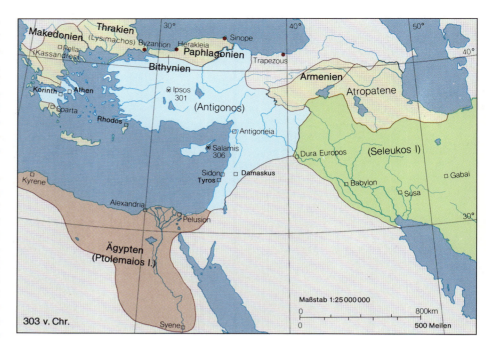

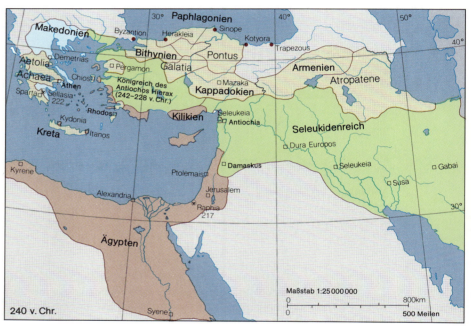

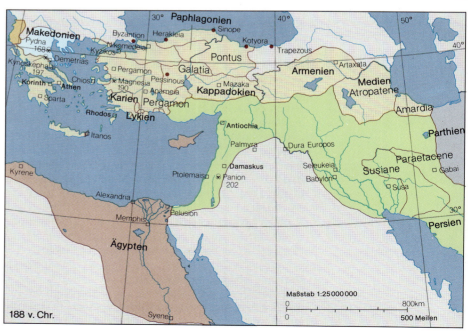

DIE RÖMISCHE EROBERUNG

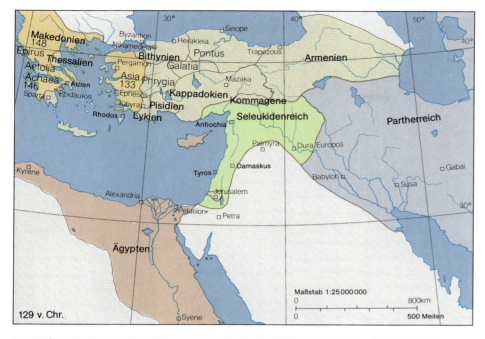

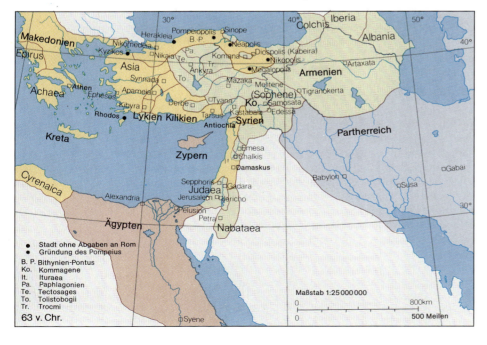

auch Knaben und alte Männer einzog. Der junge römische Feldherr Flaminius besiegte diese Armee mit seinen ätolischen Verbündeten in Kynoskephalai in Thessalien völlig.

Das machte die Griechen natürlich nicht zu Herren der Lage. Philipp mußte das, was von seiner Flotte übrig war, sowie alle seine asiatischen Städte und bestimmte strategisch befestigte Städte in Griechenland, einschließlich Korinth, übergeben. Außerdem mußte er eine Kriegsentschädigung zahlen, aber durch die Vertragsbedingungen wurde er ein Verbündeter der Römer. Die Ätoler gewannen so gut wie nichts. 196 v. Chr., bei den Isthmischen Spielen, verkündete Flaminius die Freiheit Griechenlands, und viele der peloponnesischen Hauptstädte einschließlich der Städte des Achäischen Bundes wurden römische Verbündete. Es gab Denkmäler und Weihungen, von denen einige erhalten sind. Dies war der Beginn des drückenden Einflusses der Römer auf die Griechen in Olympia, der Jahrhunderte andauern sollte.

Die Römer mußten nun als Schutzmacht versuchen, den tiefen und heftigen Groll der griechischen Staaten, ein Vermächtnis von Jahrhunderten und besonders der jüngsten Vergangenheit, zu beruhigen. Die Makedonier hatten als diplomatischen Schritt im Krieg mit Rom Argos an Sparta abgetreten. Sparta hatte Argos behalten und dann mit Rom erfolgreich über eine Allianz verhandelt. Flaminius gab Argos an den Achäischen Bund zurück. Sparta lehnte sich nun mit einer Armee von 15000 Mann auf, so daß Flaminius alle seine Griechen einberief und unverzüglich mit 50000 Mann einfiel. Sparta wurde nicht annektiert, sondern vernichtet.

**Rom besiegt Antiochos von Syrien**

Die Römer mußten nun eine weitere Rolle als Schutzmacht übernehmen: sie hatten die neuen Grenzen zu schützen. Antiochos hatte 197 v. Chr. die gesamte kleinasiatische Küste einschließlich eines Teils des Königreiches Pergamon eingenommen. Er überlegte sich jetzt einen neuen Weg westlich entlang der Küste Thrakiens. Aber Rom verbündete sich für drei Jahre mit Antiochos, und 194 v. Chr. verließ die römische Armee Griechenland.

Im Jahre 193 verheiratete Antiochos seine Tochter mit Ptolemaios V. von Ägypten. Die Nordstaaten des griechischen Asiens waren seine Verbündeten, und Hannibal, der im Exil war, befand sich als ein geflüchteter Fürst an seinem Hof. Antiochos' Beziehungen mit Rom waren schlecht, trotzdem bestand kein Kriegszustand. Zu diesem Zeitpunkt forderten ihn die Ätoler mit dem Versprechen eines Bündnisses mit Philipp und Sparta auf, nach Hellas zu kommen. In einer Atmosphäre gegenseitiger Versprechungen brach auf einmal Streit aus, und es tauchten wieder alte Meinungverschiedenheiten auf. Die Ätoler zogen in den Krieg, und die Achäer erweiterten ihren Bund, um Elis, Sparta und Messenien miteinzuschließen. Antiochos kam mit einer kleinen Armee auf

**Die Königreiche der Nachfolger**
Wenn Alexander weitergelebt und eine Dynastie errichtet hätte, hätte sein Reich für Jahrhunderte zusammengehalten werden können, denn es ist bemerkenswert, daß, obwohl makedonische Generäle darum stritten und es Stück für Stück teilten, kaum irgendeine einheimische Revolte stattfand.

In Kleinasien setzten sich kleine Königreiche durch, in denen griechische und orientalische Elemente verschmolzen.

195

DIE RÖMISCHE EROBERUNG

# Paestum

Poseidonia, das spätere Paestum, wurde in der Mitte des 7. Jahrhunderts v. Chr. von der weiter südlich bestehenden griechischen Kolonie Sybaris aus gegründet. Es liegt südlich von Neapel an der italienischen Küste. Seine Verteidigungsmauer war über 5 m dick und nahezu 5000 m lang. Durch eine Laune des Meeres, das es zerstörte und sich dann wieder zurückzog, besitzt diese Stadt die besterhaltenen Tempel der gesamten griechischen Welt. Am Ende des 5. Jahrhunderts wurde es von den ansässigen Lukaniern übernommen und fiel im 3. Jahrhundert an Rom. Man weiß, daß die Griechen in der lukanischen Periode den Untergang ihrer Lebensart beklagten, aber sie schufen trotzdem einen wundervollen neuen Malstil.

Die Tempel überstanden das Mittelalter im knietiefen Meerwasser. Die zwei großen Tempel waren wahrscheinlich beide der Hera, der Göttin der Fruchtbarkeit, geweiht.

Der aus der Mitte des 5. Jahrhunderts stammende Neptuntempel (*rechts*) und der Tempel der Hera (etwa hundert Jahre älter) stehen beide im Heraheiligtum.

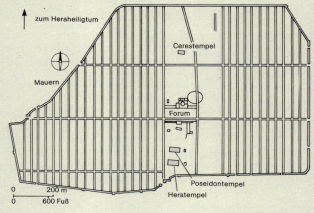

*Rechts:* Detail einer Jagdszene in einem Grab aus dem späteren 4. Jahrhundert; Grabmalerei aus Paestum, die aus der Zeit der lukanischen Herrschaft stammt.

*Links:* Ansicht des Heraheiligtums nach Norden. Hinter den beiden griechischen Tempeln liegt der zentrale »Forums« (und Agora)-bereich mit einem römischen Friedenstempel und hinter diesem ein dritter griechischer Tempel, der sogenannte Cerestempel, der in Wirklichkeit ein Tempel der Athena aus dem 6. Jahrhundert ist.

das griechische Festland, aber es folgte kein allgemeiner Aufbruch, und die Römer waren nun gezwungen, abermals in Griechenland zu intervenieren. 191 v. Chr. schlugen sie seine Armee in Thermopylai; es entkam beinahe nur Antiochos. Im darauffolgenden Jahr eroberten die Römer unter den Scipio-Brüdern Africanus und Lucius Thrakien und marschierten das erste Mal nach Asien. Die Ätoler erwirkten einen Waffenstillstand mit Rom.

Zuletzt vernichteten die vereinten Flotten von Rom, Rhodos und Pergamon in einer Reihe von schwierigen Seeschlachten in der Ägäis die feindliche Flotte. Die römische Seemacht war ein Ergebnis des ersten Punischen Krieges. Es ist wichtig, die Bedeutung der Seemacht zuerst unter der Vorherrschaft der Athener, dann der Makedonischen Könige, darauf der Karthager und zuletzt der Römer zu sehen. Dies ermöglichte die Kontrolle über den größten Teil der damaligen Welt.

Auf diesen Krieg folgte sogleich ein erfolgreicher römischer Feldzug zu Lande in Nordwest-Asien. Ätolien war geschlagen, aber nicht vernichtet. Durch den Vertrag von Apamea in Phrygien 188 v. Chr., ein Jahr nach seiner Niederlage in Magnesia und Sipylum in Lydien, verlor Antiochos den größten Teil Kleinasiens, seine Schiffe und Elefanten und eine hohe Geldsumme. Hannibal entkam ins Landesinnere. Rom wurde die eigentliche Regierungsmacht auf dem griechischen Festland, und das gesamte Mittelmeer war römisch. In der Peloponnes flammte der Krieg zwischen Sparta und dem Achäischen Bund erneut auf, bis die Römer 181 v. Chr. die Unversehrtheit und die traditionellen Institutionen Spartas wiederherstellten. Was wiederhergestellt wurde, war indessen ein neues rückwärtsblickendes Sparta, nicht ohne Atavismen: Das rituelle Auspeitschen von Knaben auf dem Altar der Artemis wurde zur Vorstellung für römische Touristen.

Eine Münze des Hannibal. Am Ende des 3. Jahrhunderts v. Chr. fiel Hannibal von Norden mit Elefanten in Italien ein. Obwohl sich Griechen und Karthager in Sizilien erbittert bekämpft hatten, waren Karthago und die griechischen Städte im Osten sowie Athen und Rom um 200 v. Chr. alle Teil einer einzigen Welt.

# DIE RÖMISCHE EROBERUNG

Das Portrait des Antiochos III. (242–187 v. Chr.) auf seinen Münzen verrät ein hohes Maß an Kultur. Er hatte als junger Mann im Osten Erfolg, aber die Römer schlugen ihn, und als er starb, war sein riesiges Reich vom Meer abgeschnitten.

**Der dritte Makedonische Krieg**

Nicht jedem gefiel die römische Verwaltung, und nicht jeder war völlig machtlos dagegen. Bevor Griechenland gänzlich erschöpft war, mußten es die Römer noch stärker erniedrigen. Philipp V. starb 179 v. Chr. bei einem Aufstand gegen die Römer. Er hatte den Plan, ein Bündnis unter den keltischen Stämmen an der unteren Donau zu unterstützen, die in Italien einfallen und es erobern sollten, während er selbst Griechenland besetzen wollte. Sein Sohn Perseus schloß mit Rhodos Freundschaft, heiratete die Tochter des Nachfolgers von Antiochos und fand Verbündete in Ätolien. Die Armen sowie die demokratischen und liberalen Parteien in jeder griechischen Stadt setzten ihre Hoffnung auf Perseus, da sie auf nichts anderes hoffen konnten. Eumenes, der König von Pergamon, wandte sich an Rom, Perseus zu vernichten, und als er auf seiner Heimreise beinahe ermordet worden wäre, wurde Perseus die Schuld zugeschrieben und Rom handelte. Es erklärte 171 v. Chr. den Krieg, und innerhalb von drei Jahren stand eine römische und alliierte Armee von 100000 Mann in Griechenland. Perseus verfügte über weniger als die Hälfte dieser Zahl. Seine Verbündeten waren Thraker und Illyrer und Stammesangehörige aus Epirus; er bekam keine Hilfe von der unteren Donau, weil er nicht die Mittel hatte, um zu bezahlen. 168 v. Chr. wurde seine Armee in Pydna dahingemetzelt und er selbst starb in einem römischen Gefängnis. Makedonien wurde in vier Republiken aufgeteilt.

Nach der Schlacht von Pydna war Rhodos ausgeplündert, Delos als freier Hafen an Athen übergeben und wiederbesiedelt worden, der Ätolische Bund zerfallen, Pergamon absichtlich geschwächt und beschimpft worden, und in Epirus wurden so viele Sklaven verkauft, daß dadurch ihr Preis minimal war und das Land entvölkert wurde.

DIE RÖMISCHE EROBERUNG

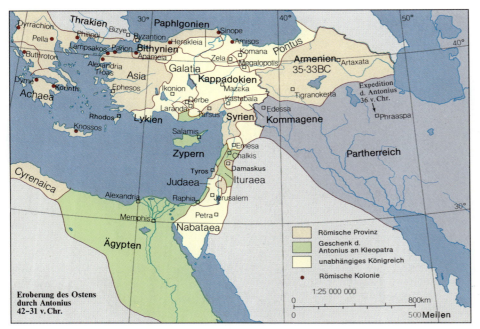

Die Besiedlungen durch Marc Anton und (Karte unten) die endgültigen Annektierungen durch Rom

### Die Zerstörung von Korinth

Die letzte Katastrophe fand in den vierziger Jahren des 2. Jahrhunderts v. Chr. statt. Es ist leichter, dies vom Standpunkt der römischen als der griechischen Geschichte her zu verstehen; die römische Regierung wurde schwerfällig, war aber durch ihre Skrupellosigkeit erfolgreich: in Spanien, wo der vernichtende Endsieg bis 133 v. Chr. hinausgeschoben wurde; in Afrika, wo Karthago 150 v. Ch. zu einem lokalen Krieg gezwungen wurde, bevor es 146 v. Chr. von den Römern völlig zerstört wurde, und in Griechenland. 150 v. Chr. wurden die Überlebenden der 1000 achäischen Geiseln Roms nach Hause geschickt; ein neuer Streit mit den Spartanern, die aus dem Achäischen Bund austreten wollten, wurde in Rom zugunsten Spartas beigelegt, und in dem daraus hervorgehenden heftigen Zorn wurden römische Gesandte in Korinth, das jetzt Hauptstadt des Achäischen Bundes war, angegriffen. Sogleich marschierte eine römische Armee aus Makedonien ein, die gerade einen kurzen Feldzug gegen einen Thronbewerber durchgeführt hatte; ein zaghafter Versuch zur Opposition wurde leicht zunichte gemacht. Der Konsul Mummius übernahm das Kommando und zog seine Armee, in der Truppen aus Kreta und Pergamon waren, 146 v. Chr. in Korinth zusammen. Dort wurden die Griechen vernichtend geschlagen.

Die Römer zerstörten jede Stadt, die ihnen Widerstand geleistet hatte. Die meisten Korinther wurden niedergemetzelt, der Rest einschließlich der Frauen und Kinder als Sklaven verkauft und ebenfalls diejenigen, die schon Sklaven waren, aber freigelassen worden waren, um am Krieg teilnehmen zu können. Die Stadt wurde durch Brände vollständig zerstört, und ein Teil der einzigartigen Kriegsbeute war im 2. Jahrhundert n. Chr. noch in Pergamon zu sehen. Überall in Griechenland wurden lokale Verwaltungen eingerichtet, die mit reichen Bürgern besetzt wurden; dadurch verschwanden die örtlichen Demokratien. Den Griechen wurden Steuern auferlegt, den Reichen wurde untersagt, außerhalb Griechenlands Vermögen zu erwerben, und alle Städtebünde wurden aufgelöst. Die Geschichte Griechenlands wurde zur Geschichte einer Provinz des Römischen, dann des Byzantinischen und zuletzt des Türkischen Reiches. Es dauerte beinahe 2000 Jahre, bis Griechenland politisch wieder unabhängig wurde. Umso staunenswerter ist, wieviel Bewundernswertes die Griechen der Menschheit hinterlassen haben.

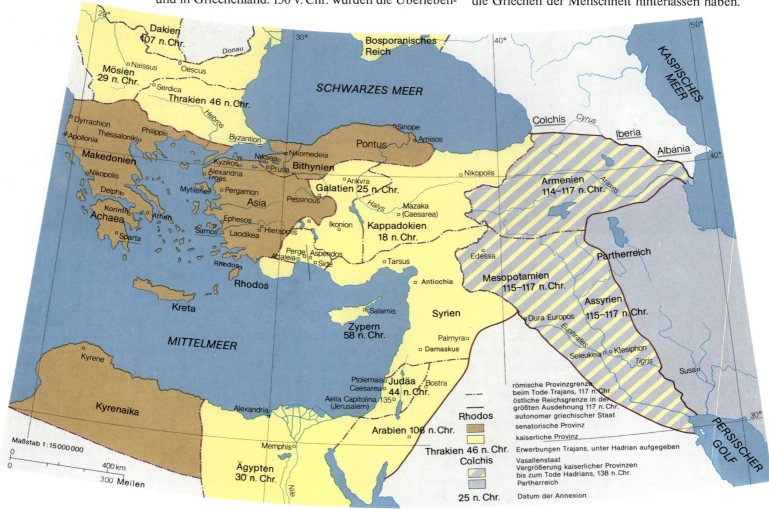

# SECHSTER TEIL
# DAS SCHICKSAL DES GRIECHENTUMS

# DER KLASSISCHE EINFLUSS DES GRIECHENTUMS

Mit der Einrichtung der römischen Provinz »Macedonia« und dem ihr eingegliederten »Achaea« (später eine eigenständige Provinz) hörte der Einfluß der Griechen, die Durchdringung immer weiterer Bereiche der Welt mit ihrer Kunst, ihrer Wissenschaft, Erfahrung, Sprache und den Verhaltensnormen, die manchmal sogar auch die Religion betrafen, keineswegs auf. Das Weiterleben griechischer Formen sogar im fernsten Osten ist ungeheuer stark. Griechischer Einfluß ist sogar in den Formen der Gefäße, die bis vor kurzem in Swat (Nordpakistan) hergestellt wurden, sowie in den Pfeilern der Holzarchitektur, die heute noch in Afghanistan zu sehen ist, ferner in Elementen der buddhistischen Architektur und in dem neuen Realismus gewisser Figuren im fernen China deutlich erkennbar. In Indien kannte man die Athener Tragödien und die Dichtung Homers, und in Ägypten wurde Aristophanes noch im 5. Jahrhundert n. Chr. gespielt. Diese Beispiele sprechen unweigerlich für die weite Verbreitung. Doch der Ort, an dem sich der stärkste Einfluß bemerkbar gemacht hat, liegt näher bei Athen, und anders als bei den verstreuten Einzelfällen gibt es hier sehr gute Belege. Es handelt sich um die Stadt Rom. Veji war bis zu seinem Untergang 396 v. Chr. stärker hellenisiert gewesen als Rom, und dies war auch in ganz Etrurien und im größten Teil Süditaliens der Fall. Die Römer treten in die Geschichte zunächst als kämpfende Macht ein, Kultur erreicht sie erst später.

### Frühe lateinische Schriftsteller

Nach dem ersten siegreichen Punischen Krieg veranstalteten die Römer bei den Siegesfeiern 240 v. Chr. öffentliche Wettspiele, und in Rom wurde zum erstenmal die Version einer Athener Tragödie aus dem 5. Jahrhundert in lateinischer Sprache aufgeführt. Ihr Verfasser war Livius Andronicus, ein Halbgrieche und ehemaliger Kriegsgefangener aus Tarent. Er übersetzte auch Homer etwas unbeholfen in lateinische Verse, die nach griechischem Vorbild verfaßt waren. Der Rhythmus der griechischen Dichtung ließ sich nicht leicht an die lateinische Sprache anpassen. Tatsächlich wurden die ersten im Rhythmus einwandfreien lateinischen Verse, die so frei, elegant und kräftig geschmeidig wie die beste griechische Dichtung des 3. Jahrhunderts waren, in derjenigen Generation verfaßt, die 200 Jahre später den Untergang der römischen Republik erlebte. Davon abgesehen besaßen die Römer bereits im 2. Jahrhundert v. Chr. wunderbare Dichter, die in griechischen Versen schrieben, und ihre eigene Prosa, die sich ständig am griechischen Vorbild maß, verfeinerte sich ebenso rasch wie die Dichtung. Schließlich gipfelte sie in dem verschwenderischen Überfluß des Cicero, kurz bevor die Redefreiheit verlorenging und ein gewisser Manierismus einsetzte.

Naevius, einer der größten römischen Dichter, dessen Werk jedoch leider schlecht erhalten ist, stammte aus Capua. Er kannte die Griechen und schrieb Tragödien, Komödien und einige bewegende elegische Verse. Sein epischer Bericht vom Krieg gegen Karthago, an dem er selbst teilgenommen hatte, war in einem alten lateinischen Versmaß verfaßt und nicht in griechischen Hexametern, doch stand auch hier Homer Pate. Naevius starb 201 v. Chr. Ennius, der 32 Jahre später starb, verwendete eine lateinische Adaption des griechischen Hexameters, und er imitierte auf verschiedene Arten die alexandrinischen Griechen sowie ihre mächtigeren Vorfahren sklavischer

*Oben:* Das Beste, was in der römischen Welt entstanden ist, war immer stark vom Griechischen durchdrungen. Dieser Apollon (um 500 v. Chr.) ist beinahe eines Heiligtums des 5. Jahrhunderts in Attika würdig, er stammt jedoch aus Veji in Mittelitalien, das die Römer zerstörten.

*Links:* Terrakotten von zwei Gladiatoren, die dazu verurteilt waren, zum Vergnügen des römischen Mob zu töten oder getötet zu werden. Die Verderbtheit des römischen Geschmacks dehnte sich auch auf die Kunst aus.

als Naevius. Seine fragmentarisch erhaltenen Werke sind immer noch lesbar, sie sind unbeholfen kräftig, allerdings schwächer als das wenige, das uns von Naevius erhalten ist. Lucilius, der erste große römische Satiriker, war ein gebildeter Adliger aus Rom im späten 2. Jahrhundert v. Chr., dem vieles Griechische ganz natürlich zuflog. Er stand seiner eigenen Gesellschaft sehr nahe und auch der Kraft ihrer Sprache, doch bei ihm hat das Gefühl für das Griechische stark gewirkt. Er schrieb manchmal im griechischen Versmaß und manchmal nicht, er benutzte griechische Wörter in seinen lateinischen Sätzen, und seine Philosophie war griechisch.

Über Plautus wissen wir weitaus mehr. Er stammte aus Umbrien und starb um 184 v. Chr. Seine lateinischen Komödien sind glänzende Adaptionen griechischer Originale des 4. Jahrhunderts. Sie sind in gutem, lebendigen Latein geschrieben, mit einem starken Einschlag seiner eigenen Gesellschaft, seiner eigenen Erfahrungen und seiner eigenen, sehr römischen Späße. In einem Prolog bemerkt er, daß er »dieses Stück in barbarischer Sprache abgefaßt« hat, und er erörtert die Probleme der Adaption mit ironischem Humor. Bei der Bearbeitung des glatter dahinfließenden Hauptthemas seines Originals ist er sowohl ernsthaft als auch ironisch. Bei ihm durchdringen sich die griechischen und die römischen Elemente, und dadurch ist etwas neues entstanden, das die Welt nie zuvor gesehen hatte.

Bei den Adaptionen des Komödiendichters Terenz von ähnlichen Originalen überragt die griechische Eleganz. Es ist kaum bemerkbar, daß hier eine Übersetzung stattgefunden hat. Die gleichzeitigen Fragmente des Bühnenautors Laberius bestätigen die Flüssigkeit und Genauigkeit der Sprache, die zu seiner Zeit auf der römischen Bühne herrschte. Doch Terenz war in seinen Versen nicht nur so elegant wie ein leichtfüßiger Ballettänzer oder ein Kalligraph, sondern er war auch von der griechischen Art seiner Originale überzeugt. Er wurde um 190 v. Chr. geboren und war ein Sklave aus Nordafrika. Mit 30 Jahren verschwand er, nachdem er seine Freiheit erhalten hatte. Er soll verarmt in der Peloponnes gestorben sein, und zwar am Stymphalischen See in den Bergen landeinwärts von Korinth; niemand weiß, zu welcher Zeit. Man kann mit Recht annehmen, daß der beste aller graecophilen Lateiner in einen Sprachraum und vielleicht auch an Orte heimgekehrt ist, die ihm mehr bedeuteten.

Vielleicht galt zu Anfang alles Griechische als Dekoration, wie etwa die Beute einer Stadt. Doch im frühen 2. Jahrhundert ereignete sich dann, was ein römischer Dichter als die »geflügelte Ankunft der Muse beim wilden Volk der Römer« beschrieb. Die Literatur ist ein guter Gradmesser, denn in ihr sind die Philosophie und viele andere verwandte Elemente einer Tradition und Gesellschaft enthalten. Sie weist das auf, was die Römer »Humanitas« nannten. Die große Bedeutung der Griechen liegt darin, daß Humanitas ein griechischer Gedanke ist, der im Laufe der mühevollen und besonderen Geschichte der Griechen erst ganz allmählich ins Leben trat. Diese Tradition führen die römischen Schriftsteller der späten Republik und der augusteischen Zeit fort.

**Bildhauerei**
Eine der überzeugendsten späten Errungenschaften der Griechen ist die Vervollkommnung der Porträtskulptur. Es gibt keinen Zweifel über deren griechischen Ursprung; man braucht sich hierfür lediglich die großartigen Sibermünzen aus dem griechischen Baktrien anzusehen. In der Villa Albani in Rom befindet sich ein Porträtkopf aus Marmor, der eine spätere Kopie eines Originals

DER KLASSISCHE EINFLUSS DES GRIECHENTUMS

# Priene

Priene war eine alte jonische Stadt an der Küste Kleinasiens. Sie war jedoch nie so groß oder erfolgreich wie ihre Nachbarstadt Milet. Im 4. Jahrhundert wurde die Stadt an den Hafen verlegt, der das uns heute bekannte Priene darstellt. Alexander ließ dort einen Tempel der Athena errichten. Mit der Zeit versandete der Fluß, und heute liegt Priene 12–13 km vom Meer entfernt, am Abhang eines großen Berges und an dessen Fuß. Es gab ansehnliche private und großartige öffentliche Gebäude.

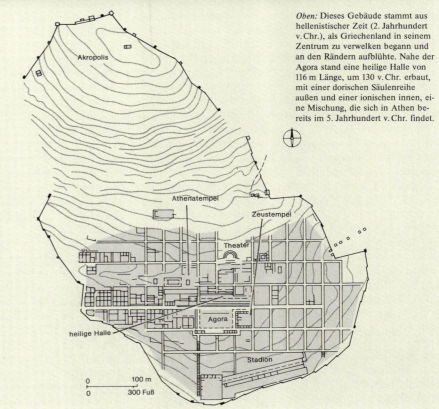

*Oben:* Dieses Gebäude stammt aus hellenistischer Zeit (2. Jahrhundert v. Chr.), als Griechenland in seinem Zentrum zu verwelken begann und an den Rändern aufblühte. Nahe der Agora stand eine heilige Halle von 116 m Länge, um 130 v. Chr. erbaut, mit einer dorischen Säulenreihe außen und einer ionischen innen, eine Mischung, die sich in Athen bereits im 5. Jahrhundert v. Chr. findet.

## DER KLASSISCHE EINFLUSS DES GRIECHENTUMS

aus dem 3. Jahrhundert ist. Er gibt genau eines jener baktrisch-griechischen Gesichter wieder und zeigt sogar die Kopfbedeckung (die leider bei der Kopie abgebrochen war und zum Teil restauriert wurde). Aus derselben Epoche gibt es noch andere griechische Beispiele. Doch haben die spätrepublikanischen Porträtköpfe der Römer genau die gleiche Qualität. Es sind erschreckende Gesichter, die sich ihrer Warzen nicht schämen. Wie kam es, daß solche Köpfe gemacht wurden? Vielleicht waren die Vorbilder die Wachsmasken vornehmer römischer Vorfahren? Das ist eine so weitreichende Frage wie die, welche Einflüsse in der Jugend des Aristophanes zur Entstehung der athenischen Komödie geführt haben. Antworten darauf sind schwierig. In diesen Köpfen erkennt man mehr als nur das Selbstbewußtsein der Dargestellten. Es ist zugleich eine gewisse Aggressivität, eine narbige Robustheit des Äußeren, die durch den Lebenskampf gezeichnet ist. Es sind Menschen, denen man zutraut, daß sie über Baktrien oder über Rom geherrscht haben.

Wo die Römer am meisten vom Griechischen durchdrungen waren, da wurden sie am freiesten und erst eigentlich römisch. Die Ara Pacis, der Altar, den Kaiser Augustus im Jahre 9 v. Chr. auf dem Marsfeld in Rom weihte, hat ihr formales Vorbild im Zwölfgötteraltar im Herzen Athens. Alles an ihm besteht aus Adaptionen: Die Mutter Erde ist zur Italia geworden, Äneas (einer der Heroen Trojas in der *Ilias,* der jetzt auch als der Vorfahr der Gründer Roms angesehen wird) hat die Gestalt eines Athener Ältesten vom Parthenonfries. Die römischen Zeremonien spiegeln in ihrem Marmor die marmornen Darstellungen der Zeremonien in Athen wider. An der einen Außenseite der Einfassung des Altars zieht sich eine dichte und feierliche Prozession römischer Familien mit ihren Kindern, einer langen Reihe von Beamten, Senatoren und Priestern entlang. Die gegenüberliegende Außenwand zeigt die kaiserliche Familie, Augustus und die Konsuln, wie sie sich in der gleichen Richtung bewegen. Die Göttinnen Roma und Italia nehmen die Ostwand im Rücken der Prozessionen ein, und Mars, den die Römer mit dem griechischen Gott Ares gleichsetzten, sowie Äneas befinden sich vor ihnen an der Westseite. Der Augenblick, den die Prozessionsfriese darstellen, ist nicht der Höhepunkt der Feierlichkeiten, die im Jahre 13 v. Chr. stattfanden, sondern er bildet einen Moment der Ruhe vor diesem Höhepunkt. Diese Darstellungen haben einiges gemeinsam mit den sehr ruhigen Gestalten an der Spitze der Prozession am Ostende des Parthenonfrieses. Die Atmosphäre ist heiter und ehrfürchtig, und einige wenige menschliche Züge sind der außergewöhnlichen, fast wilden Lebendigkeit von Teilen des Parthenonfrieses verpflichtet; jemand wird getadelt, weil er spricht, ein Kind möchte hochgehoben werden. Es gibt eine Reihe von Eigenarten aus der späten griechischen Kunst, doch zeigt das gesamte Werk eine zwanghafte Schwere, für die man zu dieser Zeit außerhalb des römischen Bereiches kaum eine Parallele findet. Und dennoch ist es sicherlich eine Arbeit von Griechen, die vielleicht aus Asien stammten. Die Reliefs auf der Einfassung des Zwölfgötteraltars in Athen wurden im späten 5. Jahrhundert gefertigt; sie wurden im 2. und 1. Jahrhundert v. Chr. mehr als einmal mit beachtlichem Erfolg nachgeahmt. Die Ara Pacis ist jedoch nicht einfach eine Kopie, sondern sie stellt trotz einiger Übernahmen aus der griechischen Kunst ein wirkliches Original, eine Neuschöpfung dar.

### Die augusteischen Dichter

Die Literatur der gesamten augusteischen Epoche erweckt manchmal den Eindruck, als würden Griechen auf Lateinisch schreiben. Die *Eklogen* des Vergil schöpfen aus der großen Vielfalt spätgriechischer Dichtung. Wenn seine Schafhirten um die Wette singen, dann verwenden sie lateinische Beispiele von gewissen Epigrammen, die wir aus der *Griechischen Anthologie* des 10. Jahrhunderts gut kennen, einer Sammlung kurzer Gedichte, die in einer Zeitspanne von 1500 Jahren entstanden sind. In der *Äneis* verwertet Vergil nicht nur Homer, sondern dazu auch die gelehrte Kritik der alexandrinischen Schule. Manchmal schließt er sich ihr an und ändert seine eigene Dichtung nach ihren Regeln ab, und an anderen Stellen ist zu bemerken, daß er sich deutlich gegen sie stellt. Einige seiner Adaptionen sind fehlerhaft, doch sogar darin wirkt Vergil ganz und gar hellenisiert. Er starb im Jahre 19 v. Chr. auf dem Rückweg von Griechenland in Brindisi, wo die Via Appia ans Meer gelangt.

Der menschlich vielleicht mitfühlendste und größte aller römischen Dichter ist Horaz. Er war auch der am wenigsten italienische unter den römischen Schriftstellern der augusteischen Zeit. Vielleicht überragt aus diesem Grunde die Kühnheit, mit der er griechische Vorbilder behandelte, jeden anderen. Mit Ausnahme der moralischen Seite hatte er über Jahrhunderte hinweg keinen Nachfolger mehr. Entgegen jeder Wahrscheinlichkeit ist es ihm gelungen, die griechische Kunst der lyrischen Poesie wieder aufleben zu lassen, und zuletzt war er es, der sie dem Abendland vermittelte. Sogar bei seinen moralischen, unterhaltenden und satirischen Gedichten bezog er sich auf griechische Beispiele. Was ihn von seinen Zeitgenossen unterschied, war seine Vorliebe für sehr frühe Vorbilder, die auf seiner persönlichen Bildung beruhte. Dazu gehörten Archilochos, Alkaios und Sappho. Doch finden sich in seiner Dichtung auch spätgriechische Elemente, was sich von selbst versteht, da sie zu seinen Lebzeiten ein Teil der Luft waren, in der die römischen Schriftsteller atmeten. Seine persönliche Freiheit, die konzentrierte Kraft in seinen Sätzen, der Wechsel der Tonlagen und seine Persönlichkeit als moralischer Dichter verdanken alles den Griechen und vielleicht auch ein wenig dem hellenisierten Latein. Er sagt es uns selbst, wenn er von seiner eigenen Erziehung spricht, die ihren Abschluß in Athen gefunden hatte. Sein Rat an junge Schriftsteller lautete: »Lies die Griechen in der Nacht und lies sie auch am Tage.« Natürlich gab es auch andere Gelehrte und andere Dichter, doch das besondere an Horaz war, daß seine moralische Dichtung, die auch viele seiner

Die Ara Pacis war das Monument, das Augustus in Rom zur Erinnerung an seinen Friedensschluß errichtete. Es verbindet griechische und römische Elemente so subtil und hervorragend wie die Dichtungen von Horaz und Vergil. Die Ara Pacis ist nahezu vollständig erhalten.

Dieses harte und erfahrene Gesicht gehörte einem griechischen König, der Baktrien gegen die Nomaden Zentralasiens verteidigte und den Handelsweg nach China beschützte.

Ein Beispiel für die Silbermünzen des griechischen Königreiches Baktrien, das das heutige Afghanistan und Teile von Südrußland umfaßte.

lyrischen Arbeiten einschließt, in besonderem Maße auf einer natürlichen Überzeugung von seiner persönlichen Freiheit beruhte. Er hielt diesen Gedanken hoch und kämpfte auch für ihn, sogar gegen seinen Förderer Mäzenas und auch gegen den Kaiser. Er war der Sohn eines Freigelassenen, der in Süditalien als Versteigerer in der Provinz tätig war. Im Bürgerkrieg hatte er unter Brutus als Offizier gekämpft, und zwar auf der verlierenden Seite der Freiheitlichen. So wie die Welt damals aussah, konnte nur die spätere Förderung des Mäzenas und des Augustus, den er durch Vergil und aufgrund seiner eigenen Verdienste für sich einnehmen konnte, für ihn die Freiheit und Sicherheit und das Sendungsbewußtsein bieten, das für große Dichtung die Voraussetzung war.

Das offensichtlichste griechische Element in der Dichtung des Horaz ist der starke Einfluß der Philosophie. Damit ist nicht die Metaphysik gemeint oder ein dogmatisches System, sondern eine artikulierte und vernünftige Lebensweise, die sich seit vielen Generationen angekündigt hatte. Wenn er seine Bücher für eine Reise einpackt, ist der Platon, den er mitnimmt, nicht der Philosoph, sondern ein Komödiendichter desselben Namens. Für seine Generation fand sich die ernste Philosophie im allgemeinen in Büchern, in der überzeugenden Strenge eines Platon und in der kritischen Beschreibung menschlichen Verhaltens durch Aristoteles. Doch gab es auch die jüngere Tradition einer Alltagsphilosophie, einen mehr plauderhaften, treffenderen Gemeinsinn, der von späteren und weniger großen Philosophen gepflegt wurde. Davon ist nur wenig erhalten, doch das, was wir kennen, steht den »Plaudereien« des Horaz sehr nahe. Horaz selbst berief sich auf Bion von Olbia als geistigen Vorfahr. Bion lebte von ca. 325 v. Chr. bis 255 in den schlimmen Wirrnissen, die auf den Tod Alexanders folgten. Sein Vater war ein Freigelassener und seine Mutter eine Hure, und er selbst wurde in die Sklaverei verkauft und wartete darauf, freigelassen zu werden. Er hatte bei den Schülern des Aristoteles und Platons studiert und ebenso bei den Hedonisten und den sogenannten Kynikern, deren Angriffe auf die etablierte Welt einen starken Einfluß hatten. Die Satiren des Horaz sind umgänglicher, aber immer noch scharf genug.

Die umfassendste literarische Darlegung einer philosophischen Position, die wir aus dieser Zeit besitzen, wurde auf Lateinisch geschrieben: das lange Lehrgedicht *De rerum natura* (*Über das Wesen der Dinge*) von Lukrez, der um 55 v. Chr. starb. In seinem Werk zeigt sich die frühe Blütezeit der römischen Versdichtung; philosophisch ist er von Epikur abhängig, dem Sohn eines Athener Schulmeisters und Zeitgenossen des Bion von Olbia.

Die Idee von der Freiheit der Künste und der Philosophie als eines Teils davon und als Krönung des Lebens ist sehr leicht verwundbar. Frei bedeutete im römischen Sinne, daß es eine geeignete Beschäftigung für jemanden war, der nicht als Sklave oder als Kaufmann, sondern praktisch als Sklavenhalter lebte. Was die gedankenlose Freiheit dieser privilegierten Klasse betrifft, so besaß Ciceros Freund Atticus den größten Teil des Weidelandes in Epirus, und Brutus, der Freund des Horaz, nahm in Zypern nicht ganz ohne Gewalt 48 Prozent Zinsen für Geld, das er verliehen hatte. Wenn man, was die Natur der römischen Philosophie betrifft, zur Grundlage macht, daß die Betrachtung der Seele und ihrer Unsterblichkeit, der Existenz eines Absoluten und der Regeln des Anstands nur eine schöne Beschäftigung für die Sklavenhalterklasse ist, dann benutzt man ein Argument, das vielleicht auch gegen die eigene Klasse und gegen einen selbst gerichtet werden könnte. Gramsci hat gesagt, daß die drei Formen der menschlichen Weisheit die Philosophie, welche die Vernunft bedeutet, die Religion und der gesunde Menschenverstand seien und daß die Religion aus unzusammenhängenden Fragmenten des gesunden Menschenverstandes bestehe. Durch die Philosophie, so meint er, überwinden wir die Religion und den gesunden Menschenverstand. Nach dieser modernen Definition war Lukrez ein Philosoph und Horaz ein religiöser Dichter. Horaz war zugleich »griechischer« und »römischer« als Lukrez. Er baute wie Epikur seinen Garten an – der Stoizismus steckte ihm in den Knochen – und arbeitete mit seinen eigenen Sklaven auf dem Feld.

Im späten 1. Jahrhundert v. Chr. war die Welt in vieler Hinsicht noch alexandrinisch. Im gesamten Bereich des Mittelmeeres und sogar in so entfernten Gegenden wie der Seidenstraße nach China waren griechische Sitten, griechische Architektur und Sprache zu finden. In Rom hat Augustus als erster begonnen, die Marmorbrüche Italiens auszubeuten, und die kaiserzeitlichen Römer verwendeten dann bunten Stein aus der ganzen Welt. Doch hatten der Marmor aus Athen und die Athener Handwerkskunst noch nicht ihr ganzes Ansehen verloren, obwohl sie das Monopol darauf nicht mehr besaßen.

Als die Ara Pacis errichtet wurde, genossen sie noch größtes Ansehen. Sogar noch im Jahre 331 n. Chr. wählte der Konsul Junius Bassus für eine Einlegearbeit aus buntem Marmor die Kopie nach einem griechischen Gemälde aus dem 4. Jahrhundert v. Chr. mit der Darstellung von Hylas und den Nymphen.

### Jüdische Literatur

Die expandierende Welt der Juden ist ein Bereich, in dem wir einiges über den griechischen Einfluß wissen und in dem die Literatur, sowohl in der heimischen Sprache als auch in Griechisch, gut erhalten ist. In den Jahrhunderten vor Christus waren Griechen hier sehr einflußreich und auch real präsent. Die Römer waren seit 63 v. Chr. anwesend, doch gab es keinen tiefgreifenden römischen Einfluß. Judäa war ein Teil des griechischen Ostens, und die letzten historischen Bücher des Alten Testaments wurden auf Griechisch verfaßt, wie auch die Werke des Philo (ca. 30 v. Chr.– ca. 45 n. Chr.) über Religionsphilosophie. Josephus, einer der Anführer zur Zeit des Judenaufstandes unter Nero, schrieb den größten Teil seiner Geschichtswerke auf Griechisch und nicht Aramäisch. Jüdische Siedlungen behielten in Asien, in Griechenland und in Alexandrien, dem Zentrum der hellenistischen jüdischen Literatur, wo die griechische Septuaginta-Übersetzung der Bibel entstand, ihre Identität und Religion. Doch mit der Zeit sprachen sie griechisch; politisch war ihre Existenz gefährdet. Aus vielen verschiedenen Belegen wird deutlich, daß sie in der Zeit vor Christi Geburt von den Griechen mehr übernahmen als diese von ihnen, obgleich sie sich nach der Zerstörung des jüdischen Staates durch die Römer im 1. Jahrhundert n. Chr. in ihrer Tradition verkapselten und fremden Einflüssen gegenüber mißtrauisch wurden. Sogar die Berichte über die jüdischen Märtyrer in Alexandrien beziehen sich auf Euripides, und die jüdische Kunst Palästinas zur Zeit Christi ist einschließlich der Symbole in ihrem Ursprung und in der Form griechisch. Auch die Wurzeln der »Geheimen Offenbarung«, der Apokalypse des Johannes, finden sich in fremden Werken, die im griechischen Asien verfaßt wurden. Zumindest der christliche Himmel ist jedoch keine griechische Erfindung, doch Johannes zufolge enthält er griechische Architektur, und in den frühesten christlichen Malereien hat er Ähnlichkeit mit den idealen Schäferlandschaften des Theokrit, des griechischen Dichters aus Sizilien, der im 3. Jahrhundert in Kos und Alexandrien lebte.

# DIE NACHKLASSISCHE WIEDERGEBURT

Für nahezu 2000 Jahre verlor Griechenland seine politische Unabhängigkeit, aber die Griechen hörten dennoch nicht auf zu existieren. Griechenland blieb weiterhin das Ziel sentimentaler kultureller Pilgerfahrten, es wurde von den Anspruchsvollen als Platz zum Leben bevorzugt, besucht von Gelehrten und Philosophen und von Kaisern geplündert. Augustus hatte Schwierigkeiten mit den Athenern, aber sie beruhigten sich bald. Die letzte Schlacht, in welcher der griechische Osten vielleicht seine Unabhängigkeit noch einmal aufleben ließ, war die Schlacht bei Actium (31 v. Chr.), in der Antonius und Kleopatra von der Flotte Oktavians (Augustus) geschlagen wurden. »Aktion« ist eine Landzunge, die den Eingang zum Golf von Ambrakia im nordwestlichen Griechenland beherrscht, den Namen kennen wir jedoch in seiner lateinischen Form.

**Die Römer in Griechenland**
Antonius war ein »Römer, der von einem Römer tapfer bezwungen wurde«. Eines der schlechten Vorzeichen, die über die Nacht vor Actium berichtet wurden, war, daß seine und der Kleopatra Statuen am Eingang zur Akropolis von Athen von ihren Basen stürzten. Man mag sich fragen, wer sie dort aufgestellt hat und wie sie zu Fall kamen. Der Pfeiler steht noch da, er war für einen hellenisierten Fürsten errichtet worden und fand nach Actium für einen anderen Römer Wiederverwendung. Die meiste Beute aus Griechenland diente für eine Reihe von untereinander verbundenen Plätzen und Kolonnaden, die sich über das Zentrum von Rom erstreckten. Manches von dem, was verschwand, war nicht von besonderem Wert. In einem kleinen Tempel, den Julius Caesar dem römischen Volk überließ, bewahrte er etwas auf, was die Stoßzähne eines Mammuts gewesen sein müssen. Sie stammten aus Arkadien, wo man sie für die gigantischen Stoßzähne des mythischen kaledonischen Ebers gehalten hatte, den unter anderem Herakles und Theseus gejagt haben. Die Leute von Pallantion in Arkadien wurden besonders geehrt, denn die Römer glaubten, daß ihre eigenen Vorfahren Arkadier waren und daß der Palatinshügel in Rom seinen Namen von Pallantion hatte.

Einiges aus der Beute war jedoch wertvoller. Die vier Pferde von San Marco in Venedig stehen dort seit der Eroberung Konstantinopels durch die Kreuzritter 1204 n. Chr., doch hatten sie bereits eine Reise nach Osten hinter sich und stammten vermutlich aus dem ungeheuren Kunstschatz, den Nero aus den griechischen Heiligtümern geraubt hatte. Der Piräus war von einem römischen Feldherrn zerstört worden und wurde von einem anderen wiederaufgebaut. In der Asche der römischen Brandschicht, die dicht unter dem heutigen Straßenniveau noch leicht zu erkennen ist, wurden einige wunderbare klassische Bronzestatuen gefunden, die offenbar in den sogenannten langen Hallen des Piräus gelagert waren und vermutlich zur Zeit des Feuers auf die Verschiffung nach Rom warteten. Die Römer liebten ursprünglich das, was sie raubten. Im 1. Jahrhundert v. Chr. hatte der reiche Hellenophile Titus Pomponius Atticus in seinem Garten am Ilyssos zwischen Athen und dem Meer einen alten Tempel der Grazien. Berühmte Tempel vom Lande wurden Block für Block mitten in Athen wiederaufgebaut, wie auch der Tempel des Ares aus Acharnai, der dann dem Gaius Caesar geweiht wurde, dem jungen Erben des Augustus, als dem Anführer der Jugend des Reiches und als ein zweiter Ares, ein neuer Kriegsgott.

In Athen weihten die Römer wie auch anderswo neue Gebäude und bauten Aquädukte für die Stadtbevölkerung, von der sie abhängig waren. Der Höhepunkt römischer Bautätigkeit lag im 2. Jahrhundert n. Chr. unter Hadrian. Zu jener Zeit konnte man vermutlich einen hellenisierten Römer kaum von einem romanisierten Griechen unterscheiden. Römer gab es in Kreta, wo sie immer noch Soldaten aushoben, in Athen, im Norden und auf den reichen Höfen in der ganzen Peloponnes, von denen nur wenige ausgegraben wurden. Wir wissen z. B. aus der Lebensbeschreibung des Herodes Atticus oder der Unternehmer, die die Steinbrüche mit grünem Marmor in Spar-

Die vier Pferde von San Marco in Venedig. Es gibt einige technische Gründe für die Annahme, daß es sich um römische Kopien griechischer Arbeiten handelt, doch sind es unsichere Argumente, und die großartige Ausführung dieser Pferde macht es sehr wahrscheinlich, daß es sich hier um originale griechische Arbeiten des 4. Jahrhundert v. Chr. handelt.

## DIE NACHKLASSISCHE WIEDERGEBURT

*Unten:* Der römische Kaiser Hadrian, der Philhellene, der in Griechenland den Titel »Olympier« annahm.

*Ganz unten:* Weiße Marmorstatue des Antinous, des asiatisch-griechischen Lieblingsjünglings von Hadrian.

*Rechts:* Der erhaltene Teil des Tempels des Olympischen Zeus in Athen stellt einen sehr kleinen Rest der enormen Anlage dar, die Hadrian vollendete. Sein besonderes Merkmal muß immer die überwältigende Größe gewesen sein, doch besitzt er auch eine gewisse Anmut, zumindest so, wie er uns heute erscheint.

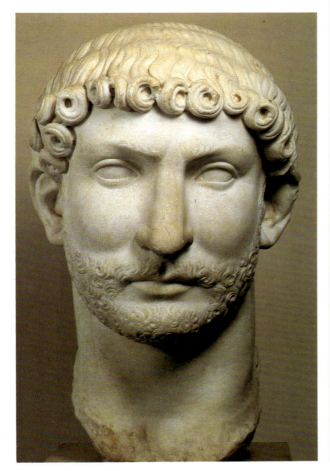

ta besaßen, oder auch von römischen Schriftstellern wie Aulus Gellius, daß sich die politische und die literarische Welt überschnitten. Es gab eine merkwürdige Ähnlichkeit im Geschmack zwischen den literarischen Kritiken lateinischer Werke und der griechischen Originale, und die Römer haben viele Spuren in jener großen Sammlung hinterlassen, die wir als die Griechische Anthologie oder die *Anthologia Palatina* kennen. Hadrian selbst hatte einen antiquarischen und verständigen Geschmack für die ganze Kunst, die er im Römischen Reich finden konnte, und die Statuen in seinen Gärten in Tivoli bei Rom bilden eine Art Museum der Merkwürdigkeiten aus den Provinzen und der gesamten Welt.

Hadrians Leidenschaft waren jedoch die Griechen. Er war in einen Jungen namens Antinous verliebt gewesen, einen Griechen aus Kleinasien, der 130 n. Chr. bei einem Unfall im Nil ertrank. Hadrian gab eine Unzahl von Statuen des Antinous in verschiedenen klassischen Posen und aus weißem Marmor in Auftrag. Die Zahl wäre kaum glaubhaft, wenn nicht so viele erhalten wären, allein 17 in Ostia. Er wurde als knabenhafter Athlet, als junger Philosoph oder als nackter Gott dargestellt; einige dieser Statuen waren bemerkenswerte Kunstwerke, obgleich er insgesamt bei dem leicht plumpen oder auch aufgeblasenen Geschmack der Zeit bekleidet besser aussieht. Zu seinen Ehren wurden Spiele und Preise gestiftet, und in seinem Namen wurde eine griechische Stadt (Antinoopolis) östlich des Nils an einer neuen Straße zum Roten Meer gegründet. Es wurde verordnet, daß er als Gott verehrt werden sollte.

Es mag eine wichtige Voraussetzung für Hadrians Vernarrtheit in die griechische Kultur gewesen sein, daß sein Vater der »Afrikaner« genannt wurde und seine Mutter aus Cadiz stammte. Er kam als Feldherr auf den Thron und als der Adoptivsohn des Feldherrn und Kaisers Trajan. Hadrian war es, der den großen Tempel des Olympischen Zeus in Athen stiftete, dessen Bauzeit viele Generationen gedauert hat. In Griechenland nahm er den Titel »Olympier« an und weiter im Osten den des Zeus und er ließ sich sogar »der neue Panhellenische Zeus« nennen. Bei der Annahme dieses Titels im Osten spielte sowohl praktische Überlegung eine Rolle als auch kaiserliche Selbstdarstellung und übertriebener Philhellenismus. Alles, was die Römer in Asien zu etablieren versuchten, war in Wirklichkeit griechisch, und wenn einer sich selbst zum Gott aller Griechen ernannte, dann war dies ein höherer Anspruch als nur der auf eine Lokalgottheit.

In Griechenland und in Kleinasien begann zumindest die Tradition der griechischen Skulptur unter dem römischen Kaiserreich nicht erst mit Hadrian oder endete mit ihm. Es gibt einen Trajanskopf in Ankara, der den Stil und die Schwere der Römer von der Ara Pacis des Augustus wiedergibt, doch hat er vielleicht etwas freieres, einen bewegteren Mund, etwas, das den griechischen Herrschern von Baktrien ähnlich ist. Hadrians eigenes Gesicht ist in den erhaltenen Kopien interessanter, aber weniger beein-

DIE NACHKLASSISCHE WIEDERGEBURT

druckend. Das Gesicht des Kaisers Caracalla aus Korinth im 3. Jahrhundert ist das eines gefährlichen Irren, und die Darstellung seines Vaters Septimius Severus von dem Aquädukt in Salmis als Vater Mars ist bei all ihren klassischen Proportionen in ihrer Nacktheit ebenso lächerlich wie die nackten Bronzestatuen Napoleons. Doch die stärksten Beiträge des graecophilen Römertums zur griechischen Welt waren nicht die eigenen Porträts. Der an der Ostküste der Peloponnes in Ruinen liegende Koloss, der den Überrest eines Leuchtturmes an der Spitze einer Insel im Hafen von Prasiai darstellt, muß einst ein glänzendes Markierungszeichen gewesen sein. – Der Hafen heißt heute Porto Raphti, der Hafen des Schneiders.

### Die Griechen und Konstantinopel

Als Konstantin im Jahre 330 Byzantion an der Verbindungsstelle von Asien und Europa unter dem Namen Konstantinopel als die zweite Hauptstadt des Römischen Reiches neu gründete, da lebte die griechische Welt auf und hatte sich zumindest ihre Sprache unversehrt bewahrt. Dies geschah mit einer Lebendigkeit an Begabungen, die man kaum erwartet hätte. Man kann gewiß sagen, daß das Römische Reich erst im 15. Jahrhundert unterging, als 1453 Konstantinopel an die Türken fiel, doch muß man dabei auch erwähnen, daß es ein griechisches Reich war, welches den Untergang des Westens und die Völkerwanderungen überlebt hatte. Nicht zufällig waren die Architekten der Hagia Sophia (erbaut 532–37) Griechen. Ihre wissenschaftlichen Kenntnisse, ihre ästhetische Qualität und mutige Originalität sind Eigenschaften, die wir gerade an diesem Schnittpunkt von Rom, Griechenland und dem hellenisierten Osten finden. Die Geschichte der griechischen Architektur und Mathematik reicht herunter bis in das Byzantinische oder Oströmische Reich.

Diese Welt war von derjenigen eines Perikles und Phidias sehr verschieden, und zwar nicht nur, weil sie imperial und von großer Ausdehnung war, und auch nicht ausdrücklich wegen des Christentums, sondern vor allem, weil jetzt Asien die Griechen durchdrang, so wie die Griechen die Römer beeinflußt hatten. Paulus Silentiarius, ein hoher Hofbeamter unter Justinian (gestorben um 575 n. Chr.) verfaßte eine mehr als 1000 Zeilen lange Beschreibung der Hagia Sophia in hervorragenden griechischen Versen.

Darin ist viel von Rom die Rede und auch ein wenig von Ägypten, doch gibt er sein Bestes, wenn er zu den Farben und Mustern der Steine in der großen Kirche kommt. Sein Gefühl für die glänzende Vermengung so vieler und seltener Marmorsorten ist zu direkt und ungehindert, als daß man es als exotisch abtun könnte. Das Gedicht gehört zu einer gut bekannten Gattung, die in ihren frühen Anfängen bis auf Homer zurückgeht. Es gibt ein ähnliches, mehr als 700 Zeilen langes Gedicht von einem lokalen Dichter über ein allegorisches Bild des Universums in den Winterthermen von Gaza. Doch das Gedicht des Paulus Silentiarius zeigt die Lebendigkeit und Frische sowie auch einige der unvermeidlichen Grenzen der byzantinischen Kunst.

Die byzantinische Kunst wie auch die Art, in der die byzantinischen Griechen die Welt sahen, haben ihre Wurzeln eindeutig in der alexandrinischen Epoche. Die Mosaikkunst begann mit den Mustern und der Phantasie des bunten ägyptischen Glases, das in der tiberischen Zeit die muschelverzierten Grotten verdrängte. Auch als sie sich dann in billigeren Versionen ausbreitete, blieb sie immer noch eine ungewöhnliche Erscheinung. Heilige und Kaiser sehen jetzt keineswegs mehr römisch aus, sondern wie Griechen und manchmal sogar wie bestimmte Figuren aus der griechischen Kunst, die in asiatischer Verkleidung überlebt haben.

Ihr Weisen, die ihr in Gottes heiligem Feuer steht,
wie im Goldmosaik an einer Wand.

Der Ernst hat sich in seiner Art wieder verändert, und auch das hat vertraute Gründe. Das Leiden in diesen Gesichtern ist kein wirklich jenseitiges, sondern es ist das Leiden in ihrer Welt, zusammengefügt aus dem Schmerz der hellenisierten Philosophen und ihrem Ernst sowie den Leiden der Sklaven und Bauern, die sich vom 3. Jahrhundert v. Chr. bis in das 20. Jahrhundert n. Chr. in den griechischen Regionen kaum verändert haben. Ihr sozialer und ökonomischer Hintergrund blieb mit oder ohne Christentum immer der gleiche. Erst vor kurzer Zeit wurde in Kenchreai, dem östlichen Hafen von Korinth, in einem kleinen Isistempel, den jetzt flaches Meerwasser bedeckt, ein Homerkopf in buntem Glas gefunden. Dieses Stück war zusammen mit anderen um 370 n. Chr. aus Ägypten hierher gelangt, doch wurde der Tempel durch ein Erdbeben zerstört, ehe sie aufgestellt werden konnten. Sie wurden noch in der Verpackung gefunden. Der Kopf Homers sieht wie ein byzantinischer Christuskopf aus. Das byzantinische Gesicht Christi hat oft erschreckende Züge, und man könnte vermuten, daß die formalen Ursprünge dafür bei solchen Homerbildnissen liegen. Hat man sich die Trauer des richtenden Christus in Daphne als Projektion der *Ilias* vorzustellen?

Zweifellos ist dies eine verwegene und nicht zu beantwortende Frage, oder die richtige Antwort darauf wäre vielleicht durch verfeinerte und detailliertere Kunstanalyse so überzogen, daß sie nicht mehr zutreffend erschiene.

## DIE NACHKLASSISCHE WIEDERGEBURT

*Oben:* Mistra, die Klosterstadt bei Sparta, wo Cyriacus von Ancona den Gelehrten Gemisthos Plethon im 15. Jahrhundert besuchte, und *(oben rechts)* die Kopie des Cyriacus von Strabons *Geographia* mit den Randbemerkungen, die sein Freund Agallianos, für ihn gemacht hat.

*Gegenüber oben:* Der Kopf Homers auf Glas gemalt für ein Bild, das den Isistempel in Kenchreai, dem Hafen von Korinth, schmücken sollte. Die suggestive Ähnlichkeit zu den byzantinischen Christusköpfen verdient Beachtung. Vielleicht ist der imaginäre Kopf Christi in Wirklichkeit eine Adaption des würdigsten aller im griechischen Repertoire je dargestellten Köpfe – nämlich Homers, des Dichters der *Ilias*.

*Mitte:* Kopf des römischen Kaisers Caracalla aus Korinth, aus dem 3. Jahrhundert n.Chr. stammend.

*Unten:* Kopf des Septimius Severus, Vater von Caracalla, vom Aquädukt in Salamis.

Über die Griechen im Mutterland läßt sich in der Zeit zwischen dem Erdbeben bei Kenchreai und der Renaissance überhaupt nur sehr wenig Sicheres sagen. Auf einem griechischen Marmorlöwen in Piräus haben Wikinger Runenzeichen hinterlassen. Sie hatten Rußland durchquert und kämpften in der kaiserlichen Leibwache von Byzanz gegen andere nordische Heere, die von Westen her in Sizilien einfielen. Griechenland selbst wurde vom 4. bis zum 9. Jahrhundert von Westgoten, Hunnen, Avaren, Slaven und Bulgaren überfallen. Nach der makedonischen Dynastie byzantinischer Kaiser (867–1025) folgten Angriffe der seldschukischen Türken aus dem Osten und der Normannen aus dem Westen. Die Kreuzritter drangen im 11.–13. Jahrhundert in die byzantinische Welt ein. Die Franken bauten ihre Festungen, und bei Stymphalos im nordöstlichen Arkadien, wo Terenz gestorben war und Herakles die Vögel verfolgt hatte, entstand ein Zisterzienserkloster. Italienische Herrscher erbauten ihren Palast in den erhaltenen Gebäuden auf der Akropolis von Athen. Die ottomanischen Türken nahmen Athen 1458, fünf Jahre nach Konstantinopel, ein. Der Parthenon, der damals als Kirche diente, wurde zur Moschee.

### Die Wiederentdeckung des antiken Griechenland

Nach Griechenland kam die Renaissance nicht vom Westen her, sondern mit den letzten byzantinischen Herrschern von Osten, die sich noch jahrelang in den Festungen der Peloponnes halten konnten. Andere Teile Griechenlands und eine Anzahl von Inseln waren in der Hand der Venetianer. In den Staatsarchiven von Venedig ist noch ein Brief erhalten, in dem für drei mit Marmelade beladene Galeeren um die Erlaubnis gebeten wird, von Kreta aus nachhause weiterfahren zu dürfen. Im 15. Jahrhundert hatte dann Gemistos Plethon, ein in Konstantinopel geborener und dort erzogener Intellektueller mit großen Fähigkeiten, ein Gelehrter und Philosoph, in Mistra, einer nahe den Ruinen von Sparta gelegenen Klosterstadt, eine humanistische Gesellschaft gegründet. Cyriacus von Ancona, der einen großen Wissensdrang besaß, obgleich seine Bildung lückenhaft und im Vergleich zu Gemistos unsystematisch war, verdankte diesem die ersten Nachrichten von den archäologischen Reichtümern Griechenlands, die er dann in den Westen brachte.

Wir haben die Handschrift des augusteischen Geographen Strabon aus dem Besitz von Cyriacus. Vorzuziehen wäre Pausanias gewesen, dessen Beschreibungen weitaus reichhaltiger und nützlicher sind. Die Handschrift für Cyriacus wurde in Konstantinopel angefertigt, wo das Studium Strabons bereits wieder aufgelebt war und das Interesse für Pausanias nie mehr einsetzte. Es ist bemerkenswert, daß einige Identifikationen antiker mit modernen Ortsnamen, die von seinem guten Freund und Schreiber Agallianos an den Rand gesetzt wurden, ungenau sind. Vom Osten nahm er das Buch auf dem Weg über Mistra mit, wo er eine fehlende Seite des Textes abschrieb. Von dem Augenblick an, als er sich bei Gemistos Plethon aufhielt, sind alle seine Identifikationen richtig, wobei einige davon sogar schwer zu finden waren. Einen Platz nach dem anderen besuchte er und identifizierte ihn richtig, wobei er oft Inschriften notierte. Das war bereits byzantinisches Wissen, ehe es nach Italien kam. Nahezu die gleiche Liste von Identifikationen ist an den Rändern von Manuskripten des Ptolemaios erhalten, und es gab auch ein eigenes kurzes Werk darüber, das glücklicherweise zusammen mit den Werken des Gemistos Plethon im 16. Jahrhundert von einem ungarischen Abenteurer in Amsterdam gedruckt wurde, ehe diese Seiten verloren gingen. Als jedoch Cyriacus dann in Nordgriechenland weilte, benannte er fast alle Ruinen falsch.

Die Türken hielten beinahe den ganzen östlichen und südlichen Bereich des Mittelmeers unter Kontrolle, und so ging das Wiedererwachen Griechenlands nur langsam vor sich. Eine französische Gesandtschaft aus dem 17. Jahrhundert berichtet von noch mehr Skulpturen am Parthenon, als erhalten sind. Kurz danach wurde die Mitte des Tempels 1687 durch eine Explosion bei einer Schlacht zwischen Venetianern und Türken zerstört. Der fatale Schuß wurde von einem deutschen Artillerieoffizier abgefeuert. Die Venetianer verschlimmerten die Sache noch mehr, indem sie versuchten, die Giebelfiguren mit Seilen herunterzulassen, die jedoch zerrissen. Die Türken kehrten zurück, eine kleine Moschee wurde in den Ruinen errichtet, und die Steine dieses und vieler anderer Bauten wurden mit der Zeit zerstört, verkauft oder weggegeben. In den ersten Jahren des 19. Jahrhunderts nahm Lord Elgin, was immer er vom Parthenon abnehmen konnte.

# Griechenland in der Ferne

Der Einfluß der Griechen bewirkte auch einige bizarre Adaptionen verschiedenartiger Elemente ihrer Bauten und Stile. Die Adaption sagt gewöhnlich mehr über ihre eigene Zeit aus als über die Antike, doch gibt es darunter auch verdienstvolle Beispiele. Manchmal entstanden daraus auch Neuschöpfungen. Und so waren oft kreative Mißverständnisse wertvoller als steife Imitationen.

In der Spätrenaissance wurden griechische Themen und Stile aufgenommen, in der Regel auf dem Weg über römische Interpretationen, wobei auch mittelalterliche Legenden einen Einfluß hatten. Die ersten Abendländer, die im türkischen Athen lebten, hielten das heute als Theater des Herodes Atticus bezeichnete Gebäude für die Schule des Sokrates. Rafaels *Schule von Athen* im Vatikan *(oben)* ist ein schöner, monumentaler Traum, der fast überhaupt nichts mit der griechischen Wirklichkeit gemeinsam hat. Sogar die Philosophie war für ihn nichts als eine schöne Idee. Bei der »Villa Rotonda« des Palladio *(ganz links)* hat ein großes Genie durch archäologische Analyse die der römischen Architektur zugrundeliegenden Prinzipien zum Leben erweckt.
In Osterley House *(links)* dienten im 18. Jahrhundert die elegantesten klassischen Themen als Dekoration für das Haus eines Bankiers bei London. Hier ist Griechenland ausgebleicht, nur die Tür und der Kamin besitzen noch eine gewisse Kraft.

Manchmal wucherten die alten Motive sehr wild. Der Florentiner Dreifuß aus dem Empire *(unten)* ist ein virtuoses Stück. Ausdruck von Reichtum, großer Geschicklichkeit, absoluter Stilsicherheit und einem gewissen Dandysmus. Als Lampe muß er zweifellos sehr effektvoll gewesen sein.

Das Wedgewoodgefäß *(unten links)*, das um 1790 entstand, entfernt sich ebenfalls weit von den Vorbildern, und auch hier ist wieder ein Stück von freier Virtuosität und Eleganz zu sehen, und außerdem ist hiermit auch etwas neues entstanden.

Das Grab von Makriyannis in Athen *(unten links)* ist eine Gedächtnisstätte für einen Bauerngeneral aus dem Unabhängigkeitskrieg, einen Mann von außerordentlicher Integrität und eine Art moralisches Genies. Im hohen Alter glich sein Gesicht dem eines hungrigen Wolfs, und er litt unter der unerträglichen Monarchie. Für mich ist dieses Monument ergreifend und bewegend. Die klassizistische Universität von Athen *(links)* ist eindrucksvoll, aber weniger interessant, im schlechten Sinne allzu akademisch.

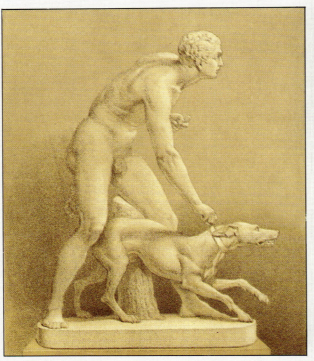

Die Bildhauerei des Klassizismus, die sich üblicherweise auf römische Kopien griechischer Werke stützt, umfaßt sowohl etliche Scheußlichkeiten als auch einige schöne Arbeiten. Dieses Stück *(oben)* stammt von John Gibson. Die Unglaubwürdigkeit des Knaben mit dem Hund drückt sich in seiner Nacktheit, in der Anatomie, in dem Baumstumpf, der ihn aufrecht hält, und natürlich in dem delikaten Blatt aus, das seine Scham bedeckt. Der Hund allein wäre zwar wenig gefällig, aber realistisch gewesen. Im Gegensatz dazu ist etwas Bewundernswertes an dem Feuerwehrmann von 1883 mit einem Helm vom griechischen Typus *(oben rechts)*.

Die griechischen Einflüsse auf die moderne Kunst sind zahlreich und vielfältig. Beim Ballett war der Klassizismus schon früh in Mode, aber erst Nijinsky hat in seiner Version des »Faun« 1912 *(oben rechts)* einen Stil eingeführt, der noch weitaus stärker vom Griechischen beeinflußt war und in dem griechische Elemente auch kraftvoll zum Ausdruck kamen. Es war eine Art Neuschöpfung, eine wahrhafte Wiederentdeckung dessen, was Generationen zu bemerken versäumt hatten, und verdankte vieles dem ziemlich jungen Studium griechischer Vasen. Picasso, der jahrelang in der gleichen visuellen und geistigen Welt wie Nijinsky lebte, übernahm gierig von überallher seine Themen, doch war sein Gefühl für griechische Mythen immer besonders stark *(rechts)*, und zeitweilig stand ein wahrhaft griechischer Geist hinter seinen Zeichnungen.

209

*Oben:* Diese beschädigte Dame aus Stein ist eine der Karyatiden von einem späten Marmorvordach in Eleusis. Sie wurde von Clarke nach Cambridge gebracht. Vor der Küste von Sussex erlitt sie Schiffbruch, hat sogar diese Unbill überlebt und befindet sich heute im Archäologischen Museum in Cambridge.

*Oben rechts:* Gegen Ende des 17. Jahrhunderts eroberten die Venezianer die Akropolis von Athen von den Türken und behielten sie für kurze Zeit. Ein deutscher Kanonier brachte mit einer unseligen Kugel das Pulverlager zur Explosion, das die Türken hier eingerichtet hatten. Bis dahin war der Parthenon gut erhalten.

### Nach der Unabhängigkeit

Um 1800 hatte man mit ernsthafter archäologischer Forschung begonnen (siehe Kapitel 2), und die Befreiung Griechenlands, die niemand außer den Griechen selbst erwartet hatte, war in Sichtweite gekommen. – Die europäischen Mächte haben die griechische Unabhängigkeit 1832 anerkannt. – Wir haben bereits bemerkt, daß die Bauern von Delphi, als sie die Fremden in den antiken Steinen herumsuchen sahen, diese für die sogenannte Rasse der »Milordi« hielten, Nachkommen der alten Verehrer von Idolen, die nun wiederkehrten, um dieselben Steine zu verehren. Doch arme und einfache Griechen respektierten ihr Kunsterbe. Sie waren über Lord Elgin auch zu seiner Zeit schon entsetzt und noch mehr über seinen Zeitgenossen Edward Clarke, der eine Statue aus Eleusis fortschaffte, von der sie glaubten, sie sei für die Fruchtbarkeit der Erde verantwortlich. Sie prophezeiten einen Schiffbruch, der sich tatsächlich vor Beachy Head ereignete, doch Clarke überlebte, und heute befindet sich die Statue in Cambridge im Archäologischen Museum. Man kann sie ohne ein eigenes Gerüst weder eingehend untersuchen noch photographieren. Während des Unabhängigkeitskrieges machte der Bauernführer Makriyannis einem seiner Leute ernsthafte Vorwürfe, weil dieser Statuen an Fremde verkaufte. Zugegebenermaßen gab es im ersten griechischen Parlament einen Plan, den Parthenon zu restaurieren, was im Stil der Jahre nach 1820 geschehen wäre. Es gab sogar auch den Plan, ihn in einen Königspalast umzuwandeln, doch ging das Geld aus.

Vor 160 Jahren war es nicht ganz einfach, einen Griechen genau zu definieren. Wenn der Plan, der schließlich in einen offenen Unabhängigkeitskrieg mündete, nicht an vielen Orten fehlgeschlagen wäre, dann hätte es eine Erhebung der Christen im ganzen Balkan gegeben. Als der Krieg beendet war, wünschte der Duke of Wellington, daß der neue Staat auf die Peloponnes beschränkt bliebe.

Noch im Krimkrieg sprachen die meisten Bewohner Kretas Türkisch, wie andererseits auf Zypern die meisten Griechisch sprachen. Die Sprache war nicht ausgestorben, doch wurde sie bewußt im späten 18. Jahrhundert in vielen Dörfern wieder gepflegt und lebte in einem missionarischen Patriotismus wieder auf.

In dieser Zeit spielten die griechischen Gemeinden in Kleinasien eine bedeutende Rolle. Bereits vor der Unabhängigkeit dehnten sich die Griechen aus. Im südlichen Rußland waren sie immer noch stark vertreten. In Ägypten unterhielten sie im 19. Jahrhundert die große Baumwoll- und die Tabakindustrie, bis die Engländer sie ausbooteten. Das als »Garden City« bezeichnete Viertel von Kairo war hauptsächlich von ihnen bewohnt. Nachdem Rimbaud Frankreich verlassen hatte, arbeitete er in Zypern zusammen mit Griechen auf einer Baustelle, und nachdem er nach Harar in Äthiopien gekommen war, lebte er dort ebenfalls unter Griechen. Es ist erstaunlich, wie weit die Griechen im 19. Jahrhundert in Afrika verstreut waren, auch ohne Kolonien zu errichten.

Die moderne Geschichte Griechenlands als unabhängige Nation litt bis in die jüngste Zeit unter Armut wegen der schrecklichen und immer noch nicht beendeten Auseinandersetzungen mit der Türkei und wegen der ständigen fremden Interventionen. Der Westen hat dabei eine Rolle gespielt, die der Politik der Römer eigentümlich nahe kommt, und die Türken sind nicht die erste asiatische Macht, gegen die sich die Griechen behauptet haben. Die Stadt Athen hat sich, gemessen an ihrem Zentrum, zu schnell und schreckenerregend weit ausgedehnt. Ihre besten modernen Bauten sind entweder im Geschmack der Bayern klassizistisch gebaut, oder es sind Geschenke und Denkmäler reicher Griechen aus den Provinzen oder aus Ägypten, wie es auch im späten 4. Jahrhundert v. Chr. gewesen sein könnte. Dennoch sind die Künste in keiner Weise nostalgisch orientiert.

# DIE SPRACHE, DAS WICHTIGSTE ERBE

Woran man sich in der Zeit der langen Fremdherrschaft halten konnte, das war die griechische Sprache, die seit 4000 Jahren ununterbrochen benutzt wird. Zu keiner Zeit wurden so viele verdienstvolle Werke von bleibender Bedeutung in so vielen unterschiedlichen Stilarten in einer einzigen Sprache geschrieben wie in der Blütezeit Athens. Dies spiegelt eine mächtige Unruhe wider, die sich auch in anderen Bereichen erkennen läßt. Es war ein Ergebnis der Freiheit und des siegreichen Selbstvertrauens, jedoch nicht das Resultat großer Macht; und sogar politische Ohnmacht trat ein, ohne daß die Entfaltungsmöglichkeiten der Literatur beschränkt wurden. Man wird kaum auf irgendeine spätere Generation treffen können, in der man nicht etwas griechisch geschriebenes findet. Natürlich vermischte sich auch die Literatur, als sich die ganze Welt ineinander verwob. Die klassizistische griechische Literatur im Römischen Reich ist gut und unterhaltsam. Man kann immer noch mit Vergnügen Lukian (2. Jahrhundert n. Chr.) lesen sowie vieles von Plutarch (gestorben um 120) mit Genuß und mit Gewinn, besonders in den Umformungen Shakespeares. Doch erstreben diese späten Griechen nur im begrenzten Maß höchstes Niveau, und Shakespeare übertraf diese Schriftsteller, ohne sie ganz zu verstehen.

**Religiöse Bücher**

Die einzigen Schriften in griechischer Sprache, die zur Zeit der Römer entstanden sind und für uns ebensoviel Bedeutung haben wie die Dichtungen Homers, sind in ihren Anfängen ebenso uneinheitlich wie Shakespeare. Auch die Evangelien sind ein religiöses Buch, doch liegen da die Dinge anders. Als griechische Schriften können sie auch als Bücher unter vielen anderen betrachtet werden, mögen sie sich auch auf alle mögliche überlieferte Weis-

»Die erste Schlacht um Athen«, nach einem zeitgenössischen Druck in *Der griechische Freiheitskrieg* von Zographos. Die türkische Besatzung wich den Griechen 1822, doch besetzte sie 1827 die Akropolis wieder bis zum Kriegsende 1833. Man kann die Wirkung der Explosion im Parthenon von 1667 ebenso erkennen wie die Befestigungen, die zum Schutz gegen die Kanonen verstärkt wurden.

heit dieser oder der künftigen Welt beziehen, und dies in ihrer kräftigen Einfachheit, ihrer Direktheit und ihrem Mut, in ihrer eigentümlichen und anhaltenden Wirkung. Sie benötigen weit mehr gelehrte Interpretation, als ihnen bisher je zuteil wurde, doch sind sie zu bedeutend und zu qualitätvoll, als daß man sie den Theologen überlassen dürfte. Die Historiker gehen damit zumindest sorgfältiger um. Eine der guten Eigenschaften dieser Bücher ist, daß sie sich nahezu einwandfrei in einer einfachen und bewegenden Sprache übersetzen lassen, wenn die Literatur dieser Sprache nicht gerade zu hoch entwickelt ist.

Gewiß hat der Schluß des *Goldenen Esels* von dem lateinischen Schriftsteller Apuleius etwas Bewegendes, eine bestimmte Reinheit und Bedeutungsschwere. Doch ist sein Stil so blumenreich, sind seine Kadenzen so fein und künstlich und sogar sein Hunger nach Reinheit und Erleuchtung ruht so schwer auf dem Rest des Buches und auf dem griechischen Vorbild, daß von der Göttin Isis nur ein schwacher Schatten erscheint und wir uns über diesen offensichtlich doch wirklich beeindruckenden Kult nur wundern können. Der *Poimandres,* die erste Abhandlung im »Corpus Hermeticum«, ist ein ägyptisches mystisches Werk in griechischer Sprache. Er gehört zu einer größeren Sammlung solcher Werke, die jetzt aus dem Wüstensand aufgetaucht sind, zu einer Sammlung, die umfangreicher ist als das bereits beträchtliche Corpus Hermeticum, und in ihren besten Stellen das Niveau einer persönlichen, mystischen Religion gewinnt. Poimandres ist von diesen das beste und bewegendste Werk. Allen gemeinsam fehlt jedoch die konkrete und genaue Qualität der Evangelien; es fehlt ihnen an der Direktheit und schlichten Ernsthaftigkeit, an dem unsteten erzählerischen Impuls und an dem schlimmen Höhepunkt. Sie sind ganz einfach nicht so interessant.

Das Gleiche und noch weniger Erfreuliches läßt sich über das Thomas-Evangelium und die ganze aufsprießende Masse apokrypher Schriften sagen, die im Mittelalter weiterhin in Griechisch verfaßt wurden. Sie sind wildwüchsig, ohne Richtung und manchmal auch absurd. Die mittelalterlichen Alexanderromane sind dagegen besser geschrieben. Ich möchte hier ein eigenes Erlebnis einflechten: Ich stieß einmal in der Bibliothek des Klosters des hl. Johannes auf Patmos auf eine neue, abweichende und, wie es schien, unpublizierte Version eines dieser griechischen Werke. Allzu leichtfertig erfreut über eine solche Entdeckung, schrieb ich es von der Handschrift aus dem 14. Jahrhundert ab; doch hätte es niemals die Mühe einer Publikation gelohnt. Diese Werke stellen einen offensichtlichen Niedergang dar. Dagegen sind die Evangelien immer noch so frisch und kraftvoll wie zu ihrer Entstehungszeit. Paulus ist als Schriftsteller unbeholfener, und es ist entweder Opposition oder Verehrung, die die Beurteilung seines flüssigen, barbarischen Griechisch beeinflussen. Man möchte nicht eine Zeile davon missen, und es gibt bei ihm sogar wunderbare Passagen. Er sagt Dinge, die den Griechen vielleicht unaussprechlich erschienen, obwohl dieses Urteil von den griechischen Kirchenvätern revidiert wurde, vielleicht zum Nachteil.

Dennoch sind die Berichte des Paulus über die Lebensart in der griechischen Welt seiner Zeit faszinierend. Es ist dort nicht nur von den großen Städten die Rede, zu denen er reiste, und von den Wegen dazwischen, sondern auch von der gesellschaftlichen Organisation der hellenisierten Juden und der kleineren christlichen Gemeinden, die deren Ableger waren. Jede religiöse Gruppe hatte eine soziale Basis, wie dies bereits in den klassischen griechischen Städten der Fall war. Die Verbindung der einzelnen Gruppen und Gemeinden untereinander sah nach

außen hin locker aus, war jedoch in Wirklichkeit stark. Das Christentum war keineswegs die einzige Religion, die sich ausbreitete wie Blumen an den Bahndämmen oder auf Hausruinen. Zur selben Zeit wie das Christentum breitete sich die Religion des orientalischen, halb hellenisierten Gottes Mithras unter den römischen Truppen aus. Der Sieg dieser universalen Religionen kam keineswegs unmittelbar, obgleich sie in gewisser Weise unzerstörbar waren. Noch im 9. und 10. Jahrhundert n. Chr. waren Teile Europas heidnisch, und die stärksten Fortschritte religiöser Entwicklung fanden an den entferntesten Grenzen der hellenisierten Welt statt, in der ägyptischen Wüste, in den Klöstern Irlands und Northumbriens und im nordindischen Buddhismus.

**Philosophen und Dichter**
Bis zum Untergang der klassischen Kultur hatten die Griechen sowohl innerhalb als auch außerhalb des Christentums einen wichtigen geistigen Beitrag geleistet. Bereits in der Religionsphilosophie Platons war die heimische Basis der griechischen Götter ziemlich unbedeutend geworden, und unter den Römern war die Welt dann sichtlich offen für den unvermeidlichen Sieg einer personenbezogenen und universalen Religion. Plotin, der größte aller griechischen Religionsphilosophen, lebte im 3. Jahrhundert n. Chr. Geboren wurde er in Ägypten, sein Name war römisch und seine Sprache griechisch. Er lehrte in Rom, besuchte Persien und starb in Campanien. Das von ihm erdachte metaphysische System war von einer unerträglichen Vielschichtigkeit und sehr paradox wie die meisten metaphysischen Systeme, doch seine Schriften sind auch wiederum sehr bewegend und in ihrem Ton, der noch heute manche Leute direkt ansprechen kann, äußerst originell. Seine Schriften wurden im frühen 4. Jahrhundert von einem visionären, doch weit weniger eigenständigen Schüler, Porphyrios, einem Griechisch sprechenden Syrer aus Palästina, der in Athen studiert hatte, herausgegeben.

Auch griechische Dichtung wurde weiterhin geschrieben. Einer der größten christlichen Dichter des Mittelalters neben Dante und Villon war ein griechischer Hymnenschreiber namens Romanos, der im 6. Jahrhundert tätig war. Er wurde vermutlich in Emesa (nicht in Homs) in Syrien wahrscheinlich als Kind jüdischer Eltern geboren. In Beirut war er Diakon, bis er dann nach Konstantinopel ging. Dort wurde er berühmt, hatte jedoch nie irgendeine hohe offizielle Stellung inne. Sein Werk steht der christlichen Dichtung nahe, die etwas früher auf Syrisch geschrieben wurde. Es war die Sprache der christlichen Juden und der mächtigen jüdischen Tradition innerhalb des Christentums, die noch nicht ganz zu existieren aufgehört hatte. In seinem Werk gibt es dramatische und emotionelle Qualitäten, die weit in die griechische literarische Tradition zurückreichen, doch waren Homer oder Platon nur mehr Namen für ihn, und sogar feindliche Namen. Reichtum und Intensität seines Werkes sind von einer ganz neuen Art, sie stellen eine neue Kraft in der griechischen Dichtung dar.

Auch Musaios, der *Hero und Leander* geschrieben hat, war sein Zeitgenosse, und Ausonius, der letzte klassische lateinische Dichter, war bereits seit 100 Jahren tot. Tatsächlich sind die Griechen mit einem eigenen Reich aus der römischen Herrschaft hervorgegangen, das all den Reichtum und Glanz sowie auch alle ererbten Schwächen der Zeit der Nachfolger Alexanders in sich hatte. Als politische Einheit war das Byzantinische Reich nicht zu regieren, doch als soziale Wirklichkeit überlebte es und stand viele Male wieder auf, weil sich die Griechen weigerten, ihre Identität aufzugeben.

DIE SPRACHE, DAS WICHTIGSTE ERBE

........ Erste Missionsreise des
       hl. Paulus
– – – Zweite Missionsreise des
       hl. Paulus
–·–·– Dritte Missionsreise des
       hl. Paulus
––––– Paulus' Reise nach Rom

▨ Ausdehnung des Röm. Reichs

**Die Reisen des hl. Paulus, 46–62 n. Chr.**

Paulus, ein römischer Bürger aus Tarsos, hatte eine Erziehung bei Rabbinern in Jerusalem erhalten, doch sprach er auch fließend Griechisch. Seine Missionsreisen gingen von Antiochia aus, wo sich zum ersten Mal Menschen als Christen bezeichnet hatten. Von hier aus reiste er zu den Städten in Kleinasien, wo blühende jüdische Gemeinden bestanden und wo er seine Predigten in den örtlichen Synagogen halten konnte. In Antiochia in Pisidien haben sich zum erstenmal auch einige Nichtjuden interessiert, wogegen eine große Zahl der ansässigen Juden in Opposition zu ihm standen. Von nun an missionierte Paulus sowohl Juden als auch Nichtjuden, obgleich er wiederholt zu den jüdischen Festen nach Jerusalem zurückkehrte. Eine weiterreichende Entwicklung trat ein, als er sich berufen fühlte, das Evangelium nach Europa zu bringen. In Athen sprach er auf dem Areopag anstatt in einer Synagoge, und er versuchte, die Sprache der griechischen Gelehrten zu verwenden. Seine Zuhörer waren zwar freundlich, zeigten jedoch kein Interesse. Seine größte Wirkung hatte er bei einem zweijährigen Aufenthalt in Ephesos. Ihm ist es zu verdanken, daß in Kleinasien, wo es heute fast ganz verschwunden ist, das Christentum jahrhundertelang seine größte Blüte erlebte. Nachdem er in Jerusalem von einem Offizier festgenommen worden war, der ihn vor dem Zorn der Volksmenge schützen wollte, wurde er vom Verwalter der Provinz Judaea zwei Jahre lang festgehalten, ehe ihn ein Appell an den Kaiser zur Vollendung seines Schicksals nach Rom führte. Hier fuhr er fort zu lehren und Briefe an die Christen in Griechenland und in Kleinasien zu senden, bis er enthauptet wurde.

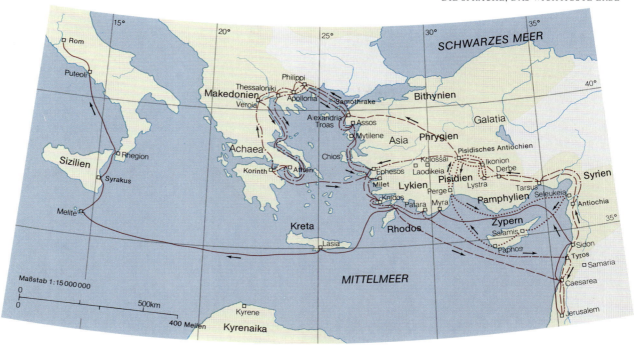

## Moderne Schriftsteller

Als im Jahre 1453 der letzte der alten griechischen Historiker zusammen mit dem letzten Kaiser wenige Stunden, ehe die Stadt in die Hände der Türken fiel, einen Ritt um die Mauern von Konstantinopel machte, war er sich dieses unausweichlichen Ereignisses ganz bewußt, und er meinte, daß das ganze Gewicht Griechenlands und Roms für die Schultern eines einzelnen Mannes zu schwer sei.

Es war der Historiker Georgios Phrantzes; er schrieb im hohen Alter als Mönch in Korfu, wo sich Skulpturen des 6. Jahrhunderts v. Chr. im Boden befanden. Wie wir wissen, hat in der Nacht vor dem Fall der Stadt Cyriacus von Ancona dem Sultan in seinem Zelt unter den Mauern aus Livius vorgelesen. Doch fielen natürlich nicht ganz Griechenland und Rom in einer Nacht, und an den Sultan erinnert man sich auch nicht so wie an die Helden des Livius. Auch danach bestand das Griechische in Versen und in der Prosa weiter. Der *Erotokritos,* das kretische Nationalepos, wurde um die Wende des 16. und 17. Jahrhunderts geschrieben. Die Geschichte ist stark vom Venetianischen beeinflußt, doch ist sie im Versmaß, im Dialekt und im Geist rein kretisch-griechisch. Bis in unsere Generation kannten die kretischen Hirten das Epos auswendig und sangen es in den Bergen. In Prosa hat gegen Ende der Herrschaft von Heinrich VIII. von England ein Flüchtling aus Korfu, der unter dem Namen Nikander Nucius bekannt war und in einem griechischen Regiment für Heinrich gegen die Schotten kämpfte, eine Beschreibung von Großbritannien, Irland und einem Großteil Europas verfaßt, die sich ohne Schande in die Reihe griechischer Geschichtswerke einreiht. Es wird darin eine Rede vor einer Schlacht wiedergegeben, die ein Grieche vor in Frankreich kämpfenden Griechen hält, sie hätte sogar dem Thukidides nicht mißfallen.

In der Türkenzeit war verständlicherweise das beste geschriebene Griechisch in einem volkstümlichen, direkten Stil gehalten; es war eine kräftige und ausdrucksvolle bäuerliche Sprache. Die Memoiren von Makryiannis sind ein überragendes Beispiel dafür, wie beeindruckend eine bäuerliche Sprache sein kann. Er befehligte Männer im Freiheitskampf, und seine Schriften sind das erste bedeutende Zeugnis des unabhängigen Griechenland. Die naiven, aber frischen und sehr begabten Malereien des Theophilos aus Mytilene auf Lesbos, der noch in unserem Jahrhundert tätig war, gehören in die gleiche geistige Welt. Doch nicht alle Griechen waren Bauern; eine offizielle, klassizistische Sprache hatte sich in Konstantinopel und in der Kirche gehalten. Ihre Dominanz im öffentlichen Leben des Landes und in der hohen Literatur wurde erst in letzter Zeit abgebaut. Es war eine steife, langweilige Amtssprache, die jedoch in ihrer gewundeneren und subtileren gesprochenen Form auch ihre Höhepunkte besaß. In der Prosa waren bei ihr ironische Wendungen möglich, und die anonymen, humorvollen Memoiren eines asiatischen Griechen des 19. Jahrhunderts, *Das militärische Leben,* hätten in einem anderen Stil niemals so effektvoll geschrieben werden können.

In der Versdichtung bildet dieser Stil ein wesentliches Element bei der überraschenden Originalität von Konstantin Kavafis (1863–1933), dem Dichter aus Alexandrien. Seine Familie stammte aus Konstantinopel und war reich gewesen. Kavafis arbeitete jedoch als Angestellter im Wasseramt der englischen Verwaltung in Ägypten. Seine Dichtung besteht oft aus Kommentaren zu Geschichten aus der spätklassischen Geschichte der Griechen. Er stand extrem weit links, war homosexuell, leidenschaftlich und politisch sehr scharf. Zu seinen Lieblingsbüchern gehörte Oscar Wildes Buch über den Sozialismus und Gibbons »Decline and Fall«. Das Gewebe seiner Sprache, auf dem ein ironisches Licht liegt, ist vielleicht nicht übersetzbar. Sein Rhythmus ist unnachahmlich, und unvergeßlich ist seine beißende Art.

Der größte moderne griechische Schriftsteller ist sicherlich Georgios Seferis (1900–71), einer der gewaltigsten und bewegendsten und auch einer der weisesten Dichter des 20. Jahrhunderts, der im gleichen Rang mit Pasternak steht. Er wurde in Smyrna geboren und kam in der Zeit, als die Türken die Griechen aus Kleinasien vertrieben, als Flüchtling nach Athen. Sein Gefühl für die moderne griechische Sprache in all ihren Schattierungen war so groß wie nie ein anderer es besaß, doch ist dieses Verständnis in seinen Werken nicht vordergründig zu erkennen. Es läßt sich nur in der vollständigen Richtigkeit, in den unvermeidlich zutreffenden Wörtern und Sätzen fassen. In seinen Werken wurde die moderne Sprache mündig. Sie ist bei ihm so kräftig, wie sie es immer gewesen ist, fähig, alles auszudrücken, so wie sie es bereits zur Zeit des Aristoteles in ihrer Feinheit und Modernität war.

213

DIE REGIONEN GRIECHENLANDS

DIE REGIONEN GRIECHENLANDS

# DIE REGIONEN GRIECHENLANDS

DIE REGIONEN GRIECHENLANDS

DIE REGIONEN GRIECHENLANDS

DIE REGIONEN GRIECHENLANDS

DIE REGIONEN GRIECHENLANDS

DIE REGIONEN GRIECHENLANDS

# FACHBEGRIFFE

Wenn möglich, haben wir es vermieden, in diesem Buch Spezialbegriffe zu verwenden. Einige allerdings, für deren Erklärung im Text nicht genug Raum war, werden hier erläutert.

**Achämenidenreich** Das Perserreich in klassischer Zeit.

**Agora** Das Zentrum einer Stadt oder auch eines kleineren Ortes, gewöhnlich ein Quadrat oder Rechteck mit Kolonnaden, öffentlichen und sakralen Bauten. In der Römerzeit bestand eine Seite gewöhnlich aus einer »Basilika« und der Rest aus Kolonnaden. Von daher stammen die Anlagen von Mönchsklöstern, Collegehöfen und die Plätze von Provinzstädten.

**Akademie** Ein Platz außerhalb Athens für nackt ausgeführte Sportübungen, mit Gras, Bäumen sowie mit dekorativen und kultischen Gebäuden. Die Akademie wurde durch Sokrates und dann vor allem durch Platon berühmt, deren Philosophenschule sich dort befand. Der Platz konnte identifiziert werden, ist jedoch heute überbaut.

**Akroter** Schmuck aus Terrakotta oder Marmor auf dem First oder den Dachecken eines Gebäudes.

**Amphora** Zweihenkeliges Gefäß (»zweiohrig«) zum Transport von Öl, Wein u.a. Ein gewöhnlich hohes Gefäß, oft mit spitzem Fuß. Geeignet zum Transport auf dem Rücken eines Maultiers oder eines Esels, leicht zu bewegen. Dasselbe Wort wird auch für kleinere, feinere Gefäße ähnlicher Form verwendet.

**Cavea** Die in einem Halbkreis ansteigenden Reihen des Zuschauerraums eines Theaters.

**Cella** Der Innenraum eines Tempels, in dem das Kultbild stand.

**Deme** Man nannte eine Gemeinde, ein Dorf oder eine kleine Stadt in Attika Deme. *Demos* bedeutet »das Volk«. Die lokalen Gemeinden behielten bis weit ins 5. Jahrhundert ihre eigenständige politische und soziale Bedeutung bei.

**Dioskouroi** Die Zwillingsbrüder Kastor, der Athlet, und Polydeukes, der Boxer (der römische Pollux). Ihre Herkunft war halb menschlich und halb göttlich. Sie wurden besonders in Sparta und dessen afrikanischen Kolonien verehrt. Der Name bedeutet »Söhne des Zeus«.

**Dorische Säule** Ein sehr flaches Kapitell und eine einfache Säule.

**Eleusinische Mysterien** Ein symbolischer oder kultischer Einführungsritus, der die Athener und alle anderen Griechen, wenn sie sich ihm unterzogen, in eine besondere Beziehung zu den Göttern brachte und für das Leben im Jenseits mystisches Glück versprach. Die natürliche Tatsache, die im Mittelpunkt der Mysterien stand, war das Wachsen des Weizens. Eleusis war ein Heiligtum der Erdmutter als Korngöttin. Es gab dort eine Höhle, die in die Unterwelt führte.

**Epikuräer** Die Anhänger von Epikur, die eine Philosophie des Vergnügens lehrten, des Rückzugs aus der Welt, der Freundschaft und des Privatlebens. Indem der Mensch Furcht, Hoffnung und Verlangen einschränkt, wird er friedlich. Das Christentum verdankt manches dieser Philosophie.

**Fries** Ein langes Band figürlicher Reliefskulptur, die das Gebälk eines Tempels ziert.

**Geometrisch** Ein Dekorationsstil mit sich wiederholenden geometrischen Motiven, der in Griechenland im 8. und davor verbreitet war. Im Laufe der Jahrhunderte wurden in diesen Stil allmählich Pferd, Vogel, Mensch, Grabszenen, Prozessionen, Schlachten und Schiffswracks eingeführt, doch war die reine geometrische Kunst in ihrer besten Phase noch eindrucksvoller. Wir kennen sie vor allem als Stil für bemalte Gefäße, doch wurde sie ebenso für Wandmalereien und für Textilien verwendet.

**Gorgone** Eine groteske weibliche Gestalt mit Schlangenhaar, deren Anblick so schrecklich war, daß durch ihn ein Mensch in Stein verwandelt werden konnte. Die meisten Darstellungen sind weit fröhlicher, als man aufgrund der Legende annehmen würde.

**Hellespont** Die Meerenge zwischen Europa und Kleinasien im nordöstlichen Mittelmeer. Sowohl Troja als auch Byzantion verdanken ihre Bedeutung der Lange am Eingang zum Schwarzen Meer.

**Herme** Ein hoher Steinpfeiler mit dem Kopf einer Gottheit und einem erigierten Penis.

**Hydria** Wassergefäß mit drei Henkeln.

**Indoeuropäisch** Dieser Begriff wurde im 19. Jahrhundert für eine ursprüngliche gemeinsame Sprache verwendet, von der sich die indischen und die europäischen Sprachen herleiten, sodann galt er für die Leute, die so sprachen, und auch für ihre »Völkerwanderungen«. Manche fanatische Rassisten glaubten, daß die Germanen und die Pathaner in Afghanistan ihre reinsten Nachfahren seien. Auch heute noch sind wir gezwungen, von einer »indogermanischen« Sprachgruppe zu sprechen, die historische Begründung für ihre Entwicklung und für die einzelnen Abtrennungen bleibt jedoch dunkel.

**Ionische Säule** Elegante Säule ostgriechischen Ursprungs mit einem Kapitell, das einem Paar stilisierter Bockshörner ähnelt.

**Isthmus** Die Landenge, die den Südteil Griechenlands (Peloponnes) mit dem europäischen Festland verbindet. Heute durch den Kanal von Korinth durchtrennt.

**Karyatide** Säule in der Gestalt einer Frau, die auf ihrem Kopf ein Gebälk trägt.

**Kelchkrater** Ein Mischgefäß in der Form einer tiefen Schale.

**Kentaur** Geschöpf mit Kopf, Armen und dem Oberkörper eines Menschen und den vier Beinen und dem Unterkörper eines Pferdes.

**Koine** Die vereinfachte griechische Sprache ohne literarische Ambitionen, ohne einen besonderen Dialekt, die in der gesamten antiken Welt gesprochen wurde, in der das Griechische als Universalsprache anerkannt war.

**Kore** Das weibliche Äquivalent des Kouros.

**Korithische Säule** Das Kapitell besteht aus kunstvoll gearbeiteten steinernen Blättern (hellenistisch). Der Säulenschaft ist kanneliert.

**Kouros** Ein Jüngling; männliche nackte Statue eines Jünglings in stilisierter archaischer Form, die sich in Griechenland vom 7. bis zum 5. Jahrhundert entwickelte. Sie kann einen Gott darstellen, einen Athleten, einen Toten oder sie kann auch einfach eine Weihung an einen Gott sein.

**Krater** Ein Mischgefäß für Wein und Wasser, das manchmal mit einem Sieb versehen ist.

**Kuppelgrab** Bienenförmiges Grab, das wie ein Gewölbe oder eine steinerne Blase aussieht, mit einem breiten Weg (Dromos) oder Zugang und einer großen Tür. Hier wurden die Reichen und Adligen der Bronzezeit beerdigt. Manchmal von enormer Größe, vollendet in den Proportionen und das Innere mit einem eigentümliche Echo.

**Kyniker** Philosophische Verächter weltlicher Werte, die grobe Kleidung und Armut propagierten. Die Christen übernahmen ihre Argumente gegen die Götter und manche ihrer moralischen und sozialen Vorstellungen.

**Lapithe** Gestalt eines mythischen Menschengeschlechts, das allein wegen seiner legendären Geschichte als übermenschlich galt. Die Lapithen fochten einen berühmten Kampf gegen die Kentauren aus, die bei einer Hochzeit von Lapithen betrunken und unzüchtig waren.

**Lekythos** Ein kleines attisches Ölgefäß, das die Athleten verwendeten.

**Levante** Die Ostseite des Mittelmeers, wo die Sonne aufgeht; die Küste von Byzantion (Istanbul) bis Jaffa.

**Linear A** Die ältere der beiden bronzezeitlichen Schriften. Sie ist noch nicht entziffert, ähnelt aber in manchem der Linear B.

**Linear B** Die Schrift der Mykener zur Bronzezeit. Sie wurde entziffert und stellt eine frühe Form des Griechischen dar. Es ist keine alphabetische, sondern eine Silbenschrift; das bedeutet, daß jedes Zeichen nicht einen einzelnen Laut, sondern eine Silbe darstellt.

**Metope** Eine einzelne Reliefplatte. Die Metopen sind in einer Reihe dicht unter dem Dach an einem Tempel angebracht und werden voneinander durch flachere Platten mit einem Muster von senkrechten Linien getrennt.

**Odeion** Ein Konzertsaal in Form eines geschlossenen Theaters. Es hat immer ein Dach.

**Omphalos** Der Nabel und der Mittelpunkt der Welt, der von einem Stein in der Form eines englischen Weihnachtskuchens, überzogen mit einem Netz wollener Bänder, markiert wird. Er befand sich in Delphi.

**Orchestra** Der Tanzplatz für den Chor zwischen Bühne und Zuschauerseite eines antiken Theaters.

**Orientalisierend** Derjenige Stil in der griechischen Kunst in der fr002archaischen Periode, der unzählige Muster und Tiermotive aus dem Osten übernommen hat.

**Ostrakismos** Ein System zur Bewältigung politischer Probleme in Athen, wobei das Volk abstimmte, ob jemand ins Exil geschickt werden sollte; danach entschied eine zweite Abstimmung, wer der Betroffene sein sollte.

**Palaestra** Ein offener, von einer Säulenhalle umgebender Hof, der als Ringerschule diente.

**Palmette** Eine flache, stilisiert dargestellte aufkeimende Pflanze im Umriß eines auf dem Kopf stehenden Herzens.

**Panathenäen** Ein Staatsfest der Athena in Athen, das öffentlich und mit Prunk gefeiert wurde, wobei eine Prozession, Spiele mit Preisen und ein großes Opfer mit Verteilung des Fleisches stattfanden.

**Parodos** Der vom Chor benützte Bühneneingang im antiken Theater.

**Paraskenien** Die Seitenflügel der steinernen Aufbauten der Bühne in einem Theater.

**Peristyl** Die Säulenreihe, die einen Tempel umgibt und an seinen Seiten Kolonnaden bildet.

**Rotfigurig** Keramik mit tonfarbigen Figuren auf schwarzem Grund.

**Satrap** Der lokale Herrscher einer Provinz im klassischen Perserreich.

**Schachtgrab** Eine Beerdigungsstätte in einer tiefen schmalen Grube. Schachtgräber waren in der frühen Bronzezeit verbreitet. In Mykene gab es einen Kreis von solchen Gräbern, der von Steinplatten eingefaßt war.

**Satyr** Wesen von teils Menschen- und teils Tiergestalt mit übernatürlichen Eigenschaften. Es stammt aus den Wildnissen an den Rändern der Welt. Satyrn hatten Stubsnasen, spitze Ohren, stark entwickelte Triebe, einen Schweif, zwei Beine und fast ständige Erektion.

**Schwarzfigurig** Gefäße mit schwarzen Figuren auf tonfarbenem Grund.

**Seidenstraße** Die Fernstraße nach China vom Westen aus, die sich ungefähr entlang der Südgrenze der heutigen Sowjetunion hinzog.

**Seleukidenreich** Das von der Familie des Seleukos beherrschte asiatische Reich. Dieser war ein General unter Alexander gewesen und dessen Hauptnachfolger im Osten.

**Sophisten** Die Lehrer demagogischer Redekunst und einer paradoxen Philosophie, die die Athener in den letzten 40 Jahren des 5. Jahrhunderts und im 4. Jahrhundert v. Chr. schockierten und reizten. Sie arbeiteten gegen Lohn, brachten die Rhetorik in Verruf und wurden von Aristophanes und Platon mit Ironie behandelt.

**Stadtstaat** ein souveräner Staat mit einer einheitlichen Verwaltung, die nur für eine einzige Stadt galt und das umliegende Land kontrollierte. Eine solche Stadt oder so ein Staat konnten künstlich geschaffen werden (Megalopolis in Arkadien oder Messene in Messenien), das Territorium konnte sehr groß sein (Attika oder Lakonien) oder auch klein (Plataä in Griechenland oder Megara Hyblaea in Sizilien).

**Stoa** Eine Säulenhalle für irgendeinen öffentlichen oder kommerziellen Zweck, üblicherweise mit anschließenden Räumen und zuweilen auch mit zwei Stockwerken.

**Stoiker** Philosophen mit »steifer Oberlippe« und den paradoxen Extremen eines moralischen Atheismus. Ihre logischen und moralischen Argumente sind anregend, doch sie verwirrten die Leute, wie Horaz dargelegt hat.

**Temenos** Die Einfriedung eines Heiligtums, innerhalb derer der geheiligte Boden der Gottheit gehörte und von bestimmten Aufsehern verwaltet wurde.

# BILDQUELLENVERZEICHNIS

Alle Grundrisse und Pläne sind von Oxford Illustrators, alle Karten von Lovell Johns, Oxford. Abkürzungen: o = oben, ol = oben links, or = oben rechts, M = Mitte, u = unten usw.; Ash = Ashmolean Museum Oxford; BM = British Museum, London; DAI = Deutsches Archäologisches Institut; DAFA = Délégation Archéologique Française en Afghanistan; EA = Ekdotike Athenon, Athen; JF = John Fuller, Cambridge; MC = Marion Cox, Abingdon; MH = Michael Holford, Loughton;
Nat = Nationalmuseum, Athen;
OI = Oxford Illustrators, Oxford; SH = Sonia Halliday, Weston Turville, Bucks.; ST = Spyros Tsardavoglou, Athen

Seite 2–5. Frontispiz: nach einer Vasenmalerei des Hieron: Staatliche Museen, West Berlin, MC.
8–9. Zeittafel: JF.
11. Zeichnung nach einer Schale des Ambrosiusmalers, Orvieto: Museum of Fine Arts, Boston, Mass., Arts 01.8024. MC.
13 o. Griechischer Bauer: Magnum, Paris (Photo Constantine Manos).
13 u. Landkarte von Europa, Asien und Afrika aus *Geographia Vetus*, Paris, 1630: Elsevier Archiv.
18–19. Landschaft mit Esel: Magnum, Paris (Photo Constanine Manos).
22 l. Relieffries des Propylons im Heiligtum der Großen Götter auf Samothrake: Louvre, Paris.
23 o. Piranesis Zeichnung des »Poseidon«-Tempels (eig. Hera-Tempels) in Paestum, 1778: Ash.
23 u. Zeichnung des Cyriacus von Ancona (15. Jh.), Relief auf Samothrake: Bodleian Library, Oxford (Photo Warburg Institute, London).
25. Zeichnungen aus Stuart und Revett, *Antiquities of Athens*, Bd. 3. Ansicht des Theseion, Ostseite: BM.
26. o. Portrait des Sir Arthur Evans von Sir W. B. Richmond, 1907: Ash.
26 ul. Heinrich Schliemann: Mansell Collection, London.
26 ur. Frau Schliemann: Elsevier Archiv.
27. Inneres des Schatzhauses des Atreus, Zeichnung von Edward Dodwell in *A Classical and Topographical Tour through Greece during 1801, 1805 und 1806*, London, 1819: Ash.
28. Sir Arthur Evans in Knossos mit Theodore Fyfe und Duncan Mackenzie bei Restaurationsarbeiten: Ash.
29. Zeichnung frei nach mykenischem Krater (III B): BM. MC.
30. Gefäß, Greifenpaar bei Fütterung seiner Brut. ca. 1150 v.Chr.,
aus Lefkandi: Chalkis Museum (Photo Britisch School of Archaeology, Athen, mit frdl. Genehmigung von M. Popham).
31 l. u. r. Linear-A-Schrifttäfelchen aus Hagia Triada, ca. 1450 v.Chr.: Herakleion-Museum (Photo EA).
31 u. Linear-B-Schrifttäfelchen aus Knossos: Hirmer Fotoarchiv, München.
32. Vase mit Meeresdekor aus Paläokastro, Ostkreta, ca. 1500–1450 v.Chr.: Herakleion, Museum (JF).
33 o. Goldbecher aus Kuppelgrab bei Vapheio, ca. 1500–1450 v.Chr.: Nat (Photo EA).
33 M Spielbrett aus Knossos: Herakleion, Museum (Photo EA).
34 o. Dolchklinge mit eingelegter Bronze aus Schachtgrab V in Mykene, 1500–1400 v.Chr.: Nat. (Photo EA).
34 u. Schlangengöttin, Knossos, ca. 1600 v.Chr.: Herakleion, Museum (Zeichnung JF).
35. Luftbild von Mykene: EA.
36. or. Eingelegter Dolchgriff aus Bronze, aus dem Schachtgrab IV in Mykene: Nat (Photo Robert Harding Associates, London).
36 M. Haushaltsgefäß aus Bronze, aus Schachtgrab in Mykene, ca. 1300 v.Chr.: Nat (Photo Robert Harding Associates, London).
36–37. Goldene Totenmaske aus Schachtgrab V in Mykene, ca. 1550–1500 v.Chr.: Nat (Photo EA).
Der goldene »Nestorbecher« aus Schachtgrab IV in Mykene, 1550–1500 v.Chr.: Nat (Photo EA).
Sechseckiges Kästchen mit Goldverkleidung aus Schachtgrab V in Mykene: Nat (Photo Robert Harding Associates, London).
Das Löwentor in Mykene, ca. 1250 v.Chr., Zeichnung von Edward Dodwell aus *Cyclopean or Pelasgic Remains*, London, 1834: Ash.
38 o. Fresko aus dem Ostflügel der Palastanlage von Knossos, 1600–1400 v.Chr.: Herakleion, Museum (Photo EA).
38 ul. Palastanlage in Knossos: D. A. Harissiadis, Athen.
38 ur. Frühminoischer Becher aus Knossos, 18. Jh. v.Chr.: Herakleion, Museum (Photo EA).
40 l. Kleine Tonstatue einer trauernden Frau aus Thera: DAI, Athen.
40 r. Fischerfresko, Thera: Nat (Photo Hirmer Fotoarchiv, München).
41 o. Santorin: Robert Haas, London.

41 ul. Ausgrabungen auf Thera: Hirmer Fotoarchiv, München.
41 ur. Antilopenfresko aus Thera: Nat (Photo Hirmer Fotoarchiv, München).
42. Gang auf der Akropolis von Tiryns: EA.
42 ul. Elfenbeinritzung, zwei Göttinnen mit göttlichem Kind, 13. Jh. v.Chr.: Nat (Photo EA).
42 ur. Grabstele, Schachtgrab VA, Kreis A, Mykene ca. 1550–1500 v.Chr.: Nat (JF).
43. Teil des Kampffreskos an der Nordostwand des Palastes des Nestor, Pylos, in M. Lang, *Palace of Nestor at Pylos in Western Messenia*, Bd. 2, *The Frescoes*, Princeton, N. J. 1969, und University of Cincinnati: JF.
44. Spätmykenische Vase aus Zypern: Zypern Museum, Nikosia (Photo E. A.).
46 ol. Figur eines Kindes, Diktäische Höhle, Spätminoisch I, ca. 1600 v.Chr.: Ash.
46 or. Kopf der Terrakotta K 3.613, gefunden im Tempel aus der Bronzezeit in Hagia Irini, Keos: Ausgrabungen University of Cincinnati.
46 M. Goldring mit mykenischem Schiff, spätminoisch: Ash.
46 u. Graffito, Göttin in Schiff, Delos: Französische Archäologische Schule, Athen (Photo L. Basch).
47. Terrakottagöttin, auf einem Pferd, Herakleion, Museum (Photo EA).
48. Goldene Halskette mit sichelförmigem Anhänger aus Bergkristall und Schlangenkopfverzierung; aus dem Rundgrab in Khaniale Tekke bei Knossos, ca. 800 v.Chr.: Herakleion Museum (Photo EA).
49 l. Fresko, Boxer, Thera: Nat (Photo EA).
49 r. Geometrische Figuren: JF.
50–51 l. Muttergottheiten: alle Zeichnungen von JF.
50 l. Kykladische Frauengestalt, Amorgos, ca. 2200–2000 v.Chr.: Nat.
50 M. Kykladisches geigenförmiges Idol, Amorgos, ca. 2500 v.Chr.: BM.
50 r. Frühneolithische Frauengestalt, 6. Jahrtausend v.Chr.: Nat.
50 ol. Tonfigur einer Göttin, Gazi, Kreta, ca. 1400–1100 v.Chr.: Herakleion, Museum.
51. Terrakottafigur aus Zypern, 1450–1225 v.Chr.: Louvre, Paris.
51 or. Kourotrophos-Figur, ca. 1400 v.Chr.: Herakleion, Museum.
51 ul. Tonfigur aus Theben, Böotien, ca. 700 v.Chr.: Louvre, Paris.
51 Ml. Terrakotte einer Göttin aus Mykene, 14.–13. Jh. v.Chr.: Nauplion Museum.
51 Mr. Tonfigur einer Göttin aus Mykene, 13. Jh. v.Chr.: Argos Museum.
51 ur. Terrakotte aus Megara Hyblaia, Sizilien, ca. 560 v.Chr.: Archäologisches Museum, Syrakus.
52. Marmorbüste des Homer, hellenistisch: Museum of Fine Arts, Boston, Mass.
53. Apotheose Homers aus Borillae, 2. Jh. v.Chr., Marmor: BM.
54. Rotfiguriger Kelchkrater, Tod des Agamemnon, 470–465 v.Chr.: Museum of Fine Arts, Boston, Mass.
55 o. Wandbild mit einer Szene aus der *Odyssee* in der Villa Esquilina in Rom, 1. Jh. v.Chr.: Photo Scala, Florenz.
55 u. Terrakottamodell eines Grabes aus Archanes, Kreta, ca. 800 v.Chr.: Herakleion, Museum (Photo EA).
56. Navarino, Bucht: EA.
57 l. Marmorrelief, Szene aus der *Ilias*: Kapitolinisches Museum, Rom (Photo Scala, Florenz).
57 r. Hals eines Gefäßes aus Mykonos. Szene mit Trojanischem Pferd, ca. 675 v.Chr.: Archäologisches Museum, Mykonos (Photo DAI, Athen).
59. Griechische Inseln im Meer: D. H. Harissiadis, Athen.
60 o. Archaische Bronze. Odysseus entkommt aus der Höhle des Zyklopen, Szene aus *Odyssee*: Olympia Museum (Photo EA).
60 u. Kanne aus Ägina, Odysseus entkommt Zyklopen, Mitte 7. Jh. v.Chr.: DAI, Athen.
61. Zeichnung nach attischem geometrischem Krater, Mitte 8. Jh. v.Chr.: Nat. MC.
62. Amphora aus Melos, Apoll in seinem Streitwagen, ca. 625–620 v.Chr.: Nat (Photo EA).
63 l. Bronzener Krieger, Dodona, ca. 500 v.Chr.: Staatliche Museen, West Berlin.
63 r. Dodona, Theater: EA.
64 o. Geometrische Vase mit Prothesis, 8. Jh. v.Chr.: Nat (Photo Hirmer Fotoarchiv, München).
64 u. Bronzeschale aus Olympia, 8. Jh. v.Chr.: Ash.
65. Relief einer Weizengarbe, dem Symbol der Demeter, auf einen Gebälkblock geschnitzt: Eleusis Museum (Photo SH).
68 l. Bronzekrater von Vix, 6. Jh. v.Chr.: Archäologisches Museum, Châtillon-sur-Seine (Photo Giraudon, Paris).
68 M. Kleine Glasamphoren, 6. Jh. v.Chr.: BM, J. Henderson

Bequest.
68 r. Krieger in vollem Gewand, aus Sparta, ca. 500 v.Chr.: Wadsworth Atheneum, Hartford, Conn.; J. Pierpont Morgan Collection.
69 l. Bronze eines Jünglings aus Piräus, ca. 520 v.Chr.: Nat (Photo Scala, Florenz).
69 ur. Schwarzfigurige attische Amphore vom Daybreak-Maler, 6. Jh. v.Chr.: BM.
69 or. Bronzehelm aus Archanes, Kreta, ca. 600 v.Chr.: Schimmel Collection, New York.
70–71. Kouroi und Koren: alle Zeichnungen von JF.
70 ul. Kouros von Melos, 555–540 v.Chr.: Nat.
70 M. Kouros des Kroisos, aus Attika, ca. 520 v.Chr.: Nat.
70 r. Kouros aus Attika, ca. 615–590 v.Chr.: Metropolitan Museum, New York.
Rückansicht des Kopfes, ebd.
Detail der Hand, ebd.
71 l. Frauengestalt aus Marmor, Attica, ca. 570 v.Chr.: Staatliche Museen, West Berlin.
71 r. Vorder- und Rückansicht einer Frauenfigur aus Marmor, Attika, ca. 560 v.Chr.: Akropolis-Museum, Athen.
71 M. Vorder- und Rückansicht einer Frauenfigur nahe dem Erechtheion, ca. 530 v.Chr.: Akropolis-Museum, Athen.
71 ur. Rückansicht einer etruskischen Gipsfigur aus Vulci: BM.
72 o. Der Olymp, vom Meer aus gesehen: R. V. Schoder, S. J., Chicago.
72 ul. Kleine Bronzestatue einer Göttin, die den Olymp herabbreitet: Olympia, Museum (FJ).
72 ur. Bronzedreifuß aus der geometrischen Periode: Olympia, Museum (Photo EA).
73. Rekonstruktion der Siegessäule von Delphi im Hippodrom, Istanbul: Topkapi-Museum (Photo SH).
74. Zwei aus Elfenbein geformte Köpfe von Statuen aus Chriselephantine in Delphi, 6. Jh. v.Chr.: Delphi, Museum (Photo Französische Archäologische Schule, Athen).
75 o. Rekonstruktion der Verzierung auf Goldtäfelchen aus Delphi, 6. Jh. v.Chr.: Delphi, Museum (Photo Französische Archäologische Schule, Athen).
75 u. Eines der Täfelchen im Detail, ebd.
76 ol. Wagenlenker aus Bronze, 475–470 v.Chr.: Delphi, Museum (Photo Hirmer Fotoarchiv, München).
76 or. Ansicht von Delphi: A. F. Kersting, London.
76 ul. Beine vom Pferd des Wagenlenkers, Bronze, 475–470 v.Chr.: Delphi, Museum (Photo French School of Archaeology, Athen).
76 uM. Rundtempel auf der unteren Terrasse des Heiligtums, frühes 4. Jh. v.Chr.: Robert Harding Associates, London.
76 ur. Detail des Frieses am Schatzhaus der Siphnier, ca. 525 v.Chr.: Delphi, Museum (Photo Alison Frantz).
77 oM. Sphinx aus Naxos, ca. 560 v.Chr.: Delphi, Museum (JF)
77 or. Karyatide am Schatzhaus der Siphnier, 530–526 v.Chr.: Delphi Museum (JF).
78 ol. Vasenmalerei: Apollo, Hermes und Artemis am Omphalos, aus Athen: BM.
78 or. Schriftlich gestellte Frage an das Orakel in Dodona: Antikenmuseum, West Berlin.
78 M. Terrakottawiedergabe des Omphalos von Delphi: Delphi, Museum (Photo SH).
78 uM. Schatzhaus der Athener in Delphi: SH.
79. Attische Vasenmalerei, Aigeus befragt das Apollon-Orakel, 5. Jh. v.Chr.: Staatliche Museen, West Berlin.
80 o. Goldschale aus Olympia, Weihgeschenk der Söhne des Tyrannen von Korinth, ca. 600 v.Chr.: Museum of Fine Arts, Boston, Mass. (Photo R. V. Schoder, S.J., Chicago).
80 ul. Terrakottastatue von Zeus und Ganymed aus Olympia, ca. 470 v.Chr.: Olympia, Museum (Photo DAI), Athen.
80 Mr. Olympia, Tempel des Zeus: Edwin Smith, Saffron Walden.
81 o. Olympia, Gesamtsicht: Hirmer Fotoarchiv, München.
81 ul. Kopf eines Propheten, Giebelskulptur am Zeustempel, Olympia, ca. 460 v.Chr.: Olympia Museum (Photo Alison Frantz).
81 ur. Kentaur entführt eine Frau, Detail einer Giebelskulptur am Zeustempel, Olympia, ca. 460 v.Chr.: Olympia, Museum (Photo Alison Frantz).
82. Zeus, Kopf aus Bronze, ca. 520 v.Chr.: Nat (Photo EA).
Ares, Etruskischer Porträtkopf: Archäologisches Museum, Rom (Photo Mansell Collection, London).
Artemis, aus dem Parthenonfries: Akropolis Museum, Athen (Photo Alison Frantz).
Poseidon, auf einer Münze von ca. 520 v.Chr.: Staatliche Museen, Ost Berlin (Photo Hirmer Fotoarchiv, München).
83. Hermes, auf einer Münze von ca. 500 v.Chr.: Privatsamm-

## BILDQUELLENVERZEICHNIS

lung (Photo Hirmer Fotoarchiv, München).
Demeter mit Dionysos, 470–460 v.Chr. aus Lokri: Reggio, Museum (Photo Hirmer Photoarchiv, München).
Athene, Bronzestatue, Mitte 4. Jh. v.Chr.: Nat (Photo EA).
Apollo vom Westgiebel des Zeustempels in Olympia, ca. 460 v.Chr.: Olympia, Museum (Photo Alison Frantz).
Hera, Kopf aus Olympia, ca. 600 v.Chr.: Olympia, Museum (Photo Alison Frantz).
Aphrodite, sitzend mit Taube in der linken Hand, Vasenmalerei ca. 510 v.Chr.: Archäologisches Museum, Tarquinia (Photo Hirmer Fotoarchiv, München).
Hestia, mit zwei Fackeln, Vasenmalerei ca. 5. Jh. v.Chr.: BM (Photo MH).
Hephaistos in seiner Schmiede, Vulci, 5. Jh. v.Chr.: BM (Photo MH).
84. Das Gesetz von Gortyn, 6. Jh. v.Chr.: Robert Harding Associates, London.
85. Blick über die Flußebene bei Sparta und das Taygetos-Gebirge: EA.
87. Luftaufnahme von Salamis: John Bradford Collection, Pitt Rivers Museum, Oxford, Crown Copyright vorbehalten.
88. Pferd und Reiter aus Artemision, 4. Jh. v.Chr.: Nat (Photo EA).
88 ul. Figurenvase aus Ton, kniender Jüngling, ca. 530 v.Chr.: Agora-Museum, Athen (Photo Scala, Florenz).
88 uM. Eingang zum Stadion von Olympia: SH.
88 ur. Startlinie für den Wettlauf in Olympia: Zefa Picture Library, London.
89 u. Ein Athlet übt mit Steingewichten, Vasenmalerei ca. 510 v.Chr.: BM (Photo MH).
89 or. Ringer auf einem Krater aus dem 6. Jh. v.Chr.: BM (Photo MH).
92 o. Bronze eines Kriegers aus Sparta: Nat (Photo EA).
93. Krater von Ergotimos, bemalt von Kleitias (François Vase), ca. 570 v.Chr.: Archäologisches Museum, Florenz (Photo Scala, Florenz).
95 o. Böotisches Terrakottamodell einer brotbackenden Frau, 5. Jh. v.Chr.: Louvre, Paris.
95 M. Bergbauszene auf einer Tonscherbe aus Korinth, 6. Jh. v.Chr.: Staatliche Museen, West Berlin (JF).
96 o. Ostraka aus der Agora in Athen mit den Namen von Aristides, Kimon und Themistokles, 5. Jh. v.Chr.: Agora Museum, Athen (Photo EA).
96 u. Rotfiguriger attischer Becher mit Darstellung einer griechischen Abstimmung, vom Brygos-Maler, 490–480 v.Chr.: BM
97. Abstimmungstäfelchen aus Bronze und Ton: Agora-Museum, Athen (JF).
98 o. Heratempel, Akragas: C. M. Dixon, Dover.
98 u. Telamon aus dem Tempel des olympischen Zeus, Akragas: C. M. Dixon, Dover.
99 u. Tempel der Concordia, Akragas: Scala, Florenz.
100. Kathedrale von Syrakus: Edwin Smith, Saffron Walden.
102-03. Verschiedene Münzen, Beschreibung in Bildunterschriften: Ash.
104. Kopf des Herodot: Agora-Museum, Athen (Photo American School of Classical Studies, Athen).
105. Aischylos: Staatliche Museen, West Berlin.
Herakleitos: Staatliche Museen, West Berlin.
Plato: Nat.
Sokrates: DAI, Rom.
Zeno: Nationalmuseum, Neapel.
Thukydes: Museum Korfu.
Epikur: Vatikanische Museen.
Aristoteles: Kunthistorisches Museum, Wien.
106. Thasos: Zefa Picture Library, London.
107. Attischer Krater von Alkaios und Sappho, ca. 470 v.Chr.: Staatliche Antikensammlung, München (Photo Caecilia H. Moessner, München).
108. Schale aus Apulien mit Darstellung des von Mänaden verfolgten Pentheus, 4. Jh. v.Chr.: DAI, Rom.
109 o. Schwarzfigurige Preisamphore für das Wagenrennen bei den panathenäischen Wettkämpfen, spätes 5. Jh. v.Chr.: BM.
109 u. Ermordung des Klytemnestra, auf einem Trinkgefäß: Ferrara, Museum (Photo Scala, Florenz).
110. Schwarzfiguriger Becher von Exekias, er stellt ein Wunder des Dionysos dar, Mitte 6. Jh. v. Chr.: Staatliche Antikensammlung, München.
111. Zeichnung nach einem Becher des Oltos, 525–500 v.Chr.: Tarquinia Museum, MC.
113 o. Lukanischer Kalyxkrater des Amykosmalers, spätes 5. Jh. v.Chr.: Pergamon-Museum, Ost Berlin.
113 Ml. Bronzestatuette eines stiefelputzenden Negersklaven, ca. 460 v.Chr.: BM.

113 Mr. Steininschrift über den Verkauf von Sklaven: Agora-Museum, Athen (Photo American School of Classical Studies, Athen).
113 u. Terrakottatiere aus Gräbern bei Megara Hyblaia, 6. Jh. v.Chr.: Syrakus-Museum (Photo Scala, Florenz).
114-15. Athen, kolorierter Stich von 1813 mit dem Titel *Ruins of Hadrian's temple with a view to the south east angle of the Acropolis and Parthenon:* Benaki-Museum, Athen (Photo EA).
116 ol. Athen, Dipylon: Robert Harding Associates, London.
116 or. Kerameikos: G. Speake, Oxford.
116 Ml. Akropolis, Tempel der Nike Apteros: MH.
116 ul. Odeon des Herodes Atticus: Robert Harding Associates, London.
116 ur. Asklepiosheiligtum: G. Speake, Oxford.
117 ol. Theseion: Scala, Florenz.
117 or. Propyläen: Robert Harding Associates, London.
117 Ml. Marmorstatue der Göttin des Parthenon, römische Kopie nach Phidias: Nat (Photo SH).
117 Mr. Turm der Winde: A. A. M. van der Heyden, Amsterdam.
117 ul. Tempel des olympischen Zeus: Robert Harding Associates, London.
117 ur. Parthenon: Robert Harding Associates, London.
118 ol. und r. Parthenon, Reiterdarstellung auf dem nach Norden liegenden Fries, ca. 442-438 v.Chr.: BM (Photo MH).
118 u. Parthenon, drei Darstellungen aus dem Ostgiebel: BM (Photo MH).
119 ol. Parthenon, Jünglinge führen das Opfervieh, Darstellung aus dem Südgiebel: BM (Photo MH).
119 or. Parthenon, Metope mit Kampf zwischen einem Kentauren und einem Lapithen: BM (Photo MH).
119 ul. Parthenon, Flußgott aus dem Westgiebel: BM (Photo MH).
119 ur. Parthenon, Darstellung des Dyonisos (?) aus dem Westgiebel: BM (Photo MH).
120. Rekonstruktion des »Hauses des Glücks« in Olynthos: R. Barnard, Somerset.
122 o. Paestum, Gastmahlszene, Fresko aus dem Grab des Tauchers, ca. 480 v.Chr.: Scala, Florenz.
122 Ml. Böotische Terrakotte eines Friseurs, spätes 6. Jh. v.Chr.: Museum of Fine Arts, Boston, Mass.
122 uM. Terrakotte eines Sklaven, 2. Jh. v.Chr.: Staatliche Antikensammlung, München (Photo Caecilia H. Moessner, München).
122 ur. Handwerker bei der Arbeit, attischer rotfiguriger Becher aus Orvieto, ca. 480 v.Chr.: Ash.
123 o. Terrakotte von Frauen beim Klatsch, aus Myrina, 2. Jh. v.Chr.: BM.
123 M. Böotische Terrakotte eines pflügenden Mannes, 7. Jh. v.Chr.: Louvre, Paris.
123 ul. Darstellung eines Fischladens, (?) 6. Jh. v.Chr.: Museo Mandralisca, Cefalù (Photo Scala, Florenz).
123 ur. Junge mit Möbeln, Vasenmalerei des Pan-Malers, 5. Jh. v.Chr.: Ash.
124. Terrakottafigur einer kornmahlenden Frau, 5. Jh. v.Chr.: Nat (Photo EA).
125. Reiter von der Nordseite des Parthenonfrieses, 442-438 v.Chr.: BM (Photo Alison Frantz).
126 ol. Akroter aus Terrakotta, aus der Werkstatt des Phidias, ca. 430 v.Chr.: Olympia Museum (Photo Hannibal, Athen).
126 ul. Vergoldete Palmette, 5. Jh. v.Chr.: Brauron, Museum (Photo Hannibal, Athen).
126. Sarkophag aus Sidon, 420-400 v.Chr.: Archäologisches Museum, Istanbul (Photo SH).
126. Goldhelm aus Cotofenesti, Rumänien, 400 v.Chr.: Archäologisches Museum, Bukarest (Photo Photoresources, Dover).
126 l. Thrakischer Harnisch aus Vratza, Bulgarien, 380-350 v.Chr.: Nationalmuseum, Sofia (Photo Fotostudio Otto, Wien).
126 or. Skythische Goldhaube aus Ak-Burun auf der Krim, ca. 400 v.Chr., Kopie aus dem Victoria und Albert Museum, London; Original in der Hermitage, Leningrad.
126 ur. Rotfiguriger Krater aus Pisticci, 5. Jh. v.Chr.: BM (Photo MH).
128. Bassai, Tempel des Apollon, Cella: SH.
130 l. Aegina, Aphaia-Tempel: Zefa Picture Library, London.
130 r. Aegina, Kriegerfigur aus Marmor, aus dem Giebel des Aphaia-Tempels, ca. 500 v.Chr.: Staatliche Antikensammlung, München.
131 o. Sardes, Artemis-Tempel: C. M. Dixon, Dover.
131 u. Attische Amphore mit Kampfszene, 5.-4. Jh. v.Chr.: Louvre, Paris.
132 r. Athos, Luftaufnahme: Elsevier Archiv.
134-35. Zeichnung eines Soldaten von Dal Pozzo-Albani, *Collection of Drawings of Antiquities,* Bd. 2. Waffen und Helme: Mal-

colm McGregor, London.
136-37. Festungen und Kriegsmaschinen: R. Barnard, Somerset; Schleudern nach W. Soedel und V. Foley, »Ancient Catapults«, *Scientific American,* März 1979.
138 o. Delos, Übersicht: Spectrum Colour Library, London.
138 u. Delos, Löwen: MH.
141. Büste des Perikles, ca. 440 v.Chr., römische Kopie: Vatikanische Museen (Photo MH).
142 o. Milet, Relief Gladiator und Hund: C. M. Dixon, Dover.
142 u. Milet, Hellenistisches Theater: C. M. Dixon, Dover.
143. Nike des Paionios, ca. 420-410 v.Chr.: Olympia, Museum (Photo DAI, Athen).
144 o. Marmorstatue eines Knaben, 5. Jh. v.Chr.: Ash.
144 u. Attische rotfigurige Schale aus Vulci, 490-480 v.Chr.: BM.
145 o. Paestum, Grab des Tauchers, ca. 480 v.Chr.: Scala, Florenz.
145 u. Attische schwarzfigurige Vase, 520 v.Chr.: BM.
146 l. Votivmaske aus Bronze, Piräus, Mitte des 4. Jh. v.Chr.: Nat (Photo EA).
146-47. Rekonstruktion des Theaters, des Sessels und des Lysikrates-Denkmals: R. Barnard, Somerset, und JF.
147. Terrakottafiguren von 6 Schauspielern, aus einem Grab in Athen, 4. Jh. v.Chr.: Metropolitan Museum of Art, New York, Rogers Fund. 1913.
149. Theaterpläne: Stephen Cocking, Oxford.
150-151. Dodona, Theater: Zefa Picture Library, London.
154-55. Musik im Antiken Griechenland: R. Barnard, Somerset, und MC.
156 ol. Alexandrinische Münzen aus der römischen Zeit: JF.
156 or. Akropolis, Nordhalle des Erechtheion: DAI, Athen.
156 u. Szene aus der *Antigone* von Sophokles, Dolon-Maler, ca. 380-370 v.Chr.: Nat (Photo EA).
157 oM. und ul. Akropolis, Ostseite, Westfassade, südwestliche Seite des Erechtheion: Hirmer Fotoarchiv, München.
157 ur. Götter auf dem Parthenonfries, ca. 442-438 v.Chr.: Akropolis Museum, Athen (Photo Alison Frantz).
158 l. Weißgrundige Lekythos, 5. Jh. v.Chr.: BM.
158 r. Trauernde Athena, ca. 470-450 v.Chr.: Akropolis Museum, Athen (Photo EA).
159. Zeichnung nach einer ionischen Säule aus dem Tempel der Athena Polias in Priene: MC.
160. Teller aus Rhodos, spätes 7. oder frühes 6. Jh. v.Chr.: BM.
161 ol. Metope aus Selinunt, Perseus und die Gorgo; Archäologisches Museum, Palermo (Photo Scala, Florenz).
161 r. Etruskische Gorgo: Villa Giulia, Rom (Photo Scala, Florenz).
161 M. Hydria mit dem Kopf der Gorgo, ca. 490 v.Chr.: Tarquinia Museum (Photo Scala, Florenz).
162 l. Votivrelief mit großem Bein, Asklepios geweiht: Nat (Photo EA).
162 r. Asklepios mit Schlange, römische Kopie: Epidauros Museum (JF).
163 ol. Medizinische Instrumente, hellenistische Periode: BM (Photo MH).
163 Mr. Votivrelief, 4. Jh. v.Chr.: Nat (Photo EA).
163 u. Votivrelief, 4. Jh. v.Chr.: Nat (Photo EA).
164. Epidauros, das Theater: Scala, Florenz.
165 u. Epidauros, Akroter des Asklepiostempels, ca. 400-380 v.Chr.: Nat (JF).
166 o. Ephesos, Statue des Artemis, 2. Jh. n.Chr.: Archäologisches Museum, Ephesos (Photo SH).
166 u. Ephesos, die Arkadenstraße: SH.
167. Knaben führen die Opferrinder, vom Parthenonfries, ca. 440 v.Chr.: Akropolis-Museum, Athen (Photo Alison Frantz).
168 o. Kos, das Heiligtum des Asklepios: G. Speake, Oxford.
169. Überreste der langen Mauern von Athen nach Piräus: Robert Harding Associates, London.
170 o. Alexandria, Kopf des Ptolomäus II, 285-246 v.Chr.: Alexandria, Museum.
171 ol. Goldmedaillon mit dem Kopf von Philipp II. aus Tarsus: Phaidon Archiv.
171 M. Bronzestatue Alexanders aus der Zeit des römischen Imperiums: BM (Photo MH).
172. Münze aus Kyrene mit dem Kopf des Zeus Ammon, ca. 480-470 v.Chr.: Photo Hirmer Fotoarchiv, München.
173. Messene, Luftaufnahme der Mauern: EA.
174 l. Elfenbeinkopf, Philipp II. (?), aus Vergina: ST.
174 r. Schilddeckel und Gefäße aus Bronze: ST.
174 u. Bemalter Grabeingang: ST.
175 o. Harnisch und Beinschienen: ST.
175 M. Elfenbeinkopf, Alexander (?): ST.
175 ul. Goldschrein mit Knochen: ST.
175 ur. Silberkrug: ST.

225

# BILDQUELLENVERZEICHNIS

176. Salamis, Zypern, Palaestra: SH.
178 o. Tafel aus Capena, 3. Jh. v. Chr.: Villa Giulia, Rom (Photo Scala, Florenz).
178 u. Kopf des Alexander mit Elefantenhaut und Widderhörnern: Nationalmuseum, Kopenhagen.
179 l. Bronzekopf eines Philosophen aus Antikythera, ca. 230 v. Chr.: Nat (Photo EA).
179 r. Häupter, Kalksteinritzung aus Persepolis: Metropolitan Museum of Art, New York.
180. Aigosthena: EA.
183. Petra, Schatzhaus: Zefa Picture Library, London.
184 ol. Protogeometrische Vase, 10. Jh. v. Chr.: BM (Photo MH).
184 Ml. Geometrischer Becher aus Athen, 8. Jh. v. Chr.: BM (Photo MH).
184 ul. Protokorinthische Vase, 7. Jh. v. Chr.: BM (Photo MH).
184 r. Schwarzfigurige Schale aus Athen, ca. 550 v. Chr.: Tarquinia Museum (Photo Scala, Florenz).
185 ol. Schwarzfigurige Hydria aus Athen, ca. 510 v. Chr.: Cerveteri Museum (Photo Scala, Florenz).
185 or. Schale aus Sparta, ca. 550 v. Chr.: Vatikanische Museen (Photo Scala, Florenz).
185 Ml. Attische rotfigurige Hydria, frühes 5. Jh. v. Chr.: Vatikanische Museen (Photo Scala, Florenz).
185 Mr. Attische Schale, ca. 560 v. Chr.: Archäologisches Museum, Florenz (Photo Scala, Florenz).
185 ul. Kelchkrater, ca. 350 v. Chr.: Lipari Museum (Photo Scala, Florenz).
187 o. Krater aus Centuripe, 3. Jh. v. Chr.: Universität Catania (Photo Hirmer Fotoarchiv, München).
187 u. Rekonstruktion eines alexandrinischen Ankers aus Anglesey, 2. Jh. v. Chr.: National Museum of Wales (JF).
188 o. Detail aus dem großen Altar von Pergamon, ca. 180 v. Chr.: Staatliche Museen, West Berlin.
188 u. Pergamon, das Theater: C. M. Dixon, Dover.
189. Frühe Illustration auf Papyros, 3. Jh. n. Chr.: BM.
190 o. Ay Khanoum, Kopf eines alten Mannes: DAFA.

190 Ml. Ay Khanoum, Silberplatte mit Kybele: DAFA.
190 Mr. Ay Khanoum, Palästra: DAFA.
190 u. Ay Khanoum, Fußfragment einer Kultstatue: DAFA.
191 o. Seite aus *Materia Medica* von Diskorides: Nationalbibliothek, Wien.
191 u. Terrakotta eines Kriegselefanten 1. Jh. n. Chr.: Nationalmuseum, Neapel.
192. Sterbender Gaul, ca 240–200 v. Chr., römische Kopie: Museo Capitolino, Rom.
193 r. Korinth, Apollontempel und Akrokorinth: SH.
196 l. Paestum, Luftaufnahme: Elsevier Archiv.
196 r. Neptuntempel: Scala, Florenz.
196 u. Kopf des Hannibal auf spanischer Münze, 3. Jh. v. Chr.: BM (JF).
197 u. Antiochos III., Portrait auf einer Münze: Nationalmuseum, Kopenhagen (JF).
199. Zeichnung nach dem Christus Pantokrator-Mosaik, ca. 1100 n. Chr., Daphni: MC.
200 o. Terrakotte des Apollon aus Veii, ca. 500 v. Chr.: Villa Giulia, Rom (Photo Scala, Florenz).
200 u. Etruskische Gladiatorenterrakotte: Taranto, Museum (Photo Scala, Florenz).
201 o. Priene, Heiliger Portico, 2. Jh. v. Chr.: G. Speake, Oxford.
202 o. Relief, Ara Pacis, Rom 19–13 v. Chr.: Scala, Florenz.
202 M. Münze des Antimachos, ca. 185 v. Chr.: BM (JF).
202 u. Münze des Euthydemos von Baktrien, ca. 230–220 v. Chr.: Torlonia Collection, Villa Albani, Rom (JF).
204. Pferde von San Marco, Venedig: Scala, Florenz.
205 l. Kopf des Hadrian: Ostia, Museum (Photo Scala, Florenz).
205 r. Athen, Tempel des olympischen Zeus, von Hadrian vollendet 130 n. Chr.: SH.
205 u. Marmorstatue des Antinous: Kapitolinisches Museum, Rom (Photo Scala, Florenz).
206 o. Kopf des Homer aus Kenchreai, Korinth: American School of Classical Studies, Athen (Photo R. Scranton).
206 M. Kopf des Caracalla, 215–217 n. Chr.: Metropolitan Mu-

seum of Art, New York, Samuel D. Lee Fund, 1940.
206 u. Kopf des Septimius Severus, ca. 200 n. Chr.: Museum of Fine Arts, Boston, Mass.
207 l. Mistra: G. Speake, Oxford.
207 r. Eton MS. 141. Strabo, *Geographica*, 15. Jh. n. Chr.: Provost and Fellows of Eton College, Windsor.
208 o. *Schule von Athen* von Raphael: Vatikanische Museen (Photo Phaidon Archiv).
208 ul. Villa Rotonda, Vicenza, von Palladio: A. F. Kersting, London.
208 ur. Osterley House, London: Country Life, London.
209 ol. Gefäß aus Holz und Bronze, frühes 19. Jh.: Palazzo Pitti, Florenz (Photo Alinari, Florenz).
209 oM. Athen, die Universität: A. F. Kersting, London.
209 or. Feuerwehrmann, Stich, 1883: Mary Evans Picture Library, London.
209 Ml. Wedgwoodgefäß, ca. 1790: Wedgwood Museum, Barlaston, Staffs.
209 M. Viktorianische Skulptur von John Gibson: Mansell Collection, London.
209 Mr. Vaslav Nijinsky und Tubor Tchernichera in *L'Apres-midi d'un faune*, 1912: New York Public Library, Dance Collection, Lincoln Center (Photo Baron Adolph de Meiyer).
209 ul. Grab des Makriyannis, Athen: Griechische Botschaft, London.
209 ur. Picasso, Zeichnung aus der Minotaurus-Folge; 1936; © SPADEM, Paris 1980: Sotheby Parke Bernet, London.
210 l. Karyatide aus Eleusis: Fitzwilliam Museum, Cambridge (JF).
210 r. Angriff auf die Akropolis in Athen während der Belagerung von 1687, Stich von Fanelli 1707: Ash.
211. »Die erste Schlacht um Athen«, von Makriyannis in Auftrag gegeben: Royal Library, Windsor, Copyright vorbehalten.
Vorsatz: Griechenlandkarte von Abraham Ortelius, *Theatrum Orbis Terrarum,* Antwerpen 1570: Royal Geographical Society, London.

# BIBLIOGRAPHIE

**Erster Teil**
A. Andrewes, *The Greeks*. London 1967.
J. B. Bury und R. Meiggs, *History of Greece to the Death of Alexander the Great*. 4. A. London 1975.
*Cambridge Ancient History*. 3. A. Cambridge 1970.
J. K. Campbell, *Honour, Family and Patronage*. Oxford 1964.
M. Cary, *The Geographic Background of Greek and Roman History*. Oxford 1949.
E. Dodwell, *Cyclopean or Pelasgic Remains*. London 1834.
J. du Boulay, *Portrait of a Greek Mountain Village*. Oxford 1974.
N. G. L. Hammond, *History of Greece to 322 BC*. 2. A. Oxford 1967.
S. C. Humphreys, *Anthropology and the Greeks*. London 1978.
W. M. Leake, *Travels in the Morea*. 3 Bde. London 1830; Repr. Amsterdam 1968.
– – *Travels in Northern Greece*. 4 Bde. London 1835; Repr. Amsterdam 1967.
A. D. Momigliano, *Alien Wisdom*. Cambridge 1975.
*Oxford Classical Dictionary*. 2. A. Oxford 1970.
Pitton de Tournefort, *Relation d'un voyage du Levant*. Lyon 1717.
H. J. Rose, *A Handbook of Greek Mythology*. 6. A. London 1958.
R. Stillwell, W. L. MacDonald und M. A. McAllister, *The Princeton Encyclopedia of Classical Sites*. Princeton, N. J. 1976.
J. Stuart und N. Revett, *The Antiquities of Athens*. 4 Bde. London 1762–1816 (dt. *Griechische Baukunst nach J. Stuart u. N. Revett*. Berlin 1922).

**Zweiter Teil**
C. W. Blegen, *Troy and the Trojans*. London 1963.
K. Branigan, *The Foundations of Palatial Crete*. London 1970.
H. G. Buchholz und V. Karageorghis, *Altägäis und Altkypros*. Tübingen 1971.
J. Chadwick, *The Decipherment of Linear B*. 2. A. Cambridge 1968.
– – *The Mycenaean World*. Cambridge 1976.
V. R. d'A. Desborough, *The Last Mycenaeans and their Successors*. Oxford 1964.
– – *The Greek Dark Ages*. London 1972.
Sir Arthur Evans, *The Palace of Minos at Knossos*. 4 Bde. London 1921–35. Index-Bd. 1936. Repr. New York 1963.
M. I. Finley, *The World of Odysseus*. 2. A. Harmondsworth 1962.
A. Furumark, *The Mycenaean Pottery. Analysis and Classification*. Stockholm 1941. Repr. Stockholm 1972.
– – *The Chronology of Mycenaean Pottery*. Stockholm 1941. Repr. Stockholm 1972.
J. W. Graham, *The Palaces of Crete*. Princeton, N. J. 1962. Repr. 1969.
R. Higgins, *Minoan and Mycenaean Art*. London und New York 1967.
M. S. F. Hood, *The Home of the Heroes. The Aegean before the Greeks*. London 1967.
– – *The Minoans*. London 1971.
R. W. Hutchinson, *Prehistoric Crete*. Harmondsworth Repr. 1968.
G. S. Kirk, *Homer and the Epic*. Cambridge 1965.
– – *Myth, its Meaning and Function*. Cambridge 1970.
A. D. Lacy, *Greek Pottery in the Bronze Age*. London 1967.
J. V. Luce, *The End of Atlantis*. London 1969 (dt. *Atlantis. Legende und Wirklichkeit*. 3. A. München 1973).
S. Marinatos und M. Hirmer, *Kreta, Thera und das mykenische Hellas*. 2. A. München 1973.
F. Matz, *Kreta, Mykene, Troja. Die minoische und die homerische Welt*. Stuttgart 1956.
– – *Kreta und frühes Griechenland*. Baden-Baden 1962.
O. Murray, *Early Greece and the Near East*. London 1980.
G. Mylonas, *Ancient Mycenae*. London 1957.
– – *Mycenae and the Mycenaean Age*. Princeton, N. J. 1966.
M. P. Nilsson, *The Minoan-Mycenaean Religion and its Survival in Greek Religion*. 2. A. Lund 1950.
D. L. Page, *The Homeric Odyssey*. Oxford 1955.
– – *History and the Homeric Iliad*. Berkeley, Ca. 1959.
J. D. S. Pendlebury, *The Archaeology of Crete*. London 1939. Repr. New York 1965.
C. Renfrew, *The Emergence of Civilization. The Cyclades and the Aegean in the Third Millennium BC*. London 1972.
A. E. Samuel, *The Mycenaeans in History*. Englewood Cliffs, N. J. 1966.
N. K. Sandars, *The Sea Peoples*. London 1978.
K. Schefold, *Götter- und Heldensagen der Griechen in der spätarchaischen Kunst*. München 1978.
H. Schliemann, *Mykenae*. Leipzig 1878; Repr. Darmstadt 1966.
– – *Ilios*. Leipzig 1881.
A. M. Snodgrass, *Archaeology and the Rise of the Greek State*. Cambridge 1977.

– – *The Dark Age of Greece*. Edinburgh 1971.
F. H. Stubbings, *Mycenaean Pottery from the Levant*. Cambridge 1951.
– – *Prehistoric Greece*. London 1972.
Lord William Taylour, *Mycenaean Pottery in Italy and Adjacent Areas*. Cambridge 1958.
– – *The Mycenaeans*. London 1964.
G. Thomson, *The Prehistoric Aegean*. London 1978.
M. Ventris und J. Chadwick, *Documents in Mycenaean Greek*. 2. A. Cambridge 1973.
E. Vermeule, *Greece in the Bronze Age*. 5. A. Chicago, Ill., und London 1972.
A. J. B. Wace, *Mycenae. An Archaeological History and Guide*. Princeton, N. J. 1949.
– – und F. H. Stubbings (Hg.), *A Companion to Homer*. London 1962.
P. Warren, *The Aegean Civilizations*. Oxford 1975.
C. Zervos, *L'Art de la Crète néolithique et minoenne*. Paris 1956.
– – *L'Art des Cyclades*. Paris 1957.
– – *La Naissance de la civilisation en Grèce*. 2 Bde. Paris 1962/63.

**Dritter Teil**
A. Andrewes, *Greek Tyrants*. London 1956.
J. Boardman, *The Greeks Overseas*. 3. A. London 1980.
– – *Preclassical*. Harmondsworth 1967.
– – *Athenian Black Figure Vases*. London 1974.
– – *Athenian Red Figure Vases of the Archaic Period*. London 1975.
– – *Greek Sculpture: the Archaic Period*. London 1978.
R. J. Bonner, *Aspects of Athenian Democracy*. Berkeley, Ca. 1933.
C. M. Bowra, *Greek Lyric Poetry*. 2. A. Oxford 1961.
– – *Pindar*. Oxford 1964.
A. R. Burn, *Lyric Age of Greece*. London 1960.
– – *Persia and the Greeks*. London 1962.
P. Cartledge, *Sparta and Lakonia*. London 1979.
J. Charbonneaux, R. Martin und F. Villard, *Grèce archaique*. Paris 1968 (dt. *Das archaische Griechenland*. 2. A. München 1977).
J. N. Coldstream, *Greek Geometric Pottery*. London 1968.
– – *Geometric Greece*. London 1977.
J. K. Davies, *Athenian Propertied Families*. Oxford 1971.
J. de Romilly, *La Loi dans la pensée grecque*. Paris 1971.
V. R. d'A. Desborough, *The Greek Dark Ages*. London 1972.
T. J. Dunbabin, *The Western Greeks*. Oxford 1948.
V. Ehrenberg, *From Solon to Socrates*. 2. A. London 1973.
B. Farrington, *Greek Science*. 2. A. Harmondsworth 1969.
M. I. Finley, *Ancient Sicily*. London 1968.
W. G. Forrest, *The Emergence of Greek Democracy*. London 1966.
– – *A History of Sparta, 950 BC–192 BC*. London 1968.
H. Fränkel, *Dichtung und Philosophie des frühen Griechentums*. 2. A. München 1962.
E. N. Gardiner, *Athletics of the Ancient World*. Oxford 1930.
A. J. Graham, *Colony and Mother City in Ancient Greece*. Manchester 1964.
D. Harden, *The Phoenicians*. Harmondsworth 1971.
H. A. Harris, *Greek Athletes and Athletics*. London 1964.
– – *Sport in Greece and Rome*. London 1972.
A. R. W. Harrison, *The Law of Athens*: Bd. 1 *The Family and Property*. Oxford 1968; Bd. 2 *Procedure*. 1971.
C. und S. Hawkes (Hg.), *Greeks, Celts and Romans*. London 1973.
C. Hignett, *Xerxes' Invasion of Greece*. Oxford 1963.
E. Homann-Wedeking, *Das archaische Griechenland*. Baden-Baden 1966.
E. Hussey, *The Presocratics*. London 1972.
G. L. Huxley, *The Early Ionians*. London 1966.
L. H. Jeffrey, *Archaic Greece*. London 1976.
G. K. Jenkins, *Ancient Greek Coins*. London 1972.
A. Johnston, *The Emergence of Greece*. Oxford 1976.
G. S. Kirk und J. E. Raven, *The Presocratic Philosophers*. Cambridge 1957.
C. M. Kraay, *Archaic and Classical Greek Coins*, London 1976.
– – und M. Hirmer, *Greek Coins*. New York 1966.
E. Langlotz und M. Hirmer, *Die Kunst der Westgriechen in Sizilien und Unteritalien*. München 1963.
A. Lesky, *Geschichte der griechischen Literatur*. 3. A. Bern und München 1971.
P. Maas, *Griechische Metrik*. Leipzig und Berlin 1923.
S. Moscati, *Il mondo dei Fenici*. Mailand 1966 (dt. *Die Phöniker*. Zürich 1966).
M. P. Nilsson, *Geschichte der griechischen Religion*. München 1941.
– – *Die Religion der Griechen*. Tübingen 1927.
– – *Griechischer Glaube*. München 1950.

H. W. Parke, *Greek Oracles*. London 1967.
H. Payne, *Necrocorinthia*. Oxford 1931.
S. Piggott, *Ancient Europe*. Edinburgh 1973.
M. J. Price und N. Waggoner, *Archaic Greek Coinage*. London 1976.
D. S. Raven, *Greek Metre*. London 1969.
E. Rawson, *The Spartan Tradition in European Thought*. Oxford 1969.
P. J. Rhodes, *The Athenian Boule*. Oxford 1972.
G. M. A. Richter, *Korai: Archaic Greek Maidens*. London 1968.
– – *Kouroi: Archaic Greek Youths*. 3. A. London 1970.
S. Sambursky, *The Physical World of the Greeks*. London 1956 (dt. *Das physikalische Weltbild der Antike*. Zürich und Stuttgart 1965).
B. Schweitzer, *Die geometrische Kunst Griechenlands*. Köln 1969.
E. Vanderpool, *Ostracism at Athens*. Cincinnati, Ohio 1970.
M. L. West, *Early Greek Philosophy and the Orient*. Oxford 1971.
A. G. Woodhead, *The Greeks in the West*. London 1962.

**Vierter Teil**
P. E. Arias und M. Hirmer, *Tausend Jahre griechische Vasenkunst*. München 1960.
B. Ashmole, *Architect and Sculptor in Classical Greece*. London 1972.
J. D. Beazley, *Potter and Painter in Ancient Athens*. Oxford 1946.
H. Berve, G. Gruben und M. Hirmer, *Griechische Tempel und Heiligtümer*. München 1961.
M. Bieber, *The History of the Greek and Roman Theater*. 2. A. Princeton, N. J. 1961.
C. Blümel, *Griechische Bildhauer an der Arbeit*. Berlin 1940.
J. Boardman, *Greek Art*. 2. verbess. Ausg. London 1973.
– – *Greek Gems and Finger Rings*. London 1971.
R. S. Buck, *Plato's Phaedo*. London 1955.
R. Carpenter, *The Architects of the Parthenon*. Harmondsworth 1970.
M. Cary und E. H. Warmington, *The Ancient Explorers*. London 1929; paperback revised ed. 1963.
L. Casson, *Ships and Seamanship in the Ancient World*. Princeton, N. J. 1971.
– – *Travel in the Ancient World*. London 1974 (dt. *Reisen in der Alten Welt*. München 1976).
W. R. Connor, *The New Politicians of Fifth Century Athens*. Princeton, N. J. 1971.
R. M. Cook, *Greek Art. Its Development, Character and Influence*. London 1972.
F. M. Cornford, *Before and after Socrates*. Cambridge 1932.
J. J. Coulton, *Ancient Greek Architects at Work*. London 1977.
J. K. Davies, *Democracy and Classical Greece*. London 1978.
J. de Romilly, *Thucydides et l'impérialisme athénien*. Paris 1951.
G. E. M. de Ste. Croix, *The Origins of the Peloponnesian War*. London 1972.
W. B. Dinsmoor, *The Architecture of Ancient Greece*. 3. A. London und New York 1950.
E. R. Dodds, *The Ancient Concept of Progress*. Oxford 1973.
K. J. Dover, *Aristophanic Comedy*. London 1972.
– – *Greek Popular Morality*. Berkeley, Ca. 1974.
– – *Greek Homosexuality*. London 1978.
V. Ehrenberg, *Sophocles and Pericles*. Oxford 1954.
J. Ellis Jones et al., *An Attic Country House*. London 1974.
J. H. Finley, *Thucydides*. Cambridge, Mass. 1976.
M. I. Finley (Hg.), *Slavery in Classical Antiquity*. Cambridge 1960.
R. Flacelière, *La vie quotidienne en Grèce au siècle de Périclès*. Paris 1960 (dt. *Griechenland. Leben und Kultur in klassischer Zeit*. Stuttgart 1977).
R. J. Forbes, *Studies in Ancient Technology*. 9 Bde, 2. A. Leiden 1964–72.
C. W. Fornara, *Herodotus*. Oxford 1971.
A. French, *The growth of the Athenian Economy*.London 1964.
G. Glotz, *Le travail dans la Grèce ancienne*. Paris 1920.
C. W. K. Guthrie, *History of Greek Philosophy*. 5 Bde., Cambridge 1962–78.
I. Henderson, »Ancient Greek Music« in *The New Oxford History of Music*, Bd. 1: *Ancient and Oriental Music*. Oxford 1957.
R. J. Hopper, *The Acropolis*. London 1971.
– – *Trade and Industry in Classical Greece*. London 1979.
J. Jones, *On Aristotle and Greek Tragedy*. London 1962.
D. Kurtz, *Athenian White Lekythoi*. Oxford 1975.
– – und J. Boardman, *Greek Burial Customs*. London 1971.
W. K. Lacey, *The Family in Classical Greece*. London 1968.
M. L. W. Laistner, *A History of the Greek World from 479 to 323 BC*. 3. A. London 1957; Taschenbuch 1970.
A. W. Lawrence, *Greek and Roman Sculpture*. London 1972.
– – *Greek Architecture*. 3. A. Harmondsworth 1973.

# BIBLIOGRAPHIE

A. Lesky, *Die griechische Tragödie*. 2. A., Stuttgart 1958.
R. J. Ling, *The Greek World*. Oxford 1976.
R. Lullies und M. Hirmer, *Griechische Plastik*. 4. A. München 1979.
H.-I. Marrou, *Histoire de l'éducation dans l'antiquité*. 7. A. Paris 1976 (dt. *Geschichte der Erziehung im klassischen Altertum*. 2. A. München 1977).
R. Martin, *L'Urbanisme dans la cité grecque*. 2. A. Paris 1974.
R. Meiggs, *The Athenian Empire*. Oxford 1972.
−− und D. M. Lewis, *Selection of Greek Historical Inscriptions*. Oxford 1969.
H. Michell, *The Economics of Ancient Greece*. Verb. Ausg. Cambridge 1957.
N. R. Murphy, *The Interpretation of Plato's Republic*. Oxford 1951.
H. W. Parke, *Festivals of the Athenians*, London 1977.
−− *Greek Mercenary Soldiers*. Oxford 1933. Repr. 1970.
A. W. Pickard-Cambridge, *The Dramatic Festivals of Athens*. 2. A. Oxford 1968.
J. E. Raven, *Plato's Thought in the Making*. Cambridge 1965.
K. Reinhardt, *Sophokles*. 3. A. Frankfurt 1947.
G. M. A. Richter, *The Sculpture and Sculptors of the Greeks*. 4. A. New Haven, Conn. 1970.
−− *Handbook of Greek Art*. 7. A. London und New York 1974 (dt. *Handbuch der griechischen Kunst*. Köln 1966).
−− *Portraits of the Greeks*. London 1966.
D. S. Robertson, *Greek and Roman Architecture*. 2. A. Cambridge 1943. Paperback ed. 1969.
M. Robertson, *History of Greek Art*. Cambridge 1976.
D. Ross, *Plato's Theory of Ideas*. Oxford 1951.
A. M. Snodgrass, *Arms and Armour of the Greeks*. London 1967.
E. S. Staveley, *Greek and Roman Voting and Elections*. London 1972.
D. E. Strong, *The Classical World*. London 1965.
A. E. Taylor, *Plato*. London 1926.
J. Travlos, *Bildlexikon zur Topographie des antiken Athen*. Tübingen 1971.

A. D. Trendall und T. B. L. Webster, *Illustrations of Greek Drama*. London 1971.
J. P. Vernant, *Mythe et pensée chez les grecs*. Paris 1965.
−− *Mythe et tragédie en Grèce ancienne*. Paris 1972.
B. Vickers, *Towards Greek Tragedy*. London 1974.
J. Vogt, *Sklaverei und Humanität. Studien zur antiken Sklaverei und ihrer Erforschung*. 2. A. Wiesbaden 1972.
A. J. A. Waldock, *Sophocles the Dramatist*. Cambridge 1966.
T. B. L. Webster, *Athenian Culture and Society*. London 1973.
F. E. Winter, *Greek Fortifications*. London 1971.
A. G. Woodhead, *The Study of Greek Inscriptions*. Cambridge 1959.
R. E. Wycherley, *How the Greeks Built Cities*. 2. A. London 1962.
A. E. Zimmern, *The Greek Commonwealth*. 5. A. Oxford 1947. Taschenbuch 1961.

**Fünfter Teil**

M. Bieber, *The Sculpture of the Hellenistic Age*. 2. A. New York 1961.
M. Cary, *A. History of the Greek World from 323 to 146 BC*. 2. A. London 1951.
G. L. Cawkwell, *Philip of Macedon*. London 1978.
K. J. Dover, *Lysias and the Corpus Lysiacum*. Berkeley, Ca. 1968.
J. R. Ellis, *Philip II and Macedonian Imperialism*. London 1976.
P. M. Fraser, *Ptolemaic Alexandria*. 3 Bde., Oxford 1972.
G. T. Griffith, *History of Macedonia*. Bd. 2, Oxford 1972.
P. Grimal, *La civilisation et la montée de Rome*. 2. A. Paris 1971 (dt. *Der Hellenismus und der Aufstieg Roms*. Frankfurt a. M. und Hamburg 1965).
W. Jaeger, *Aristoteles*. Berlin 1955.
G. Kennedy, *The Art of Persuasion in Greece*. London und Princeton, N. J. 1963.
R. Lane Fox, *Alexander the Great*. London 1973.
J. A. O. Larsen, *Greek Federal States*. Oxford 1968.
N. Lewis, *Papyrus in Classical Antiquity*. Oxford 1974.
A. A. Long, *Hellenistic Philosophy*. London 1974.

R. Pfeiffer, *History of Classical Scholarship: from the Beginnings to the End of the Hellenistic Age*. Oxford 1968 (dt. *Geschichte des klassischen Philologie. Von den Anfängen bis zum Ende des Hellenismus*. 2. A. München 1978).
A. W. Pickard-Cambridge, *Demosthenes*. New York 1914.
J. H. Randall Jr., *Aristotle*. New York 1960.
L. D. Reynolds und N. G. Wilson, *Scribes and Scholars*. 2. A. Oxford 1974.
L. Robin, *Aristote*. Paris 1944.
W. D. Ross, *Aristotle*. 5. A. London 1960.
−− *The Development of Aristotle's Thought*. London 1957.
M. I. Rostovtzeff, *Die hellenistische Welt. Gesellschaft und Wirtschaft*. 3 Bde., 2. A. Stuttgart 1955/56.
W. W. Tarn, *Hellenistic Military and Naval Developments*. Cambridge 1930.
−− *Hellenistic Civilization*. 3. A., Hg. G. T. Griffith. London 1952.
E. G. Turner, *Greek Papyri: An Introduction*. Oxford 1968.
−− *Greek Manuscripts of the Ancient World*. Oxford 1971.
U. von Wilamowitz-Moellendorff, *Hellenistische Dichtung*. Berlin 1924. Repr. 1961.
T. B. L. Webster, *Hellenistic Poetry and Art*. London 1964.
H. D. Westlake, *Thessaly in the Fourth Century*. London 1935.

**Sechster Teil**

P. Brown, *The World of Late Antiquity*. London 1971.
R. Browning, *Medieval and Modern Greek*. London 1969.
E. Fraenkel, *Horace*. Oxford 1957 (dt. *Horaz*. Darmstadt 1963).
R. Heinze, *Virgils epische Technik*. Leipzig und Berlin 1915. Repr. Stuttgart 1965.
L. Politis, *A. History of Modern Greek Literature*. Oxford 1973.
S. Runciman, *Mistra*. London 1980.
W. St. Clair, *That Greece might still be Free*. London 1972.
C. A. Trypanis (Hg.), *Medieval and Modern Greek Poetry*. Oxford 1951.
G. Williams, *Tradition and Originality in Roman Poetry*. Oxford 1968.

# REGISTER GEOGRAPHISCHER NAMEN

Abdera, 40°56′N 24°59′O, 86,
105, 132, 140, 172, 177
Abydos (Türkei), 40°08′N
26°25′O, 66, 112, 172, 182, 218
Acharnai, 38°05′N 23°44′O, 97,
101, 105, 220
Acheloos, 14, 214, 216
Adulis (Äthiopien) (Zulla),
15°37′N 39°28′O, 186
Aegina (Insel), 37°47′N 23°26′O
45, 94, 102, 105, 130, 132, 140,
152, 163, 214, 220
Aelana (Israel) (Elat), 29°33′N
34°57′O, 186
Aelia Capitolina, s. Jerusalem
Aetos, 37°15′N 21°50′O, 45
Agatha (Frankreich), 43°19′N
3°29′O, 66
Agrapidochori, 37°53′N 21°19′O,
45
Agrieliki (Berg), 38°08′N
23°57′O, 133
Agrinion, 38°38′N 21°25′O, 214
Aigai, Edessa
Aigaleos, 37°58′N 23°38′O, 133
Aigina (Stadt), 37°47′N 23°26′O,
24, 30, 97, 214, 220
Aigion, 38°15′N 22°05′O, 52,
214
Aigosthena, 38°09′N 23°13′O,
97, 152, 214, 220
Ainos (Türkei), 40°44′N
26°03′O, 66, 102, 132, 140, 172,
177
Aitna, s. Katana
Aixone, 37°47′N 23°54′O, 101
Akanthos, 40°22′N 23°52′O,
66, 140
Akragas (Sizilien) (Agrigentum)
(Agrigento), 37°19′N 13°35′O,
66, 86, 98, 105, 152
Akrai (Sizilien), 36°56′N
14°46′O, 66, 86
Akrotiri (1) (Zypern), 34°55′N
33°06′O, 222
Akrotiri (2), 36°21′N 25°22′O,
30, 220
Aktion, 38°56′N 20°46′O, 216
Alalia (Korsika) (Aleria),
42°05′N 9°30′O, 66
Alalkomenai, 38°24′N 20°45′O,
214
Alaşehir (Türkei), 38°22′N
28°32′O, 220
Alaşehir (Fluß) (Türkei), 220
Alesia (Frankreich) (Alise Ste
Reine), 47°33′N 4°30′O, 170
Alexandria (1) (Afghanistan)
(Ghazni), 33°33′N 68°28′O, 182
Alexandria (2) (Afghanistan)
(Herat), 34°20′N 62°10′O, 182
Alexandria (3) (Afghanistan)
(Kandahar), 31°36′N 65°47′O,
182
Alexandria (4) (ehemalige
UdSSR) (Kokand), 40°33′N
70°55′O, 182, 186
Alexandria (5) (Iran), 30°10′N
48°24′O, 182
Alexandria (6) ad Issum (Tür-
kei) (Myriandros) (Iskenderun),
36°37′N 36°08′O, 171, 182
Alexandria Troas (7) (Türkei),
39°31′N 26′98′O, 198, 213
Alexandria (8) (Usbekistan)
(Antiocheia) (Taschkent),
41°16′N 69°13′O, 102, 182, 186
Alexandrien (Ägypten),
31°13′N 29°55′O, 102, 148, 170,
182, 186, 194, 195, 198
Alexandroupolis (Afghanistan),
36°50′N 69°50′O, 182, 218
Aliakmon 14, 172, 177, 216,
218
Alimos, s. Halimous
Alinda, 37°10′N 26°50′O, 220
Al Mina (Türkei), 36°07′N
35°55′O, 66, 90
Alonnisos (Insel), 39°09′N
23°50′O, 216, 218
Alopeke, 37°57′N 23°44′O, 101
Alos (Türkei) (Yoğun), 38°03′N
39°26′O, 52, 216, 218
Alpenoi, 38°48′N 22°39′O, 133
Alpheios, 14, 214
Alyzia, 38°41′N 20°56′O, 172
Amalias, 37°48′N 21°21′O, 220
Amantia (Italien), 39°08′N

16°05′O, 216
Amaseia (Türkei) (Amasya),
40°37′N 35°50′O, 195
Amathous (Zypern), 34°42′N
33°09′O, 66, 222
Ambrakia, 39°09′N 20°59′O,
132, 140, 172, 216
Amisos (Türkei) (Samsun),
41°17′N 36°22′O, 195, 198
Amnisos (Kreta), 35°18′N
35°13′O, 31, 45, 222
Amorgos (Insel), 36°49′N
25°54′O, 172, 216, 220
Amphiareion (Kelamos),
38°17′N 23°51′O, 148, 220
Amphilokian. Argos, 38°52′N
21°09′O, 216
Amphipolis, 40°48′N 23°52′O,
140, 172, 177, 216, 218
Amphissa, 38°32′N 22°22′O,
152, 220
Amphitrope, 37°52′N 24°00′O,
112
Amyklai, 37°02′N 22°39′O,
30, 45, 52, 94, 152, 214
Anagyrous, 37°50′N 23°48′O,
97, 101
Anaktorion, 38°55′N 20°50′O,
132, 198, 216
Anaphi (Insel), 36°23′N
25°44′O, 220
Anaphlystos, 37°43′N 23°56′O,
97, 101, 112
Anapos, 141
Andiparos (Insel), 37°00′N
24°58′O, 220
Andros (und Andros Insel),
37°49′N 24°54′O, 14, 45, 140,
172, 214, 220
Anhsi (ehemalige UdSSR),
40°32′N 95°57′O, 186
Ankyra (Türkei) (bei Ankara),
39°55′N 32°50′O, 170, 182, 195
Antandros (Türkei), 39°34′N
26°54′O, 132, 218
Anthedon, 38°29′N 23°28′O, 52
Anthela, 38°49′N 22°32′O, 133
Antigoneia (1) (Albanien),
40°18′N 20°00′O, 216
Antigoneia (2) (Syrien),
36°05′N 35°58′O, 195
Antiochia (1) (ehemalige UdSSR)
(Margiana) (Merv), 37°42′N
61°54′O, 186
Antiochia (2) (Türkei) (Anta-
kya), 36°12′N 36°10′O, 186, 198,
213
Antissa, 39°15′N 26°00′O, 218
Antium (Italien) (Anzio),
41°27′N 12°38′O, 66
Antron, 38°59′N 23°02′O, 52
Aoos (Albanien) (Vijosé), 14,
216, 218
Aornos (Afghanistan), 36°48′N
67°30′O, 182
Apameia (Türkei) (Dinar),
38°05′N 30°09′O, 194, 195, 198
Aphaia, 37°31′N 23°33′O, 214,
220
Aphidna, 38°12′N 23°50′O, 97,
101
Apollonia (1), 36°59′N 24°43′O,
213
Apollonia (2) (Albanien),
40°40′N 19°28′O, 66, 198, 216
Apollonia (3) (Bulgarien) (bei
Sozopol), 42°23′N 27°42′O, 66
Apollonia (4) (Libyen) (Mersa
Susah), 32°52′N 21°59′O, 66
Apollonia (5) (Türkei), 39°07′N
27°31′O, 218
Apologos (Irak), 30°24′N
47°41′O, 186
Aptera (Kreta), 35°28′N
24°10′E, 148, 222
Aquincum (Ungarn) (Buda-
pest), 47°30′N 19°03′O, 170
Arabela (Irak), 36°12′N 44°01′O,
94, 182
Aracthos, 14, 216
Araithyrea, 37°52′N 22°31′O, 52
Araphen, 38°01′N 24°00′O, 97
Arausio (Frankreich) (Orange),
44°08′N 4°48′O, 170
Araxes (Aras) (Yerash), 90, 94,
129, 182, 198
Arda (Italien), 218
Ardasa (Türkei) (Torut),

40°35′N 39°18′O, 171
Arene, 37°37′N 21°27′O, 52
Arginusai (Türkei), 39°02′N
26°47′O, 140
Argissa, 39°42′N 22°16′O, 52
Argive Heraion, 37°42′N
22°47′O, 24, 214
Argos, 37°38′N 22°42′O, 45, 52,
66, 86, 94, 105, 132, 140, 148,
152, 163, 172, 214
Argostolion, 38°13′N 20°29′O,
220
Arisbi, 39°16′N 26°15′O, 184,
218
Aromata (Somalia), 11°52′N
51°05′O, 186
Arsinoë (Ägypten) (Krokodilo-
polis), 29°19′N, 30°50′O, 186
Arsos (Zypern), 34°50′N
32°46′O, 222
Arta, 39°09′N 20°59′O, 216
Artaxata (ehemalige UdSSR)
(Artashat), 39°58′N 44°34′O,
194, 195, 198
Artemision, 37°37′N 22°31′O, 132
Asarlik (Türkei), 40°26′N
38°24′O, 45
Asine, 37°31′N 22°51′O, 30, 45,
52, 152, 214
Asklepios (Türkei), 39°05′N
27°09′O, 218
Asklepion, 36°53′N 27°16′O,
220
Askra, 38°12′N 23°19′O, 214,
220
Asopos, 133
Aspendos (Türkei), 36°55′N
31°08′O, 102
Aspledon, 38°32′N 23°05′O, 52
Asphropygos, 38°03′N 23°35′O,
220
Assia (Zypern), 35°08′N
33°37′O, 222
Assos (Türkei), 39°30′N
26°18′O, 148, 152, 213, 218
Astakos, 38°32′N 21°04′O, 45
Astypalaia (Insel), 36°32′N
26°23′O, 172, 216, 220
Atalandi, 38°39′N 23°00′O, 220
Atarneus (Türkei), 39°03′N
26°57′O, 132, 218
Atene, 37°40′N 21°38′O, 112
Athen, 17°57′N 23°44′O, 12, 14,
16, 17, 18, 20, 24, 30, 45, 52,
66, 86, 94, 97, 105, 112, 116,
132, 133, 140, 148, 152, 163,
172, 186, 194, 195, 198, 213
Athienou (Zypern), 35°03′N
33°33′O, 222
Athmonon, 38°03′N 23°48′O,
101
Athos (Berg), 40°10′N 24°19′O,
14
Atlas (Gebirge, Marokko),
31°03′N 7°57′W, 90
Aulis, 38°26′N 23°35′O, 52,
214, 220
Avalites (Somalia), 11°21′N
43°30′O, 184, 186
Axios (Vardar), 14, 172, 177,
216, 218
Axum (Äthiopien), 14°10′N
38°45′O, 186
Aydin (Türkei), 37°52′N
27°50′O, 220
Ay Khanoum (Afghanistan),
37°03′N 68°05′O, 190
Ayvalik (Türkei), 41°00′N
36°40′O, 218
Aziris (Libyen), 32°25′N
23°09′O, 66

Babylon (Irak), 32°33′N
44°24′O, 90, 94, 129, 148, 171,
182, 194, 195, 198
Bafa-See (Türkei), 220
Baktra (Afghanistan) (Balth),
36°46′N 66°50′O, 94, 102, 129,
182, 186
Balikesir (Türkei), 39°38′N
27°51′O, 14
Barbarikon (W.-Pakistan),
25°23′N 68°24′O, 184, 186
Bargylia (Türkei), 37°13′N
27°35′O, 220
Barke (Libyen) (Cl-Marj?),
32°30′N 20°50′O, 66
Barygaza (Indien), 22°19′N

73°14′O, 186
Bassai, 37°25′N 21°48′O, 128,
152, 214
Bayramiç (Türkei), 39°47′N
26°37′O, 218
Belevi, 53°50′N 36°08′O, 220
Berati (Albanien), 40°43′N
19°46′O, 216
Berenike (Ägypten), 23°50′N
35°28′O, 186
Berenikia (Albanien) (Preveza),
38°58′N 20°45′O, 216
Berezan-Insel (Ukraine), 50°23′N
31°32′O, 66
Bergama, s. Pergamon
Besa, 37°43′N 23°00′O, 112
Biğa (Türkei), 40°13′N 27°14′O,
218
Bitola (Mazedonien), 41°01′N
21°21′O, 216
Bizye (Türkei), 41°48′N 27°49′O,
198
Bodrum, s. Halikarnass, 220
Borama (Somalia), 9°56′N
43°13′O, 186
Bornova (Türkei), 38°28′N
27°15′O, 220
Bozdoğan (Türkei), 37°40′N
28°20′O, 220
Brauron, 37°55′N 23°58′O, 97,
214, 220
Brigantium (Spanien)
(La Coruña), 43°22′N 8°24′W,
170
Bura, 38°09′N 22°13′O
Burhaniye (Türkei), 39°29′N
26°59′O, 218
Bursa (Türkei), 40°12′N
29°04′O, 14
Buthroton (Albanien), 39°44′N
20°02′O, 198
Butrinti (Albanien), 39°47′N
20°00′O, 216
Büyük Menderes (Türkei), 14,
220
Byblos (Libanon) (Jubaïl),
34°08′N 35°38′O, 182
Byzantion (Türkei) (Istanbul),
41°02′N 28°57′O, 66, 90, 94,
129, 140, 171, 172, 186, 194, 195,
198

Caesarea (Israel), 32°30′N
34°54′O, 198, 213
Camara (Kreta), 35°12′N
25°43′O, 186
Cambridge (England), 52°12′N
0°07′O, 156
Cameroon (Berg, Kamerun),
4°13′N 9°10′O, 90
Çan (Türkei), 39°09′N 40°12′O,
218
Cana (Jordanien), 32°49′N
35°17′O, 186
Çanakkale (Türkei), 40°09′N
26°25′O, 218
Caralis (Sardinien) (Cagliari),
39°13′N 9°08′O, 66
Cattigara (N.-Vietnam)
(Haiphong), 21°01′N 105°52′O,
186
Çesme (Türkei), 38°19′N
26°20′O, 220
Chaironeia, 38°30′N 22°53′O,
148, 152, 177, 214, 220
Chalcis (Syrien), 36°05′N
37°21′O, 195
Chalkedon (Türkei)
(Kalchedon), 40°59′N 29°02′O,
66, 171
Chalki (Insel), 39°34′N
22°33′O,
216
Chalkis (Euböa), 38°28′N
23°36′O, 14, 30, 45, 52, 66,
132, 140, 172, 198, 214, 220
Chalybon (Syrien), 36°07′N
37°22′O, 182
Chania, s. Kydonia
Charadra, 133
Charax (Iran), 30°20′N 48°15′O,
186
Chios (und Chios Insel),
38°23′N 26°07′O, 14, 24, 45, 66,
132, 152, 172, 177, 194, 213, 220
Cholargos, 38°02′N 23°43′O,
101
Chora, s. Samothrake

229

Chrysa, 39°33′N 26°58′O, 152
Chytroi (Zypern), 35°14′N
33°30′O, 66
Cine (Türkei),37°37′N28°03′O,220
Crna (Mazedonien), 216
Cumae, s. Kymai
Cunaxa (Irak), 33°22′N 43°35′O,
171
Curium (Zypern), 34°40′N
32°53′O, 222
Cyrus (Georgien/Aserbaidschan),
90, 198
Damaskus (Syrien), 33°30′N
36°18′O, 94, 182, 186, 194, 195,
198
Dana (Jordanien), 30°39′N
35°34′O, 171
Donau (M.-Europa), 66, 90, 198
Daskylion (Türkei), 40°24′N
28°45′O, 129, 198
Daulis, 38°30′N 22°44′O, 52, 214
Dekeleia, 38°10′N 23°47′O, 97,
101
Delion, 38°21′N 23°36′O, 140,
220
Delos (Insel), 37°23′N
25°17′O, 24, 45, 132, 138, 140,
148, 152, 220
Delphi, 38°29′N 22°29′O, 14, 24,
30, 45, 52, 76, 78, 132, 140, 148,
152, 170, 172, 198, 220
Delphinion, 38°28′N 26°05′O,
220
Delvina (Albanien), 39°59′N
20°04′O, 216
Demetrias, 39°25′N 22°56′O,
148, 152, 194, 216, 218
Derbe (Türkei), 37°18′N
33°25′O, 194, 198, 213
Derbent (Usbekistan), 42°03′N
48°18′O, 182
Devolli (Albanien) 216
Diktäische Höhle (Kreta),
35°12′N 25°13′O, 31, 222
Didimotichon, 41°22′N 26°29′O,
218
Didyma (Türkei), 37°22′N
27°16′O, 152, 220
Dikaia, 40°59′N 25°12′O, 102,
172
Dikili (Türkei), 39°05′N
26°52′O, 218
Dimini, 39°27′N 22°52′O, 216,
218
Dion, 38°55′N 22°52′O, 172,
177, 216, 218
Dioskurias (Georgien), 42°52′N
41°10′O, 66
Diospolis, s. Kabeira, 194
Dipaia, 37°32′N 22°16′O, 94
Dirmil (Türkei), 36°59′N
29°32′O, 45
Dodona, 39°42′N 21°01′O, 24,
45, 52, 63, 148, 152, 216
Doiranis-See (Mazedonien), 216,
218
Dorion, 37°18′N 21°51′O, 52
Doriskos, 40°57′N 25°56′O, 132
Drama, 41°10′N 24°11′O, 218
Dreros (Kreta), 35°18′N 25°38′O,
45, 222
Dura Europos (Syrien)
(Sāhihīyah) (qalat es
Sālihīyah), 34°46′N 40°46′O,
186, 194, 195
Durrës, s. Epidamnos
Dyme, 38°06′N 21°35′O, 30, 198
Dyrrachion, s. Epidamnos
Dystos (Euböa), 38°21′N
24°07′O, 152, 220

Eboracum (1) (England) (York),
53°58′N 1°05′W, 170
Eboracum (2) (Portugal)
(Evora), 38°34′N 7°54′W, 170
Edessa (1) (Aigai), 40°48′N
22°03′O, 30, 148, 152, 177, 194,
195, 216, 218
Edessa (2) (Türkei) (Urfa),
37°08′N 38°45′O, 195, 198
Edirne (Türkei), 41°40′N
26°34′O, 218
Edremit (Türkei), 39°34′N
27°01′O, 218
Eion, 40°44′N 23°53′O, 140
Ekbatana (Iran) (Hamadan)
34°48′N 48°30′O, 90, 94, 129,
182, 186

Elaia, 36°45′N 22°48′O, 132
Elaious (1), 37°31′N 22°42′O,
101, 172
Elaious (2) (Türkei), 40°05′N
26°14′O, 66
Elasson, 39°53′N 22°11′O, 216,
218
Elataia, 38°37′N 22°46′O, 220
Elbasani (Albanien), 41°07′N
20°05′O, 216
Elea (Italien) (Velia), 40°08′N
15°11′O, 66, 86, 105, 152
Eleusis, 38°02′N 23°23′O, 24,
30, 45, 65, 97, 101, 152, 214,
220
Eleutherai, 39°35′N 22°21′O,
97, 152, 214, 220
Elis, 37°54′N 21°22′O, 94, 132,
140, 148, 214
Emesa (Syrien) (Homs),
34°44′N 36°43′O, 182, 195, 198
Emporio (Emborion), 38°07′N
25°59′O, 45, 220
Emporion (Spanien), 42°02′N
3°05′W, 66, 220
Entremont (Frankreich),
43°39′N 5°15′O, 170
Ephesos (Türkei), 37°57′N
27°21′O, 24, 86, 94, 102, 105,
129, 132, 140, 148, 152, 166,
172, 182, 195, 198, 213
Epidamnos (Albanien)
(Dyrrachion) (Durrës), 41°18′N
19°28′O, 66, 86, 140, 198, 216
Epidauros, 37°38′N 23°09′O,
24, 52, 94, 140, 148, 152, 163,
164, 195, 214, 220
Erchia (Italien), 40°26′N
17°44′O, 101
Erdek (Türkei), 40°24′N
27°46′O, 216
Eresos, 39°11′N 25°57′O, 66
Eretria (Euböa) (Lefkandi),
38°23′N 23°50′O, 24, 45, 66,
132, 140, 148, 152, 172, 214, 220
Ergene (Türkei), 14, 218
Ermoupolis, 37°26′N 24°55′O,
214, 220
Erythrai (1), 38°13′N 23°20′O,
140
Erythrai (2) (Türkei) (Ildiri),
38°24′N 26°00′O, 163, 220
Etymander (Afghanistan), 94,
129, 182
Eudaimon Arabia (S.-Jemen),
12°50′N 45°03′O, 186
Euesperides (Libyen)
(Berenike) (Benghazi), 32°07′N
20°05′O, 66
Euphrat (Irak), 90, 94, 129, 182,
186, 198
Euromos (Türkei), 37°21′N
27°42′O, 152, 220
Euros, 14, 218
Eurotas, 14, 214
Euryalos (Sizilien), 37°05′N
15°17′O, 141
Eurymedon (Türkei), 140
Eutresis, 38°17′N 23°04′O, 52,
214, 220
Evinos, 14, 214
Ezine (Türkei), 39°46′N
26°20′O, 218

Famagusta (Zypern), 35°07′N
33°57′O, 222
Farah (Afghanistan), 32°23′N
62°08′O, 182
Fengsiang (China), 34°30′N
107°30′O, 186
Fleri (Albanien), 40°44′N
19°33′O, 216
Florina, 40°48′N 21°26′O, 216
Fourni (Insel), 37°35′N 26°31′O,
220

Gabai (Iran) (Aspadana)
(Isfahan), 32°41′N 51°41′O, 194,
195
Gadara (Jordanien)
(Umm Qays), 32°39′N 35°41′O,
195
Gadir (Spanien) (Cadiz),
36°32′N 6°18′W, 90
Ganges (Indien), 186
Ganges-Hafen (O.-Pakistan),
23°15′N 90°40′O, 186
Gangra (Türkei), 40°35′N

33°37′O, 195
Gargalianoi, 37°04′N 21°38′O,
214
Gastouni, 37°51′N 21°15′O, 220
Gaugamela (Irak), 36°40′N
43°23′O, 182
Gaza (Ägypten), 31°30′N
34°28′O, 182
Gediz (Türkei), 14
Gela (Sizilien), 37°04′N 14°15′O,
66, 86, 140
Gelibolu (Türkei), s. Kallipolis
Gerenia, 36°53′N 22°07′O, 163
Gergovia (Frankreich), 45°47′N
3°05′O, 170
Gerrha (Saudi Arabien),
24°29′N 50°20′O, 186
Gevgelija (Mazedonien), 41°09′N
22°30′O, 216, 218
Gjirokastra (Albanien), 40°05′N
20°10′O, 216
Gla, 38°29′N 23°10′O, 30, 152,
214, 220
Glisas, 38°17′N 23°25′O, 52
Goce Delčev (Bulgarien),
41°33′N 23°45′O, 218
Gomphoi, 39°27′N 21°39′O, 218
Gönen (Türkei), 218
Gönen (Türkei), 40°06′N
27°39′O, 218
Gonnos, 39°52′N 22°29′O, 152,
216, 218
Gordion (Türkei), 39°36′N
32°00′O
Gortyn (Kreta), 35°07′N
24°58′O, 31, 45, 52, 66, 148,
152, 222
Gortys, 37°31′N 22°02′O, 214
Goumenissa, 40°56′N 22°27′O,
216, 218
Gournia (Kreta), 35°06′N
25°47′O, 31, 222
Granikos (Türkei), 40°14′N
27°14′O, 182
Gravisca (Italien), 42°13′N
11°42′O, 66
Grevena, 40°05′N 21°26′O, 216
Großer Prespa-See, 14, 216
Grotta, 37°07′N 25°24′O, 45
Gryneion (Türkei), 38°56′N
27°02′O, 66
Gymnias (Türkei) (Bayburt),
40°15′N 40°16′O, 171
Gyrton, 39°46′N 22°28′O, 52
Gytheion, 36°45′N 22°31′O,
148, 214

Hadrumetum (Tunesien),
35°46′N 10°59′O, 66
Hagia Triada (Kreta), 35°03′N
24°44′O, 31, 222
Hagios Ephstratios (Insel),
39°34′N 24°58′O, 218
Hagios Kirikos, 37°34′N 26°15′O,
220
Hagios Nikolaos (Kreta),
35°11′N 25°43′O, 222
Hagnous, 37°53′N 23°55′O, 101
Halai, 38°41′N 23°10′O, 101
Halieis, 37°20′N 23°08′O, 140
Halikarnass (Türkei) (Bodrum),
37°03′N 27°28′O, 45, 86, 105,
132, 140, 152, 171, 172, 182, 220
Halikyai (Sizilien), 37°54′N
12°52′O, 140
Halimous, 37°50′N 23°45′O, 97,
101
Hallstatt (Österreich), 47°34′N
13°39′O, 170
Halos, 39°08′N 22°51′O, 45
Halykos (Sizilien) (Platani), 86
Halys (Türkei) (Kizil Irmak),
90, 94, 129, 182, 198
Harma (Kalamara), 38°20′N
23°27′O, 52
Hebros, 90, 177
Hekale, 38°07′N 23°54′O, 101
Hekatompylos (Iran), 36°22′N
54°48′O, 182, 186
Helena (Insel) (Makronisi),
37°45′N 24°07′O, 97
Hellespont (Türkei) 40°00′N
26°05′, 132
Heloros (Sizilien), 86
Helos, 36°50′N 22°41′O, 52
Hemeroskopeion (Spanien),
38°51′N 0°07′O, 66
Hephaistia, 39°58′N 25°20′O,

148, 218
Heraion, 38°02′N 22°51′O, 45,
214, 220
Herakleia (1) (Pelopion),
37°41′N 21°35′O, 177, 198, 218
Herakleia (2) (Türkei) (Ereğli),
37°30′N 34°02′O, 66, 171, 194,
195, 220
Herakleia Minoa (Sizilien)
(Minoa), 37°24′N 13°17′O, 66,
86
Herakleion (Kreta), 35°20′N
25°08′O, 12, 14, 16, 17, 18, 20
Hermione, 37°23′N 23°15′O, 52,
94, 214, 220
Hermonassa (Republik Krim),
45°12′N 36°43′O, 66
Heuneburg (BRD), 48°05′N
9°13′, 170
Hierapetra, s. Hierapytna
Hierapytna (Hierapetra),
35°01′N 25°45′O, 31, 222
Himera (Sizilien), 37°57′N
13°47′O, 86, 105, 152
Himeras (Sizilien), 86
Hipponion (Italien) (Vibo
Valentia), 38°40′N 16°06′O, 66,
152
Histiaia, s. Oreos
Hoangho (China), 186
Hyampolis, 38°36′N 22°54′O,
52
Hydra (Insel), 37°20′N 23°28′O,
14, 214, 220
Hyperesia, 38°04′N 22°24′O, 52
Hyria, 38°19′N 23°48′O, 52
Hysiai, 38°11′N 23°21′O, 94, 97,
133

Ialysos (Rhodos), 36°25′N
28°10′O, 24, 30, 45, 66, 220
Iasos (Türkei), 37°17′N 27°35′O,
220
Idäische Höhle (Kreta), 35°13′N
24°50′O, 31, 222
Idalion (Zypern) (Dhali),
35°01′N 33°26′O, 66, 222
Idyma (Türkei), 37°03′N
28°18′O, 220
Ieropotamos (Zypern), 222
Igoumenitsa, 39°32′N 20°13′O,
216
Ikarion (Insel) (Ikaria), 37°34′N
26°10′O, 14, 97, 101, 172, 214
Ikonion (Türkei) (Konya),
37°51′N 32°30′O, 171, 195, 198,
213
Ikos (Insel) 39°12′N 23°53′O,
172
Iliki-See, 214, 220
Ilion (Türkei), s. Troia
Imbros (Insel) (Türkei) (Imroz),
40°12′N 25°54′O, 140, 172, 218
Imroz, s. Imbros
Indus (W.-Pakistan), 129, 182,
186
Ioannina, 39°22′N 22°57′O, 12,
14, 16, 17, 18, 20, 30, 45, 52,
152,216, 218
Ios (Insel), 36°44′N 25°16′O,
220
Ipsala (Türkei), 40°56′N
26°23′O, 218
Ipsos (Türkei), 38°35′N 31°01′O,
171, 194
Iraklia (Insel), 36°50′N 25°28′O,
220
Issos, 36°51′N 36°11′O, 171, 182
Istiala, 38°57′N 23°09′O, 216
Isthmus von Korinth, 37°57′N
22°59′O, 45, 148, 214, 220
Istros, s. Donau
Itanos (Kreta), 35°18′N 26°17′O,
194, 222
Itea, 38°26′N 22°25′O, 214
Ithaka (Insel), 39°18′N 22°15′O,
30, 172, 214, 220
Izmir, s. Smyrna

Jaxartes (Kasachistan), 94, 129, 182
Jericho (Israel), 31°42′N
35°27′O, 194
Jerusalem (Israel/Jordanien)
(Aelia Capitolina), 31°46′N
35°13′O, 194, 195, 198, 213

Kabeira (Türkei) (Diospolis)
40°37′N 37°22′O, 194, 195

## REGISTER GEOGRAPHISCHER NAMEN

Kabirion, 38°19′N 23°18′O, 148
Kadikalesi (Türkei), 37°48′N 27°15′O, 220
Kainai (Irak), 35°20′N 43°14′O, 171
Kairo (Ägypten) (el-Qahira), 30°04′N 31°15′O, 170
Kakovatos, 37°27′N 21°39′O, 30
Kalamas, 216, 218
Kalamata, 37°02′N 22°07′O, 12, 14, 16, 17, 18, 20, 214
Kalavrita, 38°02′N 22°06′O, 214
Kaleakte (Sizilien), 38°03′N 14°25′O, 86
Kallatis (Rumänien), 43°48′N 28°36′O, 66
Kallipoli (Türkei), 36°58′N 28°16′O, 220
Kallipolis (Türkei) (Gallipoli) (Gelibolu), 40°25′N 26°41′O, 86, 218
Kalpe (Türkei), 41°12′N 30°15′O, 171
Kalydon, 38°21′N 21°32′O, 30, 45, 52, 152, 214
Kalymnos (Insel), 36°57′N 26°59′O, 216, 220
Kamares (Kreta), 35°08′N 24°48′O, 31
Kamarina (Sizilien), 36°54′N 14°26′O, 66, 86, 105, 140
Kameiros (Rhodos), 36°20′N 27°57′O, 24, 45, 66, 152, 220
Kaphirio, 36°50′N 21°53′O, 45
Kardamyli, 36°53′N 22°14′O, 45
Kardia (Türkei), 40°35′N 26°44′O, 66
Karditsa, 39°22′N 21°55′O, 30, 216
Kârdžali (Bulgarien), 41°38′N 25°21′O, 218
Karos (Insel), 36°54′N 25°40′O, 220
Karpasia (Zypern), 35°37′N 34°23′O, 222
Karpathos (Insel), 35°44′N 27°11′O, 14
Karphi (Kreta), 35°11′N 25°29′O, 31, 45, 222
Karsiyaka (Türkei), 38°27′N 27°07′O, 220
Karthago (Tunesien), 36°54′N 10°16′O, 66, 90, 170
Karystos (Euböa), 38°01′N 24°25′O, 52, 132, 140, 220
Kashgar (ehem. UdSSR), 39°29′N 76°02′O, 186
Kasmenai (Sizilien), 36°52′N 14°46′O, 66, 86
Kastabala (Türkei), 37°22′N 36°16′O, 195, 198
Kasthanaia, 37°52′N 22°23′O, 132
Kassope, 39°09′N 20°40′O, 148, 216
Kastoria, 40°33′N 21°15′O, 216
Kastri, 36°10′N 22°59′O, 45
Katana (Sizilien) (Aitna) (Katania), 37°45′N 15°00′O, 86, 102, 105, 140
Katerini, 40°15′N 22°30′O, 216, 218
Kato Achaia, 38°08′N 21°35′O, 214
Kato Lamptrai, 37°48′N 23°49′O, 101
Kato Painaia, 37°54′N 23°51′O
Kato Phana, 38°10′N 25°57′O, 220
Kato Suli, 38°11′N 23°59′O, 133
Kato Zakro (Kreta), 35°06′N 26°13′O, 30, 31, 222
Kaulonia (Italien), 38°23′N 16°24′O, 66, 152
Kavalla, 40°56′N 24°24′O, 14, 218
Kavousi (Kreta), 35°07′N 25°51′O, 45
Kea (Insel) 37°38′N 24°20′O, 14, 45, 86, 105, 172, 214, 220
Kelainai (Türkei), 38°05′N 30°09′O, 171
Këlcyra (Albanien), 40°21′N 20°11′O, 216
Kelenderis (Türkei), 37°30′N 23°26′O, 66
Keletron, 40°33′N 21°15′O, 218
Kenchreai, 37°54′N 22°59′O,

163
Keos, s. Kea
Kephale, 37°48′N 23°59′O, 97, 101
Kephallenia (Insel), 14, 30, 45, 132, 172, 214
Kephalos, 36°42′N 27°00′O, 148
Kephisia, 38°04′N 23°49′O, 97, 101, 220
Kephisos, 14, 133, 214
Keramon Agora, 38°38′N 29°11′O, 171
Keramos (Türkei), 37°03′N 27°58′O, 220
Kerasous (Türkei), 40°57′N 38°16′O, 66, 171
Kerataia, 37°48′N 23°58′O, 214, 220
Kerinthos, 38°49′N 23°28′O, 52
Kerkineon, 39°33′N 22°41′O, 216, 218
Keşan (Türkei), 40°52′N 26°37′O, 218
Khirokitia (Zypern), 34°47′N 33°21′O, 222
Khotan (ehem. UdSSR), 37°07′N 79°57′O, 186
Kibyra (Türkei), 37°05′N 29°24′O, 195
Kieros (Türkei) (Prusias), 40°57′N 31°09′O, 66
Kilkis, 40°59′N 22°52′O, 216, 218
Kimmerikon (Republik Krim), 45°09′N 36°40′O, 66
Kimolos (Insel), 36°47′N 24°35′O, 214
Kinyps (Libyen), 32°32′N · 14°37′O, 66
Kition (Zypern), 34°53′N 33°38′O, 66, 222
Klaros (Türkei),37°59′N 27°14′O, 220
Klazomenai (Türkei) (Urla), 38°19′N 26°47′O, 45, 66, 140, 172, 220
Klein Aspergle (BRD), 49°08′N 9°14′O, 170
Kleiner Prespa-See, 216
Kleonai, 37°52′N 22°50′O, 52
Knidos (Türkei), 36°40′N 27°22′O, 66, 213, 220
Knossos (Kreta), 35°18′N 25°11′O, 24, 30, 31, 38, 45, 52, 66, 148, 152, 198, 222
Koca (Türkei), 14, 218
Koile (Athen), 37°58′N 23°44′O, 101
Kokand, s. Alexandria (4)
Kokola (W.-Pakistan), 25°30′N 65°32′O, 182
Kollytos (Athen), 37°58′N 23°44′O, 101
Kolonos, 38°00′N 23°45′O, 101
Kolophon (Türkei), 38°07′N 27°08′O, 30, 86, 105, 140, 220
Kolossai (Zypern), 34°40′N 32°56′O, 171, 213
Komana (Türkei), 40°22′N 36°36′O, 194, 198
Komotini, 41°06′N 25°25′O, 218
Kopai, 38°29′N 23°10′O, 52
Koptos (Ägypten), 25°55′N 32°48′O, 186
Korakou, 37°55′N 22°48′O, 30
Korça (Albanien), 40°38′N 20°44′O, 216
Korfu (und Korfu Insel), 39°38′N 19°55′O, 14, 152, 216
Korinth, 37°54′N 22°53′O, 24, 30, 45, 52, 66, 86, 102, 105, 132, 140, 148, 152, 163, 172, 193, 198, 213, 214, 220
Korinth (modern), 37°56′N 22°55′O, 14, 94
Koroneia, 38°21′N 22°58′O, 52, 140, 214, 220
Koronia-See, 216, 218
Koropi (1), 37°54′N 23°52′O, 220
Koropi (2), 39°17′N 23°10′O, 216
Korsote (Syrien), 34°29′N 40°58′O, 171
Korydallos (Berg), 37°58′N 23°37′O, 133
Koryphasion, 37°00′N 21°41′O, 30, 214

Kos (und Kos Insel), 36°53′N 27°19′O, 14, 24, 45, 66, 152, 168, 172, 216, 220
Kos Meropis, s. Kos
Kothokidai, 38°05′N 23°38′O, 101
Kotyora (Türkei), 41°03′N 37°48′O, 66, 171
Kourion (Zypern), 34°40′N 32°51′O, 66
Kourtes, 35°08′N 24°54′O, 45
Kozani (Türkei), 37°27′N 35°47′O, 216
Kranidi, 37°23′N 23°09′O, 214, 220
Kreusis, 38°13′N 23°07′O, 172
Krisa, 38°28′N 22°30′O, 30, 52, 220
Kropidai, 38°04′N 24°43′O, 101
Kroton (Italien) (Crotone), 39°05′N 17°08′O, 66, 152
Krumovgrad (Bulgarien), 41°29′N 25°38′O, 218
Kydathenaion (Athen), 37°58′N 23°44′O, 101
Kydonia (Kreta) (Chania), 35°31′N 24°01′O, 30, 31, 66, 194, 222
Kyklos, 37°05′N 15°18′O, 141
Kymai (Italien) (Cumae), 40°47′N 14°05′O, 66, 90
Kyme (Türkei), 38°47′N 26°56′O, 66
Kynos, 38°44′N 23°04′O, 52
Kynoskephalai, 39°25′N 22°33′O, 194
Kynossema (Türkei), 40°12′N 26°02′O, 140
Kyparissia, 37°15′N 21°40′O, 214
Kyrene (Libyen) (Shahhat), 32°48′N 21°54′O, 66, 90, 105, 163, 182, 194, 195, 198, 213
Kyrenia (Zypern), 35°20′N 33°20′O, 222
Kythera (Insel), 36°10′N 22°59′O, 94, 132, 172, 214
Kythnos (Insel), 37°25′N 24°25′O, 14, 214, 220
Kytoros (Türkei), 41°53′N 33°01′O, 66
Kyzikos (Türkei), 40°25′N 27°54′O, 140, 194, 195

Labdalon (Sizilien), 37°04′N 15°17′O, 141
Labranda (Türkei),37°25′N 27°49′O, 220
Lagina, 37°22′N 28°02′O, 220
Lagkadas (Langadas), 40°45′N 23°04′O, 216, 218
Lamia, 38°55′N 22°26′O, 216
Lampsakos (Türkei), 40°22′N 26°42′O, 102, 140, 198
Lanchow (China), 36°01′N 103°45′O, 186
Langadas, s. Lagkadas
Leodikea (Türkei), 37°46′N 29°02′O, 198, 213
Laos (Italien), 39°54′N 15°47′O, 52, 66
Lapethos (Zypern), 35°20′N 33°11′O, 66, 222
Laranda (Türkei) (Karaman), 37°11′N 33°13′O, 195, 198
Larisa, 39°38′N 22°25′O, 14, 132, 148, 152, 177, 216, 218
Larnaka (Zypern), 35°54′N 33°39′O, 222
Lasia (Kreta), 34°35′N 24°48′O, 213
Lato (Kreta), 35°10′N 25°38′O, 222
Laurion, 37°43′N 24°03′O, 112, 214, 220
Lebadaia (Levadia), 38°26′N 22°53′O, 214, 220
Lebedos (Türkei), 38°04′N 26°55′O, 66, 220
Lechaion, 37°55′N 22°53′O, 66
Lefkandi, s. Eretria
Leipsydrion, 38°10′N 23°47′O, 97
Lemnos (Insel), 39°55′N 25°08′O, 14, 30, 132, 140, 172, 177, 218

Leonidion, 37°10′N 22°51′O, 214
Leontinoi (Sizilien) (Lentini), 37°17′N 15°00′O, 66, 86
Leontion, 38°06′N 21°55′O, 148, 214
Lepreon, 37°26′N 21°43′O, 214
Leptis Magna (Libyen) (Labdah), 32°59′N 14°15′O, 66
Lerna, 37°34′N 22°41′O, 30, 214
Leros (Insel), 37°08′N 26°52′O, 220
Lesbos (Insel), 39°16′N 26°16′O, 14, 20, 45, 86, 105, 132, 140, 152, 171, 172, 177, 218
Leukadia, 40°38′N 22°08′O, 216, 218
Leukara (Zypern), 34°51′N 33°19′O, 222
Leukas (Insel), 38°50′N 20°42′O, 14, 132, 172, 214, 216
Leukatas, 38°34′N 20°33′O, 148
Leuke Kome (Saudi Arabien) (Sherm Wehj oder El Haura), 25°03′N 37°17′O, 186
Leukoniko (Zypern), 35°15′N 33°45′O, 222
Leuktra, 38°15′N 23°10′O, 172
Levadia, s. Lebadaia
Levena (Kreta) (Lenda), 34°55′N 24°57′O, 222
Lilai, 38°37′N 22°30′O, 52, 220
Limassol (Zypern), 34°40′N 33°03′O, 222
Limnai (Türkei), 40°20′N 26°15′O, 66
Lindos (Rhodos), 36°03′N 28°05′O, 24, 30, 45, 66, 148, 152, 220
Lipara, 38°28′N 14°58′O, 66, 86
Lissos (Kreta), 35°15′N 23°45′O, 222
Lixus (Morokko), 35°12′N 6°10′W, 66
Lixus (Fluß, Morokko), 90
Lokroi Epizephyrioi (Italien) (Locri), 38°14′N 16°15′O, 66, 152
London (England), 51°30′N 0°10′W, 156
Loutraki, s. Therma
Lychnidos, s. Ohrid
Lykestos (Kreta), 35°13′N 25°07′O, 52
Lykosoura, 37°23′N 22°03′O, 152, 214
Lyktos (Kreta), 35°13′N 25°25′O, 52
Lysi (Zypern), 35°06′N 33°41′O, 222
Lystra (Türkei), 37°36′N 32°17′O, 213

Madytos (Türkei), 40°12′N 26°22′O, 66
Magdalensberg (Österreich), 46°47′N 14°22′O, 170
Maglie (Italien), 40°07′N 18°18′O, 216
Magnesia ad Maeandrum (Türkei), 37°40′N 27°32′O, 148, 152, 220
Magnesia ad Sipylum (Türkei), 38°36′N 27°29′O, 194
Mainake (Spanien), 36°23′N 5°15′W, 66
Malaca (Spanien) (Malaga), 36°43′N 4°25′W, 66
Malkara (Türkei), 40°54′N 26°54′O, 218
Mallia (Kreta), 35°17′N 25°27′O, 31, 152, 222
Malthi, 37°13′N 21°40′O, 30
Manares (Kreta), 35°11′N 26°05′O, 222
Manching (BRD), 48°43′N 11°31′O, 170
Mantinea, 37°27′N 22°23′O, 52, 94, 140, 148, 152, 172, 214
Marakanda (Usbekistan) (Samarkand), 39°40′N 66°57′O, 182, 186
Marathon, 38°09′N 23°57′O, 14, 30, 45, 97, 101, 132, 133, 140, 220
Marathonisi (Insel), 36°56′N 21°40′O, 141
Margiana, s. Antiochia
Marmara, s. Prokonnesos

# REGISTER GEOGRAPHISCHER NAMEN

Marmariani (Euböa), 38°03′N 24°19′O, 45
Maroneia, 40°55′N 25°32′O, 66, 140, 172, 177
Massilia (Frankreich) (Marseille), 43°18′N 5°22′O, 66, 90
Mastaura (Türkei), 37°56′N 28°22′O, 220
Matala (Kreta), 34°58′N 24°45′O, 222
Matauros (Italien), 38°26′N 15°55′O, 66
Mathura (Indien), 27°30′N 77°42′O, 186
Mazaka (Türkei) (Caesarea) (Kayseri), 38°42′N 35°28′O, 194, 195, 198
Medeon, 38°47′N 21°07′O, 45
Medma (Italien), 38°29′N 15°59′O, 66
Megalopolis, 37°24′N 22°08′O, 148, 152, 195, 198, 214
Megara, 38°00′N 23°20′O, 66, 86, 94, 97, 105, 133, 140, 214, 220
Megara Hyblaia (Sizilien), 37°12′N 15°10′O, 66, 86, 105
Megista (Insel), 36°08′N 29°35′O, 14
Melas, 133
Melene (Türkei), 39°07′N 26°48′O, 218
Meliboia, 39°41′N 22°53′O, 52
Melissa (Italien), 39°18′N 17°02′O, 90
Melite (1) (Malta), 35°54′N 14°32′O, 90, 101, 213
Melite (2) (Athen), 37°58′N 23°44′O, 101
Melitene (Türkei) (Malatya), 38°22′N 38°18′O, 194
Melos (und Melos Insel), 36°42′N 24°26′O, 14, 30, 45, 66, 132, 140, 148, 172, 214, 220
Memphis (Ägypten), 29°52′N 31°12′O, 90, 182, 194, 198
Mende, 39°57′N 23°22′O, 66, 102
Menidi, 38°06′N 23°40′O, 45
Meroë (Sudan), 16°59′N 33°45′O, 186
Merv, s. Antiochia
Mesad Hashaviahu (Israel), 32°05′N 34°46′O, 66
Mesembria (Bulgarien) (Nesebur), 42°39′N 27°43′O, 66
Messalia (Masulipatam) (Bandar), 16°13′N 81°12′O, 184, 186
Messana (Sizilien) (Zankle) (Messina), 38°13′N 15°33′O, 66, 86, 102
Messene, 37°11′N 21°58′O, 148, 152, 214
Messene (modern), 37°05′N 22°00′O, 214
Messolongi, 38°21′N 21°26′O, 220
Mesta (Bulgarien), 218
Metapontion (Italien), 40°23′N 16°50′O, 66, 152
Methone, 40°17′N 22°35′O, 66, 140, 172, 177
Methymna, 39°20′N 26°12′O, 66, 140, 172, 218
Metropolis 39°20′N 21°50′O, 30, 218
Midea, 37°40′N 22°50′O, 214
Milas, s. Mylasa
Milatos (Kreta), 35°19′N 25°34′O, 31
Miletos (Türkei) (Milet), 37°30′N 27°18′O, 24, 30, 45, 52, 66, 86, 94, 102, 105, 132, 140, 142, 148, 152, 213, 220
Minoa, s. Herakleia Minoa
Mirmekion (Republik Krim), 45°22′N 36°27′O, 66
Mochlos (Kreta), 35°11′N 25°54′O, 31
Modi (Kreta), 35°33′N 23°47′O, 45
Mogador (Morokko) (Essaouita), 31°30′N 9°48′W, 66
Momčilgrad (Bulgarien), 41°32′N 25°24′O, 218

Mornos, 214
Morphou (Zypern), 35°11′N 33°00′O, 222
Motya (Sizilien) (S. Pantaleo), 37°53′N 12°29′O, 66, 86
Muğla (Türkei), 37°13′N 28°22′O, 220
Musenheiligtum (bei Askra), 38°21′N 23°06′O, 148
Muza (Jemen), 14°10′N 43°14′O, 186
Muziris (Indien) (Cranganore), 10°12′N 76°11′O, 186
Mykale (Türkei), 38°06′N 26°52′O, 132
Mykalessos, 38°21′N 23°29′O, 52
Mykene, 37°43′N 22°45′O, 24, 30, 36, 45, 52, 66, 140, 148, 152, 214
Mykonos (Insel), 37°26′N 25°22′O, 172, 220
Mylai (Sizilien), 38°13′N 15°15′O, 66, 86
Mylasa (Türkei) (Milas), 37°19′N 27°48′O, 152, 220
Myndos (Türkei), 37°04′N 27°15′O, 220
Myous (Türkei), 38°06′N 26°49′O, 66
Myra (Türkei), 36°17′N 29°58′O, 213
Myriandros, s. Alexandria (6)
Myrina (1), 39°53′N 29°04′O, 102, 218
Myrina (2) (Türkei), 38°49′N 26°59′O, 66
Myrrhinous, 37°53′N 23°57′O, 97, 101
Myrtos (Kreta), 35°00′N 25°37′O, 31
Mytilene, 39°06′N 26°34′O, 86, 132, 140, 152, 172, 213, 218

Nagidos (Türkei), 36°06′N 32°49′O, 66
Naousa (Türkei), 40°38′N 22°04′O, 216, 218
Napata (Sudan), 18°35′N 31°54′O, 186
Naukratis (Ägypten), 30°54′N 30°35′O, 90, 94
Naupaktos, 38°23′N 21°50′O, 94, 140, 163, 214
Nauplia (Nauplion), 37°35′N 22°48′O, 30, 214
Nauplion, s. Nauplia
Naura (Indien), 13°38′N 74°42′O, 186
Naxos (1) (Insel), 37°02′N 25°35′O, 14, 30, 45, 66, 86, 132, 140, 220
Naxos (2) (Sizilien), 37°50′N 15°17′O, 172
Nazilli (Türkei), 37°55′N 28°20′O, 220
Neapel, s. Neapolis (1)
Neapolis (1) (Italien), 40°50′N 14°15′O, 66
Neapolis (2), 40°20′N 21°24′O, 66, 172
Neapolis (3) (Türkei), 41°14′N 35°47′O, 195, 218
Nekromanteion von Ephyra, 39°16′N 20°33′O, 216
Nemea, 37°49′N 22°40′O, 152, 214
Nera (Italien), 133
Nestos, 14, 172, 177, 218
Nigrita, 40°54′N 23°29′O, 216, 218
Nikaea (Türkei) (Nikaia) (Iznik), 40°27′N 29°43′O, 195, 198
Nikephorion, 35°57′N 39°08′O, 182
Nikomedeia (Türkei) (Izmit), 40°48′N 29°55′O, 194, 195, 198
Nikon (Somalia), 0°16′S 42°35′O, 184, 186
Nikopolis (1), 39°00′N 20°43′O, 148, 198, 216
Nikopolis (2) (Türkei) (Şusehri), 40°12′N 38°06′O, 196
Nikosia (Zypern), 35°11′N 33° 23′O, 222
Nil (Ägypten), 90, 94, 129, 186, 198

Ninive (Irak), 36°25′N 43°10′O, 94, 171
Ninoi, 38°09′N 23°56′O, 133
Nirou Chani (Kreta), 35°19′N 25°15′O, 31
Nisaia, 38°02′N 23°20′O, 97
Nisibis (Türkei) (Nusaybin), 37°05′N 41°11′O, 182
Nisiros (Insel), 36°35′N 27° 13′O, 216
Nora (Sardinien), 39°00′N 9°01′O, 66
Notion (Türkei), 38°02′N 27°08′O, 140, 220
Numantia (Spanien), 41°48′N 2°26′W, 170
Nymphaion (Republik Krim), 45°09′N 36°40′O, 66
Nyssa (Türkei), 37°52′N 28°10′O, 220

Ödemis (Türkei), 38°11′N 27°58′O, 220
Odessos (Bulgarien) (Varna), 43°12′N 27°57′O
Oeroe, 133
Oescus (Rumänien), 43°44′N 24°27′O, 198
Ohrid (Mazedonien) (Lychnidos), 41°06′N 20°49′O, 177, 216
Ohrid-See (Mazedonien), 216
Oiniadai, 38°23′N 21°12′O, 148, 152, 214
Oinoë (Ephyra), 37°51′N 21°31′O, 97, 101
Oitylos, 36°43′N 22°23′O, 52
Olbia (Rußland) (Borysthenes) (Nikolayev), 46°57′N 32°00′O, 66, 90
Olizon, 39°08′N 23°14′O, 52
Olous (Kreta), 35°15′N 25°45′O, 222
Olpai, 38°56′N 21°09′O, 140
Olympia, 37°38′N 21°39′O, 14, 24, 30, 45, 78, 80, 94, 152, 214
Olympos (Berg), 40°05′N 22°21′O, 14
Olynthos, 40°19′N 23°23′O, 102, 120, 152, 172, 177, 216, 218
Ommana (Oman), 24°15′N 51°20′O, 184, 186
Onchestos, 38°22′N 23°09′O, 52
Opone (Somalia), 10°27′N 51°15′O, 186
Opous, 38°39′N 23°00′O, 52, 105
Orakel des Ammon (Ägypten) 29°11′N 25°31′O, 182
Orchomenos (1) (Peloponnes), 37°43′N 22°18′O, 52
Orchomenos (2) (Böotien), 38°30′N 22°59′O, 30, 45, 105, 152, 214
Oreos (Histiaia), 38°57′N 23°06′O, 52, 140, 177
Orestias, 41°30′N 26°33′O, 218
Orneai, 37°46′N 22°36′O, 52
Oropos, 38°17′N 23°50′O, 97, 152
Otranto (Italien), 40°08′N 18°30′O, 216
Oxford (England), 51°46′N 1°15′W, 156
Oxus (Usbekistan/Tadschikistan) (Amu-Dar'ya), 94, 129, 182, 186
Ozene (Indien), 23°10′N 75°54′O, 186

Paestum, s. Poseidonia
Pagai, 38°04′N 23°09′O, 97
Pagasai, 39°22′N 22°54′O, 152, 177, 216, 218
Paionidai, 38°06′N 23°44′O, 101
Paithana (Indien) (Paethana), 19°29′N 75°28′O, 184, 186
Palaikastritsa (Korfu), 39°40′N 19°45′O, 216
Palaiokastro (Kreta), 35°12′N 26°15′O, 31, 222
Palaipaphos (Zypern), 34°42′N 32°34′O, 222
Palatitsa, 40°28′N 22°19′O, 216, 218
Pallene, 38°03′N 23°53′O, 101
Palmyra (Syrien) (Tadmor), 34°36′N 38°15′O, 186, 194, 195
Panakton, 38°10′N 23°22′O,

97, 152
Panion (Syrien) (Caesarea Philippi) (Bāniyās), 33°14′N 35°35′O, 194
Panionion (Türkei), 37°41′N 27°07′O, 220
Pano Panagia (Zypern), 34°55′N 32°38′O, 222
Panopeus, 38°32′N 22°49′O, 52
Panormos (Sizilien) (Palermo), 38°08′N 13°23′O, 66, 86
Pantikapaion (Republik Krim) (Kerch), 45°22′N 36°27′O, 66
Paphos (Zypern), 34°45′N 32°26′O, 66, 213, 222
Paraitonion (Ägypten), 31°21′N 27°15′O, 182
Parion (Türkei) (Kemer), 40°25′N 27°04′O, 198
Parnassos (Berg), 38°29′N 22°40′O, 14
Paros (Insel), 37°08′N 25°12′O, 14, 30, 45, 66, 86, 105, 132, 172, 220
Pasargadai (Iran), 30°17′N 53°16′O, 94, 129, 182
Passandra (Türkei), 39°23′N 26°50′O, 218
Patalla (W.-Pakistan), 27°42′N 68°54′O, 182
Patara (Türkei) (Arsinoë), 36°06′N 28°05′O, 213
Patmos (Insel), 37°20′N 26° 33′O, 216, 220
Patras, 38°14′N 21°44′O, 12, 14, 16, 17, 18, 20, 163
Pazarköy (Türkei), 40°56′N 32°11′O, 218
Pedieas (Zypern), 222
Peirasia, 40°31′N 22°04′O, 216, 218
Pelagos (Insel), 37°31′N 22° 25′O, 218
Pelina, 39°37′N 21°58′O, 105, 218
Pelion (Berg), 39°24′N 23° 04′O, 14
Pella (Jordanien), 32°27′N 35°37′O, 24, 102, 132, 140, 194, 198, 216, 218
Pellene, 38°03′N 22°33′O, 52, 140, 163
Peltai (Türkei), 38°18′N 29° 43′O, 171
Pelusion (Ägypten), 31°02′N 32°32′O, 182, 194, 195
Peparethos (Insel) (Skopelos), 39°07′N 23°43′O, 172, 216, 218
Perachora, 38°02′N 22°56′O, 24, 152, 214, 220
Pergamon (Türkei) (Bergama), 39°08′N, 27°10′O, 152, 163, 170, 188, 198, 218
Perge (Türkei), 36°59′N 30°46′O, 213
Perinthos (Türkei), 40°59′N 27°57′O, 140, 172, 177
Peristera, 39°40′N 21°08′O, 216, 218
Perithoidai, 38°00′N 23°42′O, 101
Persepolis (Iran), 29°57′N 52°52′O, 90, 94, 129, 182
Pessinous (Türkei), 39°17′N 31°32′O, 194, 195, 198
Petra (Jordanien), 30°19′N 35°26′O, 186, 195, 198
Petric (Bulgarien), 41°23′N 23°10′O, 218
Petsopha (Kreta), 35°08′N 26°16′O, 31
Peyia (Zypern), 34°53′N 32°23′O, 222
Phaistos (Kreta), 35°01′N 24°48′O, 24, 30, 31, 45, 52, 148, 152, 222
Phalasarna (Kreta), 35°29′N 23°38′O, 222
Phaleron, 37°53′N 23°44′O, 97, 101
Phanagoria (Rußland), 45°20′N 36°39′O, 66
Pharsalus (Pharsala), 39°17′N 22°23′O, 216, 218
Phaselis (Türkei), 36°39′N 29°22′O, 66
Phasis (Georgien), 42°11′N 41°41′O, 66, 195

Pheneos, 37°55′N 22°17′O, 52, 214
Pherai, 39°23′N 22°45′O, 52, 172, 216, 218
Phigaleia, 37°23′N 21°51′O, 214
Philaidai, 37°57′N 23°59′O, 101
Philiatra, 37°09′N 21°35′O, 214
Philippi, 41°05′N 24°16′O, 148, 177, 198, 213, 218
Philippopolis (Bulgarien) (Plovdiv), 42°08′N 24°45′O, 177
Phlious, 37°51′N 22°38′O, 132, 148, 163
Phoenike (Albanien), 39°54′N 20°03′O, 216
Phokaia (Türkei), 38°39′N 26°46′O, 30, 45, 66, 132, 140
Pholegandros (Insel), 36°38′N 24°55′O, 214, 220
Phraaspa (Iran), 36°38′N 47°10′O, 198
Phrearrhioi, 38°48′N 23°57′O, 97, 101
Phthiotisches Theben, 39°18′N 22°47′O, 45, 216, 218
Phylakopi, 36°42′N 24°30′O, 30
Phyle, 38°06′N 23°40′O, 97, 152, 220
Physkes, 38°28′N 22°14′O, 214
Pindos Mt, 14
Pinios R., 14, 177, 214, 216
Piräus, 37°56′N 23°42′O, 14, 97, 101, 132, 133, 148, 172
Pisa (Italien), 43°43′N 10°24′O, 86
Pisidisches Antiochien (Türkei) (Yalvaç), 38°18′N 31°09′O, 213
Pithekoussai (Italien) (Aenaria) (Ischia), 40°44′N 13°57′O, 66
Plaka, 37°43′N 24°00′O, 112
Plataä, 38°12′N 23°16′O, 52, 97, 132, 133, 140, 152, 214, 220
Platea (Libyen), 32°25′N 23°11′O, 66
Platres (Zypern), 34°53′N 32°52′O, 222
Pleuron, 38°25′N 21°28′O, 52, 148, 152, 214
Poduka (Indien) (Arikamedu), 11°46′N 79°40′O, 186
Poliaigos (Insel), 36°45′N 24°38′O, 214, 220
Poliochni, 39°51′N 25°19′O, 30, 218
Polis (1), 38°38′N 20°40′O, 45
Polis (2) (Zypern) (Marion) (Arsinoë), 35°02′N 32°25′O, 222
Polyrrhenia (Kreta), 35°27′N 23°39′O, 222
Pompeiopolis (Türkei), 36°35′N 34°19′O, 195
Pompeji (Italien), 40°45′N 14°27′O, 152
Poros (Insel), 37°31′N 23°29′O, 214, 220
Poseidonia (Italien) (Paestum), 40°24′N 15°00′O, 66, 152, 196
Poteidaia, 40°10′N 23°19′O, 66, 132, 140, 177, 216, 218
Praisos (Kreta), 35°08′N 26°07′O, 31, 222
Preveza, s. Berenikia
Priene (Türkei), 37°38′N 27°17′O, 66, 140, 148, 152, 201, 220
Prinias (Kreta), 35°08′N 24°56′O, 45
Probalinthos, 38°04′N 23°58′O, 97, 101
Prokonnesos (Türkei) Marmara, 40°36′N 27°34′O, 172, 216, 218
Prosotani, s. Pyrsopolis
Prospatta, 37°51′N 23°54′O, 101
Psara (Insel), 38°34′N 25°35′O, 220
Pseira (Kreta), 35°11′N 25°51′O, 31
Psychro, 35°10′N 25°27′O, 45
Psyttaleia (Insel), 37°56′N 23°37′O, 133
Pteleon, 39°03′N 22°57′O, 52
Ptoion, 38°28′N 23°19′O, 214, 220
Ptolemais (1), 40°32′N 21°42′O, 216
Ptolemais (2) (Ägypten), 26°29′N 31°48′O, 186
Ptolemais (3) (Israel) (Arcre,

Akko), 32°55′N 35°04′O, 194
Ptolemais (4) (Libyen) (Tolmetta) (Medinet Tilmitah), 32°42′N 20°55′O, 66, 198
Pura (Iran), 73°06′N 86°45′O, 182
Puteoli (Italien), 40°49′N 14°07′O, 213
Pydna, 40°24′N 22°36′O, 140, 172, 177, 194, 216, 218
Pylai (Iran), 33°28′N 43°26′O, 171
Pylos, 37°02′N 21°41′O, 24, 30, 43, 52, 86, 105, 140, 141, 152, 214
Pylos (modern), 36°55′N 21°42′O, 214
Pyrgos (Kreta), 35°00′N 25°38′O, 220
Pyrrha, 39°11′N 26°17′O, 66, 218
Pyrsopolis (Prosotani), 41°11′N 23°59′O, 216, 218
Pytho, s. Delphi
Pyxous (Italien) (Buxentum), 40°04′N 15°37′O, 66

Raphia (Israel) (Rafah), 31°18′N 34°16′O, 194, 198
Ras Shamra (Syrien) (Ugarit), 35°31′N 35°47′O
Resen (Jugoslawien), 41°05′N 21°01′O, 216
Rethimnon (Kreta) (Rithymna), 35°23′N 24°28′O, 222
Rhagai (Iran) (Teheran), 35°40′N 51°26′O, 182, 186
Rhamnous, 38°12′N 24°01′O, 97, 101, 133, 148, 152, 220
Rhapta (Tansania), 6°05′S 38°46′O, 184, 186
Rhegion (Italien) (Reggio), 38°06′N 15°39′O, 66, 86, 102, 105, 213
Rheneia (Insel), 37°23′N 25°14′O, 45, 220
Rhodos (und Rhodos Insel), 36°26′N 28°15′O, 14, 105, 148, 194, 195, 198, 220
Rhytion (Kreta), 35°00′N 25°13′O, 52
Rizokarpaso (Zypern), 35°35′N 34°24′O, 222
Rogon, 39°13′N 20°51′O, 216
Rom (Italien), 41°53′N 12°30′O, 163, 170, 186, 213
Routsi, 37°00′N 21°43′O, 30
Rudozem (Bulgarien), 41°30′N 24°51′O, 218
Ryzenia (Kreta), 35°05′N 24°58′O, 222

Salamis (1) (und Salamis Insel), 37°58′N 23°30′O, 97, 132, 133, 172, 176, 214
Salamis (2) (Zypern), 35°10′N 33°55′O, 66, 171, 194, 198, 213, 222
Salihli (Türkei), 38°29′N 28°08′O, 220
Salmone, 37°45′N 21°30′O, 45
Saloniki, s. Thessaloniki
Samani (Albanien), 216
Samaria (Jordanien), 32°17′N 35°11′O, 213
Same, 38°15′N 20°39′O, 214
Samikon, 37°34′N 21°35′O, 152, 214
Samos (und Samos Insel), 37°42′N 26°59′O, 14, 24, 45, 66, 86, 102, 105, 132, 140, 148, 152, 172, 198, 220
Samosata (Samsat), 37°30′N 38°32′O, 195
Samothrake (und Samothrake Insel), 40°29′N 25°32′O, 14, 24, 148, 152, 172, 177, 213, 218
Sandanski (Bulgarien), 41°35′N 23°16′O, 218
Sane, 40°21′N 23°55′O, 66
Santorin, s. Thera
Saranda (Albanien), 39°53′N 20°00′O, 216
Sarapion (Somalia), 1°02′N 44°02′O, 186
Sardes (Türkei), 38°25′N 28°55′O, 24, 45, 94, 102, 129, 132, 140, 152, 171, 182, 220
Satyrion (Italien), 40°28′N

17°15′O, 66
Savaştepe (Türkei), 39°20′N 27°38′O, 218
Seferhisar (Türkei), 38°11′N 26°50′O, 220
Segesta (Sizilien), 37°57′N 12°51′O, 140, 148, 152
Selçuk (Türkei) (Akincilar), 37°56′N 27°25′O, 220
Seleukeia (1) (Irak), 33°05′N 44°35′O, 186
Seleukeia (2) (Türkei) (Silifke), 36°22′N 33°57′O, 194, 213
Selenica (Albanien), 40°33′N 19°39′O, 216
Selinous, 86, 214
Selinus (Selinunte) (Sizilien), 37°35′N 12°50′O, 86, 105, 152
Sellasia, 37°10′N 22°25′O, 194
Selymbria, 41°05′N 28°15′O, 172
Senegal (Fluß, Senegal), 90
Sepphoris (Israel), 32°45′N 35°17′O, 195
Serakhis (Zypern), 222
Sera Metropolis (China), 34°51′N 112°26′O, 186
Seriphos (und Seriphos Insel), 37°09′N 24°30′O, 172, 214, 220
Serrhai (Serrres), 41°03′N 23°33′O, 216, 218
Sesamos (Türkei), 41°50′N 32°42′O, 66
Sesklo, 39°23′N 22°45′O, 30, 216, 218
Sexi (Spanien) (Almuñecar), 36°44′N 3°41′W, 66
Shkumbini (Albanien), 216
Siatista, 40°16′N 21°34′O, 216
Side (Türkei) (Selimiye), 36°45′N 31°23′O, 66
Sidirokastro, 41°14′N 23°23′O, 216, 218
Sidon (Libanon) (Sayda), 33°33′N 35°22′O, 66, 90, 94, 129, 182, 194, 213
Sigeion (Türkei), 40°00′N 26°13′O, 66, 132, 140
Sikinos (Insel), 36°40′N 25°05′O, 172
Sikyon (Vasiliko), 37°59′N 22°44′O, 52, 86, 94, 140, 148, 152, 163, 214
Sinae Metropolis (China), 34°51′N 114°52′O, 184
Singidunum (Jugoslawien) (Belgrad), 44°50′N 20°30′O, 170
Sinope (Türkei) (Sinop), 42°02′N 35°09′O, 66, 90, 94, 171, 194, 195, 198
Siphnos (und Siphnos Insel), 36°59′N 24°40′O, 45, 172, 214, 220
Siris (Italien), 40°10′N 16°42′O, 66
Siros (Insel), 37°26′N 24°55′O, 214, 220
Sitia (Kreta), 35°13′N 26°06′O
Sittake (Irak), 33°09′N 44°35′O, 171
Skambonidai (Athen), 37°58′N 23°44′O, 101
Skiathos (Insel), 39°10′N 23°30′O, 172, 216, 218
Skidros (Italien), 40°04′N 15°38′O, 66
Skioni, 40°57′N 23°36′O, 66, 140
Sklavokambos (Kreta), 35°34′N 24°57′O, 222
Skopelos, s. Peparethos
Skyros (und Skyros Insel), 38°55′N 24°34′O, 14, 45, 140, 172, 220
Smoljan (Bulgarien), 41°34′N 24°42′O, 218
Smyrna (Türkei) (Alt-Smyrna) (Izmir), 38°25′N 27°10′O, 12, 14, 16, 17, 18, 20, 45, 66, 220
Soke (Türkei), 37°45′N 27°26′O, 220
Soli, s. Soloi (1)
Soloeis (Sizilien) (Soluntum), 38°06′N 13°32′O, 66, 86
Soloi (1) (Zypern), 35°08′N 32°49′O, 66, 222
Soloi (2) (Türkei), 36°35′N 34°19′O, 66
Soma (Türkei), 39°10′N

27°36′O, 218
Souflion, 41°12′N 26°18′O, 218
Sounion, 37°39′N 24°01′O, 97, 101, 112, 152, 214, 220
Southampton (England), 50°55′N 1°25′W, 156
Sparta, 37°05′N 22°26′O, 14, 24, 45, 66, 86, 92, 105, 132, 140, 148, 152, 172, 194, 195, 198, 214
Spercheios, 14, 133, 216
Spetsai (Insel), 37°16′N 23°09′O, 214, 220
Sphakteria (Insel), 36°56′N 21°40′O, 140, 141
Sphettos, 37°52′N 23°51′O, 97, 101
Spina (Italien), 44°42′N 12°09′O, 66
Stageira, s. Stageiros, 102
Stageiros (Stageira), 40°33′N 23°45′O, 66, 86, 216, 218
Stavroupolis, 41°12′N 24°45′O, 216, 218
Stratos, 38°41′N 21°21′O, 48, 148, 152, 214, 216
Struga (Mazedonien), 41°10′N 20°41′O, 216
Strumica (Mazedonien), 41°26′N 22°39′O, 218
Strymon, 14, 172, 177, 216, 218
Stymphalos, 37°51′N 22°27′O, 52, 214
Styra (Euböa), 38°09′N 24°14′O, 52, 220
Sulcis (Sardinien), 39°04′N 8°27′O, 66
Susa (Iran) (Seleukeia) (Shush), 32°11′N 48°15′O, 90, 94, 129, 182, 194, 195, 198
Sybaris (Italien) (Sibari), 39°45′N 16°29′O, 66, 90, 102
Sybota (Insel), 39°23′N 20°13′O, 140
Syene (Ägypten) (Assuan), 24°05′N 32°56′O, 182, 194, 195
Syme (Insel) (Türkei), 36°36′N 27°51′O, 220
Synnada (Türkei), 38°31′N 30°29′O, 195
Syrakus (Sizilien) (Siracusa), 37°04′N 15°18′O, 66, 86, 90, 102, 105, 140, 141, 148, 152, 213

Tagara (Indien) (Ter), 17°22′N 76°47′O, 186
Tamassos (Zypern), 35°01′N 33°16′O, 66, 90
Tangara, 38°20′N 23°32′O, 97, 140, 214, 220
Tanais (Rußland), 90
Taprobane (Ceylon) S. Asia, 186
Taras (Italien) (Tarentum) (Taranto), 40°28′N 17°15′O, 66, 102, 152
Tarsus (Türkei), 36°52′N 34°52′O, 171, 182, 195, 198, 213
Tartessos (Spanien) (Sevilla), 37°24′N 5°59′W, 66, 90
Taschkent, s. Alexandria (9)
Taucheira (Libyen) (Tukrah), 32°32′N 20°35′O, 66
Tauromenion (Sizilien) Taormina, 37°51′N 15°17′O, 148, 152
Taxila (W-Pakistan), 33°44′N 72°52′O, 182, 186
Tegea, 37°30′N 22°24′O, 52, 94, 132, 140, 148, 152, 214
Teithras, 38°01′N 23°56′O, 101
Tekirdag (Türkei), 40°59′N 27°31′O, 218
Tell Sukas (Syrien), 35°17′N 35°35′O, 66
Telos (Insel) (Tilos), 36°26′N 27°23′O, 172, 216
Tenedos, 39°49′N 26°03′O, 105
Tenos (Insel), 37°32′N 25°10′O, 45, 172
Teos (Insel) (Türkei) (Tios), 38°09′N 26°48′O, 66, 86, 105, 152, 220
Terina (Italien) 38°55′N 16°13′O, 66
Thapsakos (Syrien) (Dibse), 35°56′N 38°12′O, 171, 182
Tharros (Sardinien), 39°53′N

# REGISTER GEOGRAPHISCHER NAMEN

8°25′O, 66
Thasos (und Thasos Insel), 40°46′N 24°42′O, 14, 24, 132, 140, 152, 172, 177, 218
Theben (1), 38°19′N, 23°19′O, 14, 24, 30, 45, 86, 94, 97, 102, 105, 132, 133, 140, 152, 172, 182, 214, 220
Theben (2) (Ägypten) (Luxor) (Karnak), 25°42′N 32°38′O, 90, 129
Theodosia (Republik Krim) (Feodosiva), 45°03′N 35°23′O, 66
Theotokou, 39°10′N 23°18′O, 45
Thera (und Thera Insel) (Santorin), 36°25′N 25°26′O, 24, 40, 45, 66, 152, 172, 214, 220
Therma (Loutraki), 37°58′N 22°58′O, 132, 214, 220
Therme (1), s. Thessaloniki
Therme (2), s. Thermi
Thermi (Therme), 39°11′N 26°31′O, 30
Thermon, 38°35′N 21°40′O, 45
Thermopylai, 38°50′N 22°35′O, 14, 132, 133, 177, 216
Thermos, 38°35′N 21°40′O, 152, 214
Thespiai, 38°17′N 23°10′O, 52, 97, 133, 214, 220
Thessaloniki (Therme), 40°38′N 22°58′O, 12, 14, 16, 17, 18, 20, 177, 198, 213, 216, 218
Thisbai, 38°15′N 22°58′O, 52
Thorikos, 37°43′N 24°03′O, 45, 101, 112, 148, 220
Thourioi (Italien), 39°43′N 16°31′O, 102
Thria, 38°04′N 23°38′O, 101
Thronion, 38°48′N 22°45′O, 52
Thymbrion (Türkei), 38°21′N 31°09′O, 171
Tigranokerta (Türkei) (Martyropolis) (Silvan), 38°08′N 41°00′O, 195, 198
Tigris (Irak/Türkei), 90, 94, 129, 182, 186, 198
Tilos, s. Telos
Tinos (Insel), 37°33′N 25°08′O, 14, 220
Tios, s. Teos
Tirana (Albanien), 41°20′N 19°49′O, 216
Tire (Türkei), 38°04′N 27°45′O, 220
Tirnavos, 39°45′N 22°18′O, 216, 218
Tiryns, 37°36′N 22°48′O, 24, 30, 45, 52, 132, 152, 214
Titane, 37°55′N 22°18′O, 163
Tithorea, 38°35′N 22°40′O, 163
Tolosa (Frankreich) (Toulouse), 43°33′N 1°24′O, 170
Torone, 40°03′N 23°49′O, 66
Trachis, 38°48′N 22°33′O, 133
Traganes, 37°02′N 21°40′O, 45
Trapezous (Türkei)
Trabzon (Trebizond), 41°00′N 39°43′O, 66, 171, 186, 194, 195
Trechis, 38°50′N 22°27′O, 52, 133
Trikhonis-See, 14, 220
Trikkala, s. Trikke
Trikke (Trikkaia), 39°33′N 21°64′O, 52, 163, 216, 218
Trikomo (Zypern), 35°16′N 33°54′O
Tripolis, 37°31′N 22°22′O, 14, 214
Troizen, 37°30′N 23°21′O, 52, 66, 94, 132, 140, 214, 220
Troödos (Zypern), 34°55′N 32°53′O, 222
Troja (Türkei) (Ilion), 39°55′N 26°17′O, 24, 45, 66, 132, 152, 171, 182, 218

Tunhuang (China), 40°05′N 94°45′O, 186
Turfan (ehemalige UdSSR), 42°55′N 89°06′O, 186
Tyana (Türkei) (Eusebeia), 37°48′N 34°36′O, 195
Tylissos (Kreta), 35°18′N 25°00′O, 31, 222
Tyndaris (Sizilien), 38°08′N 15°02′O, 152
Tyras (Ukraine), 52°58′N 139°50′O, 66
Tyre (Libanon) (Tyros) (Sur), 33°16′N 35°11′O, 66, 90, 94, 102, 129, 171, 182, 186, 194, 195, 198, 213
Tyriaion (Türkei), 38°16′N 31°57′O, 171
Tyritake (Republik Krim), 45°12′N 36°40′O, 66

Ula (Türkei), 37°08′N 28°25′O, 220
Urla, s. Klazomenai
Utica (Tunesien), 37°05′N 10°03′O, 66
Uzunköprü (Türkei), 41°16′N 26°42′O, 218

Valancovo (Mazedonien), 41°19′N 22°34′O, 218
Vapheio, 36°59′N 22°30′O, 30
Vardar R; s. Axious
Vasiliki (Kreta) 35°04′N 25°50′O, 31
Vasiliko, s. Sikyon
Vathi, 37°44′N 26°59′O, 220
Vathypetro (Kreta), 35°15′N 25°09′O, 31, 222
Vegorritis-See, 14, 216
Vergina, 40°29′N 22°17′O, 24, 45, 216
Veroia, 40°32′N 22°11′O, 177,

213, 216, 218
Vijosë, s. Aoos R.
Vix (Frankreich), 46°22′N 0°51′W, 90, 170
Vlora (Albanien), 40°29′N 19°29′O, 216
Volos, s. Iolkos
Volvi-See, 14, 216, 218
Vonitsa, 38°55′N 20°53′O, 216
Vouni (Zypern), 35°09′N 32°47′O, 222
Vrana, 38°06′N 23°56′O, 133
Vranesi, 38°29′N 22°58′O, 45
Vrokastro (Kreta), 35°05′N 25°48′O, 45
Vryses (Kreta), 35°28′N 23°47′O, 45

Xanthi, 41°07′N 24°56′O, 14, 218
Xanthos (Türkei), 36°23′N 29°21′O, 171
Xilokastro, 38°04′N 22°43′O, 214
Xypete, 37°57′N 23°43′O, 101

Yangtze (China), 186
Yarkand (ehemalige UdSSR), 38°27′N 77°16′O, 186
Yiannitsa, 40°46′N 22°24′O, 216, 218
Yiaros (Insel), 37°35′N 24°43′O, 214, 220

Zakynthos (und Zakynthos Insel), 37°47′N 20°54′O, 14, 30, 132, 172, 214
Zankle, s. Messana
Zela (Türkei), 40°18′N 35°52′O, 195, 198
Zlatograd (Bulgarien), 41°22′N 25°07′O, 218

# REGISTER

Abdera 104, 109
Achäa 44, 141, 193, 198, 200
Achäer 21, 195
Achäischer Bund 194, 195, 196, 198
Achaia siehe Achäa
Achämeniden 182
Acharnai, Tempel des Ares 204
Acheron 177
Achill 53, 60, 66, 69
Ackerbau 16, 17
Actium, Schlacht von 204
Adonis 161, 165
Adoniskult 161, 165
Adria 193
Ägäis 20, 31, 44, 45, 62, 94, 102
Aegina 60, 65, 91, 92, 102, 130, 132, 133, 139, 141, 142, 167, 194
-, Tempel der Aphaia *130*
Ägypten 21, 31, 53, 55, 67, 70, 85, 91, 92, 103, 107, 108, 112, 133, 141, 165, 170, 179, 181, 186, 187, 189, 194, 195, 197, 198, 200, 206, 210, 212, 213
Ägypter 21, 44, 91, 98, 141, 144, 161
Äneas 202
Aeolier 45
Aeolis 45
Äolische Inseln 55
Äthiopien 210
Äthiopier 133
Ätoler 195, 196
Ätolien 196, 197
Ätolischer Bund 194, 197
Afghanistan 15, 33, 56, 74, 78, 129, 179, 181, 190, 191, 195, 200, 202
Afrika *12*, 16, 91, 141, 186, 192, 193, 198, 201, 210
Agallianos 207
Agamemnon 38, 53, 54, *54,* 60, 152, 170
Agamemnonsmaske *36*
Agatharchos 152
Agesilaos 170
Agesipolis, König 172
Agrigento siehe Akragas
Agrigentum siehe Akragas
Aigosthenai 179
Aigyptos 48
Ainos 102
Aiolos, Gott 55, 72
Aipion, Theater von 148
Aischines 167
Aischylos 54, 83, 104, *104,* 110, 132, 139, 144, 153, 158, 160
-, *Agamemnon* 54
-, *Orestie* 104
Ajax 54
Akarnanen 172
Ak-Burun 127
Akragas 85, 98, 99, 100, 101, 136
-, Tempel der Concordia *98,* 101
-, Tempel der Hera oder Juno *98,* 101
-, Tempel des Olympischen Zeus *98,* 101
Akrigenter 100
Akrotiri 34, 40, 41
-, Fischerfresko von *41*
Aktion siehe Actium
Alalia 131
Albani, Kardinal Alessandro 22
-, Sammlung 134, 201
Alexander der Große, König 13, 20, 58, 63, 82, *103,* 104, 136, 148, 169, 170, 171, *171, 174, 175,* 176, 177, 178, 179, *179,* 181, 182, 187, 189, 190, 191, 192, 193, 194, 195, 201, 203, 212
Alexander der Molosser 177, 178, 181
Alexandretta 179
Alexandria siehe Alexandrien
Alexandria, Theater von 148
Alexandrien 154, 160, 161, 166, 170, 179, 182, 186, 187, 188, 189, 195, 203, 212
-, Bibliothek von 186
Alicante 193
Alkaios 92, 107, *107,* 108, 202
Alketas, König 172, 176
Alkibiades 95, 143, 145

Alkmaion 95
Alkmaioniden, Familie der 73, 76, 95, 96, 97
Alkman 104, 107
Al Mina 62
Alpheios 73, 74, 80, 110
Amamea, Vertrag von 196
Amasis von Ägypten 91
Amathus 21
Ambrakia, Golf von 204
Ammun-Re 179
Amphiaraos 167
Amphipolis 12, 129, 143, 172, 176, 177
Amphissa 177
Amphyktionischer Bund 194
Amu-Darya siehe Oxus
Anahita 189
Anakreon 95, 108, 109
Anatolien 19, 32, 191
Anavyssos 65
Anaximander 99
Andronikos aus Kyrrhos 117
Andronikos, Manolis 174
Andros 141
Angers 86
Anglesey 182, 187
Ankara 205
*Anthologia Palatina* 205
Antigone 156
Antigonos 181
Antigonos Gonatas 181
Antimachos *103*
Antinoopolis 205
Antinoos 205, *205*
Antiochia 103, 213
-, Theater von 148
Antiochos der Große 194, 195, 196, 197, 198
Antiochos III. *197*
Antiochos IV. *103*
Antiochos V. von Syrien 197
Antiochos Epiphanes 117
Antipater 181
Antium 192
Antonius, Marcus 198, 204
Anyte von Tegea 168
Anzio siehe Antium 192
Apennin 192
Aphaia, Göttin 130
Aphiareion, Theater von 148
Aphrati 84
Aphrodite, Göttin 72, *83, 118,* 158, 161, 165, *185*
Apokalypse des Johannes 203
Apoll, Gott 15, 45, 46, 67, 73, 75, 76, *78,* 81, 82, *83,* 102, 103, *103,* 128, 131, 138, 139, *154,* 158, 162, 168, 185, 200
Apsidenhäuser 62, 64
Apuleius 212
-, *Der goldene Esel* 212
Apulien 66
Araber 170
Arabien 91
Archäologie 22, 25, 26, 28, 30, 32, 52, 54, 65, 91
Archaische Zeit 76, 87, 91, 92, 112, 126, 130, 136, 144, 145
Archaismus in der Literatur 160
Archanes 55
Archelaos von Priene 52
Archilochos von Paros 101, 105, 107, 122, 128, 202
Architektur 19, 21, 62, 74, 98, 101, 186, 187, 206
Archonten 93
Areopag 82, 97, 213
Ares, Gott *82,* 202, 204
Arethusa *102,* 110
Argiver 141
Argolis 39, 44, 65, 87
Argos 12, 17, 21, 38, 62, 65, 72, 83, 85, 87, 91, 105, 133, 140, 141, 143, 144, 168, 173, 177, 194, 195
-, Theater von 148
-, Heiligtum der Hera in der Ebene von 48
Aristagoras 129, 131
Aristeas von Prokonnesos 91
Aristogeiton 96, 181
Aristophanes 17, 104, 107, 112, 122, 128, 147, 153, 156, 158, 160, 167, 200, 201, 202
-, *Der Frieden* 156
-, *Die Frösche* 158
-, *Lysistrata* 158

-, *Die Vögel* 158
-, *Die Wespen* 156, 167
-, *Die Wolken*
Aristoteles *104,* 113, 120, 160, 161, 178, 186, 191, 203, 213
Aristoteles von Thera (Battos I) 84
Aristoxenes 104
Arkadien 13, 17, 21, 56, 57, 74, 75, 87, 91, 94, 128, 173, 194, 204, 207
Arkadier 94, 204
Armenien 195, 198
Arsinoë, Königin 165
Artaxerxes II. 141, 169, 171
Artemis, Göttin 13, 45, 72, 78, *82,* 92, 103, 138, 160, 166, 196
Artemision 139
Arybbas 176, 177
Ashoka 189
Asien *12*, 20, 21, 32, 43, 46, 66, 78, 91, 133, 139, 142, 153, 166, 178, 181, 186, 189, 195, 196, 202, 203, 205, 206
Asine 65
Asklepios, Gott 162, *162,* 163, 167, 168
Asklepioskult 162, 167
Aspendos 102
Assos, Theater von 148
Assyrer 91
Astarte, Göttin 72
Asteas *185*
Astyanax 67
Athen 12, 13, 15, 16, 17, 18, 24, 26, 28, 40, 44, 48, 54, 56, 64, 65, 66, 69, 72, 73, 76, 82, 83, 84, 85, 86, 91, 92, 93, 94, 95, 96, 99, 101, 102, 103, 104, 105, 108, 109, 110, 112, 113, 116, 118, 119, 120, 121, 125, 126, 127, 128, 130, 131, 132, 133, 134, 136, 138, 139, 140, 141, 142, 143, 144, 146, 148, 153, 154, 156, 158, 160, 161, 165, 167, 168, 169, 171, 172, 173, 176, 177, 178, 181, 186, 189, 190, 194, 196, 197, 200, 201, 202, 203, 204, 207, 208, *209,* 210, 211, 212, 213
-, Akropolis von 24, 28, 30, 48, 71, 73, 95, *113,* 116, 136, 139, 149, 156, 204, 207, *211*
-, Asklepiosheiligtum *116*
-, Eleusinisches Thor *117*
-, Erechtheion 101, *156,* 158
-, Lysikratesdenkmal 187
-, Odeion des Perikles 139
-, Parthenon 24, 96, *113,* 117, *117,* 118, 126, 128, 132, 144, 152, 158, 207, 210, *211*
-, Parthenonfries 15, 83, *118, 119, 125,* 128, *156,* 202
-, Propyläen 116, *117*
-, Tempel der Nike Apteros 116
-, Theater des Dionysos Eleutherios 148, *149*
-, Theater des Herodes Atticus 116, 208
-, Theseion *25,* 101, *117*
-, Turm der Winde *117*
-, Zeustempel 116, *117,* 187, 205, *205*
Athena, Göttin 48, 54, 82, *83,* 92, 96, *102, 103,* 166, 118, *118,* 125, 130, 156, 158, 196, 201
Athener 12, 17, 20, 21, 22, 64, 74, 78, 87, 92, 93, 95, 97, 99, 104, 110, 112, 113, 118, 119, 126, 127, 128, 129, 132, 139, 140, 141, 142, 143, 146, 156, 170, 177, 194, 204
Athos, Berg 12, 131
-, Halbinsel 132, 133
Atlas *185*
Atreus, Schatzhaus des *26, 36*
Attaliden, Familie der 188
Attalos I. von Pergamon 103, 194
Atticus, Titus Pomponius 15, 203, 204
Attika *12*, 17, 28, 39, 44, 45, 48, 65, 70, 71, *87,* 92, 94, 95, 96, 97, 101, 118, 121, 125, 126, 140, 143, 156, 158, 167, 200
Attischer Bund, Zweiter 172

-, Seebund 112
Augustus, Kaiser 198, 202, 203, 204
-, Ara Pacis 202, *202,* 203, 205
Aulis 170
Aulus Gellius 205
Ausonius 212
Auxerre 86
Avaren 207
Axion 129
Ay Khanoum 187, 190, 191
-, Palästra *190,* 191

Babylon 91, 108, 161, 169, 179, 181, 194
-, Theater von 148
Babylonien 66, 171
Babylonier 91
Babylonische Gefangenschaft 91
Baktra 189
Baktrien 103, 181, 189, 191, 194, 201, 202, 206
Balkh siehe Baktra
Bassai 126, 128
-, Fries von 75
-, Tempel des Apollon Epikurios *128*
Bassus, Junius 203
Berlin 57, 187, 183
Berliner-Maler 161, 185
Bernstein 19, 20
Bertius, P. *12*
Beyrouth 212
Bion von Olbia *179,* 203
Biton, Statue des 74
Blake, William 187
Böotien 16, 21, 39, 51, 52, 73, 95, 96, 105, 133, 141, 143, 167, 170, 172, 179
Böotier 97, 170
Böotischer Bund 172
Borodino, Schatz von 20
Boston 43, 75, 80
Bosporus 129
Boulay, Julien Du 15
Boule 101
Bousbecque, Augier de 191
Bowra, Sir Maurice 93
Brasidas 143
Brauron 95, 126, 128
Brennos 170, 181
Brindisi siehe Brundisium
Britannien 19, 20, 21, 24, 86, 121, 127, 170, 182, 187, 213
Britomartis 45
Brizo, Göttin 45, 103
Bronze, Bronzezeit 20, 21, 28, 34, 36, 37, 38, 39, 40, 44, 45, 46, 48, 54, 55, 57, 58, 62, 63, 86, 130, 136
Brundisium 193, 202
Brutus, Lucius Junius 203
Buddha 189
Buddhismus 189
Bulgaren 207
Byron, George Gordon Lord 209
Byzantinisches Reich 20
Byzantion 73, 75, 129, 131, 139, 140, 141, 169, 177, 206, 207
Byzanz siehe Byzantion

Caere 192
Caesar, Julius 182, 204
Cales 192
Cambridge 210
Campanien 192, 212
Campbell, John 15
Capua 192, 200
Caracalla, Kaiser 206
Cartagena 193
Catal Hüyük 32
Centuripe 187, 189
Chaironeia 177, 178
-, Theater von 148
Chalkedon 129
Chalkidike 104, 120, 121, 129, 177
Chalkidischer Bund 103, 172
Chalkis 105, 139
Chalyben 20
Chandragupta 181

# REGISTER

Chania 31
Charon 158
Charon von Lampsakos 53
Chersonnes 129, 131, 140, 141, 177
China 181, 182, 186, 190, 191, 200, 202, 203
Chios, Insel 21, 75, 105, 113, 131, 176
–, Gesetze von 84
Chioten 113
Chordichtung 104, 107, 108, 152, 158
Cicero, Marcus Tullius 15, 200, 203
Clarke, Edward 210
Corinna 160, 161
Cornwall 20, 86
*Corpus Hermeticum* 212
Cotofenesti 126
Cumae 145
Cyrenaika 187
Cyriacus von Ancona 22, 24, 92, 207, 213

Dan, Stamm 44
Danaos 48
Dante Alighieri 212
Daphne 206
Darius I. 91, 97, *102,* 129, 131, 133
Darius III. 179, 181
Daskylion 129
Daybreak-Maler 69
*Dede-Korkut*-Erzählungen 55
Dekeleia 143
Delischer Bund 92, 140, 141, 153, 172
Delos, Insel 44, 45, 54, 62, 73, 101, 131, 138, 139, 140, 182, 194, 197
–, Graffitti von 45, 46
–, Theater von 148
–, Weihedepot von 45
Delphi 12, 22, 28, 48, 60, 62, 69, 73, 74, 75, 76, 78, *78,* 91, 95, 96, 97, 99, 100, 101, 132, 139, 152, 170, 173, 176, 182, 185, 191, 194, 210
–, Apollon-Tempel von 76, *76, 95*
–, Schatzhaus der Athener *78*
–, Theater von 148
–, Tolos (Rundtempel) *76*
–, Wagenlenker 74, *76*
Demeter, Göttin 43, 63, 65, 69, 82, *83,* 100, 101, 105, 139, 143
Demetrias siehe Paros
–, Theater von 148
Demetrios, Sohn des Antigonos 181
Demetrios von Pharos 193
Demodokos 52
Demokratie, Demokratisierung 97, 99, 101, 110, 131, 132, 140, 141, 142, 143, 178, 181, 182, 198
Demokrit 104
Demosthenes 167, 177, 181
Deutschland 19
Diana 166
Didyma 131
Dikaia 102
Diktäische Höhle 46
Diomedes *127*
Dione, Göttin 63, 118
Dionysos, Gott 15, 45, *46, 83, 102, 110, 119,* 128, *147,* 158, *185*
Dioskuren *103*
Dioskurides 191
–, *De Materia Medica* 191, *191*
Dodona 12, 18, 54, 62, 63, 74, 78
–, Theater von 148, *152*
–, Zeusaltar 80
Dodwell, Edward 26, 37
Dokimasia-Maler 54
Dolon *127*
Donau 86, 129, 177, 178, 197
Dorer 21, 45, 140
Douris 144, 145
Drakonische Gesetze 92
Dreros, Gesetz von 84
Dunkles Zeitalter 21, 26, 44, 45, 48, 49, 52, 56, 62, 65, 75, 86, 87, 94, 122

Ebla 126
Ebro 193
Eion 140
Eisen, Eisenzeit 20, 21, 48, 55, 86, 104, 184
Ekbatana 181
Elam 179
Elea 131
Eleer 75
Eleusinische Mysterien 113
Eleusis 65, 69, 72, 83, 96, 104, 128, 210
–, Telesterion 65
Elfenbein 33, 43
Elgin, Thomas Bruce 24, 118, 207, 210
Elia siehe Elea
Elis 17, 21, 62, 74, 75, 125, 143, 173, 177, 195
–, Theater von 148
Emesa 212
England siehe Britannien
Enkomi 44, 176
Ennius 200
Epaminondas 103, 162, 172, 173
Ephesos 85, 95, 103, 104, 131, 141, 144, 166, 178, 213
–, Artemistempel von 91
–, Theater von 148, 166
Epicharmos 104
Epidauros 85, 143, 164, 168
–, Asklepiosheiligtum von 24, 164, 167
–, Theater von 148, *165*
Epikur *104,* 168, 203
Epikureismus 104
Epirus 13, 15, 172, 176, 177, 197, 203
Eratos, König 65
Erechtheus 156, 158
Eretria 95, 131, 132
–, Theater von 148
*Erotokritos* 213
Etrurien 66, 144, 192, 200
Etrusker 21, 53, 86, 91, 192
Euagoras 171
Euböa 13, 30, 45, 62, 66, 95, 101, 129, 131, 139, 140, 141, 177
Eukratides *103*
Eumenes III. 188, 197
Euphrat 179
Euphronios 145, 158
Eupolis 104, 158
Euripides 73, 109, 128, 153, 156, 158, 160, 189, 203
–, *Bacchen* 153, 156, 158
–, *Ion* 73, 156
–, *Kyklopen* 160
Europa *12,* 18, 19, 20, 25, 30, 32, 42, 44, 52, 65, 86, 91, 131, 141, 154, 170, 181, 206, 212, 213
Eurotas-Tal 12, 92
Eurymedon 140
Euthymenes 91
Evangelien 211, 212
Evans, Sir Arthur 25, *26,* 28, 31, 38
Exekias 110, 145

Faizabad 33
Flaminius 195
Flavia Anicia 191
Florenz 93, 209
Fränkel, Eduard 22
François-Vase *93*
Frankreich 18, 21, 24, 86, 210, 212
Fruchtbarkeitskulte 32, 46

Galater 170
Galatia 188, 192, 193
Gallier 21, 193
Gandhara 189
Ganges 181
Ganymed *80,* 165
Gaugamela 179
Gaza 179, 206
Gedrosia 181
Gela 85, 98, 99, 100
Gemistos Phleton 92, 207
Geometrischer Stil, Zeit 44, 48, 51, 62, 64, 104, 184, *185*
Gephyraei, Familie der 96

Gernet, Louis 93
Getreidehandel 113
Gibbon, Edward 25, 213
Gibraltar 181, 187
Gibson, John 209
Glas *68*
Gordion 66
Gorgo siehe Medusa
Gortyn 49
–, Gesetze von 84, 85, *85*
–, Theater von 148
»Grab des Tauchers« 145, *145*
Gramsci, Antonio 203
Granikos 178
Grotta 44
Gylippos 143
Gytheion, Theater von 148

Hadrian, Kaiser 117, 164, 188, 204, 205, *205,* 206
Hagia Triada 31
Halieis 141
Halikarnass 21, 104, 153, 168, 176
–, Mausoleum von 176
Hamilkar Barkas 193
Hammond, N. G. L. 174
Handschriften, illustrierte 189
Hannibal 193, 195, 196
Harar 210
Harmodios 96, 181
Hebräer 21
Hebraiokastro 107
Hebros 177
Hedonismus 104
Heinrich VIII., König 213
Hekate 32, 82
Hektor 60, 66, 67
Helena 53, 67
Helikon 149, 160
Helios 110
Hellespont 96, 97, 140, 143, 168, 171, 177
Hephaistos, Gott *83*
Hera, Göttin 15, 71, *83,* 158, 196
Heraia 94
Herakleia 127
Herakles 67, 69, 81, *102,* 109, 144, *144, 145, 185,* 191, 204, 207
Heraklion 46, 48
Heraklit *104,* 110
Herculaneum 40
·Hermes *78, 83, 102,* 125, 143, 158
Hermostal 20
Herodas 160, 161
Herodes Atticus 73, 204, 206
Herodot 21, 74, 87, 92, 101, 104, *104,* 129, 133, 152, 161
Heroen, -kult 56, 65, 88, 96, 97, 145, 152
Herophilos von Chalkedon 163
Hesiod 52, 53, 54, 55, 105, 122
–, *Geburt der Götter* siehe *Theogonie*
–, *Theogonie* 53, 54, 55
–, *Werke und Tage* 54, 55
Hestia, Göttin *83,* 118
Heuneburg 86, 100
Hexameter 108, 200
–, homerischer 58
–, jambischer 104
Hieroglyphen 31
Hieron 103, 112
Hieronymos 165
Himera 85, 100, 108
–, Schlacht von 100, 101
Hipparchos 131, 132
Hipparchos, Sohn des Peisistratos 96
Hippias 91, 96, 131, 132
Hippokrates 21, 162, 167, 168
Hipponax von Ephesos
Histiaios 129, 131
Histria 121
Höhlenheiligtümer 46
Holstein 104
Homer 12, 13, 15, 16, 26, 28, 37, 49, 50, 52, *52,* 54, 55, 56, 57, 58, 60, 63, 64, 66, 69, 72, 74, 81, 83, 91, 95, 99, 101, 104, 105, 107, 108, 109, 110, 156, 160, 200, 202, 206, 211, 212

–, *Ilias* 50, 52, 53, 54, 55, 56, 58, 60, 64, 127, 136, 158, 160, 202, 206
–, *Odyssee* 16, 50, 52, 53, 54, 55, *55, 56,* 58, 60, 91, 160
Homerische Hymnen 58, 69, 109
Homs 212
Horaz 104, 202, 203
Housman, A. E. 139
Humanitas 201
Hunnen 207
Huxley, Michael 107
Hyakinthos 44
Hydraulis (Wasserorgel) *155*
Hygieia 162
*Hymnus an Demeter 65*
Hyperbolos 143
Hypereides 181
Hypnos 158
Hysiai 87
Ibykos 108, 109
Ida, Berg 46
Iktinos 152
Illyrer 172, 176, 178, 193, 197
Ilyssos 204
Imbros 94, 140, 141
Inder 133
Indien 103, 179, 181, 186, 190, 195, 200
Indus 91, 181, 191
Initiationsriten 16, 91, 92, 129, 196
Ion 73, 154
Iphigenie,-kult 32, 44
Irland 86, 170, 212, 213
Iphikrates 171
Isfahan 24
Isis, Göttin 82, 212
Isokrates 112, 172
Israel 69
Issedonen 91
Issos 179
Istanbul 73, 126, 191
Isthmus siehe Korinth, Isthmus von
Isthmus von Korinth, Theater 148
Istros siehe Histria
Italien 17, 18, 22, 30, 42, 66, 67, 68, 99, *102,* 108, 123, 134, 142, 145, 181, 182, 187, 189, 192, 193, 196, 197, 200, 203, 207
Ithaka 55, 91
Ithome 140

Jason von Pherai 172, 173, 176
Jerasch 187
Jerusalem 91, 213
Jolkos 44, 49
Jong, Piet de 28
Jonien 104, 132
Jonier 21, 45, 140, 153
Jonisches Meer 13
Jordanien siehe Syrien
Josephus 203
Judäa 203, 213
Juden 44, 91, 103, 203, 212, 213
Juktas 38
Justinian, Kaiser 206

Kabirion, Theater von 148
Kairo 189, 210
Kalamata 17
Kalender 13
Kamareshöhle 46
Kardamania 148
Karien 131, 176
Karphi 48, 49
Karthager *9*8, 100, 196
Karthago 91, 100, 140, 192, 193, 196, 198, 200
Karystos 140
Kassandra 54
Kassandros 181
Kassope, Theater von 148
Kato Zakro 31
Kavafis, Konstantin 213
Kavousi 48
Kayseri 20
Kea 46
Kenchreai 168, 206, 207
Kelten 20, 170, 178, 188
Keos 43, 44, 100
Kephallenia, Insel 30, 44, 172

Kephalos, Theater von 148
Kephisos 12
Keramik *38,* 39, 40, 44, 45, 48, 49, 65, 66, 73, 75, 91, 93, 100, 104
Keratea 71
Kerkyra siehe Korfu
Kersobleptes 177
Kilikien 44
Kimon von Athen 100, 116, 131, 140, 141, 144
Kineas 191
Kitharion 160
Kition 104
Klassische Zeit 20, 21, 28, 50, 53, 55, 76, 122. 123, 126, 130, 134, 144, 152, 212
Klearchos 169, 191
Kleinasien 18, 20, 21, 22, 30, 42, 45, 53, 62, 66, 73, 82, 84, 91, 93, 94, 98, 102, 103, 104, 108, 112, 129, 131, 140, 142, 168, 169, 170, 178, 179, 187, 189, 191, 192, 196, 198, 201, 205, 210, 213
Kleisthenes 85, 95, 96, 97, 101, 105, 116
Kleitias 94
Kleobis, Statue des 74
Kleon 143
Kleopatra VII., von Ägypten 198, 204
Kleopatra, Schwester Alexanders d. Gr. 178
Klytämnestra *109*
-, Grab der 34, 48, 149
Knidos 168, 170
Knossos 25, 30, 31, 32, 34, 38, *38,* 39, 42, 43, 57
-, Archiv von 32, 38
-, Theater von 148
-, Thronsaal von 32
Kokcha 190, 191
Kolophon 104, 108, 168
Konon von Athen 169, 170, 172
Konstantin, Kaiser 206
Konstantinopel 191, 204, 206, 207, 212, 213
Kopaissee 16, 73
Koren 70
Korfu 17, 133, 142, 143, 172, 213
Korinth 16, 17, 62, 65, 66, 75, 80, 85, 86, 93, 101, 102, 113, 132, 133, 139, 141, 142, 143, 168, 170, 171, 193, 194, 195, 198, 201, 206
-, Golf von 76, 87, 91, 141, 177, 179, 194
-, Isthmus von 15, 16, 17, 74, 85, 87, 102, 132, 133, 136, 139, 193
-, Theater von 148
Koropi 65
Korsika 131, 192
Kos, Insel 21, 148, 160, 162, 167, 168, 176, 203
-, Asklepiosheiligtum von *168*
Kouroi 70
Krannon 181
Kratinos 104
Kreon 156
Kreta 12, 13, 17, 19, 21, 28, 30, 31, 32, 33, 34, 36, 38, 39, 40, 43, 45, 46, 50, 55, 65, 66, 84, 100, 128, 133, 171, 198, 204, 207, 210
Kreter 31, 34, 69
Kreusis 173
Kreuzritter 204, 207
Kroisos, König 20, 73, 74, 91, 102, 129
Kronos, Gott 80
Ktesias 169, 170
Ktesibios 155
Kunaxa, Schlacht von 169, 171
Kunst, mykenische 33, 34, 43
Kuppelgrab 36, 44, 48, 55, *55*
Kybele 92, *190,* 191
Kykladen 104, 112, 143
Kylon 85, 92, 95
Kynoskephalai 195
Kypselos 80, 85
Kyrene 84, 91, 168, 172, 187
-, Theater von 149
Kyrillos von Alexandrien 165
Kyros 91, 95, 129, 131
Kyros d. Jüngere 169, 171
Kythera, Insel 65, 87

Laberius 201
Laertes 17, 53
Lakedaimon 12
Lakonien 45, 68
Lamia 181
Lampsakos 103, 141, 143, 168, 170
Landwirtschaft 13, 17, 32, 44, 55, 65, 99
Lapislazuli 33, 34, 36, 39, 129, 190, 191
Larissa, Theater von 149
Lascaux, Höhlen von 58
Lassois, Mont 68, 100
La Tène-Stil 86
Latium 192
Laurion, Silberminen von 16, 20, 95, 97, *112,* 113, 121, 133, 143
Leagros 69
Leake, William M. 25
Lechaion 133
Lefkandi 30, 45
Leibeigene 16, 91, 92, 139, 142
Leipsydrion 96
*Lekythen* 158
Lemnos, Insel 21, 94, 95, 140, 141, 170
-, Theater von 14
Leonidas, König 139
Leontion, Theater von 149
Lesbier 142
Lesbos, Insel 21, 45, 66, 85, 91, 107, 112, 131, 142, 168, 213
Lethe 145
Leto 45
»Leuchtturm des Demosthenes« *147*
Leukas, Theater von 149
Leuktra 173
Levante 19, 20, 30, 31, 42, 45, 62, 91, 99
Libyen 53
Lindos 168
-, Theater von 149
Linear-A-Schrift, minoische 31, *31,* 32, 46
Linear-B-Schrift, mykenische 31, *31,* 32, 42, 43, 49
Lipari (Lipara) 39, 55
Lipari-Maler 189
Livius, Titus 213
Livius Andronicus 200
Lokris 54, 141
London 22, 24, 118
-, Osterley House *208*
Longus 161
-, *Daphnis und Chloe* 161
Lucilius 201
Lucrez 203
-, *De rerum natura* 203
Lukanien 127
Lukanier 196
Lukian 211
Luther, Martin 212
Lyder 91, 95, 107, 108
Lydien 20, 66, 85, 91, 102, 108, 129, 131, 178, 196
Lygdamis 91, 95
Lykien 140, 176
Lykosoura 45
Lykourgos 148, 149
Lysander 169, 170
Lysikrates 147
Lysimachos 103, 181, 187

Mäander 142
Mäzenas 203
Magnesia 196
-, Theater von 149
Makedonien 12, 13, 103, 112, 113, 120, 129, 131, 139, 142, 172, 176, 177, 178, 181, 197, 198, 200
Makedonier 21, 120, 141, 168, 172, 179, 181, 188, 189, 194, 195
Makedonischer Krieg, Erster 193, 194
-, Zweiter 194
-, Dritter 197
Makriyannis, K. D. 210, 212
-, Grab des *209*
Maller 181
Mallia 31
Mandrokles 129
*mantinades* 105

Mantineia 94, 143, 173
Marathon 97, 104, 118, 128, 132, 133, 143
-, Schlacht bei 78, 132
Mardonios 131, 139
Marinatos, Professor 40
Mars 202
Marseille 20, 84, 86, 91, 131
-, Verfassung von 84
Massadah, Palast des Herodes 187
Massilia siehe Marseille
Mausolos von Karien 176
Meder 86, 91
Medien 181
Medizin 53, 54, 69, 162, 167, 168, 189
Medusa 69, *161*
Megakles 95
Megakles, Neffe des Kleisthenes 132
-, Sohn des Alkmaion 95
Megalopolis 17, 92, 173, 177
-, Theater von 149
Megara 85, 86, 95, 104, 141, 142, 143, 194
Megara Hyblaea 26, 121
Megarer 97
Melier 143
Melos, Insel 43, 62, 65, 70, 143
-, Theater von 149
Melqart *103*
Memphis 179
Menander 123, 131, 160
Mende 102
Menelaos 54
Menidi 48, 65
Mesopotamien 70, 189, 198
Messana 102
Messene 143, 173, *173*
-, Theater von 149
Messenien 85, 87, 94, 140, 141, 173, 177, 195
Messenier 94, 140, 173
Messenische Ebene 17
Messina, Meerenge von 55
Metapont 127
Methone 95
Metropolis 191
Miletopolis 191
Milet 44, 67, 85, 91, 102, 104, 108, 113, 129, 131, 141, 142, 166, 179, 201
-, Theater von *142,* 149
-, Tor vom Südmarkt 187
Miltiades 129, 131, 133, 140
Milton, John 22
Milordi 210
Minno, Grabstele der 128
Minoer 31, 48
Minos, König 38
Mistra 92, 207
Mithras 212
Mithridates von Pontos 195, 198
Mnasakles von Sikyon 161
Mnesikles 117
Mochlos 45
Molosser 172, 176
Mommsen, Theodor 25
Mongolei 20
Mousaios 212
-, *Hero und Leander* 212
München 130
Münzwesen 91, 93, 102
-, Erfindung des 85
Mummius 198
Musenheiligtum 149
Musik 154
Muttergottheiten 43, 50, *51,* 166, 191
Mykale 132
Mykene 16, 17, 20, 25, 30, 36, 37, 39, 43, 48, 50, 54, 57, 136
-, Löwentor von 32, *37*
-, Schachtgräber von 19, *26,* 30, 31, 34, *34*
-, Theater von 149
Mykener 19, 25, 26, 30, 31, 32, 34, 36, 39, 42, 43, 44, 48, 49, 54, 55, 72, 75, 76
Mykenische Zeit, Kultur 20, 21
Mykonos, Insel 57
Mylasa 176, 187
Myrina 103
Myrkinos 129, 131
Myrsilos 107
Mysterien 82

Mythologie 15, 22, 25, 28, 32, 44, 72, 109. 123, 126, 168, 186
Mytilene 107, 131, 142, 168
-, Theater von 149

Naevius 200, 201
Nasamonier 91
Nashq-i-Rustam, Königsgräber von 129
Naukratis 91, 108
Naupaktos 87, 141, 168, 173, 177
Nausikaa 53
Navarino, Bucht von *57*
Naxos, Insel 44, 64, 70, 85, 91, 95, 107, 129, 130, 131, 138, 140, 141, 172
Neapel 66, 189, 196
Necho, Pharao 91
Neleiden, Familie 56
Nemea 62, 74
Neoptolemos 176
Nero, Kaiser 73, 203, 204
Nestor 54, 58, 74
-, Palast des *57*
»Nestorbecher« *37*
New York 158
Nijinsky, Waslaw 209
Nikias 121, 128, 143
Nikokles 172
Nil,-delta 91, 141, 179, 205
Nomaden 181, 182, 191, 202
Normannen 101, 127, 207
Nucius, Nikander 213
Nymphen 82, 167, 203

Obsidian 55
Odysseus 15, 17, 53, 55, 57, 60, 63, *127,* 152
Ödipus 56
Oiniadai, Theater von 149
Oktavian siehe Augustus 204
Olbia 67, 112, 113
Oligarchen, Oligarchie 92, 94, 112, 141, 143, 176, 177
Olymp 49, 72, *72,* 120
Olympia 12, 22, 26, 60, 62, 67, 69, 72, 73, 74, 75, *78,* 80, *80,* 81, 83, 88, *88,* 79, 103, 126, 127, 143, 144, 169, 173, 187, 195
-, Spiele von 88, 89, 102
-, Zeusaltar 74
-, Zeusorakel 80
-, Zeustempel 24, 74, 75, 80, *80, 81,* 119
Olympias 176, 178
Olynth 120, 121, *121,* 172, 177
Omphalos *78*
Orakel 15, 69, 73, 74, 78. 168
Origenes 165
Orontes 62
Oropos 97
Orthagoras 85
Orthygia 110
Ostia 192, 205
Ostraka *96,* 97, 133, 140, 143
Ovid 168
-, *Metamorphosen* 168
Oxford 43, 144
Oxus 129, 187, 190, 191

Paestum siehe Poseidonia
Paionen 176
Paionios, Nike des 143, *143*
Pakistan 189, 191
Paläkastro 33
Palästina 187, 203, 212
Palaia-Korinthos 17
Palastkultur, kretische 30, 31, 38, 39
Palermo 100
Palladio, Andrea 208
-, *Villa Rotonda 208*
Pallantion 204
Pan, Gott 58, 82
Panathenäen 118
Pandschab 181
Pangaion 20
-, Silberminen von 95, 129
Pantheon 43
Paris 51
Paris, Sohn des Priamos 53, 67
Parnaßgebirge 73, 76
Parnes 96
Paros, Insel 67, 100, 101, 105, 172
Parrhasios 152

# REGISTER

Pars, William 187
Parther 181, 194, 195, 198
Parthien 195
Pasternak, Boris 213
Patara, Theater von 149
Patmos 212
Patras 17, 168
Paulus 212, 213
Paulus Silentiarius 206
Pausanias 16, 22, 24, 26, 75, 81, 148, 207
-, *Führer durch Griechenland* 22
Pausanias von Sparta 73, 139
-, Weiheinschrift des *73*
Pegasus *102, 103*
Peirithoos 81
Peisistratiden, Familie der 95, 97, 116
Peisistratos 85, 91, 95, 96, 131, 160
Pelion 178
Pella 178
Pellene 168
Peloponnes 13, 21, 26, 44, 45, 55, 87, 91, 94, 104, 105, 130, 136, 139, 140, 141, 144, 167, 168, 170, 173, 177, 179, 182, 194, 196, 201, 204, 206, 207, 210
Peloponnesischer Bund 92, 141, 142, 143
Peloponnesischer Krieg 140, 142, 158, 168, 169
Penelope, Grabkult der 56
Pentelikon 95
Pentheus *109*
Perdikkas 181
Pergament 188
Pergamon 103, 112, 168, 187, 188, 194, 195, 196, 198
-, Asklepiosheiligtum 188
-, Theater von 149, *188*
-, Zeusaltar 187, *188*
Perge, Theater von 149
Periander von Korinth 85
Perikles 25, 95, 104, 112, 116, 119, 133, 140, 141, 142, 144, 170, 206
Perinthos 129, 177
Peripatetische Schule 104
Persepolis 129, 179, 181
Perser 71, 73, 91, 92, 99, 104, 109, 116, 119, 120, 127, 128, 129, 131, 132, 133, 136, 139, 140, 141, 153, 168, 169, 170, 171, 179, 181
Perserkriege 73, 116, 118, 140, 169
Perserreich, Persien 20, 58, 95, 99, 102, 112, 113, 118, 129, 140, 141, 169, 170, 171, 172, 176, 178, 179, 181, 191, 212
Perseus 79, 103, *161*
Perseus, Sohn Philipps V. 197
Persische Tore 179
Petra 187
Pferdezucht 113
Phäaken 53
Phaistos 31, 48, 49
-, Theater von 149
Phaleron 65
Pharos, Insel 170
Pheidon, König 85
Phidias 75, 117, 119, 126, 144, 206
-, Athena Parthenon des *117*
-, Zeusstatue des 74, 75, 126
Phigalia 128
Philetairos *103*
Philetos 160, 168
Philipp II., König 103, 120, *171, 172,* 174, *174, 175,* 176, 177, 178, 181
Philipp V., König 193, 194, 195, 196, 198
Philippi 103
-, Theater von 149
Philippopolis 177
Philister 44
Philistis *103*
Philo 203
Philosophen, Philosophie 153, 154, 168, 181, 201, 203, 204
Phlious 168
-, Theater von 149
Phönizien 21, 179
Phönizier 21, 62, 66, 69, 91, 100, 140, 141

Phokaier 131, 177
Phokis 141, 168, 176, 177
Phrantzes, Georgios 213
Phrygien 66, 129, 170, 181, 196
Phrygier 66
Phylakopi 34
Picasso, Pablo 209
Pindar 28, 74, 95, 100, 101, 108, 109, 110, 160
Pindosgebirge 12, 13, 21, 63, 171, 172
Piräus 69, 112, 113, 133, 140, 146, 169, 170, 172, 204, 207
-, Theater von 149
Piranesi, Giovanni Battista 22, *23*
Pisider 171
Pisticci 127
Pithekoussai 20
Pittakos 107
Platää 132, 139, 140, 142
-, Schlacht von 73, 116
Platäer 76
Platon 12, 25, 104, 122, 128, 153, 154, 156, 158, 160, 168, 186, 203, 212
-, *Symposion* 128, 153, 158
Platon, Komödiendichter 203
Plautus 201
Pleuron, Theater von 149
Plinius d. Ä. 22
Plotin 212
Plovdiv siehe Philippopolis
Plutarch 22, 73, 211
Po 192
*Poimadres* 212
Polygnot von Thasos 144, 145
Polyklet 144, 148, 152
Polykrates von Samos 91, 109, 158
Polytheismus 69, 72, 110
Pompeius, Gnäus
Pompeji 31, 40, 55
-, Wandmalereien von 186
Porphyrios 212
Porto Raphti siehe Prasiai
Porträtskulptur 201, 202
Poseidon, Gott 15, 32, 57, 72, 82, *82, 103, 118,* 156, 158
Poseidonia 22, *23,* 99, *123,* 131, 145, 185, 196
Poteidaia 142
Potentiometer 154
Praeneste 187, 192
Prasiai 206
Praxiteles, Hermes des 75
Priamos 60
Priene 146, 201
-, Theater von 149
Prodikos aus Keos 153
Prometheus *185*
Properz 187
Protagoras aus Abdera 104, 153, 156
Psychro 46
Ptoion 73, 78
Ptolemäer 186, 194, 195
Ptolemaios, Geograph 24, 186, 207
Ptolemaios I. *103,* 148, 160, 165, 181
Ptolemaios II. *170,* 181
Ptolemaios V. 195
Ptolemaios der »Donnerkeil« 181
Ptolemais, Säulenpalast 187
Punischer Krieg, Erster 192, 193, 196, 200
-, Zweiter 193
Pydna 103, 197
Pylos 30, 34, 39, 43, 54, 57, 74, 140
-, Archiv von 32, 39, 42
-, Schlacht von 143
Pyrgos 17
Pyrrhos von Epirus 63, 152, 181, 192
Pytagoras von Samos 99, 154
Pytheas von Massilia 187
Pythische Spiele 73, 76

Raffael 208
-, *Schule von Athen 208*
Ras Shamra 31
Rassentheorien 21
Religion 25, 32, 69, 125, 156, 203
Revett, Nicolas 22, 25

Rhamnous, Theater von 149
Rhegion 85, 102, 108
Rhetorik 153, 160, 177
Rhinton 104
Rhodos, Insel 45, 66, 68, 99, 100, 112, 137, 170, 176, 187, 194, 196, 197
-, Theater von 149
Rimbaud, Arthur 210
Robertson, Martin 145
Römer 12, 13, 17, 22, 69, 86, 99, 100, 138, 148, 149, 156, 166, 170, 186, 192, 193, 194, 195, 196, 197, 198, 200, 201, 203, 204, 205, 210, 211, 212
Rom, Römisches Reich 20, 22, 44, 50, 73, 84, 91, 103, 112, 149, 170, 181, 188, 191, 193, 194, 196, 197, 198, 201, 203, 206, 211, 212, 213
Rom (Stadt) 22, 36, 69, 136, 146, 168, 192, 200, 201, 204
Romanos 212
Roxane 181
Rumänien 20, 126
Rußland 57, 78, 127, 189, 191, 202, 207, 210

Sabazios 167
Sainte Colombe 86
Salamis, Insel *87,* 93, 94, 96, 139
-, Schlacht von 128, 132, 139
Salamis auf Zypern 171, 176, 206
Saloniki 120
Salomon, Tempel des 91
Samniten 192
Samos, Insel 21, 85, 91, 92, 95, 102, 104, 109, 129, 131, 141, 142, 168, 169
-, Theater von 149
Samothrake 12
-, Nike von 149
-, Tänzerinnen von *22*
-, Theater von 149
Santorin, Insel 31, 34, 40
-, Fresken von 34, *41,* 48, *49*
Sappho 92, 107, *107,* 108, 110, 161, 202
Sardes 66, 91, 107, 129, 131, 133, 139, 142, 178
-, Artemis-Tempel *131*
Sardinien 86, 81, 131, 192
Saronischer Golf 91, 164
Sarpedon 53, 158
Schäferlyrik 160, 161
Scherbengericht siehe Ostraka
Schernen/Ostpreußen 46
Schliemann, Heinrich 25, *26,* 34, 36, 57
Schwarzes Meer 12, 20, 66, 67, 94, 113, 121, 127, 129, 140, 141, 169, 171, 172
Scipio Africanus 193, 196
Scipio, Lucius 196
Seferis, George 213
Segesta, Theater von 149
Seidenstraße *187,* 191, 203
Seleukos 181, 194
Selinus 85, 100, 104, 161
Septimius Severus 206
Serapis 82
Sestos 140
Seuthes 169
Shakespeare, William 105, 211
Sidon 53, 126
Sigeion 96
Sikyon 85, 86, 91, 95, 105, 113, 168, 194
-, Theater von 149
Silpius 148
Simonides 95, 100, 139
Siphnier, Schatzhaus der 74, *76, 77,* 78
Siphnos, Insel 20, 74, 76
Sipylum 196
Sizilien 13, 26, 36, 39, 42, 55, 56, 62, 65, 67, 98, 99, 100, 101, 102, 107, 112, 121, 136, 140, 142, 143, 144, 160, 161, 173, 181, 182, 187, 189, 192, 196, 198, 203, 207
Skillous 169
Sklaven, Sklaverei 16, 17, 32, 85, 92, 101, 112, 113, 121, 125, 168, 178, 182, 187, 197, 198
Skylax von Karyanda 91

Skyros, Insel 48, 140
Skythen 53, 86, 129, 131, 177
Slaven 207
Smyrna 213
Snodgrass, A. M. 49
Söldnerheere 189
Sokrates 104, *104,* 143, 156, 169
Solon 17, 85, 92, 93, 94, 95, 97, 104, 105
-, Gesetze des 84, 92
Sophilos 94
Sophisten, Sophistik 153, 156
Sophokles 123, 128, 152, 153, 158, 160, 167
-, *Antigone 156*
-, *Oedipus Colonneus* 158
Sophron 104
Sosias 121
Sosinos, Grabstein des 128
Spanien 15, 39, 42, 86, 193, 198
Sparta 16, 21, 44, 50, 62, 65, 66, 68, 85, *85,* 86, 87, 91, 92, 94, 96, 97, 104, 110, 117, 120, 131, 132, 133, 138, 139, 140, 141, 143, 169, 170, 171, 172, 173, 177, 185, 194, 195, 196, 198, 204, 207
-, Theater von 149
Spartaner 12, 85, 87, 91, 92, 95, 96, 133, 134, 139, 140, 142, 143, 169, 170, 171, 172, 173, 198
Spercheios 139
Sphakteria 140, 143
Sphinx *77,* 126
Sport 74, 88, *88, 89*
Stadtstaaten 84, 86
Stesichoros 108, 109
Stierspiel 34, *38*
Stockholm 86
Stoizismus 104
Stonehenge 19, 37
Strabon 24, 207
Stratos, Theater von 149
Strymon 129, 133
Stuart, James 22, 25
Stuttgart 19
Stymphalischer See 201
Stymphalos 207
Sudan 142
Suez 91
Suezkanal 99
Sulla 146
Sunion 121, 132
Susa 131, 179
Swat 200
Sybaris 102, 145, 196
-, Theater von 149
Sykros 94, 140, 170
Syrakus 85, 100, 102, 103, 104, 110, 113, 133, 137, 140, 143, 173
-, Kathedrale von 101, *101*
-, Tempel der Athena 100
-, Theater von 149
Syrer 21
Syrien 31, 103, 126, 179, 187, 194
Syros 104

Tabal 20
Tanagra 141
Taormina, Theater von 149
Taras 30, 103, 127, 192, 200
Tarent siehe Taras
Tarquinia 161
Tarsus 44, 213
Taygetos-Gebirge *85*
Tegea 94, 173
-, Theater von 149
Teheran 181
Telamon 193
Telemach 17, 54
Telesikles 105, 107
Tempe-Tal 132, 138, 139
Teos 84, 94, 108
Terakotten 43, 46, 54, 64, 189
Terenz 201, 204
Termessos, Theater von 149
Terracina 192
Teukros 176
Thales von Milet 99
Thammuz 161
Thanatos 158
Thasos 12, 20, 101, 105, 107, *107,* 131, 140
-, Theater von 149

REGISTER

Theagenes 85
Thebaner 97, 139, 172, 173, 178
Theben 16, 17, 39, 62, 103, 109,
  141, 162, 169, 170, 172, 173,
  176, 177, 178
Themistokles 133, 139, 140
Theokrit 16, 160, 161, 165, 168,
  189, 203
Theophilos aus Mytilene 213
Theophrast 12, 104
Thera (Stadt) *41*
-, Theater von 149
Thera (Insel) siehe Santorin
Thermopylen 132, 139, 141, 173,
  177, 181, 196
Theron, Tyrann 100
Thersites 53
Theseus *144,* 167, 204
Thespier 139
Thessalien 21, 30, 44, 113, 133,
  139, 172, 176, 177, 181, 195
Thessalier 12, 138
Thessalos 96
Thirasia, Insel 40
Thomson, George 43
Thorikos, Theater von 149
Thorwaldsen, Bertel 130
Thourioi 102
Thraker 18, 127, 133, 141, 176,
  189, 197
Thrakien 13, 18, 91, 95, 103,
  104, 107, 109, 127, 129, 131,
  135, 140, 141, 142, 176, 177,
  178, 181, 187, 195, 196

Thukydides 57, 87, *104,* 144,
  152, 153, 160, 213
-, *Geschichte des Peloponne-
  sischen Kriegs* 104
Thukidides von Athen 141
Tiber 192
Tibet 189
Tigris 131, 179
Timotheos 172
Tiryns 30, 39, 42, 67
Tithorea 168
Tivoli 205
Todi 82
Trajan, Kaiser 198, 205
Triphylia 21, 74, 169
Troizen 141
Troja 19, 25, 48, 53, 54, 55, 56,
  57, 58, 60, 66, 69, 178, 181,
  189, 202
Trojaner 60
Trojanische Kriege 16, 44, 57,
  *57,* 58, 60, 66, 69
Tsarkovitsa, Tal von 152
Türkei 86
Türken 24, 25, 206, 207
Tyrannis 85, 86, *86,* 96, 98, 101,
  107, 129, 132, 143, 176
Tyros 103, 179


Umbrien 201
Urartu 65, 86, 91

Vansee 86
Vapheio 33, 34
Vasenmalerei 93, 94, 123, 145,
  158, 184
-, rotfiguriger Stil 186
-, schwarzfiguriger Stil 145,
  184, *185,* 189
Veji 192, 200
Velia siehe Elea 131
Venedig 75, 139, 204, 207
-, Pferde von San Marco 75,
  204, *204*
Vergil, Publius 16, 202, 203
-, *Aneis* 202
-, *Eklogen* 202
Vergina 174
Vernon, Francis 24
Vesuv 40
Via Egnatia 21
Villon, François 212
Vitruv 137
Vix, Bronzekrater von *68*
-, Schatzfund von 18
Volos 44
Vratza 127
Vrokastro 49
Vulci 144

Wales 182, 187
Weihegaben 73, 74, 75, 76, 78,
  80, 158
Weihehörner 32, *38*
Wellington, Arthur Wellesley,
  Duke of 210

Wettkämpfe 74, 88, 200
Wien 191
Wilde, Oscar 213
Winckelmann, Johann Joachim
  22, 134

Xanthippos aus Sparta 192
Xanthippos, Grab des 128
Xenophanes von Kolophon 99
Xenophon 104, 112, 120, 131,
  169
Xerxes 132, 133, 139, 141
-, Audienzzelt des 139

Zagreus 158
Zakynthos 105
Zenon *104*
Zeus, Gott 15, 46, 53, 63, 67,
  72, 80, *80, 83,* 88, 93, 95,
  *103,* 125, 158, 179, 191, 205
Zeus Ammon, Orakel des 172,
  179
Zeuxis 127
Zypern 20, 21, 31, 44, 45, 48,
  53, 54, 55, 68, 91, 92, 104,
  131, 139, 141, 151, 171, 176,
  203, 210